量刑程序研究

Research on Sentencing Procedures

汪贻飞 著

图书在版编目(CIP)数据

量刑程序研究/汪贻飞著. —北京:北京大学出版社,2016.1
(国家社科基金后期资助项目)
ISBN 978-7-301-26719-6

Ⅰ.①量… Ⅱ.①汪… Ⅲ.①量刑—诉讼程序—研究—中国 Ⅳ.①D924.04

中国版本图书馆 CIP 数据核字(2016)第 000344 号

书　　　名	量刑程序研究 Liangxing Chengxu Yanjiu
著作责任者	汪贻飞　著
责 任 编 辑	邓丽华
标 准 书 号	ISBN 978-7-301-26719-6
出 版 发 行	北京大学出版社
地　　　址	北京市海淀区成府路 205 号　100871
网　　　址	http://www.pup.cn
电 子 信 箱	law@pup.pku.edu.cn
新 浪 微 博	@北京大学出版社　@北大出版社法律图书
电　　　话	邮购部 62752015　发行部 62750672　编辑部 62752027
印 刷 者	北京宏伟双华印刷有限公司
经 销 者	新华书店
	730 毫米×1020 毫米　16 开本　18 印张　313 千字 2016 年 1 月第 1 版　2016 年 1 月第 1 次印刷
定　　　价	36.00 元

未经许可,不得以任何方式复制或抄袭本书之部分或全部内容。
版权所有,侵权必究
举报电话:010-62752024　电子信箱:fd@pup.pku.edu.cn
图书如有印装质量问题,请与出版部联系,电话:010-62756370

国家社科基金后期资助项目
出版说明

　　后期资助项目是国家社科基金设立的一类重[要项目,为鼓]励广大社科研究者潜心治学,支持基础研究多出优[秀成果,特][经过严格评审,从接近完成的科研成果中遴选立项[。为扩大后]期资助项目的影响,更好地推动学术发展,促进成[果转化,全国哲]学社会科学规划办公室按照"统一设计、统一标识[、统一版式、形]成系列"的总体要求,组织出版国家社科基金后期资[助项目成果。]

全国哲学社会科学规[划办公室]

序

定罪和量刑是刑事审判的两项基本内容。量刑程序是在定罪的基础上对被告人处以相应刑罚的过程,是刑事诉讼程序的有机组成部分。长期以来,我国一直实行定罪与量刑合二为一的程序模式,使得量刑在程序上依附于定罪过程,而不具有独立的诉讼地位。这种定罪与量刑一体化的程序模式在司法实践中暴露出许多问题。例如,在量刑种类和幅度的选择问题上,由于缺乏专门的庭审程序,公诉方、被告方和被害方均无法就量刑问题进行举证、质证和辩论,量刑几乎完全成为法院自由裁量的对象。又如,出庭支持公诉的检察官尽管可以宣读起诉书、发表公诉意见,却无法在制度层面上就量刑问题发表意见,并与辩护方展开质证和辩论。再如,在被告方作出无罪辩护的情况下,辩护人更是处于左右为难的尴尬境地,如果不做从轻量刑的辩护,辩护律师就无法促使法庭注意那些有利于被告人的量刑情节;如果在法庭辩论中提出从轻量刑意见,又势必与前面所作的无罪辩护意见相悖,以致大大削弱无罪辩护的效果。不仅如此,在那些有被害人的刑事案件中,由于法庭没有就量刑问题举行专门的听证,被害方事实上被剥夺了参与法庭量刑的过程,无法陈述犯罪对自身所造成的各种伤害后果和影响,更无法就量刑问题发表意见和影响法院的裁判结论。近年来,随着一些有争议案件的曝光,量刑问题开始受到国内学术界、司法实务界的广泛关注。伴随着最高人民法院量刑规范化改革试点的推进,量刑程序问题也成为诉讼法学领域的一门显学,多部关于"量刑程序"问题的著作也相继问世。

本书是作者以其博士学位论文为基础,经过全面修改和完善而完成的学术著作。在该书中,作者开创性地从法官自由裁量权的控制这一角度切入,研究了实体(规则)控制和程序(诉权)控制这两大路径在控制法官自由裁量权方面的优劣得失,总结了程序控制方式在提升司法的公信力、吸纳诉讼各方的不满、保留并约束法官量刑裁量权等方面所具有的独特价值。

与既往侧重比较考察、对策研究的相关著作不同,本书在研究过程中紧密结合我国量刑程序改革实践,将量刑程序基本理论与量刑程序改革实践融汇贯通,取得了以下几个方面的理论成就:

第一,对大陆法国家和英美法国家量刑裁量权的程序控制方式进行了深入研究,并通过五大重点要素,即逻辑合理性、导致法官预断的可能性、诉讼效率、控制法官自由裁量权的有效性和程序的公正性,对大陆法国家依附模式和英美法国家独立模式的优劣得失进行了颇具说服力的分析。

第二,针对"两高三部"《关于规范量刑程序若干问题的意见(试行)》,结合最高人民法院量刑规范化改革和部分法院开展的量刑改革试点,深入剖析了中国相对独立量刑程序模式的确立背景、量刑程序改革的目标、中国相对独立量刑程序的诉讼构造及其基本特征。

第三,从目的追求、诉讼构造、价值追求、所解决的主要问题、所需求的信息及所适用的证据规则和证明标准等七个方面,全面分析了定罪与量刑程序的区别及量刑程序独立的正当性,并结合我国司法实践,客观分析了我国构建独立量刑程序需解决的问题及可能遇到的障碍。

第四,全面研究了量刑程序中的基本理论问题。在量刑证据研究方面,分析了英美法系缓刑监督官调查模式、控辩双方调查模式和我国少年审判中的法官委托调查模式的优劣得失及其在我国司法制度中可能遇到的问题,提出了量刑证据无需像定罪程序那样设置较高的证据能力,明确了量刑程序中特殊的证明责任、证明标准和证据规则;在量刑程序中的控辩关系研究方面,不仅研究了我国检察官量刑建议制度的具体构建,还详细分析了辩护律师在量刑程序中的具体角色;在量刑程序中的被害人研究方面,分析了被害人参与量刑程序的正当性,并以定罪程序为参照,研究了量刑程序中被害人的角色及被害人量刑意见的法律效果。

第五,在研究径路上,本书作者试图运用交叉研究的方法,从刑法、刑事诉讼法和证据法等多角度研究量刑问题,为学科间联系与交流搭建新的平台,并在多学科理论体系下将量刑问题的研究和量刑制度的改革推向深入。

本书作者汪贻飞,原毕业于西南政法大学,先后获得法学学士、法学硕士学位,后考入北京大学法学院,成为我指导的博士研究生。在北京大学学习的四年时间里,他刻苦学习,勤于科研,不仅各门功课取得优秀成绩,而且撰写、发表了十余篇学术论文,其中有多篇在《政法论坛》《中国刑事法杂志》《当代法学》等国内核心期刊上发表。汪贻飞还多次参加我主持的研究项目,担任学术秘书工作,是我十分得力的学术助手。他品学兼优,为人善良,勤于思考,做事一丝不苟,考虑问题全面周到。尽管由于机缘弄人,他没有进入法学研究和教学单位工作,但我坚信他只要坚持不懈,认真地对待人生和事业,继续在学术研究的道路上跋涉前行,将来一定能够取得辉煌的成就。

在汪贻飞博士论文行将出版之际,我既向他表示衷心的祝贺,也祝愿他走好今后的道路。同时,作为一名刑事诉讼法学研究者,我愿意向读者推荐他的这部有分量的学术著作。

陈瑞华
2015 年 11 月 8 日于北京大学

目 录 | Contents

导论 / 1

- 2 一、中国传统量刑程序的缺陷
- 6 二、中国近期的量刑程序改革
- 7 三、量刑程序改革必须关注的几个理论问题
- 8 四、量刑程序理论研究的现状及其不足

第一章　量刑裁量权实体控制的局限性 / 10

- 10 一、法官量刑裁量权控制的两种方式
- 14 二、量刑裁量权实体控制的样本分析之一
  ——美国《联邦量刑指南》
- 25 三、量刑裁量权实体控制的样本分析之二
  ——中国式量刑指南
- 31 四、量刑裁量权实体控制方式的局限性
- 36 五、量刑裁量权程序控制方式的独特价值

第二章　量刑裁量权的程序控制（一）
　　　　——比较法分析 / 42

- 43 一、依附模式：大陆法系国家量刑的程序控制
- 51 二、独立模式：英美法系国家量刑的程序控制

60 | 三、对两种模式的评价

第三章　量刑裁量权的程序控制（二）
　　　　　——中国的改革探索 / 68

69 | 一、中国量刑程序改革的目标
78 | 二、相对独立的量刑程序——中国量刑程序改革的现实选择
84 | 三、定罪量刑分离模式改革探索及其面临的批评
87 | 四、相对独立量刑程序在中国的确立
92 | 五、中国相对独立量刑程序的诉讼构造
97 | 六、中国相对独立量刑程序的基本特征

第四章　量刑程序的独立性问题 / 100

101 | 一、中国相对独立量刑程序的缺陷
103 | 二、量刑程序独立的正当性
111 | 三、独立量刑程序的构建
112 | 四、在中国构建独立量刑程序可能遇到的障碍

第五章　量刑信息的调查 / 116

117 | 一、量刑信息调查的重要意义
121 | 二、量刑信息的种类
124 | 三、量刑信息调查的主要模式
130 | 四、量刑信息调查模式的选择

第六章　量刑程序中的证据问题 / 136

136 | 一、量刑证据的一般理论
140 | 二、量刑证据的证据能力问题
143 | 三、量刑程序中的证明责任
147 | 四、量刑程序中的证明标准
157 | 五、量刑程序中的证据规则

第七章　量刑程序中的控辩关系 / 164

- 165　一、检察官和辩护人参与量刑程序的意义
- 168　二、量刑建议——量刑程序中检察官工作的核心
- 190　三、量刑辩护——量刑程序中辩护方工作的核心
- 197　四、量刑裁判的说理——法官对控辩双方意见的回应

第八章　量刑程序中的被害人参与 / 205

- 205　一、刑事被害人参与量刑的正当性
- 210　二、刑事被害人作为量刑程序当事人的构造基础
- 212　三、刑事被害人在量刑程序中的角色定位
- 217　四、被害人的量刑意见
- 223　五、被害人行为与量刑

结　语 / 230

- 230　一、对导论所提问题的回应
- 232　二、量刑程序研究的开放性

参考文献 / 234

附　录

- 245　附录一　美国联邦量刑指南的演进
- 261　附录二　美国刑事量刑程序
- 272　附录三　国际刑事法院的量刑听证程序

后　记 / 274

导 论

一直以来,中国在定罪和量刑的关系模式问题上采取了"合一模式",即没有设置专门的量刑听证程序,法庭在审理定罪问题的同时也一并审理与量刑有关的事实和情节。然而,2007年发生的许霆案注定成为中国法治进程中极具标本意义的著名案件,并将我国传统定罪与量刑合一模式的缺陷暴露得淋漓尽致,中国量刑程序改革也由此被推到了司法改革的风口浪尖上:

2006年4月21日晚21时许,许霆到广州市天河区黄埔大道西平云路163号的广州市商业银行自动柜员机(ATM)取款,同行的郭安山在附近等候。许霆持自己不具备透支功能、余额为176.97元的银行卡准备取款100元。当晚21时56分,许霆在自动柜员机上无意中输入取款1000元的指令,柜员机随即出钞1000元。许霆经查询,发现其银行卡中仍有170余元,意识到银行自动柜员机出现异常,能够超出账户余额取款且不能如实扣账。许霆于是在21时57分至22时19分、23时13分至19分、次日零时26分至1时06分三个时间段内,持银行卡在该自动柜员机指令取款171次,共计取款17.5万元。许霆告知郭安山该台自动柜员机出现异常后,郭安山亦采用同样手段取款1.8万元。同月24日下午,许霆携款逃匿。广州市商业银行发现被告人许霆账户交易异常后,经多方联系许霆及其亲属,要求退还款项未果,于2006年4月30日向公安机关报案。公安机关立案后,将许霆列为犯罪嫌疑人上网追逃。2007年5月22日,许霆在陕西省宝鸡市被抓获归案。案发后,许霆及其亲属曾多次与银行及公安机关联系,表示愿意退赔银行损失,但同时要求不追究许霆的刑事责任。许霆至今未退还赃款。2007年11月7日,郭安山向公安机关投案自首,并全额退还赃款1.8万元。经天河区法院审理后,法院认定其构成盗窃罪,但考虑到其自首并主动退赃,故对其判处有期徒刑一年,并处罚金1000元。而潜逃一年的许霆,17.5万元赃款因投资失败而挥霍一空,2007年5月在陕西宝鸡火车站被警方抓获。2007年11月20日,广州市中级人民法院审理后认为许霆"以非法占有为目的,采取秘密手段窃取银行经营资金,且数额特别巨大,以盗窃罪判处无期徒刑,剥夺政治权利终身,并处没收个人全部财产,同时追缴被告人许霆的违法所得17.5万元"。判决一出,舆论哗然。专家学者纷纷发表评论,召开研讨会,京粤多名律师上书全国人大。2008年1月9日,广东省高级人民法院以"事实不清证据不足"裁定许霆案发回重审。2008年2月22日,广州市中级人民法院依法另行组成合议庭进行了公开审理。2008年3月31日,广州市中级人民法院重审后,判决"许霆犯盗窃罪,判处有期徒刑五年,并处罚金二万元。追缴被告人许霆的犯罪所得173826元,发还受害单位。本判决依法报请最高人民法院核准后生效"。许霆在宣判当庭表示"不上诉"。但是,4月9日,许霆正式向广东省高级人民法院提起上诉,坚持认为自己的行为只是民事关系上的过失,而不是刑事犯罪,应该不构成盗窃罪,重审原判决定性错误,二审应作出无罪的判决。二审法院经过审理,最终维持原判。①

抛开许霆案判决实体部分的争议,仅从诉讼程序上讲,本案也存在着重大问题:一方面,广州中院在再审程序中,在事实几乎没有任何改变的情况下,量刑却从无期徒刑降至五年有期徒刑——没有专门的量刑听证程序,没有就从轻量刑的理由进行辩论和质证,再审判决书中也没有就再审为什么要从轻量刑进行有说服力的裁判书说理,一切关于量刑的活动都是秘密的"办公室作业方式",法官在量刑问题上享有不受限制的自由裁量权;另一方面,许霆的辩护人以被告人的行为属民法上的不当得利为由作无罪辩护,控辩双方在整个法庭审理过程中也是紧紧围绕着是否有罪进行举证、质证和辩论的,这种情况下,辩护律师肯定不会提出那些与无罪辩护截然对立的从轻、减轻或免除刑罚的量刑情节。然而,由于缺乏专门的量刑听证程序,被告人一旦被认定有罪,辩护律师将不会再有进行从轻、减轻或免除刑罚的"降格"辩护的机会,"量刑辩护"不充分,被告人的合法权利无法得到应有的保护。

一、中国传统量刑程序的缺陷

许霆案是研究中国传统量刑程序的一个活样本,透过许霆案可以看出我国传统定罪与量刑程序合一模式存在的根本缺陷。自许霆案之后,越来越多的学者开始关注我国"定罪、量刑合一模式"对被告人权利的保护、法官自由

---

① 许霆案具体内容,请参见(2007)穗中法刑二初字第196号"许霆案一审判决书"、(2008)粤高法刑一终字第5号"许霆案二审裁定书"、(2008)穗中法刑二重字第2号"许霆案重审判决书"、(2008)粤高法刑一终字第170号"许霆案重审上诉裁定书"。

裁量权的使用、刑事辩护等问题带来的消极影响，与此同时，很多学者也开始对国外定罪与量刑的关系模式进行了卓有成效的研究，并纷纷提出了改革我国量刑制度的对策和立法建议。①

总体来说，中国传统量刑程序的缺陷主要体现在以下几个方面：

第一，量刑的办公室作业方式——程序不公开、不透明问题。

一直以来，我国刑事诉讼中定罪与量刑程序合二为一，法庭通过一场连续的审理过程，既解决被告人是否构成犯罪的问题，又解决有罪被告人的量刑问题。这种制度设计，"否定了法庭对量刑问题进行独立审判的可能性"。在法庭审理过程中，"法庭调查"属于对被告人是否实施犯罪行为的事实调查，"法庭辩论"也要围绕着公诉事实是否成立而展开。裁判者没有将量刑问题纳入法庭调查的对象，充其量只是在法庭辩论阶段将其视为附带于定罪的问题，无论是出庭支持公诉的检察官，还是被害方和辩护方，都没有太多的机会就有罪被告人的量刑情节、量刑种类和量刑幅度，进行有针对性的举证、质证和辩论。在法庭审理程序结束之后，法官往往通过查阅控辩双方提交的所有证据材料，如果发生疑问，则通过电话询问检察官和辩护人，最终决定被告人的刑罚，也就是说，量刑裁判主要是法官办公室作业的结果。

第二，量刑裁量权的滥用问题。

在定罪与量刑程序合一的模式下，量刑附属于定罪问题，这使得法官在量刑信息的获取、量刑情节的取舍、量刑情节对量刑的影响等方面享有不受限制的裁量权。然而，绝对的权力导致绝对的腐败，法官不受限制的量刑裁量权很容易导致量刑腐败。

实际上，由于我国检察机关的强势地位，以及检察机关对无罪判决的强烈抵触，使得司法实践中无罪判决率越来越低。也即是说，检察官起诉的犯罪，在是否判处有罪问题上，法官的裁量权是非常小的，对于绝大部分案件，法官只能作出有罪判决。然而，在量刑问题上，检察官的监督热情有所减弱。如果说，中国刑事司法中仍然存在法官滥用裁量权的情形，那么这种裁量权

---

① 许霆案发生不久后，一些学者开始对量刑问题展开研究，如汪建成：《量刑程序改革中需要转变的几个观念》，载《政法论坛》2010年第28卷第2期；陈瑞华：《量刑程序改革的模式选择》，载《法学研究》2010年第1期；陈瑞华：《定罪与量刑的程序分离——中国刑事审判制度改革的另一种思考》，载《法学》2008年第6期（总第319期）；陈瑞华：《论量刑的独立性——一种以量刑控制为中心的程序理论》，载《中国法学》2009年第1期；蒋惠玲：《构建我国相对独立的量刑程序的几个难点》，载《法律适用》2008年第4期（总第265期）；李玉萍：《我国相对独立量刑程序的设计与构建》，载《法律适用》2008年第4期（总第265期）；陈卫东：《定罪与量刑程序分离之辩》，载《法制资讯》2008年第6期；宋英辉、何挺：《构建我国量刑程序的基本思路》，载《法制资讯》2008年第6期；胡云腾：《构建我国量刑程序的几个争议问题》，载《法制资讯》2008年第6期，等等。

的滥用主要集中在量刑领域。

第三，检察官关注定罪，而忽略量刑监督。

按照现行的公诉制度，检察机关的起诉书其实是一种定罪申请书，公诉的主要使命是证明被告人的犯罪事实，说服法院对其作出有罪判决。原则上，只要法院判定检察机关指控的犯罪事实成立，并据此作出有罪裁决，检察机关的公诉活动即告成功。对于那些出庭支持公诉的检察官来说，只要法院在作出有罪判决问题上不发生什么变故的话，对于法院究竟如何量刑，他们一般是不加过问的。

当然，有的检察官在公诉意见中也会指出某些量刑情节，并就辩护方提出的诸如自首、立功、认罪态度等问题进行辩论，但这通常被视为附带的公诉活动。一般情况下，只要法院在法定的量刑幅度内加以量刑，并且不存在量刑畸轻畸重的情形，检察机关不会就量刑问题提出抗诉。

由于检察机关不会就量刑问题提出明确的诉讼请求，整个量刑程序也就成为法官独自裁断的过程，而无法具有基本的公开性和两造对抗性。法官在对量刑问题"不告而理"之后，既无法对各种法定和酌定量刑信息进行全面的调查，也无法听取控辩双方针对量刑问题而进行的专门辩论。在这种控辩双方都无法参与的秘密审查过程中，法官对量刑信息的获取、审查和采纳都是独自完成的，他们所获取的信息的全面性和客观性很难得到保证，各种法外因素干预、影响法官量刑结果的情况很容易发生，个别法官利用量刑上的独断权进行权力寻租的情况也难以禁绝。

第四，辩护人地位尴尬。

在定罪与量刑程序一体化的审判模式下，法庭审判的核心是被告人是否构成犯罪的问题，量刑没有在程序上独立于定罪过程之外，而成为依附于定罪问题的附带裁判事项。这势必造成被告人及其辩护人对量刑决策过程参与不充分的问题，使得量刑环节的辩护名存实亡。

特别是在那些被告人作无罪辩护的案件中，辩护人经常发现自己陷入了一种两难的诉讼境地：辩护人如果作无罪辩护，强调本案"证据不足"或者被告人"在法律上不构成犯罪"，就只能按照这一口径进行诉讼活动，而根本不可能在法庭调查中再提出那些有利于被告人的量刑情节，也不可能在法庭辩论阶段再来论证"对被告人从轻量刑的必要性"。否则，被告人、辩护人会陷入自相矛盾的境地，后面所作的有罪辩护意见就会对前面的无罪辩护观点形成一种否定效果。于是，辩护律师在选择辩护方向时经常存在一种"鱼和熊掌不可兼得"的无奈心理：如果作出无罪辩护，就意味着在法庭上根本没有机会强调有利于被告人的量刑情节；如果充分指出那些旨在说明应对被告人

"从轻量刑"的事实和情节,就只能跟无罪辩护无缘了。

第五,量刑信息全面化缺乏制度保障。

量刑与定罪所要解决的问题是不同的。在定罪阶段,法官主要是对犯罪人的犯罪行为进行评价;在量刑阶段,法官则是针对实施犯罪的行为人进行评价。定罪所要解决的问题主要是被告人实施的行为是否满足刑法规定的犯罪构成要件,如果满足,定罪问题则没有任何争议。也就是说,定罪问题面向的是"过去",是对"过去行为"是否构成犯罪的评价。而量刑则是在定罪问题解决之后,法官在综合考虑刑罚的目的和功能、被告人犯罪行为的严重性、被告人主观恶性、被告人的平时表现、被告人是否能够重返社会等各方面因素之后,给出的一个确定的刑罚。因此,量刑面对的是"未来",是为改造、矫治被告人而进行的活动。为实现准确量刑,了解被告人潜在的社会危害性,即被告人再实施危害社会行为的可能性,法官在量刑前必须掌握被告人的平时表现、家庭情况、犯罪原因、教育状况等方面的信息,基于此,社会调查报告必不可少。

我国2012年修订的《刑事诉讼法》第268条规定:"公安机关、人民检察院、人民法院办理未成年人刑事案件,根据情况可以对未成年犯罪嫌疑人、被告人的成长经历、犯罪原因、监护教育等情况进行调查。"该条文把原有的未成年人刑事案件司法解释、刑事政策相关内容上升为法律,明确了未成年人案件中应当开展审前调查,但是对于大部分成年人犯罪案件,却并未规定开展社会调查,因此无法保障量刑信息的全面化。

第六,被害人地位和利益得不到应有的重视。

根据现行刑事诉讼法,公诉案件中的被害人是一方"当事人",除了不拥有上诉权以外,可以享有被告人所享有的其他诉讼权利。在那些有被害人参与的公诉案件中,其实打破了传统的由控诉、辩护和裁判三方构成的诉讼构造,而确立了一种由公诉方、被害方、被告方与裁判者组成的"四方构造"。当然,在这种"四方构造"中,被害方处于公诉辅助者的地位。

然而,无论是"有当事人地位的第三人"还是所谓的"四方构造",都难以掩盖被害人在公诉程序中诉讼地位低下、诉讼参与十分有限这一基本的现实。在近年来的刑事审判中,被害人的"民事原告"的地位得到了明显的强调,但其"公诉程序当事人"的地位却受到有意无意的忽略。很多基层法院甚至将被害人视为一个单纯的证人,在法庭审理中并不通知其出庭作证,至于保障这些被害人有效地参与审判过程问题,就更谈不上了。被害人的"当事人"地位正面临着越来越明显的"名惠而实不至"的困境。

二、中国近期的量刑程序改革

近年来,一方面,"同案不同判""量刑不均衡"的现象比较突出,严重影响了人民对法律严肃性的信仰,并进一步影响了司法的威信和公信力;另一方面,缺乏量刑实体和量刑程序的规范,法官在量刑问题上享有不受限制的自由裁量权,而不受限制的自由裁量权为法官进行权力寻租提供了广阔的空间,客观上助长了法官的腐败。为此,最高人民法院在2004年便将量刑规范化作为司法改革的一项重要内容,纳入《人民法院第二个五年改革纲要》,并在实体和程序两方面明确了量刑改革的任务,即研究制定量刑指导意见,健全和完善相对独立的量刑程序。而最近出台的最高人民法院"三五改革纲要"又再次强调要"规范自由裁量权,将量刑纳入法庭审理程序"①。与此相适应,最高人民法院于2008年8月下发了《关于开展量刑规范化试点工作的通知》,确定江苏省泰州市、福建省厦门市、山东省淄博市、广东省深圳市等4个中级人民法院,及北京市海淀区、上海市浦东新区、江苏省姜堰市、江西省南昌市青山湖区、山东省淄博市淄川区、湖北省武汉市江汉区、云南省个旧市、陕西省西安市碑林区等8个基层人民法院为量刑规范化试点单位,对两个试点文件进行试点。②

此外,部分未纳入最高人民法院改革试点范围的地方法院也开始积极探索量刑程序改革;而一些学者也与部分地方法院合作,进行了量刑程序改革的试点。比如北京大学陈瑞华教授分别与北京市东城区人民法院、上海市长宁区人民法院等进行合作,开展量刑程序改革试点;中国人民大学陈卫东教授与芜湖市中级人民法院联合开展量刑程序改革试点等。可以说,在中国量刑程序改革探索进程中,中国司法实践中曾经出现过三种改革模式,第一种模式是由最高人民法院所倡导和推行的;第二种模式为我国部分学者所倡导,当然部分地方法院在改革探索中也尝试使用这种模式;第三种模式是由我国部分学者与部分地方法院合作推动的。

经过多年的探索,最高人民法院于2010年10月1日,会同最高人民检察院、公安部、司法部、国安部联合颁布并试行了《关于规范量刑程序若干问题的意见(试行)》(简称《意见》),2012年修改的《刑事诉讼法》在第193条

---

① 参见最高人民法院《关于印发〈人民法院第三个五年改革纲要(2009—2013)〉的通知》。
② 参见李瑛编辑:《严格程序 规范量刑 确保公正——最高人民法院刑三庭负责人答记者问》,载《人民法院报》2009年6月1日。

对定罪量刑的关系模式采取了模糊处理方式,仅要求"法庭审理过程中,对与定罪、量刑有关的事实、证据都应当进行调查、辩论"。相关立法的出台,意味着曾几何时讨论得沸沸扬扬的定罪与量刑程序的关系模式问题将逐渐归于沉寂,民间学术团体和部分地方法院在这个问题上的探索也将戛然而止。2012年修改的《刑事诉讼法》以及2010年颁布的《关于规范量刑程序若干问题的意见(试行)》,就定罪与量刑的关系问题采取了何种模式,这种模式存在何种积极意义,有哪些问题,司法实践中的执行情况如何,这些都亟待分析和研究。

三、量刑程序改革必须关注的几个理论问题

尽管2010年颁布了《关于规范量刑程序若干问题的意见(试行)》,2012年修改的《刑事诉讼法》又进一步确定了在法庭调查、法庭辩论框架中适当区分定罪、量刑的方式,但是国内理论界对于量刑程序的研究绝不会因此而终止。原因很简单,中国目前的量刑程序改革仍处于探索阶段,有太多的理论和实践问题亟待解决。

当然,问题是客观的,而解决问题的途径则是主观的。不论立法者在立法中如何定位定罪与量刑的程序关系问题、如何设计中国的量刑程序,量刑程序的一些基本理论问题是不会随着改革的变化而变化的。这些理论问题包括:第一,法官的自由裁量权是一柄双刃剑,必须合理地引导和规范,就量刑裁量权的实体(规则)控制和程序(诉权)规制来讲,何种方式更加有效,实体控制方式存在哪些局限性,程序控制方式有哪些独特的优势;第二,目前,就定罪与量刑的程序关系模式来讲,主要存在两种模式,一种是大陆法系国家定罪与量刑程序合一模式,另一种是英美法系国家定罪与量刑程序分离模式,各个模式有哪些优点,其劣势何在;第三,量刑程序改革必须把握一些最基本的价值取向,否则可能会失去方向,那么中国量刑程序改革的价值目标有哪些;最高人民法院在《关于规范量刑程序若干问题的意见(试行)》中,确立了相对独立的量刑程序模式,这种模式在普通程序、简易程序中的适用情况如何,具有哪些特征,存在哪些问题;第四,中国相对独立的量刑程序存在哪些缺陷,量刑程序独立具有哪些正当性,中国独立的量刑程序应当如何构建,在中国构建独立的量刑程序将会遇到哪些理论或实践障碍;第五,量刑信息的全面化如何保障,量刑信息如何调查,量刑程序中的证明责任如何分配、证明标准如何设置,量刑程序中的证据规则如何适用等;第六,量刑程序中的控辩关系如何设置,检察官在量刑程序中的核心工作有哪些,辩护律师在量

刑程序中的作用和功能如何;第七,被害人参与量刑程序具有哪些正当性,刑事被害人在量刑程序中的角色应当如何定位,被害人在量刑程序可以实施哪些诉讼行为。

总之,如何规范和控制法官的量刑裁量权,如何实现量刑程序的适度公开,如何扩大检察官、辩护律师、被害人等诉讼主体在量刑程序中的参与,乃是整个量刑程序研究的核心,也是贯穿本书研究的红线。

四、量刑程序理论研究的现状及其不足

就量刑程序理论来讲,学者们已经进行了一定程度的研究。笔者查找了关于量刑方面的博士、硕士论文、中文专著、文章,并查阅了美国、英国、加拿大、德国、法国、日本、中国香港地区、中国台湾地区等国家和地区的法律规定、相关文章。

纵观上述研究现状,笔者认为现有的文献在量刑问题研究方面已经取得了很大的进展。首先,在基础理论方面,一些研究者开始对大陆法系国家定罪量刑合一模式及英美法系定罪量刑分离模式进行了一定程度的研究,并对各自的优劣得失进行了分析。其次,一些实务工作者对也逐渐开始认识到我国司法实践中法官在量刑问题上享有太大的自由裁量权,因此需要通过制定一些关于量刑问题的实体和程序性操作标准。再次,越来越多的学者逐渐认识到,量刑与定罪所解决的问题不同,量刑不仅要考虑犯罪行为本身的严重性,同时也要考虑犯罪人个人潜在的社会危险性,因此很多学者认为未来我国量刑制度的改革应当首先要建立社会调查制度,这种设想已经首先在我国少年司法实践中成为现实。最后,自许霆案之后,越来越多的学者开始关注我国定罪、量刑合一模式对刑事辩护带来的消极影响,也开始关注法官在定罪问题上的自由裁量权应当受到限制。同时,很多学者在分析我国目前量刑程序存在的缺陷之后,纷纷提出了改革我国量刑制度的对策和立法建议。

尽管目前的研究已经取得了一定的进展,但从世界各国对量刑问题的研究来看,大陆法系国家由于没有专门的量刑程序,因此在量刑程序的研究上十分薄弱;英美法系国家一般都实现了量刑程序的独立,但是从各国研究量刑问题的重点来看,主要还是研究量刑指南的制定、适用和修改,对量刑程序理论的研究也有所欠缺,所以在量刑程序问题的研究上还有很大空间。

第一,从研究内容来看,现有的研究没有深入研究量刑程序的基本理论。传统定罪程序中所要解决的问题主要是证明检察机关起诉的犯罪事实是否成立;而量刑程序中所要解决的问题则是如何确定最佳的刑罚。传统定罪程

序中要求检察官和辩护律师之间对抗,法官居中裁判,被害人在定罪程序中一般不具有独立的主体地位;而量刑程序中法官往往积极地探求某些方面的事实,检察官和辩护律师之间常常也并不是积极的对抗,很多国家刑事诉讼中的被害人在量刑阶段具有独特的地位。传统定罪程序往往要讲究实体公正、程序正义、对被告人进行特殊保护等价值理念,而量刑程序之中,被告人已经被定罪,此时无须对被告人再进行特殊保护;量刑程序中程序正义已经不再是其追求的最重要的目标,效率、真实和量刑公正将会取代程序正义而成为量刑程序中最主要的价值目标。所以,在量刑程序中,量刑的构造模式、量刑目的、量刑价值等基础理论亟待研究。

第二,从量刑程序设置方面来看,现有的研究也不够深入。我国未成年人犯罪案件中社会调查报告在制作主体、内容、审查程序、作用等方面与英美法系国家的量刑前调查报告都有所不同,未来我国量刑程序独立后,社会调查报告如何规范亟待研究。同时量刑程序中如何规范法官的自由裁量权、量刑程序中检察官的作用、辩护律师的作用及被害人的作用等方面的问题都需要进行深入的研究。

第三,从量刑证据及其证据规则方面来看,现有的研究还有待进一步深入。量刑程序中,很多事实和信息实际上已经不是"能够证明案件事实情况"意义上的证据了,比如社会调查报告中包含的被告人人格、学习经历、家庭生活情况、学习情况、工作情况、前科状况等,几乎是与被告人目前所犯的罪行之间没有任何自然关联性,但是这些事实却在量刑程序中大量适用。这些事实和信息能够构成证据法理论中的"证据",如果可以称为证据,其证据规则有何特殊性?此外,量刑程序中是否存在证明对象?其证明责任是一元的还是多元的?证明标准如何?这些问题都需要进行认真的研究。

以上从三个方面论述了量刑程序问题研究方面的不足。面对研究现状中的问题,笔者意图从这三个方面出发研究量刑程序问题,从量刑程序的基本理论、量刑程序设置和量刑证据及其证据规则等方面试图进行一些尝试,依照"小处着手、大处着眼"的方法,期待能够实现理论的突破。

第一章　量刑裁量权实体控制的局限性

2010年10月1日,最高人民法院会同最高人民检察院、公安部、国安部、司法部共同颁布了《人民法院量刑指导意见(试行)》和《关于规范量刑程序若干问题的意见(试行)》。这两个文件代表了我国量刑规范化改革中的两种思路,即法官量刑裁量权的实体规范控制或程序规范控制。尽管量刑实体规范和量刑程序规范在一定的范围内都可以达到约束法官自由裁量权的效果,但是,纵观我国最高人民法院及地方试点法院的改革,量刑实体改革都自然或不自然地成为改革的重点,而量刑实体改革的核心便是尝试创制中国式"量刑指南"。比如最高人民法院制定了《人民法院量刑指导意见(试行)》,深圳市中级人民法院制定《刑事案件量刑指导意见》,江苏省姜堰市法院制定并试行了《规范量刑制导意见》,山东省淄博市淄川区法院制定了《常用百种罪名量刑规范化实施细则》,山东省淄博市中级人民法院推行《规范量刑软件管理系统》,乃至江苏省高级人民法院制定《量刑指导规则》等等[①]。

最高人民法院及各地方法院不约而同地选择了通过实体规范来规范和限制法官的自由裁量权,这便引出了一个亟待研究的理论问题——在控制法官量刑裁量权问题上,实体(规则)控制方式有哪些优点和缺陷?与实体控制方式相比,程序(诉权)控制方式是否存在优势?本章拟从这些问题切入,深入地分析量刑裁量权实体控制方式的缺陷,及程序控制的优势。

一、法官量刑裁量权控制的两种方式

"徒法不足以自行",在法律被制定之后,只有经由法院和法官才能实现从"法典法"到"实践中的法"的跨越,而在这一过程中,法官的自由裁量权必不可少。英国著名法学家戴维·M.沃克指出:"自由裁量权,指酌情作出决定的权力,并且这种决定在当时情况下应是正义、公正、公平和合理的。法律经常授予法官以权力或责任,使其在某种情况下可以行使自由裁量权。有时

[①] 李瑛编辑:《严格程序 规范量刑 确保公正——最高人民法院刑三庭负责人答记者问》,载《人民法院报》2009年6月1日。

是根据情势所需,有时则仅仅是在规定的限度内行使这种权力"①。另一英国法学家 K. C. Davis 则认为,自由裁量权是"法律对公共官员的权力施以有效限制的,同时保留给官员在行动和不行动及如何行动的多种可能做法中做出自由选择的权力"②。美国法学教授约翰·亨利·梅里曼也认为,审判上的自由裁量权是英美法系法官传统固有的权力,要求"能够根据案件事实决定其法律后果,为了实现真正的公正,可能不拘泥于法律还能够不断地解释法律使之更合乎社会的变化"③。《布莱克法律辞典》中法官自由裁量权指的是"法官或法庭自由斟酌的行为,意味着法官或法庭对法律规则或原则的界限予以厘定"④。

尽管对自由裁量权的定义还存有一定的争议,但从世界范围来看,不论是成文法国家还是判例法国家,法官均享有一定的自由裁量权,只是由于各国司法实践及法律限制的不同,法官裁量权的大小程度有所不同而已。司法自由裁量权是一柄双刃剑,有其存在的价值和积极意义,但是又有被滥用的危险,因此,必须对其进行必要的约束。

司法自由裁量权的价值和积极意义主要体现在:第一,在不违背立法精神的前提下,赋予法官适当的自由裁量权,让其启动智慧之门,从纷繁芜杂的纠纷中,展开法律的逻辑,作出明智的裁判,会更加有利于贯彻正义、公平的原则,从而达到个案公正和社会正义的统一,法律政策与道德情理的和谐。第二,司法自由裁量权可以将社会的最新发展引入"过时"的成文法律,实现法律效果与社会效果的统一。也就是说,成文法一颁布就存在落后于社会现实的问题,如果没有法官通过行使自由裁量权对其加以调整,将很难实现法律所预期的良好社会效果。第三,司法自由裁量权是克服我国经济文化发展不平衡对司法消极影响的重要方法。我国幅员辽阔,经济文化发展很不平衡,如果适用同一个法律标准,肯定会带来执法上的不公平。而各地法官通过法律赋予的自由裁量权,对全国性的法律进行必要的微调,使法律紧密地与地方现实相结合。第四,司法裁量权有利于维护法律的稳定并树立法治的权威。法律作为一种规则,其本身的属性决定了不能频繁地进行修改,否则,公民对其行为的可预测性将会大大降低,守法的自觉性将会越来越弱,法律的权威将无法牢固树立。法律需要稳定,社会却不断发展,法律与现实的差距便越来越大,而且二者之间的这种矛盾永远存在。法官通过对法律进行解

---

① 〔英〕戴维·M. 沃克:《牛津法律大辞典》,光明出版社 1988 年版,第 261 页。
② K. C. Davis, *Discretionary Justice*, Green-wood Press, 1969, p. 4.
③ 〔美〕约翰·亨利·梅里曼:《大陆法系》,顾培东等译,法律出版社 2004 年版,第 52 页。
④ *Black's Law Dictionary* (5th Ed.), West Publishing Company, 1979, p. 419.

释、阐述或论证,对自由裁量权的合理、正确适用,不但能较好地实现案件正确裁决,而且能有效地缓解和缩小二者之间的矛盾与差距,还能保持法律的稳定,树立法治的权威。

在肯定司法自由裁量权积极意义的同时,我们也应当看到其消极性的一面:第一,司法裁量权容易导致"同案不同判",使判决失之公正,而且也不利于比较正义的形成。司法自由裁量权往往产生于法律概念不清楚、不明确、不具体的情况下,因而法官有可能滥用解释权和判断权,使作出的解释和判断背离法律的精神和目的。此外,由于司法自由裁量权的行使完全凭借法官个人的判断、认识与经验,而各个法官的价值观不同,还由于各个法官的认识能力、水平有高下之分,因而就可能出现对同一种事实作出不同判断、处理的情况,即"同罪而异罚"的情况。以量刑为例,相同或相似案件在不同法院、不同法官那里甚至同一法官在不同时期、不同的境况下会出现不同或大相径庭、相互冲突的判决结果,法律适用的统一性受到挑战,罪刑相适应原则和刑法面前人人平等原则被践踏,当事人合法权益的保障被忽视,司法的公正性、平等性被破坏,法院的权威性和形象被贬低。第二,如果法官在案件中有了自己的利益,或者是出于歧视和偏袒,司法自由裁量权就有可能成为以权谋私、枉法裁判的工具,甚至成为打击报复的工具。第三,过大的自由裁量幅度,给法官的具体操作带来困难。以量刑为例,目前粗放式刑罚给法官过大的自由裁量权,然而,在定罪问题解决之后,到底该适用何种刑罚,从何处起刑却给法官带来困难。量刑畸重、畸轻均面临被上诉审改判的风险,于是法官只好把那些疑难和复杂的量刑个案推给审判委员会,这既加重了审判委员会的负担,也不利于发挥法官的审判工作积极性。

可以说,"没有自由裁量权,法律会经常受到诸如严厉、无情、不公正等批评",但"哪里有不受限制的自由裁量权,哪里便无法治可言"[①],从这个意义上讲,各国在赋予法官自由裁量权的同时,也会对自由裁量权进行必要的限制。就目前各国控制法官量刑裁量权的径路来看,主要有以下两种方式:

一是实体(规则)控制,即从源头着眼,通过更加细化的实体法律,尽量缩小法官的自由裁量权。各国通过立法和司法解释细化刑法的努力便属于此种模式。从世界范围来看,根据实体规则细化的程度不同,实体控制模式还可以进一步区分为以下两类,即大陆法国家的粗放式实体控制模式和英美法国家的量刑指南控制模式。所谓粗放式实体控制模式,主要指的是,通过

---

① 〔美〕埃尔曼:《比较法律文化》,贺卫方、高鸿钧译,生活·读书·新知三联书店1990年版,第210页。

较粗的刑法条文,将特定犯罪的量刑规定在一个较大的档期内,法官在量刑时受到该档期的限制。比如,《日本刑法典》第108条规定,"放火烧毁现供人居住或者现有人在内的建筑物、火车、电车、船舰或者矿井的,处死刑、无期或者5年以上惩役"。① 对于该条所规定的犯罪,法官尽管具有较大的自由裁量权,但是这种自由裁量权还是会受到一定的限制的,即针对此罪,法官必须在死刑、无期徒刑或5年以上惩役之间量刑。与大陆法粗放式实体控制模式不同的是,英美法国家主要是通过细化了的量刑指南来进一步控制法官的量刑裁量权。在此模式之下,由于量刑指南规定的量刑幅度比较小,因此法官的自由裁量权也比较小。比如,根据美国《联邦量刑指南》,二级谋杀(Second Degree Murder)的基本犯罪等级为38级,对照联邦量刑图表,如果该犯罪人的犯罪记录为Ⅰ档(0—1次),此时法官的量刑幅度为235—293个月;如果犯罪记录为Ⅱ档(2—3次),此时法官的量刑幅度为267—327个月;如果犯罪记录为Ⅲ档(4—6次),此时法官的量刑幅度为292—365个月;如果犯罪记录为Ⅳ档(7—9次),此时法官的量刑幅度为324—405个月;如果犯罪记录为Ⅴ档(10—12次),此时法官的量刑幅度为360个月—终身监禁;如果犯罪记录为Ⅵ档(13次以上),此时法官的量刑幅度为360个月—终身监禁。② 从以上分析可以看出,与英美量刑指南控制方式相比,大陆法国家粗放式实体控制方式,留给法官过大的量刑裁量权,因此,这种方式的控制能力比较弱。

二是程序(诉权)控制,即从运行过程着眼,以程序规范来防止法官自由裁量权的滥用。以量刑为例,为了有效地控制法官的量刑裁量权,各国普遍通过裁判书说理、上诉制度等程序规则,来防止法官滥用自由裁量权。除上述程序控制方式之外,英美法国家还通过将定罪与量刑程序相分离,在一个专门的量刑程序中,通过各诉讼参与人行使诉权的方式来限制法官的量刑裁量权。

可以说,在控制法官量刑裁量权问题上,实体控制和程序控制是相辅相成的,缺乏实体规范的程序控制将失去方向,缺乏程序规范的实体控制将会过于机械。从各国的理论研究和司法实践来看,重实体(规则)控制而轻程序(诉权)控制可以说是一种普遍现象,而实体(规则)控制的极端便是制定量刑指南。在中国目前量刑制度改革的大背景,讨论实体(规则)控制方式和程序(诉权)控制方式的优劣得失具有重要意义。

---

① 参见张明楷:《日本刑法典》(第2版),法律出版社2006年版,第108页。
② United States Sentencing Commission, *Federal Sentencing Guidelines Manual* (2008 Edition), Volume 1, Thomson West, p.49.

二、量刑裁量权实体控制的样本分析之一
——美国《联邦量刑指南》

不论是大陆法国家还是英美法国家,其刑法规范都会通过制定特定的实体规范和条文来限制法官的量刑裁量权。比如,《德国刑法》第 250 条规定,抢劫致他人身体严重虐待或有死亡危险,处 5 年以上自由刑。《日本刑法》第 235 条规定,"窃取他人的财物的,是盗窃罪,处 10 年以下惩役或者 50 万元以下罚金"。这些针对特定犯罪的刑罚规定尽管比较宽泛,但是都能够在一定程度上达到限制法官自由裁量权的效果。而从世界范围来看,美国《联邦量刑指南》是量刑裁量权实体控制模式被强调到极致的产物,因此,在分析量刑裁量权实体控制模式的优劣得失时,我们不妨以美国《联邦量刑指南》为样本。借助这种"放大式"研究,更容易发现这种模式的优劣得失。

(一) 美国《联邦量刑指南》的出台背景及其演进

在美国联邦司法系统,地区法官一直主导着量刑程序,这种现象直到二十年前才得以改变。① 在 1984 年之前的美国,联邦刑事司法采取不确定的量刑体制。不确定的量刑以两种方式允许广泛的变动:第一,立法机关设立较大的量刑幅度,给予法官较大的自由空间,在立法规定的范围内科处宽舒或严厉的刑罚;第二,法官科处刑期不确定的刑罚,由假释官员决定罪犯实际上应该被监禁的具体时间。② 而 1984 年美国《量刑改革法》,通过创制和施行联邦量刑指南,改革了数个世纪以来一直沿用的传统司法实践方式。③《联邦量刑指南》在性质上更接近一种关于如何行使裁量权的权威性技术手册:首先,联邦量刑委员会根据联邦法院内部过去存在的关于制裁幅度的非正式"行情"以及相关联邦法院判决所显示出的各罪的量刑标准,在可能的范围内将其明文规定;其次,联邦量刑委员会将定期根据其收集的全国范围内的量刑数据,对量刑指南进行修改,以适应社会生活的急剧变化;最后,《联邦量刑指南》也设立了很多政策性调整的尺度,例如优先救济被害人的原则,对企业犯罪进行制裁的加重或减轻的各种要件等。从 1987 年至 2005

---

① Kate Stith, Jose A. Cabranes, *Fear of Judging: Sentencing Guidelines in The Federal Courts*, University of Chicago Press, 1998, pp.9—37.
② 〔美〕爱伦·豪切斯泰勒·斯黛丽、南希·弗兰克:《美国刑事法院诉讼程序》,陈卫东、徐美君译,何家弘校,中国人民大学出版社 2001 年版,第 575 页。
③ U.S. Federal Sentencing Guidelinces Manual, 1987.

年,法官在量刑方面的自由裁量权,被这套详细且复杂的《联邦量刑指南》严格地限制起来,留给他们的自由裁量权微乎其微。① 在 2005 年,联邦最高法院在"美国诉布克"案(United States v. Booker)的裁决中,明确表明《联邦量刑指南》仅仅是一项"有效的参考",自此,强制性量刑指南时代正式完结。②

1. 美国为什么要制定《联邦量刑指南》?

在 1987 年美国《联邦量刑指南》生效之前的约两个世纪中,联邦地区法院的法官,只要是在国会制定的非常宽泛的量刑幅度内量刑,他们在量刑问题上几乎拥有不受限制的自由裁量权。③ 这一阶段的一个典型特征便是不确定的量刑体制。这种量刑体制以"刑罚的个别化"和"对犯罪人的个别矫治"为主要目的,认为,由于"犯罪人是因生了病而具有一定的人身危险性,因此他们需要接受帮助和治疗",同时"由于没有人,包括办案的法官,能够知晓何时犯罪人的病才能够痊愈且与常人一样不具有任何危险性,因此应当由那些负责治疗犯罪人的官员决定何时释放犯罪人"。④ 在这种体制之下,法官享有极大的自由裁量权,他们可以在法律规定的宽泛的幅度内,选择判处被告人的刑罚。比如,按照当时的联邦法律,殴打政府官员可能招致罚金或者不超过 10 年的监禁刑;联邦拐卖法授权的量刑幅度是"任何年限的监禁刑,甚至终身监禁";强奸将导致"死刑、任何年限的监禁刑,或者终身监禁";驾驶盗窃的汽车驶越州界将会导致"5 年以下有期徒刑";抢劫联邦保障的银行可能会导致 25 年以下的监禁;邮局工作人员盗窃一封邮件可能会导致 5 年以下监禁。⑤ 一般说来,联邦地区法官仅仅根据他们各异的良知,在给定的案件中,判处被告人从 5 年、10 年到 30 年或者 30 年以上的各不相同的刑罚。然后,在刑罚的执行过程中,由假释官员根据犯罪人的表现情况,决定最终的释放时间。也就是说,在大多数联邦刑事案件中,被告人无法明知和预测自己将因缓刑(probation)而走出监狱、或者将在监狱中度过余生,抑或执行两者之间的监禁刑罚。⑥

需要注意的是,在美国《联邦量刑指南》出台以前,通常仍然会存在法官

---

① Kate Stith, Jose A. Cabranes, *Fear of Judging: Sentencing Guidelines in The Federal Courts*, University of Chicago Press, 1998, pp.78—103.
② United States v. Booker, 543 U.S. 220, 245—246 (2005).
③ Kate Stith, Jose A. Cabranes, Judging under the Federal Sentencing Guidelines, 91 *NW. U. L. Rev*, 1997, pp.1247—1248.
④ Marvin E. Frankel, *Criminal Sentences: Law Without Order*, Published By Hill And Wang, New York, 1972, p.89.
⑤ Ibid., pp.5—6.
⑥ Ibid., p.6.

之外的其他主体,他们在一定程度上还是能够对法官的量刑裁量权产生一定的影响,但是这种影响非常微弱,因为"联邦地区法官可以调整其量刑判决,以应付其他主体准备的材料所带来的潜在影响"①。此外,由于美国联邦地区法官对被定罪者的量刑很少受到外部施予的控制或监督,因此,联邦法官在量刑问题上的权力进一步得到扩张和强化。同时,由于联邦量刑法律缺乏富有指导意义的量刑标准、量刑原则和量刑规则②,因此,联邦地区法官作出的量刑裁决难以有效地受到上诉法院的复审监督。③

在"前量刑指南"时期,法官在量刑问题上所具有的不受限制的自由裁量权使得这种量刑体制,自20世纪60年代开始,逐渐成为自由主义和保守主义评论家的激烈批判的对象④;到20世纪70年代,对这种量刑体制进行大规模的改革已经不可避免了。⑤ 在20世纪70年代后期和80年代前期掀起的联邦量刑改革大潮,于《量刑改革法案》颁布之前达至高潮,这不能不说是两派(自由派和保守派)齐心协力的结果。⑥ 自由主义改革派人士寻求量刑制度改革,主要是因为他们相信,联邦地区法官在行使广泛的自由裁量权的时候,他们对少数民族被告人的处罚肯定会比白人被告人的处罚更加严苛⑦,在他们看来,基于被告人的种族、性别或者社会地位等因素而导致的量刑不统一问题,是不合理的。⑧ 而保守主义改革派人士则认为,量刑制度改革会根除"联邦地区法官判处的刑罚过于仁慈和轻缓"这一长期存在的问题。⑨ 这些倡导量刑制度改革的保守主义者相信,强制性量刑指南将会确保所有法官,不论他们"自由主义"的程度如何,他们必须在所有案件中按照指南判处被告人足够严苛的刑罚。

这种反映不同政治派别之政治意愿的"合流",在1984年《量刑改革法案》出台前期达到了高潮。⑩ 联邦最高法院布雷耶大法官注意到,国会在通

---

① Kate Stith, Jose A. Cabranes, Judging under the Federal Sentencing Guidelines, 91 *NW. U. L. Rev*, 1997, pp.1248—1249.

② Ibid., p.1252.

③ Ibid.

④ Kate Stith, Steve Y. Koh, The Politics of Sentencing Reform: The Legislative History of the Federal Sentencing Guidelines, 28 *WAKE FOREST L. REV.* 1993, pp.223,223—257.

⑤ Ibid.

⑥ Ibid.

⑦ Ibid., p.231.

⑧ Douglas A. Berman, A Common Law for This Age of Federal Sentencing: The Opportunity and Need for Judicial Lawmaking, 11 *STAN. L. & POL'Y REV.* 1999, pp.18—20.

⑨ Kate Stith, Steve Y. Koh, The Politics of Sentencing Reform: The Legislative History of the Federal Sentencing Guidelines, 28 *WAKE FOREST L. REV.* 1993, p.227.

⑩ Sentencing Reform Act of 1984, Pub. L. No.98—473, 98 Stat. 1987 (codified as amended in scattered sections of 18 and 28 U.S.C.).

过《量刑改革法案》(SRA)时主要期望实现以下两大目标:减少"没有任何理由的、过大的"量刑差别,以及通过裁撤假释机构,确保"量刑中的诚信"。① 撤销联邦假释机构,与该法案其他方面的规定一起,共同导致了《量刑改革法案》的出台,同时也为联邦司法系统中使用的"过时的"矫治模式敲响了丧钟。② 《量刑改革法案》同时也试图解决"量刑差别"这一为各式各样的量刑政策以及个性化的联邦法官所期冀实现的量刑目标。③ 改革家们的期望是,通过制定一部"全面且连贯一致的联邦量刑法律",将会彻底消除"联邦地区法官仅仅主要依靠个人的正义感而(判处不同的被告人)差别巨大的刑罚"这一状况。④

《量刑改革法案》中最重要的部分是要求美国联邦量刑委员会创设和制定《联邦量刑指南》。一位国会议员声称,量刑指南将会"彻底改观我们传统印象中的、已经持续两百多年的量刑体制,并呈现给我们一个全新的量刑制度"⑤。《联邦量刑指南》实施后的二十多年的司法实践已经充分地证明,当时的预测是十分具有先见之明的,甚至可以毫不夸张地说,上述观点甚至低估了《联邦量刑指南》对联邦量刑实践所带来的根本性变革。

概而言之,美国《联邦量刑指南》的出台主要有以下几个方面的背景和原因:(1) 在不确定量刑体制之下,美国刑法在各罪的量刑问题上规定了一个非常宽泛的幅度,比如"强奸将导致死刑、任何年限的监禁刑,或者终身监禁",这使得法官在量刑时缺乏可以借鉴和参考实体法的指导标准。(2) 在前量刑指南阶段,法官享有极大的自由裁量权,他们可以在法律规定的宽泛的幅度内,选择判处被告人任何幅度的刑罚,这不仅可能造成法官自由裁量权的滥用,同时也容易造成没有任何理由的"差别量刑"。(3) 在前量刑指南阶段,在不确定的刑罚模式之下,法官的量刑只不过是一个非常宽泛的刑罚幅度,然后由假释官员根据犯罪人的表现情况,决定最终的释放时间,这不仅容易造成假释官员滥用权力的情况,而且也使得被告人无法明知或预测自己的命运。(4) 由于联邦量刑法律缺乏富有指导意义的量刑标准、量刑原则和量刑规则,因此,联邦地区法官作出的量刑裁决难以有效地受到上诉法院的复审监督。(5) 前量刑指南时期,不确定刑罚模式以矫治和治疗为目的,

---

① Stephen Breyer, The Federal Sentencing Guidelines and the Key Compromises Upon Which They Rest, 17 *Hofstra L. REV.* 1988, pp.1—4.
② S. REP. NO.98—225, 1983, p.3221.
③ Ibid., p.3224.
④ Michael H. Tonry, The Sentencing Commission in Sentencing Reform, 7 *Hofstra L. REV.* 1978, pp.315,323.
⑤ 133 CONG. REC. 26,372 (statement of Rep. Synar).

"但是经过全面长期的司法实践,基本没有实现不定期刑倡导者的愿望"①,而矫治模式一旦"过时",不确定刑罚模式便宣告破产,于是,美国司法实践便急需另一套全新的量刑制度。

2.《联邦量刑指南》出台后为什么会遭到联邦法官的排斥和反对?

美国各方推动下的《联邦量刑指南》(简称"指南"),不仅为特定的犯罪规定了比较狭窄的量刑幅度,而且也对不同的量刑事实和情节规定了不同的价值。② 如果要计算某一犯罪的恰当量刑幅度,法官必须参考量刑指南的核心部分:由纵横两个轴分别代表犯罪事实以及其犯罪前科状况,然后为由罪行严重程度和前科事实组合而成的 258 种情形构建量刑幅度。③ 尽管在强制性量刑指南时期,在量刑指南规定的量刑幅度内,法官仍然享有一定的自由裁量权,但是这种自由裁量权的后果并不严重,因为在规定的量刑幅度内,其最高刑罚被成文法限定为最低刑罚的 1.25 倍。④ 尽管在绝大多数的案件中,法官有义务在"量刑指南"规定的幅度内判处刑罚,但是他们也可以偏离"指南"规定的幅度,在特定的情况下,高于或者低于"指南"规定的幅度判处被告人刑罚。⑤ 除了要求联邦地区法官在规定的量刑幅度内判处刑罚之外(当然例外的情况下可以偏离),"指南"明确禁止法官考虑那些他们传统上经常予以考虑的事实情况,比如被告人的不利背景、家庭关系及其责任,以及精神和情感状况。⑥

在美国《联邦量刑指南》颁布之后的近二十年内,《联邦量刑指南》与联邦的其他生效的法律一样,具有强制的约束力,法官在量刑时必须首先在"指南"规定的幅度内量刑,如果综合案件的所有情况,法官认为应当在"指南"规定的幅度之外量刑时,那么他必须就此提供充足的理由。在强制性量刑指南时期,法官一旦在指南规定的幅度之外量刑,他至少会面临以下几个方面的挑战:第一,如果是超过"指南"规定的刑罚幅度量刑,被告人可能会就此提出上诉,他们的初审判决更有可能被推翻;如果是在"指南"规定的幅度之下量刑,那么可能会招致检察官的上诉⑦,他们的初审判决同样可能被上级法院推翻。第二,如果初审法官在"指南"规定的幅度之外量刑,那么在

---

① 储槐植:《美国刑法》(第三版),北京大学出版社 2005 年版,第二版序言,第 8 页。
② U. S. Sentencing Guidelines Manual (2008).
③ Ibid.
④ See 28 U.S.C. § 994(b)(2) (2006).
⑤ See 18 U.S.C. § 3553(b) (2006).
⑥ U. S. Sentencing Guidelines Manual, 2008, p.12.
⑦ 需要注意的是,在美国刑事诉讼中,检察官对于无罪判决,一般无权提起上诉,但是在被告人被定罪后,如果检察官认为量刑畸轻的话,检察官的上诉权并不会受到任何限制。

上诉审查的过程中会格外吸引上诉法院法官的眼球,这样就更容易被上级法院的判决所推翻。基于上述理由,在强制性量刑指南之下,初审法官一般都会在"指南"规定的幅度对被告人量刑。

也就是说,《联邦量刑指南》的发展和实施导致法官在量刑问题上的自由裁量权受到了严格的束缚。尽管《联邦量刑指南》在书面上规定了法官享有一定的量刑裁量权,但是强制性量刑指南时期的联邦司法实践表明,"量刑指南基本上取代了一切事项"①,并且"量刑指南上的网格成了至高无上的上帝"②。

值得注意的是,美国《联邦量刑指南》经过近二十年的实践,在美国司法界及学术界也造成了很多的争议,许多联邦法官和学者对之持严厉的批判态度。其主要理由在于:第一,联邦法院法官普遍认为,"指南"捆住了法官的手脚,在具体案件中无法顾及特殊的情况,比如有人认为"为了寻求量刑数值的精确性,量刑指南将法官变成了会计"③;第二,一些联邦法官还认为,"指南"抛弃了刑罚的治疗和矫治功能,对犯罪人采取的是关押政策,也不能有效地预防和防止犯罪,造成许多社会问题;第三,由于大约有90%以上的联邦法院管辖的案件是通过辩诉交易机制解决的④,在量刑指南之下,法官仍然必须审视所有的辩诉交易协议,以确保国会的量刑政策没有受到削弱⑤,这不仅可能干涉到控辩双方对案件的处分权,同时也降低了诉讼效率;第四,法官们普遍认为,严格的量刑指南导致"一个巨大的(尽管是非预谋的)量刑自由裁量权的转移,即将法官的自由裁量权转移给了检察官"⑥;第五,在很多法官看来,量刑指南中规定的某些刑罚幅度是非常严酷的,特别是在毒品犯罪中⑦;第六,量刑指南一视同仁地对待提起指控的犯罪和未经指控的"与指控犯罪相关的犯罪行为",而对于后者,只需要证明到优势证据的标准即可。⑧

这些争论可以说伴随着《联邦量刑指南》而产生,直到 2005 年 1 月 5 日,

---

① The Philip D. Reed Lecture Series, Panel Discussion: Federal Sentencing Under "Advisory" Guidelines: Observations by District Judges, 75 *Fordham L. REV.* 2006, pp. 1—5 (statement of Judge Gertner).

② Ibid. (statement of Judge Adelman).

③ Stephen A. Saltzburg, Daniel J. Capra, *American Criminal Procedure* (*Eight Editions*), Thomson West, p. 1470.

④ United States Sentencing Commission, *Guidelines Manual*, 1987, p. 8.

⑤ Federal Sentencing Guideline, 1987, pp. 1—3 (Introductory Comments).

⑥ Report of the Federal Court Study Committee, 138 (April 1990).

⑦ Ibid.

⑧ Federal Sentencing Guideline, 1987, pp. 1—3 (Introductory Comments).

联邦最高法院才在"布克案"(Booker)中以微弱的多数(5:4)正式宣布《联邦量刑指南》不再作为强制性的法律规则,而只是法官们量刑时的参考而已。① 在"布克案"中,联邦最高法院取消了《量刑改革法案》中的两个重要条款,即 "规定联邦法官必须(除了指南规定的例外情况外)在量刑指南规定的幅度内量刑"的条款,以及规定"上诉法院法官必须对那些在指南规定的量刑幅度之外量刑的案件进行复审"②。然而,对于量刑指南的其他内容,则予以完整保留。因此,《联邦量刑指南》目前是"参考性"的,并且,上诉法院对量刑进行复审的标准是"是否构成自由裁量权的滥用",而不是更加严苛的"超出规定幅度量刑"标准。

需要强调的是,联邦最高法院并不是为了否定量刑指南,而仅仅是为了强调法官在联邦量刑实践中必须继续扮演重要角色。联邦最高法院在判决中写道,量刑法官有义务"考虑量刑指南中规定的量刑幅度","尽管没有义务必须按指南行事,但联邦地区法官必须参考指南的规定,并且在量刑时使它们发挥一定的作用"。"布克案"判决意见清晰地表明,量刑法官必须根据《量刑改革法案》以及《美国法典》第 3553 条(a)款(18 U.S.C. 3553(a))中设定的量刑程序应当达致的目标,而不是机械地根据量刑指南规定的幅度量刑。《美国法典》第 3553 条(a)款(18 U.S.C. 3553(a))中所规定的量刑程序之目的同样指导着上诉法院评估某一地区法官所作的量刑判决是否"合理"。

在"布克案"尘埃落定之后,就"后布克时代"法官量刑问题上的自由裁量权问题,美国本土存在着两派学术观点:第一派观点认为,法官再一次在量刑问题上获得富有意义且举足轻重的作用;第二派观点则认为,除一些极其例外的案件外,联邦量刑指南仍然举足轻重,联邦地区法官仍然需要按照指南行事。③ 许多巡回法院在"后布克时代"所作的判决反映了第二派观点,即紧紧地限制法官在量刑问题上的自由裁量权。然而,联邦最高法院则试图禁止联邦巡回法院强行要求地区法院的法官跟随量刑指南亦步亦趋。④ 正如后来发生的几个重要案件⑤所表明的那样,联邦最高法院在量刑指南的地位以及提高法官在量刑问题上的自由裁量权两者之间摇摆不定,一直试图在这

---

① Booker, 543 U.S. at 228.
② Ibid.
③ Lynn Adelman, Federal Sentencing Survey: Rita, District Court Discretion, and Fairness in Federal Sentencing, 85 *DENV. U. L. REV.* 2007, pp.51—52.
④ See Gall v. United States, 128 S. Ct. 586 (2007).
⑤ 主要包括:瑞塔诉美国案(Rita v. United States);高尔诉美国案(Gall v. United States);金布伦诉美国案(Kimbrough v. United States)等。

两个经常冲突着的利益之间寻找一个恰当的平衡点。

总之,美国联邦量刑指南为规制法官自由裁量权而创制,但是经过多年的司法实践,其"机械性"的一面又充分地暴露出来,并招致大多数联邦法官的抱怨和反对,并最终于"布克案"中被正式宣布为"不再作为强制性的法律规则,而只是法官们量刑时的参考"。

(二)《联邦量刑指南》的实施效果及其启示

在美国《联邦量刑指南》颁布之后的近二十年内,它与联邦的其他生效的法律一样,具有强制的约束力,法官在量刑时必须首先在量刑指南规定的幅度内量刑,如果综合案件的所有情况,法官认为应当在指南规定的幅度之外量刑,那么他必须就此提供充足的理由。这种情况直到2005年的"布克案"之后才有所改变,联邦最高法院在"布克案"中正式宣告《联邦量刑指南》不再作为强制性的法律规则,而只是法官量刑时的参考规则而已。当然,在"布克案"之后,联邦法院通过"瑞塔诉美国"(Rita v. United States)、"高尔诉美国"(Gall v. United States),以及"金布伦诉美国"(Kimbrough v. United States)等案件,不仅再次强调了《联邦量刑指南》的参考性,而且也重申了法官自由裁量权的重要意义。

1.《联邦量刑指南》的实施效果

在强制性量刑指南时期,法官的自由裁量权受到了《联邦量刑指南》的极大限制:首先,强制性量刑指南通过纵横两个轴,将各类犯罪的量刑情况都规定得非常详细,事实裁判者一旦认定了犯罪事实、量刑情节和前科状况,法官便很容易根据量刑指南找到本罪应当适用的量刑幅度,也就是说,在量刑幅度的选择问题上,法官的裁量权被《联邦量刑指南》所取代。其次,一旦法官根据案件事实和量刑情节,查找到了应当适用的刑罚幅度,法官一般不会违反指南的规定而在指南之外量刑。原因很简单,法官一旦在指南规定的幅度之外量刑,他将会面临来自被告人和检察官的上诉,以及上诉法院法官的高度注意,这样将更容易使得他们的初审判决被上级法院所推翻。最后,强制性量刑指南之下,严格的量刑指南导致"一个巨大的,尽管是非预谋的量刑自由裁量权的转移,即将法官的自由裁量权转移给了检察官"①,因为检察官可以通过剪裁起诉的罪行、量刑情节以及其他量刑因素来控制法官赖以选择量刑幅度的基础事实,以此控制法官的量刑权力。也就是说,强制性《联

---

① Report of the Federal Court Study Committee, 138(April 1990).

邦量刑指南》的实施导致了法官在量刑问题上的自由裁量权受到了严厉的束缚。尽管《联邦量刑指南》在书面上规定了法官享有一定的量刑裁量权，但是强制性量刑指南时期的联邦司法实践表明，"量刑指南基本上取代了一切事项"①，并且"量刑指南上的网格成了至高无上的上帝"②。

在"布克案"之后，联邦最高法院宣告《联邦量刑指南》不再作为强制性的法律规则，而只是法官量刑时的参考规则而已。在参考性量刑指南下，由于联邦法官没有义务必须（除了指南规定的例外情况外）在量刑指南规定的幅度内量刑，因此，法官的自由裁量权有所扩大；与此一脉相承的是，上诉法院对量刑进行复审的标准也不再是"是否严格地遵照量刑指南"，而是看初审法官在量刑过程中"是否构成自由裁量权的滥用"；此外，辩护律师现在可以根据与犯罪行为并不相关的事实，而请求法官在指南规定的幅度之下量刑，这在强制性量刑指南时期是不可想象的③；最后，在参考性量刑体制之下，法官量刑所依赖的事实范围，要比强制性量刑指南阶段多④。

也就是说，在强制性量刑指南阶段，《联邦量刑指南》确实能够有效地约束法官的量刑裁量权，但是这种强制性量刑指南却使得法官的自由裁量权几乎消失殆尽，而且在一定程度上将法官的自由裁量权转移给了检察官。这种情况虽然使得法官的量刑裁量权受到了有效的规制，但是缺乏自由裁量权的法官们却难以应对千变万化的现实案件。参考性量刑指南在一定程度上有效地调和了二者之间的矛盾，即既能够有效地约束法官的自由裁量权，又赋予法官一定的自由裁量权，以灵活地解决现实案件。

2. 博弈与衡平：《联邦量刑指南》与法官的自由裁量权

纵观美国《联邦量刑指南》的产生和演变史，我们可以清晰地发现其经历了以下三个明显的阶段：**第一阶段是前量刑指南阶段**。这一阶段的刑法以"个别化的矫治"为其追求的目的，在量刑制度上奉行不确定的刑罚体制。同时由于在《联邦量刑指南》颁布之前，美国一直奉行判例法传统，即便将某些常见的犯罪也规定在成文法中，但是其成文法水平比较低，比如，强奸罪的法定刑是"死刑、任何年限的监禁刑，或者终身监禁"。因此，在这种宽泛的

---

① The Philip D. Reed Lecture Series, Panel Discussion: Federal Sentencing Under "Advisory" Guidelines: Observations by District Judges, 75 *Fordham L. REV.* 2006, pp. 1—5 (statement of Judge Gertner).

② Ibid. (statement of Judge Adelman)

③ Robert J. Anello, Jodi Misher Peikin, Evolving Roles in Federal Sentencing: The Post-Booker/Fanfan World, 2005, *Fed. Cts. L. Rev.*

④ John F. Maclean, Booker at 1: Lawyers, Judges Adjust to Changes in Sentencing, *DAILY REC.* (Balt., Md.), Jan. 12, 2006 (quoting Phillip J. Kavanaugh).

量刑幅度内,辅之以不确定的刑罚体制,这一阶段的法官在对被告人的量刑问题上享有极大的自由裁量权,对被告人如何量刑完全取决于法官的个性以及良知,因此"同罪异罚"是这种模式的最大缺陷。**第二阶段是强制性量刑指南阶段**。在《联邦量刑指南》中,由纵横两个轴分别代表犯罪事实以及犯罪前科状况,然后为由罪行严重程度和前科事实组合而成的258种情形构建量刑幅度。犯罪事实、量刑情节和被告人的个人情况等信息一旦确定,法官便可按图索骥,找出该罪的量刑幅度。同时因为在规定的量刑幅度内,其最高刑罚被成文法限定为最低刑罚的1.25倍,因此,尽管这种情况下,法官仍然享有自由裁量权,但是其自由裁量权的范围已经被限制在一个非常狭小的范围内。从上述事实可以看出,在强制性量刑指南阶段,法官的量刑裁量权比较小,这在一定程度上实现了"相同的犯罪,相同的刑罚"这一形式上的正义,但是,由于案件之间千差万别,被告人的个人情况也千差万别,因此,如果完全按照指南规定的幅度量刑,则难免会缺乏灵活性,导致"量刑的机械化"。① **第三阶段,参考性量刑指南阶段**。实际上,参考性量刑指南模式是对自由裁量量刑模式和强制性量刑指南模式的扬弃,其一方面规范和限制了法官在量刑问题上的自由裁量权,有力地缓解了"同罪异罚"现象;另一方面也避免了强制性量刑指南的机械性,使得法官有权合理地估量案件事实以及犯罪人个人的所有信息。

由此可见,美国量刑指南的发展和演变无外乎是自由裁量权和规制自由裁量权之间的博弈与衡平的过程。在完全自由裁量量刑阶段,法官对如何量刑享有不受限制的自由裁量权,但是这时却产生了"同案不同判""判决的任意性""判决的不确定性"等问题。为了解决上述问题,联邦量刑委员会创制了《联邦量刑指南》,将法官的量刑裁量权控制在非常狭小的范围内,联邦地区法官差不多也成了韦氏"自动售货机"式的法官,然而,强制性量刑指南在实践中却暴露出其"机械性"的一面,难以应付千差万别的活生生的案件。而参考性量刑指南阶段则是在上述两个极端之间寻求平衡的结果。无怪乎,史蒂文森大法官在"布克案"裁决意见中兴奋地写道,量刑法官"再次获得了国会曾经在1984年通过颁布量刑改革法案而取消了的量刑自由裁量权"②。而斯卡利亚大法官也高兴地指出,"逻辑合理性自然便得出以下结论,即量刑法官必须向他们在量刑改革法案颁布之前那样,享有完全的自由裁量权,

---

① Gall v. United States 便是最明显的例证。
② United States v. Booker, 543 U.S. 220, 297 (2005) (Stevens, J., dissenting).

以便在成文法规定的幅度内量取任何刑罚"①。

"量刑指南从强制性走向参考性"是《联邦量刑指南》与法官自由裁量权之间博弈与衡平的结果。这一转变同样也表明,自由裁量权是一个利弊共生的制度,是一柄双刃剑,强制性量刑指南在根除自由裁量权的弊端——"任意性"与"同罪异罚"的同时,也消灭了自由裁量权的积极功效——"灵活性"和"个别性",导致量刑指南的机械化。而参考性量刑指南却能够在一定程度上调和二者之间的紧张局面。由此可见,在量刑实体改革过程中,我们应当在自由裁量权和实体规则之间寻找一个恰当的平衡点,否则任何一味地限制甚至取消法官自由裁量权的实体规则迟早都将走向灭亡。

(三) 对美国《联邦量刑指南》的反思

在量刑问题上,立法权与司法权表现为此消彼长的关系,立法的不明确赋予法官相对较大的自由裁量权,而自由裁量权越大,其被滥用的可能性和危险性就越大,这就在立法的明确化与限制法官自由裁量权之间形成极为剧烈的矛盾。从美国《联邦量刑指南》的产生和演变史我们可以看出,美国《联邦量刑指南》因"规范法官量刑裁量权",解决"量刑不均衡问题"而产生。在其后近二十年"强制性量刑指南"阶段,联邦地区法官对《联邦量刑指南》的机械性和科学性诟病颇多,司法实践中背离《联邦量刑指南》的判决不断增加,而且美国学术界批判量刑指南的论文不断涌现。在诸多合力的共同推动下,美国联邦最高法院借助"布克案"之契机,最终使得《联邦量刑指南》从强制性走向参考性。

美国《联邦量刑指南》的最大问题在于其机械性。量刑指南试图通过制定一个包罗万象的科学的实体规则,将法官变成"自动售货机"——"一边是输入案件事实和法律条文的入口,一边是输出司法判决的出口,机械运行,不逾雷池半步"②。这种方式尽管可以最大限度地限制(甚至剥夺)法官的量刑裁量权,但同时却也将法官的主观能动性、司法理性消灭殆尽。在这种控制方式之下,量刑指南上的网格成了至高无上的上帝,"法官很少有机会考虑被告人的罪责性"③,法官即便发现按照实体规则判处被告人刑罚存在极大的不合理性,他们也只能"按照规则办事"。从这个意义上讲,实体规则控制

---

① Booker, 543 U.S. at 305 (Scalia, J., dissenting).
② Max Weber, *On Law in Economy and Society*, ed. by Max Rheinstein, trans. by Edward Shils and Max Rheinstein, Harvard University Press, 1954, p.354.
③ 史轶华:《量刑规范化的路径选择——基于制度层面的考察》,载《法制与社会》2013年第13期。

方式存在极大的机械性。正是因为如此,美国联邦法院法官普遍反对强制性的量刑指南,认为"联邦量刑指南捆住了法官的手脚,在具体案件中无法顾及特殊的情况,比如有人认为'为了寻求量刑数值的精确性,量刑指南将法官变成了会计'"①。根据美国联邦司法机关的权威问卷调查,在美国,约有61.5%的联邦地方法官反对强制性的联邦量刑指南,有的法官甚至因此愤而辞职。② 由此可见,即便是科学的量刑指南,也不能过于机械和死板,而应当在量刑指南和法官自由裁量之间寻找一个恰当的平衡点。

三、量刑裁量权实体控制的样本分析之二
——中国式量刑指南

在"二五改革纲要"和"三五改革纲要"的指导下,最高人民法院近年来一直致力于我国量刑制度的改革,并最终于2010年10月1日颁布了两个重要的规范性文件——《人民法院量刑指导意见(试行)》和《关于规范量刑程序若干问题的意见(试行)》。从目前的材料看,最高人民法院的量刑制度改革主体上包括两个部分,即量刑实体改革和量刑程序改革,量刑实体改革的基本方式是模仿英美量刑指南,制定"中国式"量刑指南;而量刑程序改革无非是在现有的法庭调查和法庭辩论之下,将定罪问题和量刑问题进行适当分离,即将法庭调查区分为定罪调查和量刑调查,法庭辩论区分为定罪辩论和量刑辩论(2012年修正的《刑事诉讼法》第193条基本上接受了最高人民法院的这一改革思路)。从上述两个试行的法律文本来看,量刑实体规范占据了95%左右的篇幅,而量刑程序仅是作出了一些原则性的规定。最高人民法院的改革思路是:模仿美国量刑指南制定"中国式"实体规范,并借此实现规范控制法官量刑裁量权的目的。中国式量刑指南的科学性及其效果如何?中国式量刑指南的局限性有哪些?这些问题值得认真研究。

(一)中国式量刑指南探索

为了贯彻最高人民法院量刑规范化改革的指示精神,各地法院纷纷就量刑实体改革方式进行了不懈的探索,并最终形成了多种模式,其中,影响最大

---

① Stephen A. Saltzburg, Daniel J. Capra, *American Criminal Procedure* (Eight Editions), Thomson West, p.1470.
② 〔日〕谷口安平:《程序的正义与诉讼》,王亚新、刘荣军译,中国政法大学出版社1996年版,第5页。

的主要是最高人民法院模式①、江苏姜堰法院"比率量刑"模式②和淄博淄川区法院"电脑量刑"模式③。最高人民法院量刑实体改革模式的最大特点便是建立了"以定量分析为主、定性分析为辅"的量刑方法,其中定量分析法主要包括"对犯罪行为进行量化分析"和"对量刑情节进行量化分析"。④ 江苏姜堰法院"比率量刑"模式的主要特点是"提取被告人所具有的各种法定、酌定的量刑情节要素,确定各要素的轻处、重处比率,然后实行同向要素比率相加、逆向要素相减的计算方法,得出最后的轻处或重处比率"。⑤ 淄博淄川法院"电脑量刑"模式的主要特点是"将预先编制好的《规范量刑软件管理系统》装入电脑,法官在对案件进行审理后,整理出符合《规范量刑软件管理系统》的信息,将其输入电脑,得出量刑结果"。

最高人民法院于2010年10月1日颁布了《人民法院量刑指导意见(试行)》(以下简称《量刑指导意见》),这意味着之前各地法院进行的量刑实体改革探索将偃旗息鼓,最高人民法院的量刑实体规范将成为全国各地法院统一实施的范本。

最高人民法院的量刑实体改革方式,在一定程度上参照了美国《联邦量刑指南》,同时也揉进了诸多中国本土因素,所以也被称为"中国式量刑指南"。根据《量刑指导意见》,最高人民法院量刑规范化改革的内容主要包括量刑指导原则、量刑方法、常见量刑情节的适用,及15种具体犯罪的量刑。

就量刑方法而言,主要包括量刑步骤、量刑情节调节基准刑的方法及确定宣告刑的方法。就量刑步骤而言,《量刑指导意见》规定量刑可分为三大步骤:第一步,根据基本犯罪构成事实在相应的法定刑幅度内确定量刑起点;第二步,根据其他影响犯罪构成的犯罪数额、犯罪次数、犯罪后果等犯罪事实,在量刑起点的基础上增加刑罚量确定基准刑;第三,根据量刑情节调节基准刑,并综合考虑全案情况,依法确定宣告刑。⑥

就量刑情节调节基准刑的方法而言,主要有以下五个方面的内容:(1) 具有单个量刑情节的,根据量刑情节的调节比例直接对基准刑进行调

---

① 关于最高人民法院量刑实体改革模式的资料,主要来自于:《严格程序 规范量刑 确保公正——最高人民法院刑三庭负责人答记者问》,载《人民法院报》2009年6月1日。
② 《中国量刑指南有望今年出台 聚焦中国量刑指南姜堰范本》,载《法制日报周末版》2009年1月2日。
③ 参见刘春雷、张文宇:《"电脑量刑"面世历程》,载《法律与生活》2004年9月下半月刊。
④ 见上注①。
⑤ 见上注②。
⑥ 参见最高人民法院2010年10月1日颁布的《人民法院量刑指导意见(试行)》第2条第1款。

节;(2) 具有多种量刑情节的,根据各个量刑情节的调节比例,采用同向相加、逆向相减的方法确定全部量刑情节的调节比例,再对基准刑进行调节;(3) 对于具有刑法总则规定的未成年人犯罪、限制行为能力的精神病人犯罪、又聋又哑的人或者盲人犯罪、防卫过当、避险过当、犯罪预备、犯罪未遂、犯罪中止、从犯、胁从犯和教唆犯等量刑情节的,先用该量刑情节对基准刑进行调节,在此基础上,再用其他量刑情节进行调节;(4) 被告人犯数罪,同时具有适用各个罪的立功、累犯等量刑情节的,先用各个量刑情节调节个罪的基准刑,确定个罪所应判处的刑罚,再依法实行数罪并罚,决定执行的刑罚;(5) 同一事实涉及不同量刑情节时,不重复评价。①

就确定宣告刑的方法而言,主要有以下六个方面的内容:(1) 量刑情节对基准刑的调节结果在法定刑幅度内,且罪责刑相适应的,可以直接确定为宣告刑;如果具有应当减轻处罚情节的,依法在法定最低刑以下确定宣告刑。(2) 量刑情节对基准刑的调节结果在法定最低刑以下,具有减轻处罚情节,且罪责刑相适应的,可以直接确定为宣告刑;只有从轻处罚情节的,可以确定法定最低刑为宣告刑。(3) 量刑情节对基准刑的调节结果在法定最高刑以上的,可以法定最高刑为宣告刑。(4) 根据案件的具体情况,独任审判员或合议庭可以在 10% 的幅度内进行调整,调整后的结果仍然罪责刑不相适应的,提交审判委员会讨论决定宣告刑。(5) 综合全案犯罪事实和量刑情节,依法应当判处拘役、管制或者单处附加刑,或者无期徒刑以上刑罚的,应当依法适用。(6) 宣告刑为 3 年以下有期徒刑、拘役并符合缓刑适用条件的,可以依法宣告缓刑;犯罪情节轻微,不需要判处刑罚的,可以免予刑事处罚。②

最高人民法院在《量刑指导意见》中,还详细规定了 14 种法定和酌定量刑情节,及其具体的调整幅度。③ 比如,"对于立功情节,综合考虑立功的大小、次数、内容、来源、效果及罪行轻重等情况,确定从宽的幅度。一般立功的,可以减少基准刑的 20% 以下;重大立功的,可以减少基准刑的 20%—50%;犯罪较轻的,可以减少基准刑的 50% 以上或者依法免除处罚。"④

此外,最高人民法院同时也在《量刑指导意见》中,就 15 种常见犯罪的量刑基准问题作出了详细的规定。比如,构成故意伤害罪的,可以根据下列不同情形在相应的幅度内确定量刑起点:(1) 故意伤害致一人轻伤的,可以在 6 个月至 1 年 6 个月有期徒刑幅度内确定量刑起点。(2) 故意伤害致一

---

① 参见《人民法院量刑指导意见(试行)》第 2 条第 2 款。
② 参见《人民法院量刑指导意见(试行)》第 2 条第 1 款。
③ 参见《人民法院量刑指导意见(试行)》第 3 条。
④ 参见《人民法院量刑指导意见(试行)》第 3 条第 5 款。

人重伤的,可以在 3 年至 4 年有期徒刑幅度内确定量刑起点。(3) 以特别残忍手段故意伤害致一人重伤,造成六级严重残疾的,可以在 10 年至 12 年有期徒刑幅度内确定量刑起点。依法应当判处无期徒刑以上刑罚的除外。(4) 故意伤害致一人死亡的,可以在 10 年至 15 年有期徒刑幅度内确定量刑起点。依法应当判处无期徒刑以上刑罚的除外。①

通过以上对最高人民法院《量刑指导意见》的详细分析,我们可以看出,中国式量刑指南最显著的特征便是量刑的数字化和算术化。所谓量刑的数字化指的是,最高人民法院在其《量刑指导意见》中将各种基本犯罪事实和各种犯罪情节都量化为一定的数字,这种数字之后的单位可能是年、月或者是一定的比率。比如,最高人民法院《量刑指导意见》中规定,"故意伤害致一人重伤的,可以在 3 年至 4 年有期徒刑幅度内确定量刑起点"②,"重大立功,可以减少基准刑的 20%—50%;犯罪较轻的,可以减少基准刑的 50%以上或者依法免除处罚"③等。

与量刑的数字化一脉相承的是量刑的算术化。所谓量刑的算术化指的是,在通过特定的方式得出某一犯罪事实及该犯罪的各犯罪情节折合的相应数值后,通过机械的算术加减方法来计算出该犯罪行为的最终量刑结果。比如,最高人民法院在《量刑指导意见》的第 2 条中便明确规定,"具有多种量刑情节的,根据各个量刑情节的调节比例,采用同向相加、逆向相减的方法确定全部量刑情节的调节比例,再对基准刑进行调节"。

(二) 中国式量刑指南的效果

当然,从我国刑法本身来看,刑法关于量刑幅度、量刑情节、量刑标准和量刑方法的规定,十分粗放,缺乏明确而又细致的标准,这导致我国法官在量刑问题上享有过大的自由裁量权,并进而导致了量刑偏差和量刑不统一、不公正问题。从这个意义上讲,我国最高人民法院采取的以"数字化"和"算术化"为主要特征的量刑实体控制方式具有一定的积极意义:首先,通过量刑的"数字化",使各种量刑情节,特别是使那些常见且非常重要的酌定情节得以"法定化",不仅使控、辩、裁三方开始关注这些酌定情节,而且也使这些酌定情节的法律效果得以确立;其次,通过量刑的"数字化"和"算术化",法官的自由裁量不仅会受到规则本身的制约,同时也要受到控辩双方及上级法院

---

① 参见《人民法院量刑指导意见(试行)》第 4 条第 2 款。
② 同上注。
③ 参见《人民法院量刑指导意见(试行)》第 3 条第 5 款。

的有效制约,法官自由裁量权的滥用将在一定程度上得到控制;再次,通过量刑的数字化和算术化,使得那些具有相同犯罪事实、相似量刑情节的犯罪,在最后的量刑处理问题上能够一定程度上实现"同罪同罚"和"量刑均衡";最后,通过量刑的数字化和算术化,一定程度上缩小了法官因"办人情案、关系案"而枉法量刑的空间,一定程度上能够有效地预防和减少量刑腐败。

但是在批判传统粗放型刑罚制度、鼓吹数字化量刑实体改革的同时,我们必须要清醒地考虑和评估当下量刑实体改革存在的问题,否则,我们的改革就可能"刚脱离虎口,又掉进狼窝"。在这个问题上,美国《联邦量刑指南》的演变至少给我们提供了一定的借鉴意义:在量刑问题上,"量化"的量刑指南尽管约束了法官的自由裁量权,但是却又表现出另一弊端——机械化,在消灭了法官的量刑裁量权的同时,不仅消灭了法官建立在司法经验、理性和良心基础上的主观能动性,而且也消灭了"刑罚的个别化",正是在这个意义上,美国量刑指南从"强制性"走向"参考性"。然而,中国式"量刑指南"在"量刑事实和情节的量化"问题上,比美国量刑指南走得更远。总体说来,"数字化"和"算术化"量刑模式至少有以下几个方面的问题难以解决:

第一,机械性有余而适应性不足,难以适应社会生活的复杂多样。"数字化"量刑的初衷是通过细化各种犯罪事实和量刑情节,规定其折合刑期,以限制法官的自由裁量权。而现实生活千姿百态,案件事实形形色色,酌定情节更是千奇百怪,"数字化"的量刑模式难以囊括上述所有情况。

第二,"数字化"量刑模式中所涉数值的科学性值得怀疑。比如最高人民法院《量刑指导意见》第3条第1款规定:"对于未成年人犯罪,应当综合考虑未成年人对犯罪的认识能力、实施犯罪行为的动机和目的、犯罪时的年龄、是否初犯、悔罪表现、个人成长经历和一贯表现等情况,予以从宽处罚:已满14周岁不满16周岁的未成年人犯罪,可以减少基准刑的30%—60%;已满16周岁不满18周岁的未成年人犯罪,可以减少基准刑的10%—50%。"我们无从得知改革的设计者是如何得出这样的数值的,这种折算比率的科学性值得怀疑。

第三,"数字化"量刑模式仍然难以防止法官滥用自由裁量权和司法腐败。尽管"数字化"量刑模式在犯罪事实、量刑情节与刑罚的对应关系问题上,规范甚至消灭了法官的自由裁量权。但是,法官在犯罪事实的剪裁、法定和酌定情节的取舍等实体法问题上仍然享有巨大的裁量空间,如果这个裁量空间无法受到有效的约束,那么任何量刑事实与刑罚的数字换算都将成为"摆设",而无法真正地约束法官量刑裁量权和防止法官量刑腐败。

第四,"数字化"量刑模式与案件裁判的客观规律相悖。"法律的生命在于经验而不在于逻辑"①,法官必须根据自己的法律修养、司法经验、职业理性和良知,将具体案件与法律规定联系起来,才能作出适当的判决。"数字化"量刑模式实际上是建立在对法官的法律修养、职业理性和司法经验不信任的基础上的,这种"凝固了的逻辑和理性""固然能在很大程度上排除在行使自由裁量权方面的主观任意性,但同时也会排除诸如自然法、人权保障之类的思辨性要素,还倾向于排除利益考量等政策性调整机制"②。

第五,"数字化"量刑模式仍然不能从根本上提高司法的公信力。司法公信是"社会公众对司法的信任和尊重程度"③,是"司法与公众之间的动态、均衡的信任交往与相互评价"④。司法公信力的提高取决于很多方面,比如法官素质、司法的独立性和中立性、司法终局性等。即便我们抛开上述因素,而仅从实体、程序与司法公信力的关系来看,程序公正、公开和透明在提升司法公信力上要远比制定"量刑指南"更加有效。毕竟,即便法官的量刑结论本身没有任何问题,假设量刑程序不公开、不透明,当事人无法参与其中并对量刑产生一定的影响,那么"量刑结果"将无法摆脱当事人和普通民众的"合理怀疑"。

总之,以中国式量刑指南为代表的"实体规则控制"方式,通过制定一系列的实体规则,将量刑事实和量刑情节"量化"为一定数量的年、月,法官按照这种"凝固理性"将量刑事实和情节换算成一定的数字,然后通过算术加减方法计算出最终的刑罚。从某种意义上讲,规则是理性的产物,法律条文是对人类法律经验、知识、智慧和理性的抽象和概括,因此规则之治在一定程度上确实可以控制法官的量刑裁量权。但是规则控制存在两大问题:规则本身的科学性及规则执行过程中的机械性。而且在法律实践领域,案件与案件之间千差万别,每一个案件都会存在自己的独特之处,酌定情节千奇百怪,这些问题都是没有所谓的一般规律可循的,正因为如此,法官的自由裁量权无论如何都具有其存在的合理性和必要性。可见,尽管"实体控制"方式在一定程度上可以控制法官量刑裁量权的滥用,但是由于规则本身的科学性堪忧且过于机械性,它在消灭量刑裁量权的消极方面的同时,也消灭了量刑裁量权的积极意义,因此,"实体控制方式"只能在一定范围内发挥效果,不可迷信。

---

① 〔美〕小奥利弗·温德尔·霍姆斯:《普通法》,冉昊、姚中秋译,中国政法大学出版社2006年版,第1页。
② 季卫东:《电脑量刑辩证观》,载《政法论坛》2007年第1期。
③ 刘青、张宝玲:《司法公信力问题研究》,载《法制与社会》2007年第2期。
④ 关玫:《司法公信力初论——概念、类型与特征》,载《法制与社会发展》2005年第4期。

四、量刑裁量权实体控制方式的局限性

实际上,美国《联邦量刑指南》和"中国式"量刑指南,均代表了一种试图通过制定详细的实体规则来限制法官量刑裁量权的思路。"实体控制"方式通过制定一系列的实体规则,将量刑事实和量刑情节"量化"为一定数量的年、月,法官按照这种"凝固理性"将量刑事实和情节换算成一定的数字,然后通过算术加减方法计算出最终的刑罚。从某种意义上讲,规则是理性的产物,法律条文是对人类法律经验、知识、智慧和理性的抽象和概括,因此规则之治在一定程度上确实可以控制法官的量刑裁量权。但是规则控制方式也存在一定的局限性。

(一) 实体规范的科学性问题

科学的量刑指南确实可以在一定程度上限制法官的自由裁量权。在"前量刑指南阶段",美国联邦司法实践中,同罪不同罚的情况十分突出,然而,在《联邦量刑指南》颁布之后,只要犯罪事实、量刑情节和被告人的个人情况等信息一旦确定,法官便可按图索骥,找出该罪的量刑幅度,而且,联邦法官一般都会在指南规定的幅度内量刑,这在一定程度上实现了"同案同判"。

但是实体控制方式的前提是"实体规则本身的科学性"。在美国联邦层面,为保障量刑指南的科学性,国会设立了一个独立的联邦机构——量刑委员会(Sentencing Commission)。该委员会的一项基本的、具有高度复杂性的工作,就是通过假想的方法预先设计一套刑罚标准,以便在每一个具体的个人依照联邦法律被判定犯有某罪后,确定应如何惩罚。[①] 在确定量刑的计算方法之前,量刑委员会研究了数千个真实案例中的量刑结果,并由此确立了"使用一种根据不同类别犯罪的严重性划定的犯罪基准等级(base offense levels)体系"[②]。某类特定犯罪基准等级的确定,往往要综合考虑该类犯罪既往的处理结果、犯罪性质、受犯罪行为影响的利益等等,另外,还要比较该类罪与其他类罪的严重性。在确定了某一个特定罪行的犯罪等级之后,它可能会因为某些事实情节(factor)而得到调整,这些事实情节包括犯罪人在该

---

① 〔美〕马克·博格,艾兰·Y.苏尼:《美国的联邦量刑指南制度》,张明、戴昕译,载《人民法院报》2005年11月14日版。

② 同上注。

犯罪活动中扮演的角色、受害人的情况及犯罪人在犯罪后的表现等。在确定了犯罪人的最终的罪责之后,经过查阅犯罪人的前科状况,便可以通过《联邦量刑指南》中的表格确定最终的刑罚。

从上面的论述可以看出,美国联邦量刑委员会通过一系列措施,尽量确保《联邦量刑指南》的科学性,比如量刑委员会吸纳了法官、检察官、警察、律师等多方主体的参与,并且量刑指南是在量刑委员会对众多的联邦刑事案件进行统计、总结和分析的基础上得出的。尽管如此,量刑指南的科学性仍然遭到了国内学者和法官们的猛烈批判。比如一些联邦法官认为,量刑指南本身抛弃了刑罚的治疗和矫治功能,对犯罪人采取的是关押政策,也不能有效地预防和防止犯罪,造成许多社会问题。[1] 还有很多法官认为,量刑指南中规定的某些刑罚幅度是非常严酷的,特别是在毒品犯罪中。[2]

与美国《联邦量刑指南》相比,"中国式"量刑指南的科学性更是值得怀疑。比如最高人民法院《量刑指导意见》第3条第1款规定:"对于未成年人犯罪,应当综合考虑未成年人对犯罪的认识能力、实施犯罪行为的动机和目的、犯罪时的年龄、是否初犯、悔罪表现、个人成长经历和一贯表现等情况,予以从宽处罚;已满14周岁不满16周岁的未成年人犯罪,可以减少基准刑的30%—60%;已满16周岁不满18周岁的未成年人犯罪,可以减少基准刑的10%—50%。"我们无从得知改革的设计者是如何得出这样的数值的,但是,仅从这种折算比率(都是能够被5整除的数)本身来看,其科学性便值得怀疑。

可见,由于社会事实纷繁复杂,事物之间的联系又是十分普遍和复杂的,因此,试图通过制定一个包容万象的科学的实体规则,来达到合理准确量刑的目的,在很多情况下,都将只是徒劳。这也从另一个侧面印证了日本著名学者谷口安平的名言——"今天的实体法放弃了法律完善无缺的神话,而更多地依赖于程序过程中法官的判断这一点已经是不争的事实。拿破仑所谓用一部包罗万象的法典即可以调整世间一切事物的豪言壮语已失去意义。"[3]

---

[1] 汪贻飞:《中国式量刑指南能走多远——以美国联邦量刑指南为范例的分析》,载《政法论坛》2010年第6期。

[2] Stephen A. Saltzburg, Daniel J. Capra, *American Criminal Procedure* (*Eight Editions*), Thomson West, p.1470.

[3] 〔日〕谷口安平:《程序的正义与诉讼》,王亚新、刘荣军译,中国政法大学出版社1996年版,第14页。

(二) 实体控制方式具有一定的机械性

社会关系的复杂性、事物的永恒发展、法律应保持相对稳定等因素,决定了法律的不确定性是绝对的,实体规定不可能做到事无巨细。那种"必定能够通过精确制定的规范建立绝对的法律清晰性和法律确定性,特别是保证所有法官决定和行为的明确性"①的理性主义观念必须得到修正。恩里科·菲利便指出:"如果没有好的法官来实施,最有学术价值和崇高的法典也不会产生多大效果。但是,如果有好的法官来实施,即使法典或法令不太完善也不要紧。"②美国大法官霍姆斯也曾经说过,"法律的生命不在于逻辑,而在于经验",量刑问题同样不能仅仅依靠简单的逻辑三段论,而应扎根于现实个案,发挥法官的裁判智慧(自由裁量权)。事实上,"法官的社会、经济背景,学习法律的法学院,在法庭工作的阅历,审理过的罪犯人数,对待各种犯罪的态度,对被告的情感如何及其他特点都共同影响着法官的判决"③。与定罪活动有所不同,量刑活动必须借助于法官的"实践理性"。司法活动的本质决定了整个量刑过程与法官的经验判断和主观能动性的发挥须臾不可分离,那种试图通过最大限度地限制法官的自由裁量权,以实现"同案同判"的愿望,是违背司法过程的本质的。

然而,《联邦量刑指南》及其代表的实体控制方式,试图通过制定一个包罗万象的科学的实体规则,将法官变成"自动售货机"——"一边是输入案件事实和法律条文的入口,一边是输出司法判决的出口,机械运行,不逾雷池半步"④。这种方式尽管可以最大限度地限制(甚至剥夺)法官的量刑裁量权,但同时也将法官的主观能动性、司法理性消灭殆尽。在这种控制方式之下,量刑指南上的网格成了至高无上的上帝,"法官很少有机会考虑被告人的罪责性"⑤,法官即便发现按照实体规则判处被告人刑罚存在极大的不合理性,他们也只能"按照规则办事"。从这个意义上讲,实体规则控制方式存在极大的机械性。正是因为如此,美国联邦法院法官普遍反对强制性的量刑指

---

① 〔德〕卡尔·恩吉施:《法律思维导论》,郑永流译,法律出版社2004年版,第130页。
② 〔意〕恩里科·菲利:《犯罪社会学》,郭建安译,中国人民公安大学出版社2004年版,第243页。
③ 〔美〕克莱门斯·巴特勒斯:《矫正导论》,中国人民公安大学出版社1991年版,第75—76页。
④ Max Weber, *On Law in Economy and Society*, ed. by Max Rheinstein, trans. by Edward Shils and Max Rheinstein, Harvard University Press, 1954, p.354.
⑤ 史轶华:《量刑规范化的路径选择——基于制度层面的考察》,载《法制与社会》2013年第13期。

南。可见,即便是科学的量刑指南,也不能过于机械和死板,而应当在量刑指南和法官自由裁量之间寻找一个恰当的平衡点。

(三) 实体控制方式被强调到极致将扼杀法官的量刑裁量权

从法理上讲,一方面,由于受到社会历史的实践水平、主观条件等方面的限制,"立法者不是可预见一切可能发生的情况并据此为人们设定行为方案的超人,尽管他竭尽全力,仍会在法律中留下星罗棋布的缺漏和盲区,从这个意义上说,任何法律都是千疮百孔的"①;另一方面,法律本身的稳定性和社会不停的发展之间的矛盾,也决定了法官有时完全依据法律也得不到正义的结果;此外,从主观方面来说,法官在对案件进行裁决时不可能将自己的价值判断完全排除。从这个意义上讲,法官的自由裁量权具有其存在的必要性。

在量刑领域,由于刑法规定的量刑原则和量刑标准只是针对某特定犯罪的一般情形而言,而实践中发生的犯罪是形形色色的,没有完全相同的两个犯罪行为,量刑标准的统一性、原则性和量刑对象的特定性之间本身便是一个矛盾。法官量刑自由裁量权的作用即在具体案件量刑时除了满足立法上的一般公正之外,还要考虑案件的具体情况,使一般的正义转化为个别的正义,避免严格的准则主义对个别正义的抹杀。

然而,如果实体控制方式被强调到了极致,如美国《联邦量刑指南》,那么针对特定的犯罪行为,法官的量刑裁量权将被限缩在一个非常狭小的范围,这种情况下,法官将无法通过行使自由裁量权来弥补法律本身的漏洞,也无法通过行使自由裁量权来实现个案正义。

(四) 实体控制方式无法吸纳诉讼各方的不满

尽管实体控制方式具有一定的机械性,但这种方式确实可以达到限制法官量刑裁量权的效果。然而,实体控制方式的最大缺陷在于程序正义的缺失,而缺乏程序正义的实体控制方式在"吸纳诉讼各方不满"问题上则表现得捉襟见肘。原因很简单,实体控制方式剥夺了当事人的程序参与权,而当事人参与诉讼程序是吸纳诉讼各方不满的一个重要途径。

程序公正的一个内在要求就是程序参与原则。而程序参与的核心思想是,那些利益可能会受到刑事裁判或诉讼结局直接影响的主体,应当有充分的机会富有意义地参与刑事裁判的制作过程,并对裁判结果的形成发挥其有

---

① 徐国栋:《民法基本原则解释》,中国政法大学出版社 1992 年版,第 139 页。

效的影响和作用。① 程序参与原则要求与案件有切身利害关系的当事人能够参与并充分了解案件进展情况,提出自己的意见,并对某些诉讼中的事项有决定权。在这里,参与的核心是能够发表意见。而社会心理学研究发现,在诉讼中拥有能够发表意见的机会正是决定对程序公正性判断的关键因素之一。研究者通过现场实验证实了这一点:他们将研究对象分为几组,每组6人。一组被允许讨论裁判所适用的法律规则,一组则不被允许讨论裁判所适用的法律规则。结果发现,有机会对裁判所适用的规则进行讨论的那一组对程序的公正性判断要大大高于另一组。② 也即是说,"当事人越认为程序是公正的,那么他们就会越快接受公正程序所产生的结果,即使裁判结果对他们是不利的"③。

在量刑程序中,如果受量刑程序直接影响的人无法积极地参与到刑事程序中来,无法发表自己的意见,那么他们会觉得国家的司法程序没有认真地对待他们,因此,即便他们认为量刑结果没有太大的问题,也会对整个量刑程序的公正性产生不满。尤其是刑事诉讼中的被害人,犯罪无疑是对他们的一种极大伤害,而且绝大多数被害人都希望在刑事程序中能够发表对犯罪和惩罚的意见,表达自己的主张。如果在量刑问题上不允许他们真正参与进来,他们会觉得裁判者连倾听自己受到犯罪侵害的机会都不给,自己的权益无疑已经受到了怠慢和忽视,这种心理过程会使他们在某种程度上更不可能接受裁决结果,即便裁判结果并没有什么大的不当。

消解纠纷和接受裁判的基础是心理。只有关照当事人及社会公众的心理效果,裁判才能被接受,诉讼各方及社会公众的不满情绪才可得到消解。也即是说,只有在心理上接受裁判,才能最终消除或解决各种各样的纠纷和矛盾。④ 实体控制方式尽管在结果上有效地控制法官的量刑裁量权,然而,一方面,结果公正与否,当事人及普通民众是很难评判的,另一方面,即便当事人及普通民众认为量刑结果没有什么不当,但由于他们不知道该量刑结果是如何形成的,那么他们仍将怀疑这种量刑结果的公正性。总之,实体控制方式由于没有照顾到当事人及社会公众的心理效果,因此量刑结论往往很难被他们所接受,诉讼各方及社会公众的不满情绪也很难消解。

---

① 陈瑞华:《刑事审判原理论》,北京大学出版社2003年版,第54页。
② Musante, Gilbert, Thibaut, The Effects of Control on Perceived Fairness of Procedural and Outcomes, *Journal of Experimental Social Psychology*, 1983, p.19.
③ Klaus F. Rhl, Stefan Machura, *Procedural Justice*, Dartmouth Publishing Company Limited, 1997, pp.13—14.
④ 陈增宝、李安:《裁判的形成——法官断案的心理机制》,法律出版社2007年版,第256页。

五、量刑裁量权程序控制方式的独特价值

正如我国学者季卫东所指出的:"为了防止和限制恣意,我国采取了比西方更严厉的措施。其动机或可理解,但其效果却很糟糕。因为我国在缩减恣意的同时也压抑了选择,而选择恰恰是'法律'程序的价值所在。"[①]实体控制方式最大的缺陷在于"它在缩减法官恣意量刑的同时,压抑了法官在量刑选择上的裁量权"。

程序控制方式指的是通过完善相应的程序,使得控辩双方能够在专门的阶段就量刑事实、量刑情节是否成立,量刑事实及情节对量刑的影响展开相应的举证、质证和辩论,法官在判决书中再对上述问题作出必要的回应,并阐明详细的量刑理由,以此来控制法官的自由裁量权。实际上,任何国家程序控制方式的有效运转都是以实体法(实体控制方式)为基础的,缺乏实体法的程序控制方式将失去方向。然而,量刑裁量权程序控制方式却具有一些独特的优势和价值。

(一) 法官的量刑裁量权得以保留

自由裁量权是指法官在审判过程中,在正确认定事实和适用法律的基础上,为求得社会的公平与正义,充分有效地发挥自己的主观能动作用,独立、正确地处理各类案件的一种权力。"刑事诉讼,事关人命、自由、国家目标及社会正义,与民商法相比较更需要保留基于人格修养的心证及感化的余地"[②],而且案件的事实和情节千姿百态,因此,在量刑程序中让法官享有一定的自由裁量权殊为必要。

在量刑问题上,法官的量刑裁量权主要有两个维度:第一个维度是刑罚量上的裁量。不论是何种刑法典,绝大部分犯罪的量刑都是一个幅度,只不过幅度的大小有所不同而已。在具体的个案中,对于某一犯罪最终的刑罚量,只能由法官根据案件事实、本案各种法定和酌定量刑情节,通过合理地行使自由裁量权来最终确定。第二个维度是法官对刑罚种类的选择。就刑罚种类来讲,我国《刑法》规定了五种主刑、三种附加刑,附加刑还可以单独适用。在具体的案件中,对于某一犯罪应当判处哪一种类的刑罚,是否要适用附加刑,法律也无法作出详细的规定,而往往要委诸法官的自由裁量权。以

[①] 季卫东:《法律程序的意义》,载《中国社会科学》1993 年第 1 期。
[②] 季卫东:《电脑量刑辩证观》,载《政法论坛》2007 年第 1 期。

缓刑为例,我国《刑法》规定适用缓刑有三个条件:一是被判处拘役或者3年以下有期徒刑;二是犯罪分子确有悔改表现,法院认为不关押不致再危害社会;三是被告人不是累犯。第一、三条是硬件,但第二条就没有统一的考量标准,一切只能委诸法官的自由裁量权。

量刑裁量权的实体控制方式,在限制法官量刑裁量权的同时,往往也消灭了法官在量刑问题上的主观能动性,将法官变成了韦伯式的"自动售货机"。而程序控制方式,一方面能够有效地限制法官的量刑裁量权,另一方面,又使法官保留下必要的量刑裁量权,只不过这种裁量权开始从"办公室"转变到"公开透明的法庭"。

总之,考虑到法官和普通人一样有着天然的缺陷,同时也考虑到"任何有权力的人都会滥用权力",法官不受控制的量刑裁量权会不可避免地导致权力的滥用,造成量刑的差异和司法不公,因此需要对其进行必要的约束。但是,这种制约"不是什么捆住法官手脚的巨细靡遗的量刑指南,而是程序上的设置"①。

(二) 法官的量刑裁量权将会受到诉权的有效约束

在公开透明的量刑程序之下,量刑事实和量刑情节是否成立,以及量刑事实和情节对量刑的影响等问题,都将会由控辩双方在法庭上分别提出,如果存在争议的话,控辩双方还可以就此进行质证和辩论。在这种情况下,关于何种量刑事实和量刑情节应当被法庭所采纳,以及这些量刑事实和情节的法律后果等,法官的量刑裁量权都将受到控辩双方诉权的有效制约,法官滥用量刑裁量权的情况将会得到有效的规范。

实际上,不论是量刑裁量权的实体控制方式,还是量刑裁量权的程序控制方式,都能够达到限制法官量刑裁量权的后果。只不过实体控制方式试图通过建立相应的"实体法规则"将量刑事实和量刑情节的法律效果"量化",而程序控制方式则是通过诉讼当事人行使诉权的方式,通过控辩双方的举证、质证和辩论,来限制法官在量刑事实和情节的取舍、量刑事实和情节的法律效果等方面的自由裁量权。在控制法官量刑裁量权方面,程序控制方式的优势在于:一方面保证了控制的有效性,另一方面也防止了实体控制方式的不科学性和机械性。

---

① 虞平:《量刑与刑罚的量化》,载《法学家》2007年第2期。

(三) 公开、透明的程序更利于吸纳诉讼各方及普通民众的不满

与实体控制方式不同,程序控制方式可以最大限度地吸纳诉讼各方的不满。程序控制方式通过设置一个独立或相对独立的量刑程序,通过诉讼各方的参与,借助控辩双方的交锋,最终将法官的量刑裁判置于阳光之下。这一过程本身便满足了程序正义的基本要求。以下便以程序公正的要素之一——程序参与原则为例,重点论述程序控制方式在吸纳诉讼各方不满问题上所具有的独特价值。

根据程序正义的基本理论,程序公正的一个重要的因素便是程序的参与。而程序参与的核心思想是,那些权益可能会受到刑事裁判或诉讼结局直接影响的主体应当有充分的机会富有意义地参与刑事裁判的制作过程,并对裁判结果的形成发挥其有效的影响和作用。[①] 程序参与要求与案件有切身利害关系的当事人能够参与并充分了解案件进展情况,提出自己的意见,并对某些诉讼中的事项有决定权。在这里,参与的核心是能够发表意见。

心理学研究表明,只有关照当事人及社会公众的心理效果,裁判才能被接受;只有在心理上接受裁判,才能最终消除或解决各种各样的纠纷和矛盾。[②] 如果受程序直接影响的人能够积极地参与到刑事程序中来,能够有充分的机会发表自己的意见,那么他们在心理上会觉得国家的司法程序在认真地对待他们,而不是在敷衍了事。在当事人能够真正且富有意义地参与到刑事程序的情况下,程序能够使当事人有机会向第三方倾诉他个人的故事,他们会觉得自己的权益受到了重视和关注,这种心理过程会使他们在某种程度上更容易接受裁决结果,即使裁判结果对他们不利。

(四) 公开、透明的程序有利于遏制司法腐败,提升司法的公信力

"量刑反映了不同价值观的竞争和整合,没有一个科学意义上的正确的量刑结果,但是却存在着一个'正确'的量刑程序。"[③]量刑程序的公开和透明,不仅使控辩双方充分阐明了各自的立场,而且也使得"法官是如何得出量刑结论"这一问题暴露在阳光之下,法官不再是量刑的唯一主体,法官的量刑裁量将会受到控辩双方以及社会公众的监督和约束,正义将以"看得

[①] 陈瑞华:《刑事审判原理论》,北京大学出版社2003年版,第54页。
[②] 陈增宝、李安:《裁判的形成——法官断案的心理机制》,法律出版社2007年版,第256页。
[③] 虞平:《量刑与刑罚的量化》,载《法学家》2007年第2期。

见"的方式被实现。

一直以来,我国刑事诉讼中,司法的公信力是比较低的。这主要表现在以下几个方面:一是民众对司法的不信任和对法官的不信任。以最近几起舆论反映强烈的案件为例,不论是"杭州飙车案"①,还是"前中石化董事长陈同海受贿1.9亿元被判死缓案"②,民众都普遍认为法官量刑存在问题。二是民众普遍不接受裁决结果。司法实践中大量存在的申诉、上访等现象就是人民群众不满裁判结果的真实写照。三是从法院法官的行为表现来看,司法官员违法乱纪,徇私舞弊,贪赃枉法频频见报,严重损害了司法的公信力。四是个别案件审理不公,特别是近年来影响很大的杜培武、佘祥林、李玖明、赵作海等冤案,严重地损害了司法的公信力。

自由裁量权的程序控制方式,通过公开透明的量刑程序,至少能够达到以下两个方面的效果:

一是抑制司法腐败,特别是量刑腐败。在我国刑事司法中,由于公安、检察机关的强势地位,检察机关一旦起诉,那么法官很少会作出无罪判决。因此,如果对"刑事诉讼领域存在司法腐败"这一命题没有什么异议的话,那么这种腐败将主要是量刑腐败。而量刑腐败往往是在法官行使自由裁量权的幌子下进行的,我国法官过大的自由裁量权可由其随意性拓展成为司法专横,滋生以权谋私、枉法裁判的腐败工具。量刑程序一旦公开、透明,当事人得以参与量刑、发表各自的量刑意见,辅之以判决书说理制度,这将对法官量刑裁量权构成极大的制约,量刑腐败问题将能够得到有效的控制。

二是消解人们对量刑结果的怀疑。尽管我国法官滥用裁量权、量刑腐败的案例时常出现,但这毕竟不是我国刑事司法中的常态。而且,由于世界上没有两个完全相同的案件,每个案件都会具有自己的独特个性,因此只要法官合理地行使自由裁量权,那么"同案不同判"本身也没有什么问题。然而,在现实世界里,我国普通民众总是对"同案不同判"表现出格外的"热情",总是怀疑其中存在什么"猫腻",案件当事人更是如此,"案结事不了"成了我国刑事司法中的一项顽症。此外,由于我国量刑程序是在不公开、不透明的情况下进行的,因此,即便法官没有任何腐败情形,也不存在滥用自由裁量权的情况,当事人仍然可能因为没有参与量刑程序,而对量刑的公正性产生怀疑。也就是说,我国司法公信力较低,即便是在法官没有不合理地使用自由裁量

---

① 参见"杭州飙车案",http://news.sina.com.cn/z/fjzbc/index.shtml,2014年9月24日访问。
② 高星编辑:《法院有关负责人就陈同海受贿案宣判答记者问》,http://politics.people.com.cn/GB/1026/9658646.html,2014年9月28日访问。

权的情况下，民众也常常会对判决产生怀疑，而这种怀疑因量刑程序的不公开、不透明而加剧。

其实，不论是抑制司法腐败，还是消解人们对量刑结果的怀疑，归根结底是达到提升司法公信力的效果。从这个意义上讲，量刑的程序控制方式通过公开、透明的程序，使"量刑正义"以一种看得见的方式得到实现，因而有利于提升司法公信力。

【本章小结】

司法自由裁量权是一柄双刃剑，有其存在的价值和积极意义，但是自由裁量权又有被滥用的危险，因此，必须对其进行必要的约束。就目前各国控制法官自由裁量权的径路来看，主要包括以下两种方式：一是实体（规则）控制方式，即从源头着眼，通过更加细化的实体法律，尽量缩小法官的自由裁量权。各国通过立法和司法解释细化刑罚的努力便属于此种模式。二是程序（诉权）控制方式，即从运行过程着眼，以程序规范来防止法官自由裁量权的滥用。可以说，在控制法官量刑裁量权问题上，实体控制和程序控制是相辅相成的，缺乏实体规范的程序控制将失去方向，缺乏程序规范的实体控制将会过于机械。

就量刑裁量权实体控制模式来讲，美国《联邦量刑指南》是规则控制发展到极致的产物。美国《联邦量刑指南》为"约束法官量刑裁量权"而创制，实施多年之后，却又因"过于机械""过分地捆住法官手脚"而从"强制性"走向"参考性"。我国最高人民法院试图通过制定中国式量刑指南来规范法官的量刑裁量权，解决同案不同判和司法腐败问题，并进而提升司法公信力。然而，这种以数字化和算术化为主要特征的实体控制方式，却存在以下明显的缺陷：第一，中国式量刑指南的机械性有余而适应性不足，难以适应社会生活的复杂多样；第二，"数字化"量刑模式中所涉数值的科学性值得怀疑；第三，"数字化"量刑模式仍然难以防止法官滥用自由裁量权和司法腐败；第四，"数字化"量刑模式与案件裁判的客观规律相悖；第五，"数字化"量刑模式仍然不能从根本上提高司法的公信力。

通过对美国《联邦量刑指南》和中国式量刑指南这两个实体控制样本的分析，我们可以看出，实体控制具有以下几项局限性：一是实体规范的科学性问题；二是实体控制方式具有一定的机械性；三是实体控制方式被强调到极致将扼杀法官的量刑裁量权；四是实体控制方式无法吸纳诉讼各方的不满。

与实体控制方式相比，程序控制方式却表现出独特的优势和价值：第一，程序控制方式仍然赋予了法官必要的量刑裁量权,符合诉讼的一般规律;第二,公开、透明的程序通过诉讼各方的有效参与和行使诉讼,有效地限制了法官的量刑裁量权;第三,公开透明的程序有利于吸纳诉讼各方的不满,从而增强裁判的可接受性,彻底地解决纠纷;第四,公开、透明的程序有利于提升司法公信力。

第二章　量刑裁量权的程序控制（一）
——比较法分析

从世界各主要法治国家定罪与量刑的关系来看，主要存在以下两种模式：一是英美法系国家的定罪与量刑的程序分离模式，二是大陆法系国家定罪与量刑的程序合一模式。在采用分离模式的美国，无论是被告人作有罪答辩的案件，还是经由审判被判有罪的案件，量刑听证都是一个区别于定罪的独立程序。在独立的量刑程序中，一般包含判决前调查、被害人影响陈述及量刑听证会三个阶段。① 与美国类似，英国的量刑听证程序也分为三个阶段，即"确定犯罪事实及就犯罪人的性格和履历进行听证的阶段"、"宣读法院为犯罪人所准备的报告"和"辩护方提出减刑的建议"。② 然而，在德国、法国和日本等传统的大陆法系国家，定罪与量刑的关系模式则呈现出另一幅图景——关于定罪和量刑的各种事实和情节一般要在法庭调查时一并提出，并混合地进行法庭调查和法庭辩论，且其判决书也一并对定罪和量刑作出判决，也就是说，量刑程序完全依附于定罪审理程序。

许霆案之后，越来越多的学者开始关注我国"定罪与量刑合一模式"对被告人权利的保护、法官自由裁量权的规范、刑事辩护等问题带来的消极影响，与此同时，很多学者也开始对国外的定罪与量刑的关系模式进行卓有成效的研究，并纷纷主张在我国建立相对独立的量刑程序。③ 当然，也有学者认为，由于中国刑事诉讼程序一直以来具有浓厚的大陆法传统，且"英美法系国家实行分离模式的原因是陪审团参与庭审"④，上述两个因素决定了我国不能学习英美的程序分离模式，而应当继续维持目前定罪与量刑合一的程

---

① 〔美〕爱伦·豪切斯泰勒·斯黛丽、南希·弗兰克：《美国刑事法院诉讼程序》，陈卫东等译，中国人民大学出版社2002年版，第567—572页。
② 参见中英刑制度比较研究课题组：《关于英国刑罚体系和量刑制度的考察报告》，载中国政法大学刑事法律研究中心、英国大使馆文化教育处主编：《中英量刑程序比较研究》，中国政法大学出版社2001年版。
③ 李玉萍：《健全和完善量刑程序的主要问题》，载《人民法院报》2008年9月2日。
④ 〔美〕弗洛伊德·菲尼、〔德〕约阿希姆·赫尔曼、岳礼玲：《一个案例两种制度：美德刑事司法比较》，郭志媛译，中国法制出版社2006年版，第351页。

序关系模式。① 基于此,在研究我国量刑程序的模式选择前,我们有必要对大陆法系国家和英美法系国家量刑程序的控制方式进行彻底的分析,并比较各自的优劣得失。

此外,从现有的资料来看,尽管也有不少学者对大陆法系国家定罪与量刑合一模式作了比较深入的分析,但是目前的研究却始终没有回答以下疑问:第一,大陆法系国家的定罪与量刑合一模式同样也存在与中国类似的缺陷,为什么大陆法系国家没有进行量刑程序改革,设置独立的量刑听证程序?第二,虽然大陆法系国家定罪与量刑程序合一,量刑依附于定罪,但是我们不可否认的是,大陆法系国家的量刑绝大部分还是合理的,至少是能够被当事人及社会公众所认可的,否则其司法迟早将会面临崩溃。那么大陆法系国家是如何通过程序来有效地控制法官量刑裁量权的呢?也即是说,尽管大陆法系国家定罪与量刑程序合二为一,但是,其仍然存在一系列规制法官量刑裁量权的程序设置。也许,只有在我们对大陆法系和英美法系国家量刑裁量权的程序控制模式进行彻底的研究、比较和分析之后,我们的结论才可能更具有说服力。

一、依附模式:大陆法系国家量刑的程序控制

如前所述,大陆法系国家在定罪与量刑的关系模式上采取"合一模式",即"就犯罪行为及对决定法律结果有重大影响之事务应该在同一的审判程序中提出证据"②。大陆法系国家这种定罪与量刑"合一模式"存在其固有缺陷,受到了学者们的广泛批评。③ 除学术批评外,德国、法国等主要大陆法系国家,还曾经在司法改革试验、刑事诉讼立法中,模仿英美"分离模式"来改造本国定罪与量刑程序合一模式,但均以失败告终。比如,在德国,不少学者认为,"审判二分制可以说是新刑罚体系的必然结果"④,而且在 20 世纪 70 年代中后期,一些德国学者甚至对审判二分制进行了地区试验,试验结果表明:"很少出现为澄清事实问题而必须研究被告人个人信息的情况,由此看来,认为在主审判程序中事实问题和被告人个人情况不能分离的说法不能成立",因此,"审判二分制原则上是可实行的"。在此基础上,德国于 1985 年

---

① 在一些量刑程序改革学术研讨会上,有学者便持此种观点。
② 〔德〕克劳斯·罗科信:《德国刑事诉讼法》,吴丽琪译,法律出版社 2003 年版,第 412 页。
③ 德国、法国、日本等国部分学者,在相关著作和文章中,对本国定罪与量刑合一模式进行了一定程度的批评。
④ Hans-Ludwig, Zweiteilung der Hauptverhandlung, 27 *Bewaehrungshilfe* 132 (1980), p.133.

还将"公判二分制"写进刑事诉讼法修正草案①,遗憾的是,该方案最终因法院实务人士的反对而未能通过。在法国,"1993 年 1 月提出把定罪与量刑严格分开。有些证据只能作为量刑证据,而另一些证据只能作为定罪证据。不能将证据重复使用,也不能将证据在不合适的地方使用。定罪权赋予陪审员,量刑权赋予法官。"但在该年 8 月,此项规定因为压力太大而被取消。②

通过以上梳理可以看出,在德国、法国等主要大陆法系国家,尽管"合一模式"面临着种种非议,而且相关国家也曾经在司法改革试验或刑事诉讼立法中,模仿英美"分离模式"来改造本国定罪、量刑合一模式,但结果往往以失败告终。到目前为止,德国和法国等主要大陆法系国家始终也没有放弃定罪与量刑程序合一模式。一些学者认为,造成这一现象的原因可能在于:英美法系国家定罪与量刑的程序分离模式一旦被引入大陆法国家,就会面临"水土不服"。诚然,制度引入确实可能"水土不服",但是如果某项制度本身已是"四面楚歌"的话,那么即便不模仿外国制度对其进行改造,该制度本身也不得不进行彻底的变革。况且,以日本法为例,日本法引入了太多的英美对抗制因素,却也都能克服"水土不服",为什么定罪与量刑分离模式就克服不了呢?看来,问题的根源并不在于此。

笔者的假设是:尽管大陆法系国家定罪与量刑合一模式存在很多问题,但是这些国家仍然存在一系列程序控制手段,能够有效地控制法官的量刑裁量权,进而使得"量刑不公""同罪异罚"的情况并不十分严重。也就是说,在这些大陆法系国家,定罪与量刑合一模式还没有走到山穷水尽、非改不可的地步。那么,大陆法系国家是通过哪些程序方式控制法官量刑裁量权的呢?笔者认为,大陆法系国家主要是通过合议制、判决书说理制度及实质化的上诉程序这三项制度来实现对法官量刑裁量权的有效控制的。

(一) 程序控制方式之一——合议制

对于那些比较重大和复杂的刑事案件,大陆法系国家一般都选择由多人组成的合议庭负责审理,在合议制之下,法官之间能够形成必要的制约,以防止个别法官滥用量刑裁量权。

比如,在德国,对于严重的轻罪和较轻的重罪,如入室行窃、抢劫未遂等,一般由一名职业法官和两名业余法官组成的三人混合法庭负责审理;对严重

---

① 参见[日]田口守一:《公判二分论的今日的意义》,载高田卓雨博士古稀祝贺论文集刊行委员会编:《刑事诉讼的现代的勤向》,三省堂 1991 年版,第 151 页。转引自康黎:《量刑程序正当化研究》,西南政法大学 2008 级博士学位论文,第 60 页。

② 卢永红主编:《国外刑事诉讼法通论》,中国人民公安大学出版社 2004 年版,第 120 页。

的犯罪,如预谋杀人,故意杀人等,则由三名职业法官和两名业余法官组成的五人大刑事审判庭负责审理。① 在庭审结束之后,合议庭随即进入评议阶段,评议由审判长主持。之后进行表决,表决的顺序如下:制作判决书的法官最先投票,之后为陪审法官,其后为第二位陪审的职业法官,最后才轮到审判长,如果有其他职业法官共同审判,则依在职年资长短决定,如为同年资时,则由年纪较轻者先为投票表决,审判长最后投票。② 至于评议及表决的方法,应遵循以下原则:依逻辑性而言,应首先被确认者,其亦为最先被表决之标的客体,一般言之,诉讼要件之成立与否应在罪责问题之前被表决,罪责问题在刑罚问题之前。③ 而且不同的评议标的,通过的要求各不相同,对于诉讼要件成立与否的表决,要求单纯的多数通过;对于罪责问题,则要求三分之二的多数通过;对于刑罚问题,需要三分之二以上的多数通过。

法国的重罪法庭也采用参审制,法国重罪法庭合议庭由控、辩双方挑选的九名陪审员和三名法官共同组成,陪审员不能单独作出裁判,案件的事实问题和法律问题都须根据合议庭的多数意见来裁判。④ 在庭审辩论终结之后,即进入评议程序。评议的内容包括被告人是否有罪及如何判刑两个方面。是否有罪的评议与如何判刑的评议往往是一个整体,只是具有时间上的先后顺序:"紧接着对被告人是否有罪进行评议之后,就是对刑罚的评议,两者结合为一个整体。所有的审判法庭对这两个问题先后进行的都是同一次评议,也是唯一的评议。"⑤在重罪案件中,法庭就被告人是否有罪作出肯定回答之后,庭长向陪审员宣读《刑法典》第 132—18 和 132—24 条的规定,在此之后,重罪法庭立即就适用刑罚问题进行评议。有关刑罚的决定依绝对多数赞成票作出,但是科处最高刑期的自由刑则只能以至少 8 票之多数作出宣告。⑥ 其他刑罚中的绝对多数要求 12 票中得到 7 票,如果没有达到多数,则进行第二次投票,如果第二次投票仍旧没有获得多数赞成,则删除原来建议的刑罚,再进行第三轮表决,直至达到绝对多数为止。

从德国和法国的立法来看,在除轻罪之外的案件中,一般都会采取合议制的方式审理案件。由于大陆法国家的合议制在组织形式和表决程序等方

---

① 宋冰编:《读本:美国与德国的司法制度及司法程序》,中国政法大学出版社 1999 年版,第 125—126 页。
② 〔德〕克劳斯·罗科信:《德国刑事诉讼法》,吴丽琪译,法律出版社 2003 年版,第 454 页。
③ 同上注。
④ 肖扬主编:《当代司法体制》,中国政法大学出版社 1998 年版,第 109—110 页。
⑤ 〔法〕卡斯东·斯特法尼、贝尔纳·布洛克:《法国刑事诉讼法精义》,罗结珍译,中国政法大学出版社 1998 年版,第 775—776 页。
⑥ 同上书,第 777 页。

面规定得比较严密而详细,因此其合议制具有实质意义,而实质化的合议制在一定程度上确实可以规范和控制法官的自由裁量权。首先,尽管合议庭中的非职业法官往往会因为专业素养不足而被职业法官所主导,但这主要发生在案件事实的认定、罪与非罪、此罪与彼罪问题上,而在量刑问题上,非职业法官也可以通过阅读法律条文,形成自己的判断。其次,由于每位合议庭成员都享有平等的发言和表决权,实质化的合议制可以发挥成员之间的相互监督和相互制约功能,使得任何合议庭成员都不敢擅自滥用自由裁量权。最后,大陆法国家的法律一般都详细地规定了合议庭的表决方式、表决顺序及成立票数等事项,特别是法律就刑罚事项确立了"绝对多数"的表决原则,这不仅能够有效地限制法官的量刑裁量权,而且在一定程度上也保证了合议庭裁判结果的"合理性"。

(二) 程序控制方式之二——量刑说理

在大陆法国家,定罪和量刑都只能适用一个证明标准,即"内心确信"。然而,内心确信的证明标准本身是非常抽象和概括性的内容,它本身很难有效地限制法官的量刑裁量权。基于此,大陆法国家一般都会要求裁判者通过详细的裁判书说理来公开心证的内容和过程,以此实现规范和约束法官自由裁量权的目的。以下便以德国为例,论述裁判书说理是如何规范和控制法官量刑裁量权的。

在德国,"相异于民事诉讼,刑事诉讼上的对判决理由的宣示为强制性的规定"①,如果判决未说明理由或者未在法定期限内将判决理由装存案卷,可构成法律上之绝对上诉理由。② 德国判决书中的量刑说理一般遵循这样的顺序:被告人人格叙述,犯罪事实,被告人对认定及心证之陈述,法条适用,主刑量刑之理由,附带裁判之理由说明。③

从量刑说理的内容上看,一般包括以下方面:第一,"在审理中如果有程序参加人主张刑法特别规定的排除、减轻或者提高可罚性的情节的,对这些情节是否已经确定或者是没有确定,判决理由必须对此说明"。④ 第二,"判决理由必须写明所适用的刑法和对量刑起了决定性作用的情节。刑法将是否减刑依附于是否是减轻情节案件的时候,判决理由必须写明为何认定了这

---

① 〔德〕克劳思·罗科信:《德国刑事诉讼法》,吴丽琪译,法律出版社 2003 年版,第 456 页。
② 参见《德国刑事诉讼法典》,李昌珂译,中国政法大学出版社 1995 年版,第 338 条。
③ 见上注①,第 466 页。
④ 《德国刑事诉讼法典》,李昌珂译,中国政法大学出版社 1995 年版,第 267 条第 2 款。

些情节,或者为何对在审理中提出的这方面申请相反地却予以了拒绝"。①第三,"在按照刑法规定有特定要件时,案件通常是特别重大案件情况下,尽管这些要件已经成就,但却未认定案件是重大案件的时候,判决理由必须对此写明";"对这些要件没有成就,但却相应地认定案件是特别重大案件的情况",也应说明理由。第四,"判决理由还必须写明为何缓刑,或者为何与审判中提出的这方面申请相反地没有缓刑;对此规定,在保留处刑的警告、免予处刑的情况中相应地适用"。第五,"判决理由也必须写明为何科处矫正及保安处分或者为何与在审理中提出的申请相反地没有科处"。②

从裁判书说理的过程来看,德国的量刑说理主要分为两个步骤:第一次是在宣示判决时,由主审法官在公开的法庭上"以口头扼要之方式为之";第二次是在判决书中详细地进行书面说理。"如以言词方式宣示的判决理由与书面的不相符合时,则完全以书面的判决理由为准",此种两不相符情形并不构成上诉之理由。③ 书面理由的主要目的是作为上诉审查的依据,但是即使在判决成为终局判决,控辩双方都不提出上诉的情况下,书面理由也被认为是必要的。如果执行中出现问题,它们将帮助负责刑罚执行的检察官,它们还可能成为因被告人以后再犯罪时审判他的法官的宝贵信息来源。④

在完备的裁判书说理制度之下,法官在量刑的过程中,不仅需要衡量众多相互冲突的事实和情节,而且必须面对检察官、被告人、被害人及社会公众可能提出的质疑和挑战,如果法官最终的量刑决定忽视了这些方面的考虑,而仅凭一时的好恶与冲动,其结果不仅会导致量刑不公,而且会损害司法的权威和公信力。在量刑说理制度之下,法官或合议庭在裁决书中,详细地说明哪些证据得以采纳,哪些证据因为何故未被采纳,哪些情节能够认定,哪些情节无法认定,及为什么判处此种刑罚,这不仅公开了法官心证的过程,也使得裁判书更能被当事人和社会公众所接受。"裁判书要公布量刑的理由",像一只无形的指挥棒,时刻提醒着法官在量刑情节的选择、量刑情节对量刑的影响、量刑裁量权的行使等问题上必须小心谨慎。这在一定意义上,能够有效地规范和约束法官的量刑裁量权。

---

① 《德国刑事诉讼法典》,李昌珂译,中国政法大学出版社1995年版,第267条第3款。
② 同上书,第267条。
③ 〔德〕克劳思·罗科信:《德国刑事诉讼法》,吴丽琪译,法律出版社2003年版,第462—464页。
④ 〔美〕弗洛伊德·菲尼、〔德〕约阿希姆·赫尔曼、岳礼玲:《一个案例两种制度:美德刑事司法比较》,中国法制出版社2006年版,第298页。

(三) 程序控制方式之三——实质化的上诉程序

在量刑领域,上诉制度不仅可以在个案上发挥程序救济的功能,防止量刑不公,而且可以在机制上维护量刑统一,防止"同案不同判"。比如日本学者曾根威彦曾评论道:上诉审对以量刑不当为理由的上诉进行的审查,其结果是在整体上的某种范围内显示了量刑的基准,从而在量刑的统一性上起了相当大的作用。① 上诉制度除了保障结果正义的程序功能外,对规范初审法官量刑裁量权的行使也具有重要意义。

在研究上诉制度与规范初审法官自由裁量权两者关系之前,我们有必要研究一下大陆法系国家上下级法院之间的关系。原因很简单,如果上下级法院(法官)是隶属关系,那么下级法院与上级法院之间可以通过提前"沟通"、案件报批等方式架空二审程序,使得二审程序难以发挥其应有功能;如果上下级法院(法官)并没有行政隶属关系,下级法院无法通过内部请示、汇报的方式让二审法院提前介入,那么二审程序便可以发挥上诉审查的功能,上诉审才具有实质意义。从目前的研究来看,大陆法国家一般遵循司法独立,而司法独立本身便包含了上下级法院之间的层级独立。比如,在德国,联邦法院与州法院、联邦司法部与州司法部之间没有直接上下级管理关系,但通过联邦法院和州法院审级监督的渠道及法官选举委员会向联邦法院推荐联邦法官的途径,使得联邦法院、州法院与联邦司法部、州司法部紧密联系起来,保证联邦法律解释和发展的统一性,确保德国国家法制的统一。② 大陆法国家上下级法院之间的层级独立,为上诉审发挥监督功能提供了有力的制度保障。

从上诉审查的范围来讲,"在大陆法系国家,由于传统上通过法院的再次审理对事实和法律问题进行全面的审查,因此除个别情况外③,刑事第二审程序一般都属于事实复审模式"④。比如,在法国上诉审程序中,上诉法院的法官需要对案件事实重新进行调查,法律允许当事人补充提供新证据和提出新的理由,从而为当事人提供事实与法律的全面救济。在德国,上诉分为二审上诉和三审上诉,二审上诉主要审理事实问题,三审上诉主要针对的是

---

① 〔日〕曾根威彦:《量刑基准》,载西原春夫主编:《日本刑事法的形成特色》,李海东等译,中国法律出版社·日本成文堂1997年联合出版,第151页。
② 梁三利:《德国法院管理探析》,载《玉林师范学院学报》(哲学社会科学版)2008年第29卷第6期。
③ 例如,在德国,对于州法院和州高级法院一审的刑事案件,当事人如果不服通常只能以法律问题向联邦法院提起上诉,联邦法院在审理此类上诉案件时采用的是法律复审模式。
④ 王超:《刑事初审程序对刑事第二审构造的影响》,载《华东政法大学学报》2008年第2期。

法律问题,但不论是二审还是三审,"上诉法院有义务收集和出示所有必要的证据以达成一项判决,它不能将自己限于只审查一审的判决,而是必须在必要时调取新的证据"。经过审理,"如果上诉法院(对于定罪和量刑)得出了与一审法院相同的结论,它就驳回上诉并维持原判。否则,上诉法院就基于二审程序中出示的证据作出它自己的判断"。① 此外,在专门针对法律错误而进行的第三审程序中,上诉法院对初审法院的量刑采取了更为严格的审查措施:首先,因为事实审法官必须将其为刑罚裁判之量刑理由依《刑事诉讼法》第267条第3项第1段叙明于判决书中,如此一来,第三审上诉法院即得审查,该量刑理由是否符合(《刑法》第46条)公认的量刑原则,或是否有法律错误;其次,量刑的最后一阶段乃为,对量刑因素之权衡考量,及作出特定刑罚之决定,第三审上诉法院并非对所有范围均得审查。第三审上诉法院在此阶段大多首先检验,是否成立恣意独断的适用刑罚上限或下限的情形。②

由上可知,大陆法系国家由于奉行司法独立,因此上下级法院(法官)之间并不存在隶属关系,这在一定程度上保证了上诉审的实质化,而实质化的上诉审是上诉审法院有效地监督一审判决的前提和基础。尽管现代司法制度要求法官独立行使审判权,只服从法律,但是审级制度的存在使得下级法院的法官不得不考虑将来判决是否会被推翻。而大陆法国家实质化的上诉审程序使得上诉审理构成对下级法院的一种潜在"威胁",下级法院在定罪和量刑问题上不得不谨慎行事,如果下级法院的法官滥用量刑裁量权,检察官或被告人一旦对量刑不服而提起上诉,那么上诉法院将会对此认真审查,一旦发现错误,就会推翻原判决发回重审或直接改判。即便大陆法国家没有类似我国的业绩考核制度,但谁也不愿意自己的判决经常被上级法院推翻或改判。原因很简单,如果一位法官的判决常常被上级法院推翻或改判,不仅会沉重地打击法官职业自豪感,也会对法官的声誉造成负面影响。总之,大陆法系实质化的上诉审程序在一定意义上能够有效地规范和约束初审法官的量刑裁量权,确保初审法官在量刑时小心谨慎。

需要重点说明的是,尽管大陆法国家通过上述三种程序控制方式可以在一定程度上实现对法官量刑裁量权的控制,使法官不敢滥用量刑裁量权,但是,这些程序控制方式毕竟是制度内生出来的一种附带功能,其本质上也难

---

① 〔德〕托马斯·魏根特:《德国刑事诉讼程序》,岳礼玲、温小洁译,中国政法大学出版社2004年版,第221页。
② 同上书,第520页。

以改变法官办公室量刑的局面。在量刑程序不公开、不透明，诉权无法对裁判权进行有效控制的情况下，如果司法公信力不高的话，诉讼参与人及普通民众将很难接受量刑裁判结果，这种情况下，量刑问题迟早会面临危机。反之，如果司法公信力较高，民众比较信任法官的判决，那么即便量刑程序存在不公开、不透明的情况，量刑问题也不会面临太大的危机。即是说，大陆法国家的程序控制方式必须辅之以较高的司法公信力才可以发挥作用。在英美法系国家，司法比较具有权威，司法公信力较高，如一位美国联邦法院大法官直言道：我们享有终审权并非是由于我们的判决总是正确的，正好相反，我们的判决被认为是正确的就是因为我们享有终审权。① 那么大陆法系国家司法的公信力和司法权威如何呢？研究这个问题，我们可以从以下两则故事切入。

首先是"法国农民诉讼象鼻虫"案。1587 年在法国著名的葡萄酒产地圣·朱利安地区，辛勤劳动的农民眼看着郁郁葱葱的葡萄园即将丰收，没想到一种名叫象鼻虫的小甲虫，用它们的尖牙利齿将葡萄树啃得只剩下光秃秃的藤。愤怒的农民希望通过法律手段保护自己的合法权益，向这些毁掉他们希望的小东西讨个说法。为了公平起见，并保证被告享有充分的辩护权，一名律师被任命替象鼻虫辩护。双方当事人在神父的主持下展开诉讼，辩论相当激烈。此时，象鼻虫的祸害却愈演愈烈。恐慌的村民提议双方各退一步，达成和解。村民们划定一块区域，让象鼻虫在那里繁衍生息，作为礼让，象鼻虫也不再危害葡萄树。可是坚决捍卫自己"当事人"利益的被告方律师却断然拒绝和解，理由是经过实地调查，认为村民提供的那块土地不够肥沃，所出产的树叶不够象鼻虫家族的生存所需，所以宁愿接受法庭公正的判决。② 上述"法国农民诉讼象鼻虫"的行为，我们不能简单地视为趣事或者闹剧，"把象鼻虫送上审判被告席""宁愿接受法庭公正的判决"从一个侧面反映了（法国）普通民众对法律的信仰，及司法在人们日常生活中的权威。

在德国，流传较广的是"德国皇帝与磨坊主"的故事。19 世纪，德国皇帝威廉一世因行宫不远处的一个磨坊影响该行宫的美观，他想以一种公道的方式来解决，于是派人前去与磨坊的主人协商，希望能够买下这座磨坊。不料，这个磨坊主偏说祖上传下来的家业卖不得。威廉一世很生气，派出军队强行去拆除了那磨坊。眼睁睁看着自己的家业毁于一旦却阻挡不了，那可怜的磨坊主只得站在一旁恨恨地怒吼："你是一国皇帝我斗不过您，但德国尚有法

---

① 贺卫方：《司法的制度与理念》，中国政法大学出版社 1998 年版，第 262 页。
② 刘润堂：《审判象鼻虫》，载《读者》2008 年第 7 期。

律在!"之后,怒气冲冲的他果然一纸诉状就把皇帝告上了法庭。令人吃惊的是,地方法院的判决居然是威廉一世败诉:不但要把那磨坊"恢复原状",还必须赔偿由于拆毁房子造成的磨坊主的一切损失。威廉一世最终还是服从了法院的判决。由此可见,在德国,司法最终解决原则深入人心,司法的权威高过任何个人,甚至连皇帝也要遵守法律。

可见,在大陆法系国家,司法的公信力较高。司法公信力较高,使得法院系统的终审判决一旦达成,当事人及社会民众一般都会尊重和接受司法判决。司法公信力之于量刑改革的意义在于:在司法公信力较高的大陆法国家,由于法官的量刑裁量权业已受到了合议制、判决书说理制度及严格的上诉审制度的有效约束和规制,即便是出现了所谓的"同案不同判""同罪异罚",经过救济之后的终局量刑裁决一般会被认为是合理的,为当事人所接受,真正地实现了"案结事了"。

这就是说,在德国、法国等大陆法系国家,尽管定罪与量刑程序合一模式在程序操作上,似乎也存在一定的问题①,但是从总体上看,一方面既有的程序控制方式可以在一定程度上有效地规范和约束法官的量刑裁量权,另一方面较高的司法公信力使得当事人和普通民众普遍接纳法院判决,因此在这些国家,"量刑不公""同罪异罚"等问题并没有真正成为困扰学术界和司法界的严重问题。这种情况下,德、法等大陆法国家失去了改革目前定罪与量刑程序合一模式的动力,这也许就是德、法等国效仿英美"独立的量刑程序"却屡屡失败的根本原因之所在。

二、独立模式:英美法系国家量刑的程序控制

实际上,在英美法系国家也存在类似于上述大陆法系国家的程序控制方式,比如英美法系国家也存在详细的量刑说理制度、严格的上诉制度,司法的公信力也很高。但是,除了上述控制法官量刑裁量权的程序设置之外,英美法国家最具特色的程序控制方式当属独立的量刑听证程序。

定罪与量刑程序的分离、独立的量刑听证程序并不是英美法系刑事诉讼制度的固有产物。在英国早期的司法实践中,由于大部分刑事处罚都是确定的,因此,没有必要在定罪之后举行专门的量刑听证程序。② 在 13 至 18 世

---

① 德国学者罗科信、赫尔曼、魏根特等均在相关著述和文章中,对德国定罪与量刑程序合一模式存在的缺陷进行了深入的分析。
② Susan N. Herman, The Tail that Wagged the Dog: Bifurcated Fact-Finding Under the Federal Sentencing Guidelines and the Limits of Due Process, 66 *S. Cal. L. Rev.* 1992, pp.289—302.

纪期间,在英国及殖民地时期的美国,法官们逐渐享有赦免罪犯或者以其他刑罚来代替死刑立即执行的自由裁量权。[①] 直到 18 和 19 世纪,鉴于对监禁刑依赖性的逐渐增强,以矫治为导向的不确定刑罚观开始逐渐占据主导性地位,这进一步使得量刑开始成为一个真正的独立程序。

尽管存在一些细微的差别,英国、美国、加拿大等国家在量刑听证程序上总体还是极其相似的。这里笔者拟以美国为例,分析英美法国家的量刑听证程序。美国量刑听证程序主要包括两个主要的阶段,第一个阶段涉及对犯罪行为和犯罪人进行的调查,其结果是准备一份包含犯罪行为本身及犯罪人个人情况的社会调查报告。第二个阶段是法庭上的听证程序,主要指的是在一个公开的法庭,由控辩双方主要围绕着量刑问题展开证据的出示、质证、辩论等程序。以下主要对美国的量刑听证程序作一详细介绍。

(一) 量刑听证准备程序

量刑听证的准备程序主要规定在《美国联邦刑事诉讼规则》第 32 条中。该条(c)款详细规定了量刑前的调查程序:(1) 缓刑监督官必须进行量刑前调查,并且在法官量刑之前向法庭提交一份调查报告,当然存在以下例外情形:(i)《美国法典》第§3593 条(c)款或者其他成文法另作规定的[②];(ii) 法庭发现前科记录中包含的信息能够使得他们富有意义地根据《美国法典》第§3593 条(c)款的规定行使量刑裁量权,并且法官在庭审记录中对上述发现进行了必要的解释。(2) 如果法律规定需要对(被害人)补偿,缓刑监督官必须进行调查,并且提交一份包含有足够支持法院作出补偿命令所依赖的信息。(3) 如果向被告人调查是量刑前调查的一个组成部分,那么,在被告人请求的情况下,缓刑监督官必须向被告人的代理律师发送通知,并且给他一个参与上述调查的合理准备时间。

《美国联邦刑事诉讼规则》第 32 条(d)款则规定了量刑前调查报告的详细内容:(1) 使用参考性量刑指南。量刑前报告必须明确所有可能使用的指南幅度及量刑委员会的量刑政策要求;计算被告人的犯罪等级及犯罪史档级;陈述最终的量刑幅度及可以适用的刑罚种类;澄清与恰当种类的刑罚抑或量刑幅度内的恰当刑罚相关的任何事实;确定任何可能导致偏离量刑指南规定的幅度的基础事实。(2) 其他信息。量刑前报告必须同时也包含以下

---

① Erik Lilquist, The Puzzling Return of Jury Sentencing: Misgivings About Apprendi, 82 *N. C. L. Rev.* 621, 2004, pp.637—639.

② 本条主要涉及的是死刑案件特别听证程序中,对有利于被告人和不利于被告人的事实和证据的收集问题。

信息:被告人的历史及人格特征,包括任何先前的犯罪记录、被告人的财产状况、任何影响被告人行为且有助于量刑和矫正的事实情况;可资评估犯罪对被害人造成的经济、社会、心理和治疗影响的信息;如果可以的话,任何可适用于被告人的非监禁措施的性质及其条件;当法律规定有赔偿时,应当收集足以支持法官作出赔偿命令的信息;如果法官要求缓刑监督官根据 18 U.S. C. § 3552(b)所规定的内容展开调查,则报告中需要保护相应的结果和建议;法庭需要的其他信息,包括与 18 U.S.C. § 3553(a)中规定的信息相关的其他信息。(3) 量刑前报告中不应当包含的内容:任何诊断——一旦公开,将会严重干扰对被告人进行的矫治措施;任何通过承诺不予公开方可获取的信息;其他信息——一旦公开,将会造成被告人或他人的生理或者其他方面的伤害。

除非被告人已经书面表示同意,在被告人作有罪答辩或者被判决有罪之后,缓刑监督官才有权向法院提交量刑前报告或者将该报告的内容开示给相关人员。缓刑监督官必须至少在量刑前 35 天,将量刑前报告提交给被告人、被告人的代理律师和检察官,当然被告人也可以放弃上述最低期间的限制。根据当地规则,法官必须指令缓刑监督官禁止将其量刑建议部分的内容开示给除法官以外的任何人。在接到量刑前调查报告之后的 14 天内,当事人必须通过书面的形式陈述反对意见,该反对意见针对的内容包括材料信息、量刑指南规定的幅度,以及包含在报告中或者报告所忽略的政策因素。异议方必须向对方当事人和缓刑监督官分别提供一份反对意见的副本。在接到反对意见副本之后,缓刑监督官可能会与当事人会面,讨论异议内容。缓刑监督官也可能作进一步调查,并对量刑前调查报告作进一步必要的修改。在量刑前至少 7 日,缓刑监督官必须向法庭和当事人提交最终的报告及一份附录,其中包含了任何未解决的争议、这些争议的理由、监视官对这些争议的评论性意见等。

(二) 量刑听证程序

在有罪答辩或者陪审团作出有罪裁决,缓刑监督官将量刑前报告准备好之后,量刑问题将会像定罪审理一样,再次进入法庭开庭——此即量刑听证程序。

美国联邦量刑听证程序详细地规定在《美国联邦刑事诉讼规则》第 32 条(i)款中。根据该条款的规定,在量刑时,法官必须确保被告人及其代理律师已经阅读和讨论了量刑前报告及报告的附录部分;必须给被告人和检察官一份摘要,该摘要将会包括任何根据《美国联邦刑事诉讼规则》第 32 条(d)

(3)款规定而被排除于量刑前调查报告的信息,并且给他们一个合理的、就该信息提出评论性意见的机会;必须允许双方当事人就缓刑监督官的事实认定及其他与量刑相关的事项发表评论性意见;在判刑前的任何时间,都可以允许一方当事人提出新的异议。法官在量刑听证程序中,可能会采纳量刑报告中的任何没有争议的部分作为量刑认定的事实;对于量刑报告或其他争议事实中存在争议的部分,法官必须就此作出裁决,或者认为对这些争议作出裁决是不必要的,因为该争议并不会影响量刑或者法官在量刑时将不会考虑这些事项。在判处刑罚之前,法庭必须给被告人的辩护律师一个代表被告人发表意见的机会;亲自询问被告人,并允许被告人陈述或者提供任何关于从轻量刑的信息;给检察官一个与辩护律师对等的、就量刑问题发表意见的机会。在判处刑罚之前,法官必须允许那些出席量刑听证程序的被害人发表意见,并确保合理地考虑他们的发言。

在量刑听证程序中,被告人一般享有如下权利:聘请律师或者接受指定律师帮助诉讼的权利,向法庭提交证据的权利,传唤证人出庭的权利,对准备调查报告的人员或其他提供不利于己证言的证人进行交叉询问的权利,出席法庭并发表意见的权利。[①] 而被害人在量刑听证程序中同样也扮演了重要的角色,被害人可以出席法庭,并向法庭提交"被害人影响陈述"。被害人影响陈述明确说明了被害人及其家庭因为罪犯的犯罪行为而遭受的伤害,包括身体的、经济的、情感的和心理的伤害。此外,检察官、缓刑监督官、量刑证人等在量刑听证程序中也都扮演了重要的角色。

(三) 美国量刑听证程序的功能

量刑听证程序的功能指的便是量刑听证程序在刑事诉讼中所发挥的积极作用。从美国量刑理论以及司法实践来看,量刑听证程序主要具有以下几项功能:

1. 公开的量刑听证程序能够有效地限制法官量刑裁量权

在定罪与量刑程序一体化的模式之下,法官通过一场连续的法庭审理活动,既要解决被告人是否构成犯罪的问题,又要解决被告人的量刑问题。在这种模式之下,以下三个方面的原因注定法官在量刑问题上的自由裁量权难以受到有效的制约:第一,这种模式无法保证公诉人、被害方、被告方充分参与量刑决策过程,使得整个量刑问题变成法官单方独断的"私人空间";第

---

① Nicholas N. Kittrie, Elyce H. Zenoff, Vincent A. Eng, *Sentencing, Sactiion, And Corrections* (2nd ed), Foundation Press, 2002, p.281.

二,没有独立的程序,控辩双方无法提出并论证各方面的量刑情节,也无法就量刑结论发表意见,因此法官无法全面获取与量刑有关的事实信息,也难以就量刑的预期效果和风险进行准确的评估;第三,整个量刑裁决的决策过程缺乏公开性、抗辩性和透明度,使得最终的量刑裁决结果并不是形成于诉讼过程之中,而成为法官"办公室作业"以及内部审批机制的产物。一言以蔽之,在"办公室作业"的量刑模式之下,由于没有建立基本的诉讼形态,也没有确立最起码的司法听审机制,所以根本无法保障各方诉权的有效行使。法庭既无法全面、客观地掌握案件的事实信息,也无法对案件的法律适用问题作出准确的判断,因而很难避免陷入偏执一端、固执己见的境地。①

在量刑听证程序之下,首先,被告人、被害人、公诉人、辩护人等都有权利参与整个量刑听证程序,都可以向法官提交相关量刑证据,同时也有权质疑对方提出的主张和证据;其次,控辩双方可以分别就量刑情节是否成立、量刑情节对量刑的影响、何种刑罚更有利于矫治被告人等各方面事项发表意见并展开辩论;最后,整个过程公开、透明,而阳光是最好的防腐剂,阳光下的量刑使得法官不敢滥用自由裁量权。综上所说,独立的量刑听证程序通过公开的程序,将诉权引入整个量刑程序,从而使得裁判者的裁判权受到诉权的有效制约,防止法官滥用自由裁量权。

2. 保护被告人不致因开示个人信息而遭受偏见或不公正的对待

在定罪与量刑程序一体化的模式之下,由于没有独立的量刑听证程序,当事人必须在法庭对被告人定罪与量刑之前,向法庭提交所有的信息,以便法官综合考虑所有信息。然而,有些信息与量刑极其相关,但对于定罪问题而言,可能是不相关的,甚至会导致事实的裁判者对被告人产生偏见和歧视。例如,某一特定的被告人在过去曾经实施过盗窃行为的事实,可能会导致事实的裁判者倾向于怀疑被告人也实施了此次盗窃行为,特别是当前后两次使用了某一类似的犯罪手段时更是如此。② 与此如出一辙,法官和陪审团更加倾向于相信那些受教育程度不高的、吸毒的、滥用酒精的或者陷入严重财务危机的被告人更可能实施盗窃行为,即便是证据比较微弱时也是如此。③ 此外,如果案件中存在被害人的话,检察官常常希望将犯罪行为对被害人造成

---

① 陈瑞华:《问题与主义之间——刑事诉讼基本问题研究》(第二版),中国人民大学出版社2008年版,49页以下。

② 在这种情况下,当该前后相同的犯罪手段不足以成为确定犯罪人同一的决定性证据时,这种偏见可能是非常危险的,可能会导致无辜者被定罪。

③ Christoph Safferling, *Towards an International Criminal Procedure*, Oxford University Press, 2001, p.270.

的影响提前通报给法官。被害人提供的关于犯罪所造成的人身、财产和精神损害方面的证言,是与量刑高度相关的。但是,这些证据对于确定被告人是否有罪却缺乏必要的证明价值。在法庭上,被害人的抽泣只能煽动法官和陪审团的情感因素,削弱他们的理性和裁判。

独立的量刑听证程序——在定罪之后举行专门的量刑听证——将能够解决这些问题。关于被告人的犯罪记录等情况,以及被害人遭受犯罪侵害的情况,在确定被告人是否有罪的定罪阶段暂时不予以提交,而等到量刑听证阶段才可向法官提交。当量刑法庭考虑被告人潜在的社会危害性和再犯新罪的可能性时,他们自然希望知道被告人的犯罪前科以及个人情况。例如,在弗吉尼亚州,陪审团决定被告人是否有罪,并负责判处刑罚,弗吉尼亚州上诉法院曾经表示:举行独立的定罪和量刑程序能够"确保量刑陪审团接触'那些仅仅与量刑有关,而与罪与非罪没有关系的信息',因而使得量刑判决与案件情节相一致,而不至于损害先前有罪或无罪的判决"。① 因此,定罪、量刑分离的二元程序模式既保护了被告人的利益,同时也能够保护被害人利益及国家公共秩序利益。

3. 保护被告人的辩护权以及防止自我归罪的特权

在美国刑事司法体系中,检察官承担所有证明被告人有罪的证明责任,而且该证明要到达排除合理怀疑的标准,并不要求被告人在法庭审判中作证,或者提供那些便利起诉的证据和信息。因此,如果没有独立的量刑听证程序,被告人在定罪之后便没有机会再向法庭提交量刑证据或者就量刑发表辩护意见,那么沉默权将变得毫无意义。如果没有独立的量刑听证程序,被告人只能够在法庭宣布有罪/无罪的裁决之前向法庭作出陈述,那么他将被置于一种十分尴尬的境地:要么作无罪辩护而放弃量刑辩护,要么承认有罪并选择量刑辩护。需要注意的是,不论被告人选择何种辩护策略,这种决定都必须在法官作出有罪或无罪裁决之前予以确定。

在被告人想提出那些自证其罪的证据,而该证据又构成量刑阶段的酌定从轻情节时,这种矛盾显得更加突出。例如,如果被告人被指控与其他嫌疑犯一起实施了犯罪,被告人可能并没有参与到犯罪行为的实施过程中来,而是试图说服其他人中止犯罪,或者试图减少犯罪所带来的损害程度。该犯罪嫌疑人可能不愿意告诉法院他在此之前已经知晓犯罪,因为他担心法官会据此认为他本人实际已经参与了犯罪。在定罪与量刑程序合一模式下,该被告

---

① Walls v. Commonwealth, 38 Va. App. 273, 282, May 14, 2002.

人要么选择保持沉默以避免自我归罪,要么选择告诉法官其所实施的犯罪行为中存在酌定从轻情节。①

通过独立的量刑听证程序,被告人将能够避免上述尴尬和不利。在定罪与量刑程序分离的美国,如果被告人掌握了大量的可以构成从轻量刑,但却自证其罪的证据,被告人完全可以在定罪审理程序中"隐藏"这些可能自证其罪的证据,毫无顾虑地进行无罪辩护;一旦被定罪,他们仍然有机会在专门的量刑听证程序中,向法官展示这些从轻量刑的证据。意大利佛罗伦萨大学国际法教授萨尔瓦纳·圣芭芭拉对此也提出了更具说服力的理由:"两步式程序更加能够保护被告人的权利的论点是正确的,因为该程序将更加有利于被告人在量刑阶段提出有利于己的事实和证据。一旦被告人知道他或她已经因某些特定的理由被确定犯了某一特定的犯罪时,他或她将处于一个更为有利的地位,以便有效地提出酌定从轻情节。此外,一旦被告人被定罪,他或她可能会要求传唤特定证人以提供可能对其量刑有利的证言,即便该证人在先前决定有罪/无罪的裁决程序中已经出庭提供了证言"。②

4. 保障被害人在量刑程序中的有效参与

被害人是犯罪行为的直接承受者,不但对犯罪人怀有强烈的愤怒和仇恨之情,而且对犯罪的社会危害性及实际造成的损害有最直接、最深刻的感受。被害人所受到的精神伤害和心理苦楚能否在实际上得到抚慰,被害人的人身伤害和财产损失能否在实际上得到弥补,破坏的社会关系能否得到有效的恢复,社会和谐能否得以维持,很大程度上取决于被告人能否受到相应的刑事制裁。因此,保障被害人有效地参与到量刑程序,并发表其对被告人量刑的意见,具有天然的合理性:首先,被害人有效参与到量刑程序,有利于增强包括当事人在内的社会公众对司法的信任度,防止法官在量刑问题上的"暗箱操作",为法官实现司法公正注入了新的动力;其次,被害人参与量刑程序,并在诉讼中充分发表自己的意见,不仅有利于被害人当事人地位的回归,同时也有利于法官作出客观公正的判决;最后,被害人参与量刑,有利于强化被害人对法院判决的服判心理,息诉息访。

在定罪与量刑程序合一模式下,被害人一般是以证人的身份出席法庭,向法官提供关于被告人实施犯罪的事实和情节。由于没有独立的量刑听证

---

① See William A., Schabas's Commentary on Article 76 of the Rome Statute in Commentary on the Rome Statute of the International Criminal Court (Otto Triffterer, ed., Beck/Hart 2d ed. 2008).

② Salvatore Zappalà, *Human Rights in International Criminal Proceedings*, Oxford University Press, 2003, p.198.

程序,而且证人作证受到意见规则的限制,因此,被害人在整个法庭审理过程中无法就被告人的量刑发表意见。而独立的量刑听证程序之下,被害人不仅可以出席法庭,而且可以向法庭提交一份"被害人影响陈述",痛陈犯罪人犯罪手段的恶劣性、主观动机的卑劣、对被害人心理和生理所造成的损害,以及其希望对被告人判处何种刑罚等。在这种情况下,被害人不仅能够有效地参与到量刑程序中来,同时也可以就量刑发表本方意见,即便这种意见不被法官所采纳,在法庭这一特殊空间,被害人对犯罪人的谴责,不仅可以平复被害人的受伤心理,而且还有利于再次激发被告人良心上的自责,更好地完成改造。

5. 使酌定量刑情节能够得到充分的展示

影响量刑的情节除了法定的量刑情节外,还有大量的酌定量刑情节。虽然酌定的量刑情节属于法官自由裁量的范畴,但对正确适用刑罚起着重要的影响,有时候甚至会起到关键性作用。一般来讲,酌定量刑情节包含以下几方面的内容:(1) 表明社会危害性的酌定量刑情节,其中包括犯罪的对象、手段、时间、地点以及结果;(2) 表明犯罪分子人身危险性的酌定量刑情节,其中包括犯罪动机、犯罪分子的一贯表现和犯罪后的态度等。在定罪与量刑程序合一的情况下,法庭审理的中心是是否构成犯罪,至于犯罪情节问题,也主要集中在几种常见的法定情节之中,对于酌定量刑情节,检察官一般会怠于提及,被告人以及辩护人由于没有进行专门的调查,即便提出,也因缺乏证据而不被法官所采纳。

在独立的量刑听证程序中,由于法官在量刑前一般会命令中立的主体——缓刑监督官对被告人的社会背景、犯罪情况、被害人受到损害的情况等进行全面的调查,并在听证之前将这些调查内容送交给控辩双方,控辩双方均可根据这些内容,向法庭提出酌定情节。此外,独立的量刑听证程序是一个专门解决量刑问题的程序,在这个程序中,控辩双方主要围绕的便是量刑情节的展示,以及量刑情节对量刑的影响。由于法定情节成立与否以及其对量刑的影响由法律明文规定,而酌定情节则五花八门,对量刑的影响也是千差万别,因此,独立的量刑听证程序更加有利于酌定量刑情节的展示和辩论。

6. 拓展了辩护律师和检察机关的作用空间,促进了量刑程序的公开和透明

当不存在专门的量刑程序时,相对于占主导地位的决定被告人有罪还是无罪这一重要问题来讲,提出与量刑相关的证据或者进行量刑问题上的辩论

便成为一个次要的问题。也就是说在定罪与量刑程序合一的模式之下,不可能存在真正而独立的量刑辩护,辩护人的辩护空间将会受到不应有的限缩。而独立的量刑听证程序则给辩护律师一个独立的空间,让他们专门就量刑问题进行举证、质证和辩论,这不仅拓展了辩护的空间,而且使量刑辩护成为一个独立的辩护形态。

拓展辩护空间的另一个必然结果便是扩大了检察官在量刑问题上发挥作用的空间。在定罪与量刑程序合一模式之下,检察官出庭支持公诉,关注的焦点往往是定罪问题,而量刑问题往往成为法官"办公室作业"的对象。即便是在那些强调检察官客观义务的大陆法系国家,检察官在法庭审理程序中也往往仅仅关注的是定罪问题,而忽视量刑情节——特别是酌定量刑情节的提出。而独立的量刑听证程序给检察官一个独立的空间,让他们专门就量刑问题发表自己的看法,并提供必要的证据支持本方观点或反驳对方观点。

此外,独立的量刑听证程序,避免了定罪与量刑程序合一模式下的"办公室作业"量刑方式,将量刑问题置于阳光之下,并在各诉讼利益主体的参与之下,使得程序更加公开和透明。正如一位英籍比较刑事法专家所说的那样,"量刑听证程序的存在,促进了量刑法理学的产生和发展,即通过公开地接受和理性地评价证据来鼓励和促进一种透明司法文化,而一个定罪与量刑合二为一的程序将会使得量刑理由变得迷乱"①。

7. 便利法官选择那些有利于矫治犯罪人的刑罚方式

在美国,量刑的目的不仅仅是将那些可能危害社会的人从社会中隔离出去,对不良行为施以报复,其同时也是为了矫治那些犯罪行为人,以便他们能重新回归社会。然而,"矫治"要求法官的量刑应当建立在犯罪人个人的基础之上,"法官必须掌握关于被告人个人情况的所有信息,以便他能够作出合理而明智的量刑判决"②。量刑听证程序之下,量刑前调查报告的广泛使用,使法官的量刑不仅更加能够体现刑罚的个别化,而且也更加便利法官选择那些有利于矫治犯罪人的刑罚方式,从而实现刑罚的矫治、教育等方面的功能。

---

① Ralph Henham, Procedural Justice and Human Rights in International Sentencing, 4 *Int'l Crim. L. Rev.* 185, 2004, pp.190—191.

② Gerhard O. W. Mueller, Douglas J. Besharov, Bifurcation: The Two Phase System of Criminal Procedure in the United States, 15 *Wayne L. Rev.* 1969, pp.613,635.

三、对两种模式的评价

通过以上的分析可以看出,大陆法系国家的依附模式和英美法系国家的独立模式,都在一定程度上可以达到限制法官量刑裁量权的效果。但值得注意的是,大陆法系国家尽管其合议制、量刑说理制度及上诉制度能够在一定程度上限制法官的量刑裁量权,但是这种限制往往是一种"内生型"制约方式,其制约的有效性依赖于司法系统内部法官的自我克制、合议庭成员之间的相互制约及上下级法院之间的有效监督。这种内生型制约方式,排斥了诉讼当事人的诉权制约方式,因此其制约法官量刑裁量权的效果值得怀疑。与此迥异的是,独立模式之下,既存在如大陆法国家的上诉制度、量刑说理制度等内发型制约方式,也存在独立的量刑程序这一外部制约方式——通过诉讼各方有效行使诉权的方式限制法官的量刑裁量权,因此这种模式下对法官量刑裁量权的制约是全方位的,也是最有效的。以下,拟从逻辑合理性、导致法官产生预断的可能性、诉讼效率、限制法官量刑裁量权及量刑程序的公正性等评估指标,综合评价这两大模式的优劣得失。

(一)逻辑合理性

尽管大陆法国家的量刑控制模式在一定程度上确实可以有效地控制法官的量刑裁量权,但是这种定罪与量刑一体化模式,在逻辑合理性上正面临着越来越严厉的批评。在英美学者看来,在同一审判程序中作出定罪和量刑两个决定,无疑会带来一些十分棘手的问题:"除了列举证明有罪或者无罪所需的证据外,法庭还必须十分小心地收集其他量刑所需的证据。检察官和辩护律师本身也必须考虑证据,在提问及解决有罪与否的同时,就量刑进行辩论"。但是,由于控辩双方提出的证据和主张经常发生矛盾,他们"经常不得不选择事先作出定罪决定还是先作出量刑决定",这对辩护律师来说显得尤为艰难,因为"辩护律师很难既主张被告人无罪,同时又主张他对自己的罪行有所悔改"。不仅如此,由于定罪与量刑在同一程序中加以决定,"法官有义务将被告人先前的犯罪记录作为庭审中的证据",因此,无论是职业法官还是陪审员,都很难避免这些犯罪记录对于他们作出定罪裁决的影响。[①]

对于这种将定罪与量刑合二为一的裁判模式,大陆法国家的学者也对其

[①] 〔美〕弗洛伊德·菲尼、〔德〕约阿希姆·赫尔曼、岳礼玲:《一个案例两种制度:美德刑事司法比较》,郭志媛译,中国法制出版社2006年版,第384—385页。

逻辑合理性提出猛烈的批评。比如，德国学者罗科信教授评论道："依现行法，就犯罪行为及对决定法律结果有重大影响之事务应在同一的审判程序中提出证据。而未来法中将相对于此，经常会以英美法作为借鉴，将审判程序一分为二，要求分别就罪责问题及刑罚问题提出证据。此种分法原则上应尽速采行。因为在被告的罪责未被证明前，对为揭露被告人之人别身份所做之调查常属多余，此对其结果亦为不利，并且会造成法官在罪责问题中受到拘束。"①而魏根特教授则注意到一体化模式对辩护效果产生的不利严重影响："因为法庭同时审判处理罪与罚的问题，辩护方在作总结陈述时，经常面临两难境地：辩护人如果（现实中他应当这么做）请求法院在对被告人定罪时从轻量刑，则无疑削弱了他对当事人所作的无罪答辩的可信度。"②赫尔曼教授则更为明确地指出："在德国的庭审中最后辩论可能给辩护律师带来一个特殊的问题。如果辩护律师想要主张被告人无罪，他或者她将申请无罪释放。由于律师无法确定法庭是否一定会判决无罪，他必须同时解决一旦被告人被认定有罪应当判处何种刑罚的问题。由于美国刑事诉讼中存在一个单独的量刑庭审，辩护律师就不必面临这种困境。"③

在日本，理论界认为，有必要从纵向（时间的侧面）分析诉讼过程的结构：最初的过程是认定被告人罪责的过程，即被告人是有罪还是无罪，接下来是选择刑罚的过程，即在有罪的前提下进行量刑。这种过程在理论上可以分为罪责认定程序和刑罚认定程序。理论界还主张，虽然日本现行的审判程序并没有这种程序上的区分，但至少在认定案件事实时，必须在罪责认定程序结束以后才能量刑。④ 此外，在定罪与量刑的关系问题上，日本学界对审判二分论进行了必要的研究，认为"审判二分论的根据主要有两点：(1) 排除量刑资料，纯化事实认定程序；(2) 为了实现刑罚个别化，就要重视量刑程序"⑤。

总之，尽管大陆法国家通过相关程序在一定程度上控制了法官的量刑裁量权，但是由于这种"定罪与量刑合一模式"在理论合理性上存在着一些固

---

① 〔德〕克劳思·罗科信：《德国刑事诉讼法》，吴丽琪译，法律出版社2003年版，第412页。
② 〔德〕托马斯·魏根特：《德国刑事诉讼程序》，岳礼玲、温小洁译，中国政法大学出版社2003年版，第145页。
③ 〔美〕弗洛伊德·菲尼、〔德〕约阿希姆·赫尔曼、岳礼玲：《一个案例两种制度：美德刑事司法比较》，郭志媛译，中国法制出版社2006年版，第352页。
④ 〔日〕田口守一：《日本刑事诉讼法》，刘迪等译，法律出版社1999年版，第164—165页。
⑤ 〔日〕田口守一：《审判二分论的现代意义》，载高田卓尔博士古稀祝贺《刑事诉讼的现代动向》，三省堂1991年版，第149页下。转引自〔日〕田口守一：《日本刑事诉讼法》，刘迪等译，法律出版社1999年版，第1645页脚注部分。

有的缺陷,因此其正当性受到本国学者的质疑和挑战。总体来讲,"合一模式"至少存在以下两个方面的缺陷:第一,在被告人作无罪辩护的场合下,整个法庭无法保障被告人充分的辩护权。在被告人作无罪辩护的场合下,整个法庭围绕着被告人是否有罪进行审理,此时辩护律师如果就量刑提出意见,势必与本方无罪辩护相冲突,而如果辩护人不就量刑发表意见,则在法庭审理之后便不会再有这种机会,所以被告人无法就量刑进行充分的辩护。第二,由于量刑依附于定罪,整个法庭的重心无疑放在了被告人是否有罪的问题上,而有意或无意地忽略了量刑证据和量刑信息的提供,因此量刑问题未免粗糙。

而英美法系国家的定罪与量刑程序分离模式,则可以避免这个问题。诉讼各方完全可以在定罪审理程序中,充分地就被告人的行为是否构成犯罪进行举证、质证和辩论,被告人及其辩护人的无罪辩护权受到了法律的保障。而一旦被告人及其辩护人的无罪辩护没有成功,被告人及其辩护人仍然有充分的机会进行量刑辩护。这便避免了合一模式给被告人及其辩护人带来的二难选择——要么选择无罪辩护而放弃量刑辩护,要么选择量刑辩护而放弃无罪辩护。而且,由于法庭将定罪与量刑问题分别开来,因此控辩双方会有一个专门的机会就量刑问题进行举证、质证和辩论,因此,量刑问题也得到了应有的重视。正是在这个意义上,国际刑事法学界早在20世纪60年代就呼吁大陆法系各国改革刑事审判制度。1969年在罗马举行的第十届国际刑法学大会,曾就此问题作出过专门的决议,认为至少在重大犯罪案件中,审判程序应分为定罪与量刑两个独立的部分。①

(二) 导致法官预断的可能性

在定罪与量刑程序一体化的模式之下,由于没有独立的量刑听证程序,因此当事人必须在法庭对被告人定罪与量刑之前,向法庭提交所有的信息,以便法官综合考虑所有信息。然而,有些信息与量刑密切相关,但对于定罪问题而言,可能是不相关的,甚至会导致事实的裁判者对被告人产生偏见和歧视。例如,某一特定的被告人在过去曾经实施过盗窃行为的事实,可能会导致事实的裁判者倾向于怀疑被告人也实施了此次盗窃行为,特别是当前后两次使用了某一类似的犯罪手段。② 与此如出一辙,法官和陪审团更加倾向

---

① 〔德〕克劳思·罗科信:《德国刑事诉讼法》,吴丽琪译,法律出版社2003年版,第412页。
② 在这种情况下,当该前后相同的犯罪手段不足以成为确定犯罪人同一的决定性证据时,这种偏见可能是非常危险的,可能会导致无辜者被定罪。

于相信那些受教育程度不高的、吸毒的、滥用酒精的或者陷入严重财务危机的被告人更可能实施盗窃行为,即便是证据比较微弱时也是如此。① 此外,如果案件中存在被害人的话,检察官常常希望将犯罪行为对被害人造成的影响提前通报给法官。被害人提供的关于犯罪所造成的人身、财产和精神损害方面的证言,是与量刑高度相关的。但是,这些证据对于确定被告人是否有罪却缺乏必要的证明价值。在法庭上,被害人的抽泣只能煽动法官和陪审团的情感因素,削弱他们的裁判理性。

也就是说,在依附模式之下,定罪与量刑信息一并在综合的法庭上提交给法官,那些关键的量刑信息,比如被告人的前科、被害人有关犯罪后果的陈述等,往往会影响法官和陪审员在罪与非罪问题上的判断。正是从这个意义上,法国的一些学者认为,在确定适用的刑罚时,犯罪人的性格应当起到主导性作用,但犯罪人的性格又不应影响法官对被告人是否有罪作出决定。因此,这些学者主张在刑事诉讼中实行"顿挫"制度:有关犯罪人性格的案卷仅在诉讼的第二阶段送交法官,也就是说,仅在涉及选择制裁的阶段才送给法官阅知。②

独立模式——在定罪之后举行专门的量刑听证——将能够解决这些问题。关于被告人的犯罪记录等情况,及被害人遭受犯罪侵害的情况,在确定被告人是否有罪的定罪阶段暂时不予以提交,而等到量刑听证阶段才可向法官提交。当量刑法庭考虑被告人潜在的社会危害性和再犯新罪的可能性时,他们自然希望知道被告人的犯罪前科及个人情况。例如,在弗吉尼亚州,陪审团决定被告人是否有罪,并负责判处刑罚,弗吉尼亚州上诉法院曾经表示:举行独立的定罪和量刑程序能够"确保量刑陪审团接触'那些仅仅与量刑有关,而与罪与非罪没有关系的信息',因而使得量刑判决与案件情节相一致,而不至于损害先前有罪或无罪的判决"。③ 因此,定罪与量刑分离的二元程序模式能够在很大程度上避免陪审员对被告人产生不利的预断和偏见。

(三) 诉讼效率

"效率"原本是一个经济学上的概念,在 20 世纪六七十年代被引入法学领域,对法学研究产生了重大影响,并形成了一个新的法学流派——经济分

---

① Christoph Safferling, *Towards an International Criminal Procedure*, Oxford University Press, 2001, p.270.
② 〔法〕卡斯东·斯特法尼等:《法国刑事诉讼法精义》(下),罗结珍译,中国政法大学出版社 1999 年版,第 776 页。
③ Walls v. Commonwealth, 38 Va. App. 273, 282, May 14, 2002.

析法学派。经济分析法学派的核心思想是:"效益是法的宗旨,所有的法律活动和法律制度都是以有效地利用资源、最大限度地增加社会财富为目的。"在现实世界里,案件层出不穷,而司法资源却是有限的,以有限的司法资源来应付层出不穷的案件,诉讼效率理所当然应得到强调。此外,一个优良的法律程序不仅要能有效地利用司法资源,而且还应该使程序的参与人免受诉累,因为如果程序过于拖沓冗长,最后难免导致"迟到的正义非正义",所以诉讼效率也应当是法律所要追求的重要价值。

就诉讼效率而言,大陆法国家所实行的定罪与量刑一体化模式,要求定罪与量刑由同一审判组织经由同一审判程序来形成裁判结论。法庭在这一连续的审理过程中,既决定被告人是否构成犯罪问题,又要对有罪被告人的量刑问题加以裁决。由于不实行英美法意义上的陪审团制度,职业法官与陪审员拥有完全相同的审判权,大陆法国家的刑事审判制度中不存在较为严格的证据规则,那些旨在限制证据之相关性、合法性的规则也相对简单得多。① 再加上法官在开庭前要全面查阅案卷材料,法庭上又可依据职权决定证据调查的范围、顺序和方式,因此整个法庭审理过程避免了重复和冗长拖沓。在法庭审理结束后,法庭在所有裁判者发表意见的基础上,依次对罪责问题和量刑问题进行投票,产生裁判结论。这种一体化的程序模式,由于缺少了一个专门就量刑问题而展开的法庭活动,因此,无疑是富有效率的。

而在独立模式之下,定罪与量刑程序的分离,势必会造成同一个案件要经历两次司法裁判过程,控辩双方也要前后两次出席法庭审理,参与法庭证据调查和辩论。这不仅会给法院带来不同程度的办案压力,导致诉讼成本的增加,影响诉讼的效率,而且还使控辩双方承受更大的讼累,投入更多的精力和财力。② 此外,在独立模式下,各国普遍设立了负责准备量刑前调查报告的缓刑监督官制度,同时为缓刑监督官的调查、控辩双方的量刑准备预留了较长的时间,比如美国在定罪之后,法官普遍会在3—5周之后开启量刑听证程序。这无疑又进一步地延长了诉讼期间、增加了诉讼投入。

所以说,就诉讼效率来讲,由于减少了一道"工序",大陆法系依附模式比英美法系的独立模式显得更加高效,而且也更加节约诉讼资源。

(四) 控制法官量刑裁量权的有效性

在定罪与量刑程序一体化的依附模式之下,法官通过一场连续的法庭审

---

① 陈瑞华:《定罪与量刑的程序关系模式》,载《法律适用》2008年第4期,总第256期。
② 见上注。

理活动,既要解决被告人是否构成犯罪的问题,又要解决被告人的量刑问题。在这种模式之下,尽管合议制、上诉制度及量刑说理制度也能在一定程度上限制法官的量刑裁量权,但是,如前文所述,大陆法系国家的法官在量刑问题上仍然享有极大的自由裁量权。

在量刑听证程序之下,首先,被告人、被害人、公诉人、辩护人等都有权利参与整个量刑听证程序,都可以向法官提交相关量刑证据,同时也有权质疑对方提出的主张和证据;其次,控辩双方可以分别就量刑情节是否成立、量刑情节对量刑的影响、何种刑罚更有利于矫治被告人等各方面发表意见并展开辩论;最后,整个过程公开、透明,而阳光是最好的防腐剂,阳光下的量刑使得法官不敢滥用自由裁量权。

综上所述,依附模式下,由于缺少一个专门就量刑问题进行举证、质证和辩论的程序,诉讼各方的诉权很难对法官的量刑裁判权构成有效的约束,法官的量刑往往是办公室作业的结果,因此,其量刑裁量权很难受到有效的制约。与此迥异的是,独立的量刑听证程序通过公开的程序,将诉权引入整个量刑程序,从而使得裁判者的裁判权受到诉权的有效制约,防止法官滥用自由裁量权。

(五) 量刑程序的公正性

程序正义是一种"过程价值",它主要体现在程序的运作过程中,是评价程序本身正义性的价值标准。[1] 关于程序正义的最低限度的标准,有学者将其概括为以下六项原则,即程序的参与原则、中立原则、程序对等原则、程序理性原则、程序自治原则以及诉讼及时和终结原则。[2] 以下试以程序的参与原则为例,分别讨论依附模式和独立模式下,量刑程序的公正性问题。

在定罪与量刑合一模式下,由于没有独立的量刑听证程序,在被告人作无罪辩护的情况下,整个法庭审理程序主要围绕着是否构成犯罪问题展开,而法庭审理一旦完毕,法官(也可能包括陪审员)将退席评议。在评议室内,法官不仅会就是否构成犯罪问题进行评议和投票,也会就量刑问题进行评议和投票。在整个法庭审理程序中,由于担心与无罪辩护的立场相矛盾,因此被告人及其辩护律师无法向法庭提出从轻、减轻或免除情节;被害人一般也无法向法庭陈述其遭受侵害的情况;而由于评议程序是秘密进行的,因此,在

---

[1] 陈瑞华:《刑事审判原理论》(第二版),北京大学出版社2003年版,第48页。
[2] 关于这些原则的详细论述,请参见陈瑞华:《刑事审判原理论》(第二版),北京大学出版社2003年版,第48—65页。

量刑评议程序中，各方当事人更是无法参与其中，并对法官的量刑产生任何积极的影响。而在被告人作有罪答辩的情况下，尽管被告人及其辩护律师可以向法庭提出相关从轻、减轻或免除情节，但是由于缺乏完善的社会调查报告制度，酌定情节事项将很难纳入到法庭审理之中，被告人及其辩护人在法庭上的活动范围受到极大的限制，其"程序参与"很难"富有意义"和"卓有成效"。可以说，在依附模式下，当事人及各诉讼参与人很难参与到法官的量刑裁判过程中来，整个量刑是在秘密的环境下进行的，因此其程序谈不上公正。需要说明的是，大陆法国家制约法官量刑裁量权的几大方式，如合议制、量刑说理，都主要是一种制度约束，其本身也谈不上程序公正的问题。

而独立模式下的量刑听证程序，不论被告人作有罪答辩还是作无罪辩护，法庭都是在确定被告人构成犯罪之后，再择期举行量刑听证会，而且在此期间，缓刑监督官将会对被告人的背景进行详细的调查，并在量刑听证会举行之前将调查报告送交控辩双方或者被害人。而在量刑听证程序中，缓刑监督官、检察官、被告人、辩护人、被害人、证人甚至社区工作人员等都将出席法庭，分别就被告人犯罪的严重性、各种法定或酌定量刑情节的成立与否、可以选择的刑罚等方面进行"富有意义"的辩论，在必要的情况下，法庭还将传唤证人出庭，接受控辩双方的交叉询问。值得一提的是，由于缓刑监督官在量刑前进行了必要的社会调查，并将其结果提前送交给控辩双方，因此，控辩双方在量刑听证程序中不仅能够提供各种酌定情节，也可以提前准备好相关证据，以削弱对方提出的不利于本方的量刑情节和观点。除了程序参与性原则之外，在独立的量刑程序中，法官仍然有必要保持基本的中立立场，控辩双方也保持了必要的程序对等，程序理性和程序自治等原则也得到了必要的尊重。因此，可以说，在独立模式之下，其量刑听证程序仍然保持了最低限度的程序正义。

【本章小结】

在采依附模式的大陆法国家，虽然没有设置独立的量刑程序，但是其刑事诉讼程序却通过合议制、判决书说理制度及实质化的上诉审程序，来实现在一定程度上约束和规范法官自由裁量权的效果。当然，这种制约主要是一种内生型的制约方式，依赖于法官自律、合议庭成员之间的相互制约及上下级法院之间的审级监督，因此这种制约方式必须辅之以较高的司法公信力方可良性运转。但是，需要注意的是，由于这种制约方式排斥了"通过当事人行使诉权来限制法官的量刑裁量权"的做法，法官实际上仍然享有极大的量刑裁量权。

在采独立模式的英美法国家,法官的量刑裁量权一方面会受到来类似大陆法系国家的裁判书说理、实质化上诉审程序的限制,另一方面,英美法国家还通过设置独立的量刑听证程序,来专门解决量刑问题,从而实现控制法官量刑裁量权的目的。在量刑程序启动之前,控辩双方及缓刑监督官将会收集所有与被告人量刑有关的信息,并且这些信息在量刑听证之前便已为控辩双方所掌握,而且控辩双方也有义务就自己所掌握的量刑证据进行相互开示。在量刑听证程序中,被告人及其辩护律师可以向法庭提交证据、传唤证人出庭、对准备调查报告的人员或其他提供不利于己证言的证人进行交叉询问、出席法庭并发表意见。① 被害人可以出席法庭,并向法庭提交"被害人影响陈述"。检察官也有权出席法庭,出示本方证据、反驳被告方提出的证据。

依附模式和独立模式,在各自的体系内都可正常运转,也都可以在一定程度上实现控制法官量刑裁量权的目的。但是就逻辑合理性来讲,大陆法系量刑依附于定罪的模式正面临越来越多的批评,并且在被告人不认罪的情况下,表现得非常不合逻辑。在导致法官预断的可能性方面,大陆法国家的依附模式,由于定罪与量刑在一个连续的程序中完成,那些可能导致法官预断的量刑证据也一并出现在法庭上,从而可能引起法官在罪与非罪问题上对被告人产生不利的预断。在限制法官量刑裁量权的问题上,英美法系独立模式除了大陆法国家所采用的判决书说理、上诉制度之外,还设立了独立的量刑听证程序,通过诉权来限制法官的量刑裁量权,因此其效果更佳。就量刑程序的公正性来讲,大陆法依附模式,由于没有就量刑问题设置单独的程序,所有限制法官量刑裁量权的制度也主要靠法官自我约束和合议庭成员之间的相互制约,因此,其在量刑问题上根本谈不上程序公正。就诉讼效率来讲,大陆法依附模式由于在一个连续的法庭审理中综合解决被告人的定罪与量刑问题,因此其诉讼效率非常高,也更加节省诉讼资源。

由此可见,依附模式和独立模式各有优势,也各有缺陷:依附模式效率较高,但是缺乏逻辑和理性,容易导致法官预断,在限制法官量刑裁量权方面的能力有限,且缺乏程序正义。而独立模式在诉讼效率方面比较低下,但是在逻辑合理性、防止法官预断、有效限制法官量刑裁量权和程序正义方面则体现出明显的优势。

---

① Nicholas N. Kittrie, Elyce H. Zenoff, Vincent A. Eng, *Sentencing, Sactiion, And Corrections* (2nd ed), Foundation Press, 2002, p.281.

第三章 量刑裁量权的程序控制(二)
——中国的改革探索

　　许霆案之后,越来越多的中国学者开始关注我国"定罪、量刑合一模式"对被告人权利的保护、法官自由量权的滥用、刑事辩护等问题带来的消极影响,同时,一些学者也开始对国外定罪与量刑的关系模式进行卓有成效的研究,并纷纷提出了改革我国量刑制度的对策和立法建议。与此同时,最高人民法院开始在全国范围内选择若干法院进行量刑程序改革的试点;部分未纳入最高人民法院改革试点范围的地方法院也开始积极探索量刑程序改革;而一些学者也与部分地方法院合作,进行量刑程序改革的试点①,并最终形成了不同的量刑程序改革模式。

　　在学术界和司法实务界就中国的量刑程序应当采取何种模式这一问题争论不休的情况下,最高人民法院会同有关部门于 2010 年 10 月 1 日颁布并试行了《关于规范量刑程序若干问题的意见(试行)》,并在该文件中确立了一种相对独立的量刑程序模式。该模式在 2012 年修改的《刑事诉讼法》第 193 条中基本得到了采纳。这种相对独立的量刑程序在保持现有的法庭调查和法庭辩论格局的前提下,将法庭调查区分为定罪调查和量刑调查,法庭辩论区分为定罪辩论和量刑辩论。《关于规范量刑程序若干问题的意见(试行)》的颁布以及 2012 年修改的《刑事诉讼法》对上述文件中关于量刑程序安排的基本确认,意味着一度讨论得沸沸扬扬的定罪与量刑程序的关系模式问题将逐渐归于沉寂,民间学术团体和部分地方法院在这个问题上的试点探索也将戛然而止。但是,对量刑程序的模式研究却不可能因此而终结。笔者认为,我们有必要对中国相对独立的量刑程序模式作一彻底的分析,并对其优劣得失作一中肯的评价。

---

　　① 如北京大学陈瑞华教授分别在北京市东城区人民法院、上海市长宁区人民法院、江苏省扬州市邗江区人民法院、山东省日照市东港区人民法院进行了量刑程序改革试点;中国人民大学陈卫东教授也在安徽省芜湖市中级人民法院等地开展量刑程序改革试点。

一、中国量刑程序改革的目标

马克思主义哲学认为,意识活动具有目的性和计划性。意识基于实践的需要,带有一定的主观倾向和要求,具有一定的目的和动机,并且通过实践一步一步地使目的和动机变为现实。人是实践活动的主体,人对客观事物的认识总是基于实践的需要而带着一定的主观倾向、目的和动机。人的活动总是根据已知的事实,对事物未来的发展作出预测,设想行动所要达到的目标,构造出准备加以实现的思想蓝图。马克思认为,人在劳动过程结束时得到的结果,在这个过程开始时就已经在劳动者的表象中存在着,即已经观念地存在着。人的活动的整个过程,就是围绕着"观念地存在着"的目标或蓝图而进行的。为此,在意识中,不仅预先规定了活动的目标,而且为实现这一目标又预先规定了或多或少首尾一贯、相互协调的活动方式和步骤。

中国量刑程序改革以司法实践中出现的问题为基础,力图设计出一套合理的改革蓝图。在这个蓝图的设计过程中,相关负责人肯定会根据已知的事实和基本理论,对我国量刑程序未来的发展作出预测,并设计出整个量刑程序改革希望达到的目标。我国量刑程序改革设置目标至少具有以下两项必要性:

第一,量刑程序设置改革目标将会决定整个程序改革的方向。任何一项改革,必须设定一定的目标,否则改革便会迷失方向。以我国 1996 年审判方式改革为例。① 由于我国传统的审判方式类同于大陆法系国家,其强调实体真实和法官超强化的职权。1996 年刑事审判方式改革试图实现以下几项价值目标:第一,实现打击犯罪与保障人权的统一,实体公正与程序公正的统一;第二,引入对抗式因素,弱化法官职权调查,并理顺控辩审三方的关系;第三,防止法官预断,取消庭前实体性审查;第四,扩大合议庭权限等等。按照上述价值标准,尽管英美法系对抗式诉讼程序严格限制了国家权力,强调公民权利、法官的消极中立和程序公正,在充分保障无辜者的基本权利方面是卓有成效的,但其犯罪率高涨、许多显然的犯罪者得不到追究乃为其一大缺陷。反观大陆法系国家,基于安全至上和实体真实的理念,强调维护秩序、惩罚犯罪和法官积极主动地干预案件,追求结果公正,在查明案件真相、追究惩罚犯罪方面不乏积极意义,但是其最大的缺点莫过于国家权力的滥用和被告

---

① 我国 1996 年刑事审判方式改革,在很多学者和司法实务工作者看来是很不成功的,笔者这里只是想以此说明改革与价值标准选择之间的互动关系。

人合法权利得不到应有的保护。由此观之,两大法系国家的刑事审判制度均是利弊共存,集辉煌和败笔于一身。基于此,中国刑事审判方式的改革者们认为,中国应当走一种中庸路线,部分地引入对抗制因素,部分地保留职权主义制度设计。① 与我国审判方式改革一样,我国量刑程序改革的设计者们在改革之初,也同样会设计一定的目标,以此来指导改革的进一步深化,防止改革发生偏差。如果我们此次量刑程序改革主要是为了实现程序公正、实现法官量刑裁量权的有效控制、赋予当事人在量刑问题上的诉权等,那么我们很可能会参考学习英美法国家独立的量刑程序模式。而如果我们想提高诉讼效率,那么我们可能会学习大陆法国家"通过相应诉讼制度控制法官量刑裁量权"的思路,更多地考虑在我国目前的诉讼制度下,如何完善相应的制度,以实现法官量刑裁量权的有效控制。

第二,量刑程序改革设立的目标将是衡量量刑程序改革成败的重要指标。在量刑程序改革之初,设定一系列的目标,不仅可以决定量刑程序改革的方向,防止改革发生偏差,而且也是在量刑程序改革完成之后,衡量改革是否成功的关键标准。一项司法改革,如果改革之初设定的一系列目标,在改革措施推行和实施之后,发现根本无法达到预期的效果,没有实现预期的目标,那么这种改革就极有可能是失败的。反之,则这项改革是符合人们预期的,是比较成功的。② 再以司法鉴定为例,我国司法鉴定制度改革的目标有:(1) 实现鉴定人的中立化;(2) 防止多头鉴定、重复鉴定;(3) 确保鉴定的科学性;(4) 实现司法鉴定中的程序公正,等等。但是,在全国人大常委会《关于司法鉴定管理问题的决定》(以下简称《决定》)颁布实施多年之后,我国司法鉴定实践中仍然出现了不少问题,比如公安机关、检察机关仍然保留有鉴定机构,多头鉴定、重复鉴定甚至终局鉴定仍然十分盛行,鉴定人的道德水平和业务水平仍然无法规范,鉴定结论的科学性仍然无法保障,鉴定人不出庭作证等。这些情况表明,我国鉴定制度期望实现的价值目标,在改革完成之后,并没有实现。由此可见,我国司法鉴定体制改革并没有成功。我国量刑程序改革也是如此,在改革之初,必须设定相应的目标,在最高人民法院出台的新的量刑程序付诸实施之后,经过一段时间的试点,再比照上述标准进行全面评估,最终确定本次改革的成败。

那么,中国量刑程序改革设置了哪些目标呢?要想回答这个问题,我们

---

① 参见龙宗智:《走向对抗——关于刑事审判方式的改革》,载 http://www.swupl.edu.cn/xrld/master/main.htm,2011 年 2 月 23 日访问。

② 当然,这也不是绝对的,如果改革的设计者在改革之初,设计的价值标准有误,那么即便改革本身达到并实现了上述价值,这项改革仍将是失败的。

必须从此次量刑程序改革的动因、我国司法实践在量刑上出现的问题,及此次改革试图解决哪些问题等方面着手进行分析。

根据最高人民法院李玉萍法官的介绍,最高人民法院的量刑程序改革的动因在于:人民群众对人民法院量刑工作提出了一系列新要求新期待,即不仅要求定罪正确,还期待量刑公平公正;不仅要求量刑规范,还期待量刑公开透明;不仅要求公开裁判文书,还期待增强裁判说理;不仅要求参与法庭审理,还期待对量刑发表意见。[1] 此外,改革的设计者们也坦率地承认了我国司法实践在量刑裁判上存在的问题,即"在审判实践中,仍然存在裁量权行使不够规范,量刑过程不够公开、不够透明的问题,导致极少数案件量刑不公正、不平衡,甚至发生'人情案、关系案、金钱案'的现象"[2]。

最高人民法院相关负责人进一步认为,"规范裁量权,将量刑纳入法庭审理程序,其重大意义体现在以下四个方面:一,量刑规范化是贯彻落实科学发展观,满足人民群众对刑事审判工作新要求新期待的具体措施;二,量刑规范化是实现量刑公正,维护社会公平正义的必然要求;三,量刑规范化是规范裁量权,确保国家法律统一实施的重要保证;四,量刑规范化是实现审判公开,树立司法公信力和司法权威的重大举措"[3]。抛开政治色彩浓重的第一个方面不谈,其后的三个方面的意义确实可以客观地反映出此次量刑程序改革希望达到的目标。

由此可见,中国此次量刑程序改革试图解决以下三个方面的问题:一是法官量刑裁量权的滥用问题,解决司法实践中存在的"同案不同判"、"关系案、人情案、金钱案"及量刑不公正等问题;二是量刑程序的公开化、透明化问题,彻底解决法官在量刑问题上的黑箱操作方式,实现审判公开,从而树立司法公信力和司法权威;三是解决量刑程序中当事人的参与问题,即通过检察官、辩护人及被害人等各方的参与,来实现程序的公正,并在量刑问题上实现一定的对抗。

为了解决以上三个问题,中国量刑程序改革在目标选择上至少要考虑以下三个方面的内容,即"对法官量刑裁量权的限制"、"实现量刑程序的公开、透明"、"增加量刑程序中的适度对抗性"。考虑到量刑程序改革可能会涉及诉讼效率的下降,同时考虑到我国诉讼资源、法律规定的诉讼期间较短等各方面条件的限制,我国量刑程序改革不得不关注于"诉讼效率"这一重要的

---

[1] 《严格程序 规范量刑 确保公正——最高人民法院刑三庭负责人答记者问》,载《人民法院报》2009年6月1日。
[2] 同上注。
[3] 同上注。

目标。由此,我国量刑程序改革一共设置了四个目标,即"对法官量刑裁量权的限制"、"实现量刑程序的公开、透明"、"增加量刑程序的适度对抗性"和"关注诉讼效率"。

(一) 对法官量刑裁量权的限制

不论是最高人民法院倡导的司法改革,还是地方法院进行的改革试点,抑或一些学者倡导的量刑改革,限制法官的量刑裁量权,解决"同罪不同罚"、"量刑不均衡"等问题都是这项改革的最主要动因。详言之,我国量刑实体改革的背景主要有以下几个方面:

第一,刑法粗疏,留给法官过大的自由裁量权。我国刑法典中对犯罪构成要件规定得非常详细,但是在各罪的法定刑问题上,则存在极大的缺陷,比如"法定刑分档过粗、幅度过大"①,这使得法官在量刑时享有极大的自由裁量权,最终导致司法实践中"同罪不同罚"案例屡屡出现。② 以《刑法》第234条第1款为例,"故意伤害他人身体的,处3年以下有期徒刑、拘役或者管制",即便是故意伤害造成轻伤的情况下,法定刑罚幅度包括管制、拘役和3年以下的有期徒刑,法官都可以在三个刑种和较大幅度的自由刑范围内进行选择,法官自由裁量权可见一斑。再以"许霆案"为例,因取款机系统出错,许霆用只有170余元的工资卡取出17余万元后据为己有,一审法院以盗窃罪判处许霆无期徒刑,而发回重审之后,在事实和理由都没有改变的情况下,法院却改判被告人5年有期徒刑。正因为如此,最高人民法院倡导的量刑规范化改革,其主要任务便是"在现行刑罚制度比较粗放、法定刑幅度较大的情况下,如何让法官的量刑越来越公正和精细,以满足社会的需求"③。

第二,法官滥用自由裁量权。刑法规定得粗疏,赋予了法官极大的量刑裁量权,如果法官能够谨慎地行使法律赋予的权利,那也未尝不是一件好事。毕竟,合理运用自由裁量权可以综合案情对个案予以甄别并加以处理,使每一个案的裁判结果因其事实情节或被告人的具体情况不同而不同,以达到法律规则无论适用于哪一个案都能得到同样公正的效果,满足人们追求"一案一正义"的要求。然而,司法实践表明,某些法官在行使自由裁量权时,往往并不是按照事实和法律,而是考虑很多案外因素,比如上级领导交办的案件、

---

① 杜晓:《"同罪不同罚"引质疑 中国量刑改革彰显观念之变》,载《法制日报》2009年6月24日。
② 同上注。
③ 《严格程序 规范量刑 确保公正——最高人民法院刑三庭负责人答记者问》,载《人民法院报》2009年6月1日。

熟人所托的案件等。也就是说,在目前法官不独立的情况下,即便不存在司法腐败的情况,法官仍然可能因为个人的原因,而滥用自由裁量权。根据最高人民法院量刑规范化改革相关负责人的观点,"量刑规范化改革的目的在于进一步规范量刑活动,使法官裁量权的行使具有更加明确、更加具体、操作性更强的依据"①。

第三,司法腐败,特别是量刑腐败。在我国刑事司法中,由于公安、检察机关的强势地位,检察机关一旦起诉,那么法官很少会作出无罪判决。因此,如果对"刑事诉讼领域存在司法腐败"这一命题没有什么异议的话,那么这种腐败将主要是量刑腐败。而量刑腐败往往是在法官行使自由裁量权的幌子下进行的,我国法官过大的自由裁量权可由其随意性拓展成为司法专横,滋生以权谋私、枉法裁判的腐败工具。

其实,法官滥用量刑裁量权和法官的量刑腐败问题,归根结底还是一个法官量刑裁量权过大的问题。因此,解决"同案不同判""量刑均衡""减少司法腐败"等问题,其治本之法应当是要限制法官的量刑裁量权。基于此,最高人民法院此次量刑程序改革的一个最重要的目标便是"限制法官量刑裁量权"。

(二) 实现量刑程序的公开和透明

一直以来,我国刑事诉讼中定罪与量刑程序合二为一,法庭通过一场连续的审理过程,既解决被告人是否构成犯罪的问题,又解决有罪被告人的量刑问题。这种制度设计,"否定了法庭对量刑问题进行独立审判的可能性"②。在法庭审理过程中,"法庭调查"属于对被告人是否实施犯罪行为的事实调查,"法庭辩论"也要围绕着公诉事实是否成立的问题而展开。裁判者没有将量刑问题纳入法庭调查的对象,而最多在法庭辩论阶段将其视为附带于定罪的问题,无论是出庭支持公诉的检察官,还是被害方和辩护方,都没有太多的机会就有罪被告人的量刑情节、量刑种类和量刑幅度,进行有针对性的举证、质证和辩论。③ 在法庭审理程序结束之后,法官往往通过查阅控辩双方提交的所有证据材料,如果发生疑问时通过电话询问检察官和辩护

---

① 《严格程序 规范量刑 确保公正——最高人民法院刑三庭负责人答记者问》,载《人民法院报》2009 年 6 月 1 日。
② 陈瑞华:《论量刑程序的独立———种以量刑控制为中心的程序理论》,载《中国法学》2009 年第 1 期。
③ 陈瑞华:《定罪与量刑的程序分离——中国刑事审判制度改革的另一种思路》,载《法学》2008 年第 6 期。

人,最终决定被告人的刑罚,也就是说,量刑裁判主要是法官办公室作业的结果。

我国量刑的非程序性、不公开、不透明性,受到了我国法学理论界、司法实务界及普通民众的猛烈批判。量刑裁判的"暗箱操作"还导致以下三个严重的后果:第一,量刑问题的不公开、不透明,加之我国量刑说理制度的欠缺,导致了检察官、被害人、被告人及其辩护律师往往无法理解和接受法院的量刑判决,并进而导致了检察官的控诉、被告人及其辩护人的上诉、被害人的申诉,甚至会导致大量的被害人、被告人及其家属的申诉、上访等。第二,量刑问题的不公开、不透明,导致大量的量刑裁判无法使社会公众信服,特别是在那些重大、复杂、社会影响巨大的案件中,情况更是如此,它影响了人们对司法的信赖。以最近几起舆论反映强烈的案件为例,不论是"杭州飙车案"①,还是"前中石化董事长陈同海受贿1.9亿元被判死缓案"②,人们之所以产生争执,说到底便是"民众对量刑裁判的不满,并进而导致民众对司法的不信任"。第三,量刑问题的不公开、不透明,给法官滥用量刑裁量权、司法腐败留下了巨大的空间。

基于此,此次量刑程序改革的一个重要的目标,便是要实现量刑程序的公开性和透明性,将整个量刑过程置于"阳光"之下,毕竟阳光是最好的防腐剂。最高人民法院刑三庭负责人在答记者问中,便明确表示:"量刑指导意见和量刑程序指导意见不仅规范了量刑活动和裁量行为,同时增强了量刑过程的公开性和透明度,使量刑的全过程在'阳光'下进行,使量刑这个本来是模糊的、很难说明白的'内心活动'变得明确起来。这对于……,抵御量刑活动的各种干预,提高裁判的公信力,维护司法权威,都具有重要意义。"③最高人民法院希望通过建立一个公开透明的量刑程序,至少解决以下三个问题:第一,消解检察官及各诉讼当事人对量刑问题的怀疑,减少量刑上诉、抗诉、申诉和上访等问题;第二,提升社会公众对法院量刑判决的接受程度,特别是那些重大、复杂或社会影响巨大的案件;第三,减少法官滥用量刑裁量权和司法腐败的空间。上述三个问题如果归结到一起,便是一个司法公信力的问题。也即是说,最高人民法院试图通过此次量刑程序改革,消解人们对量刑问题的怀疑,并进而提升司法的公信力。

---

① 参见"杭州飙车案",http://news.sina.com.cn/z/fjzbc/index.shtml,2014年9月24日访问。
② 《法院有关负责人就陈同海受贿案宣判答记者问》,http://politics.people.com.cn/GB/1026/9658646.html,2014年9月28日访问。
③ 参见《严格程序 规范量刑 确保公正——最高人民法院刑三庭负责人答记者问》,载《人民法院报》2009年6月1日。

(三) 增加量刑程序的适度对抗性

尽管实体规则的细化可以在一定程度上实现法官量刑裁量权的规制,然而,这种"书面上的法"要想走向"实践中的法",必须借助于一定的程序,否则将难以实现,正如仅仅有刑法上的犯罪构成要件不足以确保法官作出公正的定罪裁决一样。此外,量刑裁量权的永不消逝抑或永恒存在,也决定了必须设定一定的科学的量刑程序,以便将法官的量刑裁量权引入正常的轨道。基于此,独立或相对独立的量刑程序至关重要。

然而,我国现行的刑事诉讼模式具有一个明显的缺陷:与量刑裁决结果有利害关系的诉讼各方没有机会参与到量刑决策过程中去,既难以向法院提出各自的量刑事实信息,并就此展开积极的辩论,又难以提出各自的量刑意见①。由于缺乏一个独立的量刑程序,控辩双方无法就量刑问题展开对抗,无法就量刑问题举证、质证、辩论,也无法就量刑问题发表自己的意见,法官也无法在法庭获取足够的量刑信息,法官的量刑实际上是秘密完成的。换句话说,法院的量刑过程其实是通过一种"办公室作业"的"非程序化"方式来完成的,而与量刑结果有着密切联系的诉讼各方被排除于量刑决策过程之外,更遑论控辩双方在量刑问题上的对抗了。在这种非程序化、非对抗化、秘密化和暗箱操作化的量刑模式之下,即便法官作出的量刑裁决在实体上是公平公正的,也不能排除人们的合理怀疑。因为正如西方一句著名法谚所说:"公正不但应当实现,而且应当以让人看得见的方式实现。"②

因此,独立或相对独立的量刑程序改革一旦实现后,为了控制法官量刑的裁量权,实现量刑实体公正、量刑程序公正,应当对改革后的量刑程序进行诉讼化改造,并适度地增加诉讼的对抗性。量刑程序的诉讼化和适度的对抗化,至少能发挥以下几项重要功能:首先,相对于法官独自操纵量刑过程的传统方式而言,两造对抗式的量刑程序更能保证法官同时听取控辩双方的量刑意见和量刑理由,各种有利于和不利于被告人的量刑情节有可能被当庭全面提出,这可以避免过去法官仅仅通过阅卷或庭外调查来核实公诉方提出的量刑信息的做法,大大增加了量刑信息的全面性。其次,诉讼各方同时参与量刑听证,并通过控辩双方在量刑情节的取舍及其对量刑的影响等问题上的适度对抗,可以确保法官在量刑情节的取舍及其对量刑的影响等问题上受到控

---

① 陈瑞华:《论量刑程序的独立性——一种以量刑控制为中心的程序理论》,载《中国法学》2009年第1期,第167页。

② 张越编著:《英国行政法》,中国政法大学出版社2004年版,第492页。

辩双方诉权的有效控制,一方面防止法官量刑裁量权的滥用,另一方面也可以避免法官随意地采纳那些未经验证的虚假证据,以至于作出错误的量刑裁决。最后,量刑程序的诉讼化和适度对抗化,使量刑正义不但能够实现,而且以一种看得见的方式被实现,从而有利于诉讼纠纷的彻底解决。

(四) 关注诉讼效率

效率问题是人类最古老、恒久不变的话题,从先哲柏拉图、亚里士多德到今天的许多哲学家、经济学家、社会学家都对该问题有过锲而不舍的探究。① 法律经济学家波斯纳曾说:"正义的第二种涵义——也许是最普通的涵义——是效率。"②著名的英国法谚也说:"迟到的正义非正义。"我国最高人民法院前院长肖扬甚至将人民法院在 21 世纪的主题定位为"公正与效率"——即要把确保司法公正、提高司法效率作为新世纪人民法院工作的出发点和落脚点,作为审判工作的灵魂和生命。③

刑事诉讼中的"效率"指的是司法资源在刑事诉讼中的合理配置,即以最小的资源消耗取得同样多的司法收益与效果或以同样多的资源消耗取得最大的司法收益与效果。在一定的时期内,任何一个社会在资源供给总量方面总是有限的,资源稀缺是人类社会永远难以回避的难题。刑事司法领域同样如此,由于刑事司法活动本身具有耗时、耗人力、耗资源的特点,而犯罪行为本身又在不断增加,司法资源的稀缺问题显得尤为突出。此外,这种资源的有选择的投入还存在着一个"机会成本"问题,即任何一种司法资源只能投向一项司法活动,这也便丧失了将其投入到另一司法活动获得更大收益的机会。④ 由于诉讼资源的稀缺性及机会成本的存在,人们不得不努力追求资源配置的效率,并把它作为行为选择的标准之一。⑤

从诉讼资源的层面来分析,近年来我国司法机关(特别是基层司法机关)在人员编制问题上涨幅有限,诉讼投入也没有根本的提高,而案件量则呈大幅度提高之势。这便导致了我国司法资源的严重不足,基层的审判任务更为繁重,面临困难更多。有的基层法院人均年结案高达 280 余件,"案多人少"问题突出,"白加黑""五加二"几成工作常态;有的基层法院办案经费不

---

① 胡铭:《论诉讼效率的提高与资源配置的优化》,载《甘肃社会科学》2005 年第 1 期。
② 〔美〕理查德·A. 波斯纳:《法律的经济分析(上册)》,中国大百科全书出版社 1997 年版,第 31 页。
③ 肖扬:《公正与效率:新世纪人民法院的主题》,载《人民司法》2001 年第 1 期。
④ 胡铭:《论诉讼效率的提高与资源配置的优化》,载《甘肃社会科学》2005 年第 1 期。
⑤ 谢鹏程:《基本法律价值》,山东人民出版社 2000 年版,第 137 页。

足,物质装备落后,人才流失严重。① 办案人力、物力的不足,使得提高诉讼效率成为基层法院的普遍呼声,法官已经成为办案的机器,在堆积如山的案卷面前,他们已经没有更多的时间考虑案件的质量问题了。

从诉讼时间的层面来分析,我国刑事诉讼法规定,一审普通程序的审理期间为两个月,至迟不超过三个月,特殊情形可经上一级法院批准再延长三个月。虽然比之前刑事诉讼法规定的一审期限大大延长,但如果遇到一些棘手的重大、疑难、复杂的案件,仍可能会出现办案时间不足的问题。

由此可见,受到诉讼资源和诉讼期间的限制,我国量刑程序改革必须关注诉讼效率。如果量刑程序改革导致诉讼效率的降低,那么这种低下的诉讼效率将会对我国刑事司法产生的严重的消极影响:首先,会导致被告人羁押期间的延长,被告人将会承受更多的心理和精神上的痛苦;其次,也可能使案件的判决变成毫无意义,长期的拖而不决会使被害人的创伤难以愈合;再次,司法的低效会使打击犯罪、解决纠纷更为困难,随着时间的流逝,人去物非,调查取证必然更加艰难;最后,案件的久办不决也会给公安司法机关办案人员带来工作上、身心上的巨大压力。

从这个意义上讲,在目前司法中的人力、物力投入没有得到根本性提高之前,我国刑事诉讼中的任何改革,一旦损害诉讼效率,必将受到司法实务部门的激烈反对。基于此,我国的量刑程序改革必须在程序的公正性和诉讼效率之间寻求一定的平衡。

分析至此,参照上述价值标准,可以发现,不论是大陆法国家的依附模式,还是英美法国家的独立模式,均不能很好地协调好上述四个方面的价值目标。为此,中国量刑程序改革必须走自己的路,既要考虑到中国的国情,也要考虑吸收依附模式和独立模式的合理因素,同时还要兼顾到理论和逻辑上的合理性。这些因素决定了,中国的量刑程序改革一方面需要朝着量刑程序独立化的方向努力,另一方面,囿于资源的限制,也不能使量刑程序完全与定罪程序分离而走向完全的独立,其结果只能是走向相对独立的量刑程序。②

---

① 参见《人民法院工作年度报告(2009 年)》。
② 需要说明的是,尽管笔者赞同中国的量刑程序改革应当走一种相对独立的量刑程序模式,但是笔者理想中的相对独立的量刑程序模式与最高人民法院确立的相对独立的模式之间仍有一定的区别。

二、相对独立的量刑程序——中国量刑
程序改革的现实选择

中国量刑程序改革的价值标准必须考虑对法官量刑裁量权的限制、程序的公开透明、程序的适度对抗以及诉讼效率。因此，在考虑中国量刑程序改革的模式选择时，我们有必要参照上述价值标准，重新审视一下大陆法国家的依附模式、英美法国家的独立模式是否适合中国的基本价值选择，以及中国量刑程序模式的最终选择。

(一) 大陆法国家的依附模式无法实现上述价值选择

大陆法系国家的依附模式，其量刑程序依附于定罪程序，量刑具有非程序化的特征，法官在量刑问题上具有极大的自由裁量权。这种模式的最大特点便在于诉讼效率较高。这种模式在上述价值标准的实现问题上，至少存在以下三个方面的问题：第一，法官的量刑裁量权无法受到检察官、辩护人、被害人的有效约束，量刑问题完全是法官自由裁量的结果，只不过这种自由裁量会受到合议制、判决书说理和上诉制度的限制而已；第二，由于大陆法国家的量刑具有非程序化特征，因此这种量刑模式根本就谈不上程序的公开化和透明化；第三，由于大陆法国家量刑依附于定罪，在量刑问题上，检察官、被告人、被害人的参与非常有限，只能在定罪审理程序中附带提及，因此这种量刑模式下，量刑问题上的对抗性较弱。所以，就价值标准来看，大陆法国家的依附模式除了诉讼效率之外，几乎无法实现我国量刑程序改革希望实现的诸多价值。

(二) 中国与大陆法国家在量刑控制的程序设置上存在显著差异

要研究中国量刑程序改革的路径选择，我们首先有必要研究中国与大陆法国家在量刑的程序控制模式上存在的差异，以及中国未来可预期的制度改革：如果中国与大陆法国家在量刑的程序控制模式上相差不大，或者存在一定的差异，但是中国可预期的制度改革可能会减少这种差异，那么中国模仿大陆法国家的量刑制度也未尝不可，反之，中国将无法模仿大陆法国家的量刑模式。

1. 承办人制度：合议制的异化

从法律文本上看，我国《人民法院组织法》第 7 条第 1 款对合议制作出

了明确规定:"人民法院审判案件,实行合议制",《民事诉讼法》《刑事诉讼法》《行政诉讼法》等都规定了合议庭制度。合议制的精神要义是民主集中制,即合议庭成员共同对案件的审理、裁决负责,发挥集体智慧,实行民主集中制,发扬民主,防止独断专行、主观片面和徇私舞弊。但是在审判实践中,各级法院普遍存在着实行案件承办人制度的做法,这使得合议庭共同负责制发生严重异化,呈现出"形合实独"的特点,在合议庭全体成员共同参与、集体决策的表象下,实际上是案件承办人一人唱"独角戏",并在实质意义上决定着案件的裁判结果。

我国现行合议制度"形合实独"状况的形成与以下几方面的情况密切相关:首先是与以法官个人为主体的案件分配与考核机制密切相关。表面上看,我国法院审理案件实行合议制度,由合议庭共同负责对案件进行审理,但司法实践中的内部操作,却是实行案件分配到人,即对于某一具体案件,先确定一名承办人,再围绕承办人组成合议庭。此外,由于法院考核的对象是个体法官而不是合议庭,因此法院必须将案件落实到每个人身上,将案件的承办数量和办理质量高低与承办人的奖惩、薪金、升迁直接挂钩。这样,案件承办人便成为了事实上的责任主体,合议庭的其他成员成为本案的"陪衬法官"和"办案助理",这直接导致他们对参审的案件持一种走过场、走形式、应付了事的态度。其次是为了提高办案效率。中国目前的基层法院,人员编制十分紧张,但是却承担了大部分案件的一审工作,如果再要求整个合议庭成员一起负责案件的审理,那么司法资源将不堪重负。在这种情况下,为了提高诉讼效率,同时也不违反现行法律,承办人制度便应运而生,承办人制度承载了法院优化资源、提高诉讼效率的"厚望"。

在当下的承办人负责制之下,在庭前准备程序中,只有承办法官一个负责阅卷;在庭审中,从证据调查到案件裁决的基本意见都是由承办人一人独立完成,其他合议庭成员并不直接参与审判活动,有的坐在审判席却中途提前离庭,有的带着自己承办案件的卷宗阅卷,有的写自己所办案件的审理报告;在最后评议阶段,一般先由主审法官写案件审理报告,然后再召集合议庭组成人员评议,在评议中主审法官宣读审理报告,其他合议庭成员表态,当然,由于"错案"的责任主要由承办人承担,因此其他合议庭成员实际上也并不关心案件的最终处理结果;如果案件须报审委会讨论决定,则由承办人负责撰写有关汇报材料,列席审委会会议并向审委会汇报案情,介绍合议庭讨论意见。由此可见,由于承办人最熟悉案情,主导整个法庭审判,并负责提出初步审理方案,因此,承办人的处理意见特别是对事实认定的看法,往往也包括对法律适用的主张得以成为定案意见,从这个意义上讲,目前的承办人制度使得合议庭合而不议,合议制实质上变成了独任制,合议制应有的功能完全没有发挥出来。

在目前的承办人制度之下,法律设计的、体现"民主集中制"的合议庭被架空,合议庭成员之间相互制衡、监督的机制不复存在。承办人制度对我国量刑程序改革也产生了一定的消极影响,使得为约束法官量刑自由裁量权而设置的"合议制"名存实亡,承办法官在量刑问题上享有不受限制的自由裁量权。

2. 裁判书不说理:法官自由裁量权难以受到有效的制约

从我国目前的司法实践来看,判决书制作的突出问题就是不说理或说理不充分。从表现形式上看,主要体现在:一是欠缺证据分析。不少判决书在叙述认定的事实之后,单列一段罗列证据的种类,用"以上事实,有……证据为证"或"上述事实,有当事人陈述及有关书证为证"等模糊方法完成证据论证。有的判决书连罗列证据也不完整,书写证据名称不规范,对哪些证据予以采信,哪些不予采信,分别系何方所举,理由何在,更是一无所涉,采信证据的合理性荡然无存,事实与证据之间的血肉联系也被完全割裂了。二是对案件事实只作结论式认定,欠缺事理和法理论证,使人难以明白这些事实结论从何而来,与原告诉称和被告辩称所主张的事实之间又有什么联系。三是在"本院认为"中或重复事实,或寥寥数语,而且不得要领,武断生硬。四是单纯引用某法某条作出裁判,却不见法条内容,更没有详细说明适用该条的主要理由。判决书不说理,不仅背离了司法公正的基本要求,导致法院难以树立威信;而且容易使普通民众因不了解法院裁判理由而缠诉、上访,浪费诉讼资源;此外,法官不说理或者不彻底说理还为极少数法官的枉法裁判客观上提供了便利。

我国刑事判决书不说理或说理不充分,这本身便包含了"定罪说理"的不充分和"量刑说理"的不充分。实际上,由于我国大部分案件中的被告人都是作有罪辩护的,而在那些有罪答辩的案件中,定罪即便不说理,其影响也不会很大。但是不论是有罪答辩的案件,还是无罪辩护的案件,量刑都是被告人、被害人以及社会公众最为关心的问题。从这个意义上讲,量刑说理至关重要,如果量刑说理不充分,那么不仅可能会导致当事人缠讼、上访,而且也可能会导致司法的公信力下降。

从目前的司法实践来看,我国量刑说理是十分薄弱的,主要表现在:第一,量刑说理过于形式化,完全走过场。无论案件为何,法官在说理时总是使用老一套程式化的语言,诸如"犯罪行为极其恶劣""情节特别严重""具有较大的主观恶性""民愤极大"等高度概括性和模糊性的表达方式。第二,量刑说理不全面、不充分。比如在我国司法实践中,法院并科刑罚时却往往只对主刑说理,对附加刑不说理。

裁判书说理(量刑说理)在向当事人以及社会公众公开量刑原因的同时,也发挥了限制法官量刑裁量权的作用,即法官必须在量刑理由中详细说明本案中哪些量刑情节因有相关证据的支持而得以认定,哪些情节因为何种原因无法认定,判决书选择某个刑种(如缓刑)的原因,判决书判处被告人特定刑期的原因等。由于在判决书中要详细地阐明上述量刑理由,法官在审理过程或起草判决书的过程中,必须谨慎,因为他的每一个判决决定必定要有相应的证据和理由支持,否则便会招致当事人的反对和上级法院的审查。在这种情况下,法官滥用量刑裁量权的行为将会受到有效的遏制。然而,我国司法实践中,判决书说理流于形式,一般都是在罗列事实和证据的基础上,通过"本院认为"的方式,得出突兀的裁决结果。这既无法使当事人了解判决理由,也无法起到任何限制法官自由裁量权的作用。

3. 虚置的上诉审程序

一般来讲,上诉审主要发挥以下几项功能:第一,纠正下级判决的错误,保障解释和适用法律的正确性;第二,保障法律适用和解释的统一性;第三,吸收当事人的不满,以提高司法判决的正当性和可接纳度。实际上,"纠正下级判决错误"本身便蕴含了"纠正一审法院量刑错误"之义。从这个意义上讲,上诉制度一定程度上也发挥了控制法官量刑裁量权的作用。当然,以上仅仅从理论层面论证了上诉制度对控制法官量刑裁量权的积极作用,但是"理论与司法实践总是存在差距",在中国这样一个法制不完善的国家更是如此。

因以下几个方面的原因,使得我国上诉制度实际上无法发挥实质性的作用与功能:第一,我国上下级法院之间存在着严重的行政依附倾向。尽管根据《宪法》和《人民法院组织法》的规定,上下级法院属于监督和被监督的关系,而不是像检察机关那样属于领导与被领导的关系。但在司法实践中,上下级法院并没有按照上述法律准则协调它们之间的法律关系,而是越来越具有行政依附的倾向。例如,下级法院通常愿意在自己审理的一审案件未作出裁判之前,请示上级法院发表所谓的"指导性意见";遇有影响较大的案件,上级法院甚至还会主动向下级法院发布指导性意见。在这种情况下,一审法院的裁判就必然体现了上级法院的意见,案件即使后来上诉或者抗诉到上级法院,后者一般也会对早已体现自己意见的一审裁判予以维持。第二,从审理的内容上看,我国上诉实行"全面审查原则"。"全面审查原则"固然有助于发现真相,但却带来了太大的负面影响。比如,上诉人仅对一审量刑结果不服时,基于"全面审查原则",二审法院仍需要对一审判决中所涉及的事实认定、法律适用、量刑、是否违反法律程序等繁多的问题进行全面的审查,基于时间、精力的限制,法官在对全案所有事实进行审查时,往往冲淡了主题,使量刑争议无法得到合理的解决。第三,从审理方式上看,二审法院在大多数案件中不进行开庭审查。在当事人不在场、证人不出庭的情况下,仅仅依赖一审的所有卷宗材料,二审法院很难发挥监督一审法院的裁决、为当事人提供救济的功能。第四,从判决结果来看,我国二审程序实际上无法发挥监督一审的功能。据相关统计,二审法院维持一审法院判决的比率高达99%以上,撤销原判、发回重审或者依法改判的比率不足1%,即便如此,在二审法官发现一审案件事实不清楚、证据不足时,考虑的问题往往不是将那些本来没有达到有罪判决证明标准的案件直接作出无罪的裁判,而是通过发回原审这种间接的方式,将实体裁判权拱手让给一审法院。

由此可见,由于其固有的制度缺陷,我国上诉程序本身难以发挥监督一审、纠正错误判决的功能。在量刑问题上,由于上下级法院之间的行政隶属关系,下级法院往往会在事前与上级法院就被告人的量刑交换意见;由于全面审查原则,上诉人对量刑的不满往往会被淹没在法官对案件所有实体、程序问题的审查之中;由于二审往往实行不开庭审理,在没有被告人在场、没有证人出庭的情况下,仅凭一审案卷材料,二审法官很难在量刑问题上有所作为;此外,即便是在极其例外的情形下,二审法院发现一审法院存在错误,二审法官也会通过发回重审的方式拱手将实体裁判权让给一审法院。所以,中国目前的上诉程序,在规范和约束法官量刑裁量权问题上,难以发挥任何实质性的作用和影响。

总之,从程序控制的角度来看,首先,我国法律文本上的合议制,在司法实践中逐渐异化为承办人制度,在"形合实独"承办人制度之下,合议庭所具有的"民主集中制""相互制约机制"被个人独裁所取代,承办法官在量刑问题上的裁量权难以受到有效的制约。其次,我国司法实践中,判决书说理流于形式,一般都是在罗列事实和证据的基础上,通过"本院认为"的方式,得出突兀的裁决结果,这既无法使当事人了解判决理由,也无法起到任何限制法官自由裁量权的作用。再次,由于上下级法院之间的行政隶属关系、上诉程序中的"全面审查原则"、二审"不开庭审理"等固有缺陷,我国刑事上诉程序,在规范和约束法官量刑裁量权问题上,难以发挥任何实质性的作用和影响。

此外,从 2012 年《刑事诉讼法》修改和近期司法改革的动向来看,由于上述几项制度改革触及中国司法制度的深层次问题,因此改革遭遇重重困难,很难有所突破。也就是说,不管是现在,还是在可预期的将来,中国刑事诉讼程序中,几乎没有任何有效的程序控制措施,来限制法官的量刑裁量权。

(三) 我国司法资源也难以承受英美法国家的独立量刑模式

英美法国家的独立的量刑程序,在限制法官量刑裁量权、程序的公开透明以及程序的适度对抗方面具有一定的优势,但是由于其往往要在定罪审理程序之后 3—5 周才开启量刑听证程序,所以未免太费时间。此外,独立的量刑听证程序之下,法官往往会要求法院内部的缓刑监督官来制作专门的量刑前报告,这种报告的制作又是极其耗费人力、物力和财力的。所以总体上讲,英美法国家独立的量刑模式,在诉讼效率上存在明显的劣势。德国的魏根特教授总结德国未采行独立的量刑程序之原因,即为司法资源不能承受,而其实,庭审协商程序目前已经被德国实务界广泛而有效地加以适用,德国有半数以上的刑事案件都经过了协商。[①]

反观中国,在没有辩诉交易制度的前提下,程序分流对减少案件压力的作用并不明显,尽管 2012 年修正的《刑事诉讼法》将我国简易程序扩大到被告人认罪的案件,但是现行简易程序只是简化了部分审理程序,并没有从根本上速决部分简易案件,这些因素使得我国法院(特别是基层和中级法院)的案件压力仍然非常大。有研究者认为,"现行刑事诉讼法规定,所有刑事案件都必须开庭审理,所有证据都必须经过法庭质证才能作为定案的根据。如果定罪程序与量刑程序分开,意味着绝大部分案件必须多开一次庭,法院的工作量要在现有基础上增加一倍左右,检察院的工作量也会相应增加。可以说,由于目前中级法院和基层法院的工作量已经非常沉重,甚至是超负荷了,所以根本没有能力再承担如此重的工作量"[②]。此外,在我国目前司法行政化的大背景下,合议庭法官对于其无权决定的案件,不能当庭认定证据,更不能当庭宣判,必须休庭履行内部审批程序后才能作出决定。在这种情况下,如果定罪与量刑程序完全分离,法官可能会分别就定罪问题和量刑问题履行两次报告、讨论和审批程序,这将造成诉讼资源的极大浪费。这种诉讼拖延,不仅会大大降低审判效率,而且还将导致被告人被羁押的时间延长,以及"可能导致法院在判处刑罚时不得不考虑被告人被羁押的情况,进而导致

---

① 姜树政:《关于德国刑事司法制度的考察报告》,载《山东审判》2007 年第 6 期。
② 黄应生:《我国需要什么样的量刑程序》,载《法制资讯》2008 年第 6 期。

量刑结果的不适当"①。

基于此,英美法国家独立的量刑模式也难以为我国量刑程序的改革者所彻底采纳。

(四) 相对独立的量刑程序模式——中国量刑程序改革的必然选择

从上面的研究可以看出,我国量刑程序改革设定了四项价值标准,即法官量刑裁量权的有效制约、程序的公开与透明、程序的适度对抗以及诉讼效率。大陆法系国家的依附模式,除了实现诉讼效率的要求外,基本上无法实现法官量刑裁量权的有效制约、程序的公开与透明、程序的适度对抗;而英美法国家独立的量刑程序模式尽管可以实现法官量刑裁量权的有效制约、程序的公开与透明、程序的适度对抗这三项价值,但其诉讼效率却非常低下。所以,我国量刑程序改革既不能完全模仿大陆法系国家的依附模式,也不能完全照搬照抄英美法国家独立的量刑程序模式。此外,由于我国传统量刑程序存在以下五大缺陷,即量刑的办公室作业方式(程序不公开、不透明问题)、法官量刑裁量权的滥用问题、检察官重定罪而轻量刑、无罪辩护中辩护人地位十分尴尬、被害人地位和利益得不到应有的重视,我国量刑程序必须朝着独立的方向迈进。

基于此,中国量刑程序改革必须走自己的路,既要考虑到中国的国情,也要考虑吸收依附模式和独立模式的合理因素,同时也要兼顾到理论和逻辑上的合理性。这些因素决定了,中国的量刑程序改革一方面需要朝着量刑程序独立化的方向努力,另一方面,囿于资源的限制,也不能使量刑程序完全与定罪程序分离而走向彻底的独立,其结果只能是走向相对独立的量刑程序。

三、定罪量刑分离模式改革探索及其面临的批评

一直以来,在中国司法改革进程中,学者的角色不能忽视。许霆案之后,量刑程序存在的问题逐渐引起了国内学者们的广泛关注,很多学者纷纷通过比较研究,提出完善我国量刑程序改革的基本思路。比如,有学者认为,在定罪阶段,法官主要是对犯罪人的犯罪行为进行评价;在量刑阶段法官则是针对实施犯罪的行为人作出评价。应将刑事量刑程序真正定位为对犯罪人人格进行多角度评价,对其人身危险性进行全面评估的定量程序。量刑程序对犯罪行为人的个体关注,反映了在刑罚上即刑事诉讼对刑法精细化和个别化

---

① 李玉萍:《论相对独立的量刑程序》,载《政法论丛》2009 年第 6 期。

的追求。只有实现从关注行为到关注行为人的理念上的转变,切实认识到量刑程序的意义,才能使量刑程序摆脱被边缘化、虚置化的尴尬境地。① 还有学者就量刑程序的具体设置提出建议。比如,有学者认为,量刑的"司法化"可以通过在审判的第二阶段(即定罪程序结束后的量刑阶段)中构建具有典型司法特征的听证程序来实现。② 就建立专门的量刑程序,有学者提出如下设想:刑事案件诉至法院以后,法院先就定罪问题进行开庭,然后休庭进行评议,在确定被告人有罪以及具体罪名的情况下,将定罪结果告知控辩双方以及被告人,给予合理的时间准备后,再就量刑问题进行第二次开庭,专门解决量刑问题。③

(一) 定罪量刑分离模式改革探索

上述定罪与量刑程序分离的观点,司法实践中也有一些法院进行了尝试。比如江苏省姜堰市人民法院在推行最高人民法院量刑程序改革模式之前,便就独立的量刑程序进行了改革试点。该法院相关负责人认为,"目前适用普通程序审理的案件,一般是被告人不认罪或事实、定性有一定问题的案件,此类案件,无疑庭审的重点应放在定罪上,在庭审中,可以先就定罪的事实进行调查、举证、质证,公诉人先就定罪提出公诉意见,被告人针对公诉人关于定罪的公诉意见进行辩论,其后合议庭可以宣布休庭,对本案的定性进行合议。如果能确认被告人有罪及定何种罪后,继续开庭,对被告人的量刑情节进行调查、举证、质证,公诉人提出关于被告人量刑的建议,辩方开始辩论"④。山东省淄博市淄川区在没有被纳入最高人民法院量刑改革试点单位之前,也对独立的量刑程序进行了积极的探索。该法院相关负责人认为,"(法官)首先在定罪审中审查犯罪人是否构成犯罪及构成何罪,在宣布犯罪人构成犯罪和构成何罪之后,再进行一个独立的量刑审的程序"⑤。芜湖市中级人民法院则区别认罪案件与不认罪案件:对于认罪案件,要求法官在简要审理定罪问题后主要围绕量刑问题开展法庭调查与辩论,在定罪与量刑两个问题上不作隔离,即法官无需当庭先定罪再量刑;对于不认罪案件,先进行

---

① 《量刑程序改革:由粗到细推向纵深》,载《检察日报》2009 年 11 月 10 日。
② 高一飞、陈海平:《"从技术到制度":我国量刑程序改革述论》,载《政法论丛》2006 年第 6 期。
③ 陈增宝:《构建量刑程序的理性思考——以"人权保障"为视角的探讨》,载《法治研究》2008 年第 1 期。
④ 汤建国、张桂林、贾卫兵:《我国量刑程序的改革构想》,载《法制资讯》2008 年第 6 期。
⑤ 王红梅、袁涛:《地方法院关于量刑程序改革的尝试——山东省淄川区人民法院的实践与探索》,载《法律适用》2008 年第 4 期(总第 265 期)。

定罪问题的审理,包括定罪事实的调查与定罪方面法律适用的辩论,在法官初步决定是否有罪之后,进入到一个专门的量刑程序中讨论量刑问题。

(二) 定罪量刑分离模式改革探索面临的主要批评

实际上,尽管我国部分地方法院也曾经就定罪与量刑程序分离模式进行了试点,但是,这种模式在一定程度上已经进行中国化改造,所以已经不是学者所倡导的那种英美式的改革模式。此外,从相关的材料来看,这种模式从改革探索时起便面临了诸多批评,且对这种绝对分离模式的批评主要来自于法院系统。这些批评可概括为:

第一,定罪与量刑程序分离模式违反刑事诉讼法。根据现行刑事诉讼法的规定,法庭的审判程序分为开庭、法庭调查、法庭辩论、被告人最后陈述、评议和宣判。而这种改革模式,将整个刑事诉讼划分为定罪审理程序和量刑听证程序,这种模式下的法庭审判将会分为开庭、定罪审理(包括法庭调查、法庭辩论和被告人总结陈述)、量刑听证程序、评议和宣判。这种改革公然违背了现行刑事诉讼法,因此,在合法性上值得怀疑。

第二,定罪与量刑程序分离,必然会降低刑事诉讼效率,造成案件积压。有研究者认为,"现行刑事诉讼法规定,所有刑事案件都必须开庭审理,所有证据都必须经过法庭质证才能作为定案的根据。如果定罪程序与量刑程序分开,意味着绝大部分案件必须多开一次庭,法院的工作量要在现有基础上增加一倍左右,检察院的工作量也会相应增加。可以说,由于目前中级法院和基层法院的工作量已经非常沉重,甚至是超负荷了,所以根本没有能力再承担如此重的工作量"[1]。

第三,我国不具备将定罪与量刑程序分离的制度基础。有研究者认为,"在英美法系国家,由于传统上采用陪审团审判制,即由陪审团决定被告人的罪与非罪问题,法官解决刑罚的适用问题,这在客观上导致了定罪与量刑程序的分离。受这一制度影响,即使在没有陪审团审理的情形下,定罪和量刑程序也是分开进行的"[2]。然而,从我国目前的情况来看,我们采用的是人民陪审员制度,即由陪审员和法官组成合议庭(或由审判法官组成合议庭)共同决定被告人的罪、责问题,因此很难将定罪与量刑这两个程序截然分开。

第四,独立的量刑程序有赖于辩护律师的出色表现,然而我国目前刑事辩护制度还不发达,很多案件中没有辩护律师的参与,在没有辩护律师参与

---

[1] 黄应生:《我国需要什么样的量刑程序》,载《法制资讯》2008年第6期。
[2] 李玉萍:《论相对独立的量刑程序》,载《政法论丛》2009年第6期。

的情况下,独立的量刑程序的效果是值得怀疑的。特别值得一提的是,在那些被告人接受法律援助的案件中,法律援助律师由于受办案经费的限制,或者受自身辩护能力、敬业精神的影响,往往对量刑问题发表"千篇一律"的辩护意见,而根本无法达到量刑辩护的基本效果。

第五,在英美法国家,为实现准确量刑,包含被告人的个人情况的量刑前社会调查报告必不可少。然而,从我国目前的情况来看,除了各地少年法庭在审理少年案件中普遍地探索和尝试使用社会调查报告制度外,在我国普通刑事诉讼程序中并不存在这种制度。在缺乏量刑前调查报告的情况下,即便实现了定罪与量刑程序的分离,但是由于没有额外的、足以影响量刑的信息和证据进入法官视野,使得控辩双方在量刑听证程序中很难有所作为,这便削弱了定罪与量刑程序分离的意义。

第六,我国目前的司法体制与"二分式"庭审模式不相适宜。根据我国《宪法》和《刑事诉讼法》的有关规定,独立行使审判权的主体是人民法院,而非合议庭法官,合议庭法官必须在法院授权范围内行使职权,对于其无权决定的案件,不能当庭认定证据,更不能当庭宣判,必须休庭履行内部审批程序后才能作出决定。在这种情况下,简单地将定罪与量刑程序完全分离,法官可能会分别就定罪问题和量刑问题履行两次报告、讨论和审批程序,这将造成诉讼资源的极大浪费。这种诉讼拖延,不仅会大大降低审判效率,而且还将导致被告人被羁押的时间延长,以及"可能导致法院在判处刑罚时不得不考虑被告人被羁押的情况,进而导致量刑结果的不适当"[①]。

四、相对独立量刑程序在中国的确立

我国最高人民法院开始将量刑规范化作为司法改革的一项重要内容,最早可以追溯到 2004 年的《人民法院第二个五年改革纲要》,该《纲要》在实体和程序两方面明确了量刑改革的任务,即研究制定量刑指导意见,健全和完善相对独立的量刑程序。最高人民法院在之后出台的"三五改革纲要"中又再次强调了要"规范自由裁量权,将量刑纳入法庭审理程序"。与此相适应,最高人民法院于 2008 年 8 月下发了《关于开展量刑规范化试点工作的通知》,确定江苏省泰州市、福建省厦门市等 8 个基层人民法院为量刑规范化试点单位,对两个试点文件进行试点。在最高人民法院进行量刑程序改革试点的同时,部分未纳入最高人民法院改革试点范围的地方法院也开始积极探索

---

① 李玉萍:《论相对独立的量刑程序》,载《政法论丛》2009 年第 6 期。

量刑程序改革;而一些学者也与部分地方法院合作,进行了量刑程序改革的试点,并最终形成了不同的量刑程序改革模式。可以说,"作为一种由最高法院推动、各地法院试点进行的改革,量刑程序改革从一开始就不是法学界推动的,而带有一定的自生自发性"①。

(一) 中国司法实践中自生自发的量刑程序改革

在最高人民法院主导的改革之外,司法实践中还有一些自生自发的改革模式,这种改革模式是在相关学者的研究成果基础上,根据各个法院的自身情况,并结合法律的相关规定,对定罪与量刑的关系进行必要的探索。从目前的情况来看,主要存在三种改革模式:简易程序中的"集中量刑模式"、被告人认罪案件的"交错量刑模式"及被告人不认罪案件的"独立量刑模式"。

对于简易程序审理的案件,山东省日照市东港区人民法院经过探索,普遍认为可以大幅度简化"已经形式化"了的定罪程序,并形成了自己独特的"捆绑式"和"流水作业式"审理模式。这种模式的特点在于:(1) 在适用简易程序审理的案件中,被告人如果对指控的犯罪事实和公诉人提出的量刑情节无异议的,可以不经事实部分的调查即直接进入量刑程序。(2) 人民法院在送达起诉书副本时,应当告知被告人适用简易程序和直接进入量刑程序的法律后果。(3) 直接进入量刑程序的简易程序案件,法庭一般不再引导被告人对犯罪事实和量刑情节进行辩论,被告人直接对公诉机关提出的刑罚适用发表辩论意见。(4) 检察官出席法庭,一次性"捆绑地"对多个简易案件提起公诉,法庭通过"流水作业"的方式,对若干个案件依次形成裁判意见,并当庭宣判。由于这种量刑模式强调检察官对若干案件的集中出庭,法庭对若干案件的量刑问题进行集中审理,控辩双方主要围绕着有争议的量刑情节展开论辩,因此有学者将其命名为"集中审理模式"②。

对适用普通程序简化审理的案件,地方法院经过探索,大部分认为可以大幅度简化定罪审理程序,并将审判的重点放在量刑问题上。比如,根据《东城区人民法院关于适用量刑答辩程序的实施办法(试行)》第 8 条规定,"适用量刑答辩程序审理的被告人认罪的案件,在审理过程中可以参照最高人民法院、最高人民检察院、司法部《关于适用普通程序审理'被告人认罪案件'的若干意见(试行)》的有关规定,将被告人是否构成犯罪的法庭调查和法庭辩论程序适当简化,重点进行量刑答辩程序"。《日照市东港区人民法

---

① 陈瑞华:《量刑程序改革的模式选择》,载《法学研究》2010 年第 1 期。
② 同上注。

院、日照市东港区人民检察院量刑程序指导意见(试行)》第22条规定,"适用普通程序审理被告人认罪案件,在依法确认被告人认罪是出于自愿且知道认罪后果的基础上,法庭调查在核实犯罪事实后,主要围绕量刑事实、量刑情节进行"。《江苏省扬州市邗江区人民法院量刑规范化实施意见(试行)》第5条规定,"对于被告人认罪的案件,应当着重查明量刑事实"。这种模式主要具有以下几项特点:第一,适用普通程序审理被告人认罪案件,在依法确认被告人认罪是出于自愿且知道认罪后果的基础上,法庭调查在核实犯罪事实后,主要围绕量刑事实、量刑情节进行。也就是说,如果被告人自愿认罪、了解认罪的后果且没有其他不适合直接定罪的情况,法官应当对与定罪有关的事项进行简化审理,在控辩双方无异议的基础上,对公诉机关指控的事实及控辩双方无异议的定罪证据予以当庭确认,随后进入量刑程序。第二,法庭没有必要将定罪审理与量刑审理区分为两个独立的阶段,而可以采取交错进行的方式,也就是说,在定罪调查结束之后,随即就量刑问题进行调查,然后在定罪辩论之后,再就量刑问题进行辩论。第三,在量刑辩论过程中,审判长应当引导控辩双方围绕有争议的量刑事实和刑罚适用问题进行辩论。第四,在量刑辩论阶段,如果发现新的事实、证据,合议庭认为有必要进行调查时,应当宣布暂停辩论,恢复法庭调查,待新的事实、证据查清后继续法庭辩论。

对于被告人不认罪的案件,我国司法实践中"计划外"的改革模式,不论是芜湖市中级人民法院的"隔离审判模式",还是东港区人民法院和邗江区人民法院的定罪、量刑分离模式,都是将定罪与量刑程序加以分离,在定罪问题审理完毕并形成必要的结论之后,再举行专门的量刑听证程序。比如《江苏省扬州市邗江区人民法院量刑规范化实施意见(试行)》第5条规定,在法庭调查阶段,应当分别查明所涉罪名犯罪构成的事实及足以影响量刑的事实,即先行查明犯罪事实,再查明量刑事实(包括法定或酌定量刑情节)。对于被告人不认罪的案件,则应当首先查明犯罪事实,并在解决定罪问题后,再进行量刑事实的法庭调查。《日照市东港区人民法院、日照市东港区人民检察院量刑程序指导意见(试行)》第3条规定,在适用"被告人不认罪的普通程序"审理的案件,法庭审理分为定罪程序和量刑程序,两者应当适当分离——在定罪程序中,法庭调查先进行犯罪事实调查,后进行定罪辩论;经合议庭评议并宣布被告人构成犯罪后进入量刑程序。量刑程序独立模式主要具有以下几项特点:第一,对于被告人不认罪的普通程序审理的案件中,法庭审理分为定罪程序和量刑程序,两者应当适当分离。第二,在定罪程序中,法庭调查先进行犯罪事实调查,后进行定罪辩论。定罪辩论后应当允许被告人就定罪问题进行最后陈述。第三,经合议庭评议并宣布被告人构成犯罪后进入量刑程序;合议庭评议认为不能当庭宣布定罪结果的,应当宣布休庭,择日继续开庭。第四,量刑程序中控辩双方以量刑情节为中心,不具体区分量刑事实调查和量刑辩论,在量刑程序的最后应当允许被告人就量刑问题进行最后陈述。第五,被告人不认罪或者辩护人作无罪辩护且拒绝参与量刑程序的,合议庭应当告知其拒绝行为可能导致的法律后果,记录在案后,量刑程序继续进行。在公诉机关就量刑事实和刑罚适用问题发表意见后,合议庭应当告知被告人及其辩护人可以就量刑事实和刑罚适用问题发表意见。第六,被告人在量刑辩论、最后陈述中提出了新的量刑事实、证据,合议庭认为可能影响量刑的,应当恢复法庭调查,待事实查清后继续法庭辩论。

根据基层司法机关的探索和试验,中国的量刑程序改革在司法实践中已经初步形成了三种模式,也就是"集中量刑模式""弹性的交错量刑模式"及"独立量刑模式",分别对应于中国刑事审判制度中的三种程序,即简易程序、被告人认罪案件的普通程序和被告人不认罪案件程序。其中,将简易程序改造成量刑程序,并通过"捆绑式"和"流水作业方式",大幅度提高简易程序审理效率。在被告人认罪的情况下,大幅度简化形式化的定罪审理程序,突出此类案件的重点——量刑问题,当然,如果对定罪事实存在争议的话,也可以恢复法庭调查和法庭辩论,也就是说,通过"弹性的交错量刑模式"使法庭只对控辩双方存有争议的定罪事实问题进行审理,从而突出量刑问题。在被告人不认罪,并作无罪辩护的案件中,"独立量刑模式"则意味着法庭将定罪审理与量刑审理区分为两个相对独立的阶段,先就被告人是否构成犯罪的问题组织法庭调查和法庭辩论,在宣告有罪判决的前提下,法庭再来组织专门的量刑审理程序,通过听取控辩双方的量刑意见,审查各项法定的和酌定的量刑情节,从而对被告人的量刑问题作出裁判。上述司法实践中自生自发的量刑改革模式,针对不同的程序特点,探索出不同的定罪与量刑程序的关系模式,既照顾了不同案件的性质,也突出了不同程序下法庭审理的重心,既能够合理地分配诉讼资源,也能够照顾我国司法实践中的具体现实,真正地实现了"简出效率,繁出精品",笔者本人也毫不掩饰对这种改革模式的推崇。

(二) 相对独立的量刑程序——最高人民法院推行的量刑程序改革模式

在颁布《关于规范量刑程序若干问题的意见(试行)》之前,最高人民法院也曾选择若干地方法院进行了试点,在试点过程中,最高人民法院采取的是一种相对独立的量刑模式——将法庭调查相对地区分为定罪调查和量刑调查,法庭辩论相对地区分为定罪辩论和量刑辩论。这种试点模式,最终被

2012 年修改的《刑事诉讼法》第 193 条明确规定下来,"法庭审理过程中,对与定罪、量刑有关的事实、证据都应当进行调查、辩论"。最高人民法院推行的"相对独立的量刑程序"的基本思路是:"维持现行庭审结构的基本框架不变,但对法庭调查和辩论程序一分为二"①,即"在法庭调查阶段,首先调查犯罪事实。……之后,再调查其他与量刑有关的事实。……在法庭辩论阶段,审判长应当组织控辩双方首先就定罪问题进行辩论,然后组织控辩双方辩论量刑问题"②。

根据最高人民法院相关负责人的观点,最高人民法院采取上述改革模式的原因主要有:

第一,量刑程序应当获得独立的地位,但是却不能绝对地与定罪活动分离。最高人民法院及其研究人员逐渐注意到,一方面,量刑活动与定罪活动之间存在诸多差异,比如,量刑活动中控辩审三方的诉讼关系不同于定罪活动,参与量刑活动的主体也可能不同于定罪活动,且量刑事实的内容构成、信息来源等也不同于定罪事实,因而量刑程序的设计和运用应当具有自己的特色而不能简单地照搬套用定罪程序。另一方面,由于定罪活动与量刑活动具有千丝万缕的联系,且我国的诉讼制度和司法体制具有自己的特色,因此,量刑程序与定罪程序的分离只能是相对的,而不应也不可能是绝对的。③

第二,构建符合国情的中国特色的量刑制度。从世界各国的情况来看,定罪与量刑的程序关系模式主要有两种,一是大陆法系国家普遍采用的定罪与量刑合一模式,二是英美法系国家普遍采用的定罪与量刑程序二分模式。最高人民法院的研究人员认为,"为了规范量刑活动,我们既不能沿用大陆法系国家将定罪与量刑活动合二为一的做法,也不能盲目移植英美法系国家'先定罪、后量刑'的庭审模式,而应当在我国现有的立法框架下,构建符合我国国情的相对独立的量刑程序"④。

第三,在现行法律框架下的探索量刑程序改革的必然。根据现行刑事诉讼法的规定,法庭的审判程序分为开庭、法庭调查、法庭辩论、被告人最后陈述、评议和宣判。法庭调查是法庭审判的核心阶段,在这一阶段,合议庭要在公诉人、当事人、辩护人、代理人等的参加下,通过提出证据和对证据进行质证,当庭调查证据,全面查明案件事实,为法庭作出正确的裁判提供事实根

---

① 黄应生:《我国需要什么样的量刑程序》,载《法制资讯》2008 年第 6 期。
② 李玉萍:《中国法院的量刑程序改革》,载《法学家》2010 年第 2 期。
③ 胡云腾、李玉萍:《量刑纳入法庭审理程序的若干问题》,载《法律适用》2009 年第 8 期(总第 281 期)。
④ 同上注。

据。法庭辩论是指控辩双方在审判长的主持下,依据法庭调查中已经调查的证据和有关法律规定,对证据有何种证明力和被告人是否有罪、所犯何罪、罪责轻重、应否处刑和如何处罚等问题,提出自己的意见和理由,在法庭上当面进行论证和反驳的诉讼活动。由于目前我国刑事诉讼法没有修改,因此在既有的法庭调查—法庭辩论的框架内,要实现定罪与量刑的相对分离,只能够将法庭调查相对地区分为定罪调查和量刑调查,法庭辩论相对地区分为定罪辩论和量刑辩论。

第四,这种改革模式,既实现了量刑程序的相对独立,也不至于影响诉讼效率。在讨论量刑程序改革应当采取何种模式时,有最高人民法院的法官便提出担忧:"如果定罪程序与量刑程序分开,意味着绝大部分案件必须多开一次庭,法院的工作量要在现有基础上增加一倍左右,检察院的工作量也会相应增加,……在刑事诉讼法尚未修改,对刑事案件尚未进行合理分流,实现简者更简,繁者更繁之前,谈量刑程序独立只能是奢望"。[①] 而目前最高人民法院倡导的量刑程序模式,可以将定罪程序和量刑程序有机结合起来,既相对独立,又相互补充,实现司法公正与效率。

第五,从我国目前的司法体制来看,只能实现这种量刑程序模式,而不能学习英美法系国家的独立量刑程序模式。比如,有最高人民法院法官认为,"我国的诉讼模式和司法资源配置模式与英美法系国家存在重大差别,不具备将定罪与量刑程序分离的制度保障条件,而且,我国审判权的配置模式及与之相关的办案机制与'二分式'庭审模式不相适宜"[②]。

五、中国相对独立量刑程序的诉讼构造

在《关于规范量刑程序若干问题的意见(试行)》中,同样也根据我国《刑事诉讼法》及相关司法解释中出现的三种程序,确立相对应的量刑程序,即被告人认罪案件的量刑程序、被告人不认罪案件的量刑程序、简易程序中的量刑程序。考虑到2012年修正的《刑事诉讼法》已充分吸收了《关于适用简易程序审理公诉案件的若干意见》和《关于适用普通程序审理"被告人认罪案件"的若干意见(试行)》的有关规定,将普通程序审理被告人认罪案件和简易程序审理公诉案件等情形全部纳入《刑事诉讼法》简易程序之中,为此,这里仅对被告人不认罪案件的量刑程序和简易程序中的

---

① 黄应生:《我国需要什么样的量刑程序》,载《法制资讯》2008年第6期。
② 李玉萍:《论相对独立的量刑程序》,载《政法论丛》2009年第6期。

量刑程序进行分析。

(一) 普通程序中的量刑程序(被告人不认罪案件)

一般来讲,司法实践中被告人不认罪的情况主要有以下三种:一是被告人不承认自己曾经实施过检察官指控的犯罪行为;二是被告人承认实施了起诉书中的行为,但是认为这种行为不是犯罪;三是被告人对检察官指控的数罪中的某一个犯罪予以否认。被告人不认罪,往往是与辩护律师的无罪辩护相联系的,这便意味着控辩双方在被告人是否构成犯罪问题上处于完全对立的立场。

1. 被告人不认罪案件的量刑程序及其特征

《关于规范量刑程序若干问题的意见(试行)》第9条中明确规定了适用普通程序审理的被告人认罪案件的量刑程序:"对于被告人不认罪或者辩护人做无罪辩护的案件,在法庭调查阶段,应当查明有关的量刑事实。在法庭辩论阶段,审判人员引导控辩双方先辩论定罪问题。在定罪辩论结束后,审判人员告知控辩双方可以围绕量刑问题进行辩论,发表量刑建议或意见,并说明理由和依据。"

根据权威人士的解释,在被告人不认罪的案件中,应当注意:(1) 在法庭调查阶段,首先调查犯罪事实。在这一调查过程中,可以将与犯罪有关的事实(包括一部分量刑事实)一并调查。之后,再调查其他与量刑有关的事实(如被告人犯罪前表现、犯罪后表现、犯罪行为给被害人造成的危害后果等)。在这一过程中,为了保障法庭调查活动能够有序、有效地进行,审判长应当充分发挥庭审组织指挥者的作用,即审判长应当首先引导控辩双方围绕犯罪事实进行法庭调查,之后,审判长可以作如下告知:"下面进行其他量刑事实的调查,……"在控方就量刑事实举证后,审判长应当告知被告人可以质证,也可以提出有利于己的证据。(2) 在法庭辩论阶段,审判长应当组织控辩双方首先就定罪问题进行辩论,然后组织控辩双方辩论量刑问题。(3) 在被告人最后陈述阶段,审判长告知被告人可以就定罪、量刑问题做最后陈述。①

由此可见,被告人不认罪案件的量刑程序具有如下特征:第一,整个法庭审判,仍然区分为法庭调查和法庭辩论两个部分,在法庭调查中,先调查定罪事实,再调查量刑事实,在法庭辩论中,先进行定罪辩论,再进行量刑辩论;第

---

① 李玉萍:《中国法院的量刑程序改革》,载《法学家》2010年第2期。

二,检察官可以发表量刑建议,辩护人也可以提出量刑意见;第三,尽管量刑程序没有完全独立出来,但是量刑问题在整个法庭审理程序中被当作一个独立的问题,而受到了强调,比如,在法庭调查和法庭辩论中都强调了量刑调查和量刑辩论,在被告人最后陈述阶段,被告人也可以就定罪、量刑问题做最后陈述。

2. 对被告人不认罪案件的量刑程序的评价

最高人民法院确立的被告人不认罪案件的量刑程序,其积极意义主要有以下几点:第一,尽管量刑程序没有获得独立的地位,但是相较于此前的程序,量刑问题得到了必要的强调;第二,检察官的量刑建议和辩护人的量刑意见,能够在一定程度上限制法官的量刑裁量权。

在肯定这项改革积极意义的同时,我们应当清醒地认识到,这项改革的缺陷也是十分明显的:

第一,将定罪问题与量刑问题杂糅在一起,不具有逻辑合理性。定罪和量刑本身是两个问题,适用两套思维方式。比如,在定罪审理中,公诉方要承担证明被告人有罪的责任,其证明标准也很高;而在量刑审理中,控辩双方需要证明的是量刑事实是否成立问题,其证明标准一般无须达到最高的证明标准。又如,在定罪审理中,辩护方会竭力推翻公诉方的指控,与公诉方处于完全对立的立场;而在量刑审理中,辩护方则会认可公诉方指控的犯罪事实和罪名,转而向法庭强调对被告人有利的量刑情节。

第二,将定罪与量刑问题杂糅在一起,将直接导致被告人陷入尴尬的诉讼境地,带来被告人无罪辩护权的削弱问题。在现行制度设计之下,法庭调查区分为定罪调查与量刑调查、法庭辩论区分为定罪辩论与量刑辩论,对于那些坚持无罪辩护的被告方来讲,他们不得不在以下三种程序中作出选择:(1)拒绝参与一切形式的量刑调查和量刑辩论,而继续要求法院作出无罪之宣告,而被告人及其辩护人一旦因为坚持无罪辩护的立场而拒绝参与"量刑调查"和"量刑辩论"的程序,就会使所有为改革量刑程序而进行的努力付诸东流;(2)被告人及其辩护人在"定罪调查"中刚刚指出指控的犯罪事实不能成立,却随后不得不参与"量刑调查"活动,这无疑就等于承认了"公诉方指控的犯罪事实成立"的结论;被告人及其辩护人刚刚在"定罪辩论"中提出了被告人不构成犯罪的意见,却不得不随即要求法庭对被告人予以从轻、减轻或者免除刑事处罚,这就等于认可了公诉方的指控意见;(3)被告人迫于这种程序安排,在确信说服法庭宣告无罪没有希望的情况下,放弃无罪辩护的立场,而被迫接受法庭定罪的结局,在迫不得已的情况下参与到量刑审理中来。被告人不论选择哪一种辩护方式,其无罪辩护和量刑辩护都将受到消极的影响。

第三,这种模式可能会导致法官过早地接触量刑信息,特别是被告人的犯罪"前科",而产生"先入为主"的偏见。现代定罪与量刑程序分离的一个重要的原因便是,将那些可能导致法官先入为主的量刑信息排除在定罪审理程序之外,防止这些信息对被告人的定罪产生不利的影响。而最高人民法院确立的被告人不认罪案件的量刑程序,在定罪问题没有解决的情况下,检察官便可以出示诸如被告人前科、被告人恶劣品行等法定或酌定量刑情节,这可能导致法官产生偏见,使"量刑情节"对"法官决定被告人是否有罪"产生不利影响。

第四,将量刑人为地区分为量刑调查和量刑辩论,实属多此一举。司法实践中,公诉人所提出的法定量刑情节大部分都和定罪事实有关联,在定罪问题的法庭调查中实际上已经间接地完成了部分量刑事实的调查。真正属于初次出现的量刑情节,绝大部分是检察官和辩护人提出的酌定量刑情节,对于这部分情节,如果没有争议,法官将直接认定,如果有争议,那么也只是进行极其简单的调查,因此没有必要作出上述繁琐的区分。即便是那些有争议的重要量刑情节,"多数案件的量刑审理过程也是将量刑情节的调查与量刑的辩论糅在一起进行的"①。

(二) 简易程序中的量刑程序

我国刑事简易程序规定在 2012 年修改的《刑事诉讼法》第 208—215 条。其中,第 213 条规定:"适用简易程序审理案件,不受本章第一节关于送达期限、讯问被告人、询问证人、鉴定人、出示证据、法庭辩论程序规定的限制。但在判决宣告前应当听取被告人的最后陈述意见。"也即是说,在适用简易程序审理刑事案件时,不再要求严格遵循开庭、法庭调查、法庭辩论、被告人最后陈述、评议宣判五个阶段,对于具体案件而言,由主审法官结合实际,遵循简便、灵活的原则对庭审过程进行适当简化(但被告人最后陈述这一环节不得简化),以充分体现简易程序的特点。

1. 简易程序中的量刑模式及其特征

《关于规范量刑程序若干问题的意见(试行)》第 7 条中明确规定了简易程序中的量刑程序,"适用简易程序审理的案件,在确定被告人对起诉书指

---

① 陈瑞华:《量刑程序改革的模式选择》,载《法学研究》2010 年第 1 期。

控的犯罪事实和罪名没有异议,自愿认罪且知悉认罪的法律后果后,法庭审理可以直接围绕量刑问题进行"。具体来讲,简易程序中的量刑操作如下:(1)在法庭调查阶段,在宣读起诉书后,审判长应当询问被告人是否同意起诉书指控的犯罪事实、是否认罪、是否了解认罪的法律后果。如果被告人对上述问题作了肯定回答,则审判长作如下告知:"鉴于被告人已经自愿认罪,接下来的法庭调查围绕量刑和其他有争议的问题进行"。(2)在法庭辩论阶段,审判长可以作如下告知:"鉴于被告人已经认罪,法庭辩论将围绕量刑问题进行……"(3)在公诉人不出庭的案件中,审判长告知被告人可以就检察机关的量刑建议发表意见,并听取被告人关于量刑的意见。①

这种量刑程序模式的特征主要有:第一,整个程序以被告人认罪为前提,而且在法庭审理程序中,在宣读起诉书之后,法官还需要当庭再次询问被告人是否明知认罪的法律后果,并当庭确认对起诉书指控的犯罪事实和罪名没有异议;第二,被告人一旦当庭认罪,那么整个法庭审理程序将会忽略就被告人是否有罪问题进行实质性审查,而重点围绕着控辩双方有争议的量刑事实和情节,以及量刑事实对法官量刑的影响问题;第三,在这个程序中,检察官仍然可以不出庭,而在检察官不出庭的情况下,被告人可以就检察机关的量刑建议发表意见,并听取被告人关于量刑的意见。

2. 对简易程序中的量刑模式的评价

在相对独立的量刑程序模式下,我国的简易程序实际上已经放弃了就被告人是否有罪问题的实质审查,并且被告人一旦当庭作出有罪答辩,那么整个法庭将主要围绕着量刑问题进行审理。这种制度设计的优势是非常明显的:第一,这种改革抓住了简易程序的重点问题,即量刑问题。改革之前的简易程序,被告人认罪的前提下,其举证往往只是列举证据目录,其质证往往是举证方问对方对证据是否有意见,整个举证、质证过程完全走形式,根本无法防止"错误定罪",而且这个过程往往占据了法庭审理的绝大部分时间。在这种情况下,本应当作为整个法庭审理中心的量刑问题往往被形式化的举证、质证所掩盖。第二,这种程序设计将大大地提高简易程序的诉讼效率。既然形式化的定罪审理程序已经被形式化的认罪程序所替代,而且,量刑问题的审理也是以控辩双方的争议为前提,因此整个法庭审理程序将会显得十分紧凑,避免了很多形式化的东西,从而提高了审判效率。

然而,这种制度设计的缺陷也是十分明显的:在缺乏新的量刑信息的情

---

① 李玉萍:《中国法院的量刑程序改革》,载《法学家》2010年第2期。

况下,这种改革将徒具形式意义,也无法保障量刑公正。刑事责任的大小不仅表现为行为人犯罪前、犯罪过程中、犯罪后的各种行为事实,还表现为反映行为人主观恶性、人身危险性、社会危害性等主客观情况。也就是说,在相当多的案件中,量刑所需要的事实信息远非定罪问题那么单纯。在几乎所有司法制度中,诸如被告人的家庭成长环境、受教育的情况、有无前科劣迹、社会关系、再犯可能等方面的事实信息,对于检察官证明被告人构成某一犯罪可能没有任何价值,却可以对法院的量刑具有举足轻重的意义。① 然而,在简易程序中,在那些被告人没有委托辩护人的情况下(实践中这种情况占据相当大的比例),由于缺乏社会调查报告制度,因此,很多有利于被告人的酌定量刑信息将无法为法官所掌握。在这些量刑信息缺失的情况下,量刑公正是难以保障的。

六、中国相对独立量刑程序的基本特征

最高人民法院相对独立的量刑程序模式,是在我国现行法律框架下探索量刑程序改革的产物,即维持目前的法庭调查和法庭辩论格局,只是在法庭调查和法庭辩论中将定罪问题和量刑问题分开。与此前的诉讼程序相比,这种改革方式具有以下几项基本特征:

第一,最高人民法院相对独立量刑程序起码将量刑问题作为一个独立问题纳入法庭审判的视野。在传统定罪与量刑程序合二为一的模式下,量刑往往成为定罪的附属产品,特别是在被告人不认罪的情况下,整个法庭审判围绕的重心是被告人是否构成犯罪问题,这种情况下,辩护方无法提出那些有利于被告人的量刑情节,然而,在法庭审理之后,由于缺乏专门的量刑程序,辩护人也无法提出上述情节。在量刑没有作为一个独立的问题纳入法庭审判视野的情况下,量刑辩护的不充分可见一斑。最高人民法院相对独立的量刑程序,将量刑作为一个独立于定罪的问题纳入法庭审判视野,在法庭审判的专门阶段,控辩双方和法官可以对量刑情节的成立与否,量刑情节对量刑的影响,发表本方的量刑意见。这些措施不仅有利于约束法官量刑裁量权,而且也将促进量刑公正。

第二,在相对独立的量刑程序中,检察官可以提出量刑建议,辩护人可以提出量刑意见,被害人也可以就量刑发表意见。检察官、辩护人及被害人在

---

① 陈瑞华:《定罪与量刑的程序分离——中国刑事审判制度改革的另一种思路》,载《法学》2008年第6期。

量刑问题上积极而富有成效的参与,不仅有利于程序参与原则的实现,促进程序公正,而且也通过引入控辩双方在量刑问题上的诉权来限制法官的量刑裁量权。

第三,尽管最高人民法院针对1997年《刑事诉讼法》及司法解释中出现的三种程序,确立了三种相对应的量刑程序,即简易程序的独立量刑程序、被告人认罪案件的量刑程序及被告人不认罪案件的量刑程序,但是,这三种量刑程序都是在维持现行庭审结构的前提下,将法庭调查和辩论程序一分为二的结果。只不过,由于简易程序和被告人认罪的程序,控辩双方对被告人已经构成犯罪没有什么争议,因此法庭审理大幅度削减定罪调查和定罪辩论,而将审理的重心放到量刑上而已。

【本章小结】

从目前的相关材料来看,在我国量刑程序改革中,希望实现的目标主要包括:对法官量刑裁量权的限制,实现量刑程序的公开与透明,增加量刑程序中的对抗性,及关注诉讼效率。参照上述价值标准,我们可以看出,大陆法国家的依附模式除了诉讼效率之外,几乎无法实现我国量刑程序改革希望实现的诸多价值。就英美法系独立量刑模式来讲,我国目前的司法资源和诉讼期间也难以满足其要求。基于此,中国量刑程序改革必须走自己的路,既要考虑到中国的国情,也要考虑吸收依附模式和独立模式的合理因素,同时还要兼顾到理论和逻辑上的合理性。

就中国量刑程序改革探索来讲,在最高人民法院主导的改革之外,司法实践中还有一些自生自发的改革模式,这种改革模式是在相关学者的研究成果基础上,根据各个法院的自身情况,并结合法律的相关规定,对定罪与量刑的关系进行必要的探索。从目前的情况来看,主要存在三种改革模式:简易程序中的"集中量刑模式"、被告人认罪案件的"交错量刑模式"及被告人不认罪案件的"独立量刑模式"。在学术界和司法实务界就中国的量刑程序应当采取何种模式这一问题争论不休的情况下,最高人民法院会同相关部门于2010年10月1日颁布并实施了《关于规范量刑程序若干问题的意见(试行)》,并在该文件中确立了一种相对独立的量刑程序模式。

就被告人不认罪案件的量刑程序来讲,其具有如下特征:第一,整个法庭审判,仍然区分为法庭调查和法庭辩论两个部分,在法庭调查中,先调查定罪事实,再调查量刑事实,在法庭辩论中,先进行定罪辩论,再进行量刑辩论;第二,检察官可以发表量刑建议,辩护人也可以提出量刑意见;第三,尽管量刑程序没有完全独立出来,但是量刑问题在整个法庭审理程序中被当作一个独立的问题,而受到了强调。这种制度设计具有以下缺陷:第一,将定罪问题与量刑问题杂糅在一起,不具有逻辑合理性;第二,将定罪与量刑问题杂糅在一起,将直接导致被告人陷入尴尬的诉讼境地,带来被告人无罪辩护权的削弱问题;第三,这种模式可能会导致法官过早地接触量刑信息,特别是被告人的犯罪"前科",而产生"先入为主"的偏见;第四,将量刑人为地区分为量刑调查和量刑辩论,实属多此一举。

就简易程序中的量刑程序来讲,其特征主要有:第一,整个程序以被告人认罪为前提;第二,被告人一旦当庭认罪,那么整个法庭审理程序将会忽略就被告人是否有罪问题进行实质性审查,而重点围绕着控辩双方有争议的量刑事实和情节,以及量刑事实对法官量刑的影响问题。这项制度设计的缺陷非常明显:在缺乏新的量刑信息的情况下,这种改革将徒具形式意义,也无法保障量刑公正。

总体来讲,最高人民法院相对独立的量刑程序模式,具有以下几项特征:第一,这种改革模式起码使量刑问题开始成为一个独立的问题纳入法庭审判的视野,控辩双方和法官开始对量刑情节及其对量刑的影响予以必要的关注,这有利于约束法官量刑裁量权,促进量刑公正。第二,相对独立的量刑程序,检察官可以提出量刑建议,辩护人可以提出量刑意见,这不仅有利于实现控辩双方在量刑问题上的程序参与原则,而且也通过引入控辩双方在量刑问题上的诉权来限制法官的量刑裁量权。第三,最高人民法院相对独立的量刑程序是在维持现行庭审结构的前提下,将法庭调查和辩论程序一分为二的结果。

第四章　量刑程序的独立性问题

中国相对独立量刑程序模式的确立思路，似乎与我国1996年发生的那场轰轰烈烈的刑事审判方式改革极其相似。1996年《刑事诉讼法》修改之前，我国审判方式具有"超职权"的特征，"其基本特征是庭前实体审核，法官包揽庭审调查"①，即法官庭前查阅所有案卷材料，庭审完全走过场，法官具有强大的庭外调查权，控辩双方(特别是被告人及其辩护律师)对法庭的控制力较弱。1996年刑事诉讼改革在确立新的刑事审判方式时，存在两种竞争性的改革思路，一种是保守主义改革方式，即维持现状，继续走职权主义道路，当然要参考大陆法国家的职权主义审判方式对我国刑事诉讼法作必要的修改；另一种是激进主义改革方式，即引入英美对抗式诉讼模式，实现诉讼合理性，包括引入起诉状一本主义、庭前证据开示制度、辩诉交易、交叉询问等。最终，几经博弈，我国刑事审判方式改革吸取职权主义和当事人主义的优点，坚持既不照搬外国的"成规""定式"，又摒弃旧刑事审判方式中"先定后审""上定下审"等影响庭审功能发挥的弊端和长期形成的"重实体""轻程序"的偏颇，走一条既具有中国刑事诉讼特色，又符合国际刑事诉讼惯例的刑事诉讼模式。② 多年的司法实践证明，这种所谓中国特色的折中主义改革思路是失败的。现行抗辩式庭审方式不仅受到了我国文化传统、政策、制度和资源方面的限制③，而且其运行上也存在"不彻底的实质化、不完全的平等制、不充分的对抗性及不够规范的操作方式等问题"④。

与1996年审判方式改革类似，在量刑程序改革探索过程中，同样也存在两种截然对立的改革思路，一种是保守主义改革思路，即要继续沿袭中国传统的定罪与量刑程序合一的模式，只不过对其作必要的改良，其原因在于，大陆法国家便一直采取这种合一模式，而且一些国家探索独立量刑程序的努力都以失败而告终；另一种思路是一种激进主义改革模式，移植英美独立量刑模式，即无论定罪程序的繁简差异如何，刑事诉讼都应当有独立的量刑程序，

---

① 龙宗智：《刑事庭审制度研究》，中国政法大学出版社2001年版，第113页。
② 参见孙文志：《控辩式刑事审判运作程序》，人民法院出版社1999年版。
③ 龙宗智：《刑事庭审制度研究》，中国政法大学出版社2001年版，第123—129页。
④ 同上书，第130—132页。

对行为人进行评价。最高人民法院在最终的量刑程序模式选择问题上，同样也采取了1996年审判方式改革的思路，即英美法系模式具有一定的理论合理性，但是却损害诉讼效率，也不符合中国刑事诉讼法；而大陆法系模式尽管效率较高，也不违背我国刑事诉讼法，但其操作上却明显有悖逻辑，而且也不利于减少法官腐败和提升司法公信力，因此我国应当考虑到本国国情，走一条中国特色的量刑程序模式——相对独立的量刑程序模式。

考虑到1996年刑事审判方式改革的经验和教训，笔者对最高人民法院"折衷主义"的改革模式持怀疑态度。随着最高人民法院2010年颁布了《量刑程序指导意见》，2012年修正的《刑事诉讼法》采纳了最高人民法院探索的独立的量刑程序模式，相对独立的量刑程序模式将进入全面实施阶段，这种模式的实施效果如何，我们将拭目以待。

尽管如此，学术界对量刑程序独立正当性的研究和分析绝不会因此而终结。笔者认为，中国量刑程序中的问题是客观存在的，而解决问题的途径却是主观的，如果最高人民法院相对独立的量刑程序在逻辑合理性上都存在问题，如果其仍然无法解决中国量刑程序中客观存在的问题，那么这种相对独立的量刑程序迟早会被修改的。有鉴于此，本章拟对中国相对独立量刑程序的缺陷以及量刑程序独立的正当性作一初步分析，并试图构建自己的量刑程序理论体系。

一、中国相对独立量刑程序的缺陷

从前文的分析可以看出，中国相对独立的量刑程序模式，在简易程序中没有什么太大的问题。但是对于那些被告人不认罪的案件，却存在一定的缺陷。

第一，区分量刑调查和量刑辩论，将之分别置于是否构成犯罪的法庭调查和法庭辩论之后，其最大的问题在于，在被告人是否有罪尚未确定的情况下，要求诉辩双方对量刑问题举证和发表意见，违背了先定罪再量刑的诉讼规律。一方面，在那些坚持作无罪辩护的案件中，在法庭尚未宣告有罪判决之前，被告人及其辩护人可能会拒绝一切形式的量刑调查和量刑辩论，这种情况下，如果法院按照上述量刑程序模式进行的话，客观上可能会剥夺被告人参与量刑辩护的权利。另一方面，在被告人作无罪辩护的场合下，如果被告人在定罪调查之后同意参与量刑调查，在定罪辩论之后同意参加量刑辩论，则在客观上表明了被告人已经认罪，否则他怎么会参与量刑问题的调查呢？毕竟量刑的前提便是已经定罪。

第二,这种模式可能会导致法官过早地接触量刑信息,特别是被告人的犯罪"前科",容易先入为主。定罪与量刑程序分离的一个重要的原因便是,将那些可能导致法官先入为主的量刑信息排除在定罪审理程序之外,防止这些信息对被告人的定罪产生不利的影响。例如,在弗吉尼亚州,陪审团决定被告人是否有罪,并负责判处刑罚,弗吉尼亚州上诉法院曾经表示:举行独立的定罪和量刑程序能够"确保量刑陪审团接触'那些仅仅与量刑有关,而与罪与非罪没有关系的信息',因而使得量刑判决与案件情节相一致,而不至于损害先前有罪或无罪的判决"。① 在我国最高人民法院相对独立量刑程序之下,由于没有独立的量刑听证程序,当事人必须在法庭对被告人定罪之前,向法庭提交所有证据,以便法官综合考虑全案情况。然而,有些信息与量刑极其相关,但对于定罪问题而言,可能是不相关的,甚至会导致事实的裁判者对被告人产生偏见和歧视。例如,某一特定的被告人在过去曾经实施过盗窃行为的事实,可能会导致事实的裁判者倾向于怀疑被告人也实施了此次盗窃行为,特别是当前后两次使用了某一类似的犯罪手段。② 与此如出一辙,法官和陪审团更加倾向于相信那些受教育程度不高的、吸毒的、滥用酒精的或者陷入严重财务危机的被告人更可能实施盗窃行为,即便是证据比较微弱时也是如此。③ 此外,如果案件中存在被害人的话,检察官常常希望将犯罪行为对被害人造成的影响提前通报给法官。被害人提供的关于犯罪所造成的人身、财产和精神损害方面的证言,是与量刑高度相关的,但是,这些证据对于确定被告人是否有罪却缺乏必要的证明价值。在法庭上,被害人的抽泣只能煽动法官和陪审团的情感因素,削弱他们的理性和裁判。

第三,最高人民法院所设计的量刑程序,本质上并不存在相对独立的量刑程序,而只是在原有定罪程序的不同诉讼阶段之中,相应地附加了一个涉及量刑问题的诉讼活动,其实质是一个将定罪与量刑杂糅在一起的混合程序。这种做法显然是出于审判效率和司法资源的考虑,但是却不科学、不合理。此外,在这种程序下,要使定罪问题和量刑问题都能得到充分的审理,其所呈现的审判效率和付出的司法资源并不必然优于独立的量刑程序。

第四,将量刑人为地区分为量刑调查和量刑辩论,实属多此一举。量刑

---

① Walls v. Commonwealth, 38 Va. App. 273, 282, May 14.
② 在这种情况下,当该前后相同的犯罪手段不足以成为确定犯罪人同一的决定性证据时,这种偏见可能是非常危险的,可能会导致无辜者被定罪。
③ Christoph Safferling, *Towards an International Criminal Procedure*, Oxford University Press, 2001, p.270.

程序所要解决的问题核心有二,即量刑情节的全面性和量刑情节的法律评价,前者属于量刑事实信息的调查问题,后者则属于量刑结论的形成问题。①司法实践中,公诉人所提出的法定量刑情节大部分都和定罪事实有关联,在定罪问题的法庭调查中实际上已经间接地完成了部分量刑事实的调查。真正属于初次出现的量刑情节,绝大部分是检察官和辩护人提出的酌定量刑情节,对于这部分情节,如果没有争议,法官将直接认定,如果有争议,那么也只是进行极其简单的调查,因此没有必要作出上述繁琐的区分。即便是那些有争议的重要量刑情节,"多数案件的量刑审理过程也是将量刑情节的调查与量刑的辩论糅在一起进行的"②。

二、量刑程序独立的正当性

在分析上述问题之后,我们有必要进一步研究量刑程序的正当性问题,其原因在于:第一,如果量刑程序与定罪程序之间存在一定的本质区别,那么将两者混杂在一起便是不恰当的;第二,如果量刑程序独立具有正当性,那么即便中国目前的司法状况难以完全实现量刑程序的独立,我国的量刑程序改革也应该朝着独立或相对独立的方向努力。笔者认为,量刑程序独立的正当性主要包括以下几个方面:

(一) 定罪与量刑程序具有不同的目的追求

1964 年,美国著名刑事法学家帕克在宾夕法尼亚法学杂志上发表了题为《刑事程序的两个模式》的文章,首次提出了"犯罪控制模式"和"正当程序模式"学说。犯罪控制模式最重要的机能是维护公共秩序、抑制犯罪,基于此,整个刑事诉讼程序必须保证高效地侦查、起诉和惩罚犯罪。为了高效地打击犯罪,刑事诉讼就必须追求"速度",而快速惩罚犯罪的前提条件是适用"非正式程序",是坚持"有罪推定"原则,因此,尊重和保障被告人人权就不可能成为首要目标。正当程序模式是以个人权利优先、对国家权力必须进行制约的观念为基础,其认为,刑事诉讼的目的不单是发现实体真实并打击犯罪,更重要的是通过公平和正义的程序保护被告人人权。"非正式的与非裁判性的发现事实程序具有不可信任性,易于造成权力的滥用。为遵循正当程

---

① 陈瑞华:《量刑程序改革的模式选择》,载《法学研究》2010 年第 1 期。
② 同上注。

序惩罚犯罪,保障被告人人权,就必须坚持'无罪推定'原则并重视辩护律师作用的发挥。"①也即是说,在刑事诉讼中,定罪程序的目的将主要包含"打击犯罪"和"正当程序"这两层意思。原因很简单,当发生犯罪时,任何国家都会通过惩治犯罪的方式来维护和恢复秩序,而刑事诉讼法是连接犯罪事实与刑法之间的纽带和桥梁,因此,刑事诉讼法的一个重要的目的便是实现刑法,成功地打击和惩罚犯罪。但是,从另一方面来讲,如果一味地打击犯罪,而不对国家司法权进行必要的约束和控制,那么国家的权力将会有滥用的危险,且社会成员也会丧失法律安全,因此正当的法律程序不仅能够起到保障人权的作用,也能够限制国家权力的滥用。

在量刑阶段,不论被告人是通过有罪答辩,还是通过法庭审判程序被宣告有罪,他们都从一名享有广泛自由权利的公民转变成一名被剥夺许多公民权利的、被宣告有罪的罪犯。在这种情况下,定罪程序所设定的控制和打击犯罪的目标已经实现,而正当程序和保障人权的目的也已经在定罪审理程序中得以实现。量刑程序所要解决的最主要问题是选择一个最适合犯罪人的刑罚,这种刑罚将主要结合犯罪人犯罪的轻重、犯罪人个人的情况及何种刑罚更有利于犯罪人的改造等进行确定,这与打击和控制犯罪有所不同。同时,量刑程序中,被告人业已转化成罪犯,因此,那些为防止公民受到不公正追诉而赋予犯罪嫌疑人的一系列诉讼权利,也将随着定罪程序的终结而终结,量刑程序中的被告人将不会像定罪程序中那样享受特殊的权利保护和诉讼照顾。总体而言,量刑程序的一个总体性目标便是准确量刑,即选择一个公正的、符合罪责刑相适应原则的、恰当的刑罚。比如,有美国法官认为,"对于地区法官而言,其最重要的责任之一便是确定刑罚"②。在整个量刑程序中,各诉讼参与人努力的一个核心指向便是被告人的刑罚:检察官可能会基于客观义务而提出一定的法定或酌定从重、从轻量刑情节,以影响法官的量刑;被害人可能会提出犯罪对自己造成损害的严重性,以影响法官从重量刑;犯罪人及其辩护律师可能会提出一些法定或酌定的从轻、减轻量刑情节;其他诉讼参与人也可会提出一些有利或不利的事实和情节。而量刑程序中的法官,则主要是收集各种量刑情节,然后根据犯罪事实的严重程度、犯罪人的个人情况、量刑情节等,综合选择一个最佳的刑罚。

---

① 夏锦文、许少波:《解决冲突与保护人权:论诉讼的目的》,载《学海》2006 年第 5 期。
② United States v. Malcolm, 1970, CA2, NY, F2d, 809, 819.

(二) 定罪与量刑程序具有不同的诉讼构造

所谓刑事诉讼构造,指的是由一定的诉讼目的所决定的,并由主要诉讼程序和证据规则中诉讼基本方式体现的控诉、辩护和裁判三方的法律地位和相互关系。① 实际上,从法国学者埃斯梅因所著的《欧洲大陆刑事诉讼史》中可以看出,欧洲学者在19世纪八九十年代,就已经将刑事诉讼制度区分为三种基本的形式,即控诉制度、纠问制度和混合制度。② 在整个20世纪,西方法学界一直将现代英美法系和大陆法系的刑事诉讼制度,分别称为对抗制和审问制,日本和我国台湾地区学者则习惯上称之为"当事人主义"和"职权主义"。③ 当然,不管是当事人主义还是职权主义诉讼构造,相对于弹劾式诉讼构造和纠问式诉讼构造,都体现了一定的混合主义特征,包括:(1) 三方主体;(2) 控审分离;(3) 法官中立;(4) 控辩平等、对抗。

然而,与定罪程序不同的是,量刑程序启动的前提是被告人业已被确定有罪,这种情况下,刑事诉讼的目的不是为了打击犯罪,也不是为了保护人权,而是为了准确地量刑。为了准确量刑,法官必须尽可能地扩大信息来源,法官的角色也开始发生一定的转变,而且与定罪程序中有且仅有一个立场不同的是,在量刑阶段检察官可以履行一定的客观义务,因此,控辩双方的对抗开始弱化。详言之,量刑程序中的构造模式将具有以下几项不同特征:

第一,多方主体。在量刑程序中,传统的控、辩、裁之两造对抗、审判居中的三方结构将被打破,被害人、社区代表和社会调查员等主体的参与都应当成为量刑程序不可或缺的组成部分。④

第二,控审分离弱化。就量刑问题而言,定罪程序一旦完成,那么即便检察官没有就量刑提出要求,法官也会主动地启动量刑听证程序。实际上,在定罪与量刑程序分离的英美法国家,是否开启量刑听证程序属于法官自由裁量的范围,而不以检察官提出量刑申请为前提。

第三,法官积极主动。在那些实现了定罪与量刑程序分离的英美法国家,在定罪阶段,中立和不偏不倚是对法官的基本角色定位。然而,在量刑阶段,法官的角色将会发生根本性的变化。比如,英国学者认为,"在量刑阶段,

---

① 李心鉴:《刑事诉讼构造论》,中国政法大学出版社1998年版,第7页。
② Esmein, *A History of Continental Criminal Procedure*, D Reidel Publishing Company, 1913, Chapter 1.
③ 陈瑞华:《刑事诉讼的前沿问题》(第二版),中国人民大学出版社2005年版,第82页。
④ 汪建成:《量刑程序改革中需要转变的几个观念》,载《政法论坛》2010年3月,第28卷第2期。

法官在从不同的信息源那里收集量刑信息,及在做出量刑裁决的过程中,是非常积极和主动的"①。美国学者也认为量刑程序中法官应当积极主动,甚至有人认为,负责出具量刑前调查报告的缓刑监督官,实际上是"法官之手",是量刑阶段法官庭外调查权的延伸。比如,有美国学者认为:"在量刑阶段,法官应当尽可能地获取官方出具的量刑前报告及其他有关犯罪人个人情况的文件,同时他们也必须对这些文件潜在的缺陷保持警觉。此外,法官还应当努力寻找其他潜在的量刑信息,包括来自于检察官、律师和本法院的信息。"②

第四,控辩对抗弱化。在量刑阶段,控辩双方并不需要进行对抗。其原因主要有以下几个方面:首先,量刑程序重在对犯罪行为人个体的评估,法官需要的是尽量全面地获得与犯罪人有关的信息,包括犯罪人的个人情况、家庭经济状况、犯罪后的表现等。法官获得的犯罪人信息越全面,据此作出的量刑判决就越是有针对性。因此,在量刑阶段,"控辩双方只需要尽可能多地向法官提供与犯罪行为人个人有关的信息,以保障有利于己方的犯罪人信息在法官面前得到了充分的披露,而不需要否定或论证对方信息真实与否"③。其次,在量刑程序中,检察官必须而且也可以履行一定的客观义务,这是检察官法律属性的一项基本要求。比如,《美国律师协会刑事司法准则》在其3-6.1中也就检察官量刑阶段的客观义务作出了明确规定:(a)检察官不应当将加重量刑作为其工作成效的标准。在量刑程序中,检察官追求的是确保量刑的公正,并且防止不公正的量刑偏差。(b)在由法官决定量刑的场合下,检察官的职责是出庭,并提出公正的量刑建议。(c)在由陪审团决定量刑的场合下,检察官应当在法律允许的范围内,提供证明某些量刑事项的证据,但是检察官不应提交那些可能导致陪审团量刑偏见的量刑证据和信息。④ 英国法律也有类似的规定,其现行的《律师行为守则》认为:控方律师应当公正无偏地向法庭展现构成控诉案件的全部事实,并应当在本案可能出现的所有法律问题上协助法庭。⑤ 而量刑阶段的检察官一旦保持了一定

---

① Martin Wasik, *Emmins on Sentencing (Forth Edition)*, Blackstone Press, 2001, p.74.
② Arthur W. Campbell, *Law of Sentencing (Second Edition)*, Clark Boardman Callaghan, 1991, p.336.
③ 汪建成:《量刑程序改革中需要转变的几个观念》,载《政法论坛》2010年3月,第28卷第2期。
④ Nicholas N. Kittrie, Elyce H. Zenoff, Vincent A. Eng, *Sentencing, Sactiion, And Corrections* (2nd ed), Foundation Press, 2002, p.95.
⑤ 〔英〕迈克·麦康威尔:《英国刑事诉讼法(选编)》,中国政法大学出版社2001年版,第70页。

的客观中立性,那么在很多问题上,控辩双方之间便没有了对抗,甚至有时候表现出控辩双方的合作。最后,由于法官在量刑程序中积极主动地调查、收集量刑证据和信息,这在一定程度上也减弱了控辩双方的对抗。

(三) 定罪与量刑程序具有不同的价值追求

就定罪程序而言,各国刑事诉讼的价值追求,无非也是围绕着外在价值、内在价值和诉讼效益价值三个维度进行的,其中外在价值主要指的是程序对实现实体公正的价值;内在价值主要指的是程序本身的价值,即程序正义;而诉讼效益价值主要指的是诉讼效率。就定罪程序的三项诉讼价值之间的关系来讲,我国刑事诉讼理论一般认为,"公正优先,兼顾效率"。比如,陈光中教授认为,"在公正与效率的关系上面,公正第一,效率第二"。[①] 陈瑞华教授也认为,"与程序公正和结果公正性相比,程序经济性毕竟属于次一级的价值标准,因此不能为提高审判活动的经济效益而不惜牺牲正义的实现"。[②] 由于刑事诉讼中的公正包含了实体公正与程序公正,因此实体公正和程序公正都要优先于诉讼效率。就实体公正和程序公正的关系来看,一般来讲,两者之间没有谁轻谁重,最理想的结果是确保两者都能够同等地实现,但是在司法实践中,程序公正与实体公正常常会发生价值冲突,在这种情况下,利益权衡原则往往成为一项指导性原则。

在量刑程序中,诉讼程序同样也希望达到实体公正、程序正义和诉讼效率。其中,诉讼效率与定罪程序大体相同,而实体公正只是在内容上与定罪程序稍有不同——量刑程序中的实体公正集中表现在"罪责刑相适应"、"刑罚平等"上。然而,与定罪程序相比,量刑程序中的程序正义大幅度地弱化了。首先,在量刑程序中,整个量刑听证程序比较随意和非正式化,而且法庭并没有严格的法定程序借以依照;其次,与定罪程序相比,量刑程序中被告人的诉讼权利范围受到了一定的限缩,比如,被告人在量刑阶段将不再享有沉默权、要求不利于己的证人出庭的权利及对质诘问权等;第三,在量刑程序中,几乎绝大部分证据规则不能适用,其证明方式也比较自由。

此外,在量刑程序中,诉讼价值的排序与定罪程序差异巨大。从目前英美法系国家学者和司法实务界人士所著的论文来看,实体公正乃是量刑程序的最高追求,在很多冠名"刑事诉讼程序"的书籍中,在论述量刑的章节,作

[①] 陈光中:《刑事诉讼法的基本理念》,诉讼法学前沿问题系列讲座之一,载于:http://www.procedurallaw.cn/xsda/xsjz/200807/t20080724_49276.html,2014 年 8 月 20 日访问。

[②] 陈瑞华:《刑事审判原理论》(第二版),北京大学出版社 2003 年版,第 98 页。

者往往花费大量的笔墨研究量刑实体问题,有关量刑程序的研究反倒相形见绌。比如,英国刑事诉讼法教科书中,有关量刑的部分,几乎90%以上研究的是实体问题,如法官在量刑时应当考虑哪些因素,羁押性和非羁押性刑罚的适用条件等,关于程序本身的研究则非常少。① 美国刑事诉讼法学教科书中,有关量刑的部分,也有近80%涉及的是实体问题,比如量刑目的、刑罚种类、量刑结果、死刑等问题。② 此外,在大量的英美法教科书中,保障科刑信息的可靠性乃是量刑程序中的一个重点环节,而科刑信息的可靠性,主要是为了保障量刑的准确性,即实现量刑程序中的实体公正。例如,有美国学者认为,"建立在不准确信息基础上的量刑,对防卫社会来讲,要么过于仁慈,要么过于严苛,不论是何种情况,都将背离让犯罪人重新回归社会的努力"③。

与定罪程序相比,量刑程序对诉讼效率的追求要远远高于普通定罪程序。在量刑程序中,只要信息具有真实性保障,法庭往往会接受那些传闻证据,而且被告人所享有的"与不利于己的证人对质"的权利在量刑阶段也将不再发挥作用,量刑程序中几乎没有证人出席法庭并接受控辩双方的交叉询问。此外,非法证据排除规则、意见证据规则等在量刑程序中也将不予适用。从这个意义上讲,量刑程序大量地缩减了正当程序的制度安排,并借此提高诉讼效率。

综上所述,尽管量刑程序也和定罪程序一样,追求实体公正、程序正义和诉讼效率,但是,就价值排序来讲,定罪程序追求的是"公正优先,兼顾效率",而量刑程序首先追求的应当是实体正义(量刑公正),其次则当属诉讼效率,程序正义在量刑程序中呈弱化倾向。

(四) 定罪与量刑程序旨在解决不同的问题

就定罪程序而言,其主要是运用证据分析被告人实施的行为是否满足刑法规定的犯罪构成要件,如果满足,则定罪问题业已解决,也即是说,定罪问题面向的是"过去",是一种"以犯罪行为为导向"④的刑事诉讼程序,是对犯罪人"过去实施的行为"是否构成犯罪的评判。在定罪程序中,法官首先要

---

① 〔英〕约翰·斯普莱克:《英国刑事诉讼程序》,徐美君、杨立涛译,中国人民大学出版社2006年版,第491—620页。
② 〔美〕爱伦·豪切斯泰勒·斯戴丽、南希·费兰克:《美国刑事法院诉讼程序》,陈卫东、徐美君译,何家弘校,中国人民大学出版社2002年版,第247—293页。
③ Nicholas N. Kittrie, Elyce H. Zenoff, Vincent A. Eng, *Sentencing, Sactiion, And Corrections* (2nd ed), Foundation Press, 2002, p.284.
④ Susan N. Herman, The Tail That Wagged The Dog: Bifurcated Fact-finding Under The Federal Sentencing Guidelines And The Limits of Due Process, *South California Law Review*, November, 1992.

对被告人的犯罪行为进行审查,即逐一对照刑法条文中某个或某几个犯罪的构成要件,从而得出被告人是否有罪及触犯了何种罪名的法律结论。而量刑则是在定罪问题解决之后,法官在综合考虑刑罚的目的和功能、犯罪行为的严重程度、被告人的主观恶性、被告人的品格特征及能否重返社会等各方面因素之后,确定的刑罚幅度,也即是说,量刑程序面向的是犯罪人的"未来",是一种"以犯罪人为导向"①的刑事诉讼程序,是为改造、矫治被告人而进行的活动。"截然不同的评价机制自然需要通过相对独立的程序来实现。"②

另一方面,定罪程序需要解决的是"罪刑法定问题",而量刑程序需要解决的则是"罪责刑相适应"问题。罪刑法定是现代刑法的一条基本原则,然而这一原则在刑事诉讼中只能在定罪阶段被严格遵守,即法官在定罪阶段对犯罪行为是否构成犯罪,构成何种犯罪,要严格依照刑法规定的犯罪构成要件进行确定。而量刑阶段,"罪责刑相适应"则成为了一项主导性原则,即要求刑罚给予的处罚不仅要和犯罪行为的危害程度相适应,而且还要与行为人的刑事责任相适应,即结合行为人的主观恶性和人身危险性的大小,把握罪行和罪犯各个方面的因素,确定刑事责任的程度,适用轻重相应的刑罚。

最后,定罪程序是一个法定问题,而量刑程序则需要自由裁量。检察官一旦起诉,那么法官必须根据法律对起诉是否成立、被告人是否构成犯罪进行法律评价,在是否构成犯罪问题上,法官有且仅有一个立场,而不存在自由裁量的空间。被告人一旦被定罪,对于其是否应当判处刑罚、是判处缓刑还是实刑、刑期多久,是量刑程序需要解决的问题。鉴于"教育刑论"和"目的刑论"的兴起,及社会生活的复杂性,立法无法穷尽所有可能对评价犯罪行为人人格和人身危险性产生影响的因素,因而量刑程序中需要法官享有一定的自由裁量权。

(五) 定罪与量刑程序需求不同的信息

美国前联邦最高法院大法官布莱克曾对量刑与定罪程序在信息需求方面的不同作出过精辟的分析。在他看来,定罪阶段的事实裁判者通常"只关注被告人是否犯下特定的罪行",而科刑法官则会"尽可能地获得与被告人有关的生活或者性格特征材料"。布莱克强调指出:如果我们将信息的获取途径仅仅局限于在定罪阶段的法庭审理环节上,那么,"法官意图做出的明

---

① Susan N. Herman, The Tail That Wagged The Dog: Bifurcated Fact-finding Under The Federal Sentencing Guidelines And The Limits of Due Process, *South California Law Review*, November, 1992.
② 汪建成:《量刑程序改革中需要转变的几个观念》,载《政法论坛》2010 年 3 月,第 28 卷第 2 期。

智的科刑判决所依据的大部分信息都将无从获得……"。①

作为定罪主要根据的通常是那些足以证明犯罪构成要件之成立的事实信息,其中最关键的则是被告人实施犯罪行为的过程及其结果。具体来讲,主要包含以下几类证据:一是证明犯罪客观方面的证据,比如证明犯罪行为方式的证据;二是证明犯罪主观方面的证据,如盗窃犯罪中,证明犯罪人具有希望将他人财物窃为己有的目的;三是证明犯罪主体方面的证据,如贪污贿赂犯罪中,证明本罪主体是国家机关工作人员的证据;四是证明犯罪构成的其他证据,如证明本案系共同犯罪的证据。

在量刑阶段,法院除了考虑被告人的犯罪事实之外,在目的刑论、教育刑论和刑罚个别化理念的影响下,法官一般还需要考虑犯罪人自身方面的原因,以便能够更好地达到改造罪犯、促使他们重新回归社会的目的。一般来讲,那些与定罪裁判无关却可以成为量刑裁决之基础的事实信息,通常包括以下四个方面:一是被告人的犯罪情节,包括涉及自首、立功、认罪态度、惯犯、累犯、在共同犯罪中的作用、退赃等在内的各种独特事实信息;二是被告人的个人情况,包括被告人的犯罪原因、平常表现、前科劣迹、成长经历、社会交往、家庭情况、受教育状况等;三是被害人的情况,包括被害人受犯罪侵害的情况、受害后果、获得经济赔偿的情况及其所表现出的惩罚欲望;四是可能成为酌定情节的其他情形,如缓刑案件中的被告人是否具有监管条件。

(六) 定罪与量刑程序适用不同的证据规则和证明标准

就证据规则来讲,目前的证据规则主要是以定罪阶段为基本导向的,几乎所有的传闻证据规则、意见证据规则、非法证据排除规则等,在定罪阶段都是应当遵守和适用的。而在量刑程序中,除了定罪阶段陪审团认定的事实之外,法官还必须依赖缓刑官员制作的专门"量刑前报告",及检察官、辩护律师当庭提交的其他旨在证明被告人罪重或者罪轻的证据材料,甚至就连被害人也可以提交涵盖其所遭受的犯罪侵害后果的专门报告。对于这些"额外"的量刑信息,法官一般不会通过正式的庭审,严格地按照证据规则,并通过控辩双方的交叉询问来进行。在英美量刑程序中,法庭几乎不要求任何证人出庭,法庭完全通过书面的证据(很多属于传闻证据和意见证据)来量刑。而且,英美法国家的证据法(规则)甚至还明确规定这些证据规则在量刑程序中不予适用。

---

① 〔美〕拉菲弗等:《刑事诉讼法》(下册),卞建林等译,中国政法大学出版社2003年版,第1343—1344页。

就证明标准来讲,在定罪程序中,就是否构成犯罪问题,英美法系检察官必须证明到"排除合理怀疑"的程度,而大陆法系国家则要求法官必须达到内心确信的程度。然而,量刑程序则表现出明显的不同:在依附模式的大陆法国家,尽管从法律文本上看,量刑事实的证明标准依附于定罪,也适用内心确信标准,但是从司法实践及相关学术讨论来看,大陆法国家对那些有利于被告人的量刑事实,普遍确立了比较低的证明标准,而对那些不利于被告人的量刑事实,则普遍采用严格证明方式,确立最高的证明标准;在独立模式的英美法国家,量刑事实的证明标准具有独立性,"不利于被告人的事实"的证明标准一般要高于"有利于被告人的事实",即便是那些"不利于被告人的事实",只有在极其罕见的情况下,才需要达到最高的证明标准,一般情况下,只要达到"清晰且有说服力"或"优势证据"标准即可。

三、独立量刑程序的构建

由《关于规范量刑程序若干问题的意见(试行)》确立且为 2012 年《刑事诉讼法》所采纳的相对独立的量刑程序模式存在着一定的缺陷,特别是对于那些被告人不认罪、辩护人作无罪辩护的案件,在定罪调查完结之后,辩护人就是否进行量刑调查将面临两难境地——如果同意进行量刑调查,则将违背其无罪辩护的立场;如果不同意进行量刑调查,在被告人定罪之后,辩护人将失去就被告人量刑进行从轻辩护的机会。当然,除了上述问题之外,这种相对独立的量刑模式还存在诸如"导致法官过早接触量刑信息,从而对被告人有罪造成先入为主的偏见"、"简易程序的量刑化改造,但检察官仍可不出庭"等问题。

另外,在宏观方面,定罪与量刑程序在诉讼目的、诉讼构造和诉讼价值这三个方面存在着本质区别;在微观方面,定罪与量刑程序在程序需要解决的问题、程序所需要的信息、证明责任分配和证明标准等问题上也存在着极大的差异。既然定罪与量刑程序之间存在如此多的差别,那么从理论上讲,量刑与定罪程序必须实现分离,量刑程序至少要具有一定的独立性。

所以,不论是从我国立法现实来讲,还是从诉讼法学基本理论考虑,"中国式"相对独立的量刑程序都有进一步改革的必要。立法者们应当考虑将定罪与量刑程序适当分离,至少在那些被告人不认罪、辩护律师作无罪辩护的案件中,量刑应当完全独立出来——在法庭认定被告人构成犯罪之后,再就被告人的量刑问题进行法庭审判。

定罪与量刑程序一旦实现分离,那么立法者们还需要着手解决以下事项：

第一，量刑证据的调查和证明。证据是基本的诉讼武器，在量刑程序中如何收集、运用证据亟待立法予以明确。不论是定罪还是量刑，法官要想保证实体公正，必须要依赖于充足的证据。量刑证据的调查是量刑信息全面化的保障，它对于保障量刑程序改革的实质化，落实量刑实体改革，促进法官公正量刑和实现刑罚个别化具有重要意义。与此一脉相承的是量刑证据的证据能力、量刑事实的证明责任和证明标准、量刑程序中的证据规则问题，这些也是需要立法者进一步予以明确的。

第二，量刑建议和量刑辩护分别代表了检察官和辩护人在量刑程序中的核心工作，因此立法应当进一步明确量刑建议和量刑辩护的制度设置。围绕着量刑建议和量刑辩护，检察官和辩护人还需要在庭前收集一定的量刑证据，在庭上出示这些证据，并通过量刑证据来向法庭论证本方量刑建议和量刑意见的合理性。量刑建议和量刑辩护是检察官和辩护律师在量刑程序中的作用和功能的缩影。

第三，被害人在量刑程序中的角色和地位，需要立法进一步予以明确。被害人参与量刑的正当性，被害人在量刑程序中的角色定位，以及被害人的量刑意见等问题都需要法律进一步予以明确。

四、在中国构建独立量刑程序可能遇到的障碍

尽管考虑到相对独立量刑程序存在的基本缺陷，以及量刑程序独立于定罪程序的正当性，笔者认为，在我国应当确立独立的量刑程序，至少在那些被告人不认罪的案件中，应当确立完全独立的量刑程序，即在定罪审理完成并形成有罪意见之后，再就被告人的量刑举行专门的审判。但是，立法者也应当对构建独立量刑程序可能遇到的障碍有一个清醒的认识，毕竟定罪与量刑程序的分离是刑事诉讼法中的一项重大改革举措，这项改革必将牵一发而动全身。比如，根据2012年《刑事诉讼法》，法庭的审判程序分为开庭、法庭调查、法庭辩论、被告人最后陈述、评议和宣判。而量刑程序一旦获得独立的地位，那么，整个刑事诉讼将被划分为定罪审理程序和量刑听证程序。这样的话，整个刑事审判将会分为开庭、定罪审理（包括法庭调查、法庭辩论和被告人总结陈述）、评议、量刑审理、评议和宣判。这种改革方式的实现，必须以进一步修改《刑事诉讼法》为前提，而《刑事诉讼法》于2012年刚刚完成修改，短期内不可能再修正。在刑事诉讼法对庭审程序的规定没有发生根本性变化的情况下，独立的量刑程序是不可能实现的。此外，我国目前的审判组织、

审判权的配置方式、诉讼资源和效率也可能会成为构建独立量刑程序的障碍因素。

(一) 审判组织

从制度形成的角度看,量刑程序的独立与英美法系国家的陪审团制度之间具有千丝万缕的联系。"在英美法系国家,由于传统上采用陪审团审判制,即由陪审团决定被告人的罪与非罪问题,法官解决刑罚的适用问题,这在客观上导致了定罪与量刑程序的分离。受这一制度影响,即使在没有陪审团审理的情形下,定罪和量刑程序也是分开进行的。"[1]然而,从我国目前的情况来看,我们采用的是人民陪审员制度,即由陪审员和法官组成合议庭(或由法官组成合议庭)共同决定被告人是否犯罪及其刑事责任问题。从这个意义上讲,我国目前一元化的审判组织形式客观上不利于将定罪与量刑这两个程序截然分开。

(二) 审判权的配置方式

根据我国《宪法》和《刑事诉讼法》的有关规定,独立行使审判权的主体是人民法院,而非合议庭法官,合议庭法官必须在法院授权范围内行使职权,对于其无权决定的案件,不能当庭认定证据,更不能当庭宣判,必须休庭履行内部审批程序后才能作出决定。此外,我国司法实践中,对于大量重大、疑难和复杂的案件,普遍存在着院长、庭长审批和审委会集体讨论的情况。

在这种情况下,如果将定罪与量刑程序完全分离,法官可能会分别就定罪问题和量刑问题履行两次报告、讨论和审批程序,这将造成诉讼资源的极大浪费。这种诉讼拖延,不仅会大大降低审判效率,而且还将导致被告人被羁押的时间延长,以及"可能导致法院在判处刑罚时不得不考虑被告人被羁押的情况,进而导致量刑结果的不适当"[2]。

(三) 诉讼资源与诉讼效率

一直以来,中国的审判资源都是非常欠缺的。从诉讼资源层面来分析,近年来我国司法机关(特别是基层司法机关)在人员编制问题上涨幅有限,诉讼投入也没有根本的提高,而案件量则呈大幅度提高之势。这便导致了我国司法资源的严重不足,基层的审判任务更为繁重,面临困难更多。有的基

---

[1] 李玉萍:《论相对独立的量刑程序》,载《政法论丛》2009 年第 6 期。
[2] 同上注。

层法院人均年结案高达280余件,"案多人少"问题突出,"白加黑""五加二"几成工作常态;有的基层法院办案经费不足,物质装备落后,人才流失严重。① 办案人力、物力的不足,使得提高诉讼效率成为基层法院的普遍呼声,法官已经成为办案的机器,在堆积如山的案卷面前,他们已经没有更多的时间考虑案件的质量问题了。

这种情况下,定罪与量刑程序分离,便意味着"绝大部分案件必须多开一次庭,法院的工作量要在现有基础上增加一倍左右,检察院的工作量也会相应增加。可以说,由于目前中级法院和基层法院的工作量已经非常沉重,甚至是超负荷了,所以根本没有能力再承担如此重的工作量"②。此外,这种独立的量刑程序模式,势必会造成部分案件(特别是被告人不认罪案件)审理周期的延长,从而将会面临司法实践的巨大阻力。

【本章小结】

尽管中国相对独立的量刑程序模式,在简易程序和被告人认罪的简化审程序中,不会存在太大问题。但是对于那些被告人不认罪的案件,却存在以下缺陷:第一,区分量刑调查和量刑辩论,在被告人是否有罪尚未确定的情况下,要求诉辩双方对量刑问题举证和发表意见,违背了先定罪再量刑的诉讼规律;第二,这种模式可能会导致法官过早地接触量刑信息,特别是被告人的犯罪"前科",容易先入为主;第三,最高人民法院所设计的量刑程序,其本质上并不存在相对独立的量刑程序,而只是在原有定罪程序的不同诉讼阶段之中,相应地附加了一个涉及量刑问题的诉讼活动,其实质是一个将定罪与量刑杂糅在一起的混合程序;第四,将量刑人为地区分为量刑调查和量刑辩论,实属多此一举。

在宏观方面,定罪与量刑程序在诉讼目的、诉讼构造和诉讼价值这三个方面存在着本质区别;在微观方面,定罪与量刑程序在程序需要解决的问题、程序所需要的信息、证明责任分配和证明标准等问题上也存在着极大的差异。既然定罪与量刑程序之间存在如此多的差别,那么从理论上讲,量刑与定罪程序必须实现分离,量刑程序至少要具有一定的独立性。为此,立法者们应当考虑将定罪与量刑程序适当分离,至少在那些被告人不认罪、辩护律师作无罪辩护的案件中,量刑应当完全独立出来——在法庭认定被告人构成犯罪之后,再就被告人的量刑问题进行法庭审判。

---

① 参见《人民法院工作年度报告(2009年)》。
② 黄应生:《我国需要什么样的量刑程序》,载《法制资讯》2008年第6期。

定罪与量刑程序一旦实现分离,那么立法者们还需要着手解决以下几项配套制度:(1) 量刑证据的调查和证明;(2) 量刑建议和量刑辩护分别代表了检察官和辩护人在量刑程序中的核心工作,因此立法应当进一步明确量刑建议和量刑辩护的制度设置;(3) 被害人在量刑程序中的角色和地位,需要立法进一步予以明确;(4) 被害人参与量刑的正当性,被害人在量刑程序中的角色定位,以及被害人的量刑意见等问题都需要法律进一步予以明确。

当然,立法者也应当对构建独立量刑程序可能遇到的障碍有一个清醒的认识,毕竟定罪与量刑程序的分离是刑事诉讼法中的一个重大改革举措,这项改革必将牵一发而动全身。我国目前的审判组织缺乏英美法国家陪审团和法官的二元分工,客观上使得定罪与量刑难以完全分开;我国独立行使审判权的主体是人民法院,而非合议庭法官,这种情况下,如果将定罪与量刑程序完全分离,法官可能会分别就定罪问题和量刑问题履行两次报告、讨论和审批程序,这将造成诉讼资源的极大浪费;独立的量刑程序模式,势必会造成诉讼效率的下降,使部分案件(特别是被告人不认罪的案件)审理周期的延长。

第五章 量刑信息的调查

既然最高人民法院已经确立了相对独立的量刑程序模式，量刑程序和量刑问题已经获得了独立或相对独立的地位，那么在这个独立或相对独立的量刑程序中，如何保证量刑信息的全面性、量刑信息的真实性，如何保证法官的量刑更加准确、合理，是亟待解决的问题。

司法实践表明，大凡公诉方提供了较为丰富的量刑情节的，法庭对其量刑建议就容易接受和采纳；只要辩护方提出了新的从轻、减轻处罚的情节，特别是那些为公诉方所忽略的酌定量刑情节，法庭就有可能接受辩护方提出的量刑意见。不仅如此，越是控辩双方有分歧的量刑情节，就越会引起法庭的注意。与此相反，在量刑过程中，如果检察官仅仅局限于从案卷笔录中遴选量刑信息，辩护方在开庭前不进行任何量刑事实的调查，也提不出有意义的酌定量刑情节，那么，法庭就量刑问题所组织的调查和辩论就会流于形式。可以说，量刑程序改革的成功在很大程度上取决于公诉方和辩护方的有效参与，而这种参与则主要表现为双方提出了案卷笔录中所不包含的量刑信息，特别是那些为"犯罪行为过程"所不能包容的量刑信息。从这个意义上讲，量刑信息的调查和收集关系到相对独立的量刑程序模式的成败。

纵观最高人民法院此次量刑实体和程序改革，其对量刑方法的改革给予了高度重视。诸如量刑规范的确立、量刑建议制度的完善、量刑理由的说明等方面的制度设计，大都是围绕着规范"量刑信息对量刑结果的影响"而展开的。但是，对于量刑信息的全面调查问题，最高人民法院却故意地予以回避。《关于规范量刑程序若干问题的意见（试行）》仅在其第2条中规定侦查机关、人民检察院全面收集能够证实犯罪嫌疑人、被告人犯罪情节轻重以及其他与量刑有关的各种证据；在第11条中将少年司法改革中的社会调查报告制度纳入进来，并对调查报告的举证和质证提出要求。2012年《刑事诉讼法》在第五编第一章"未成年人刑事案件诉讼程序"第268条中进一步规定了公安机关、人民检察院、人民法院在办理未成年人刑事案件中，根据情况可以对未成年犯罪嫌疑人、被告人的成长经历、犯罪原因、监护教育等情况进行调查。有鉴于此，本章拟对量刑信息的调查作专门的研究。

一、量刑信息调查的重要意义

不论是定罪还是量刑,法官要想保证实体公正,必须要依赖于充足的信息。就定罪程序来讲,这些信息主要来源于那些具有证据能力和证明力的证据,对于不符合刑事诉讼法规定的证据种类和作证形式的信息,法庭将不会采纳。但是与定罪程序不同的是,量刑程序中的信息来源可以是多方面的,既可以是法定的证据种类,也可以是自然意义上的证据,而且其作证形式也非常灵活。不管如何,量刑信息的调查是量刑信息全面化的保障,对量刑公正具有重要意义。

(一)量刑程序改革实质化之保障

量刑程序改革的一项重要目标便是追求量刑实体公正。基于此项目标,最高人民法院确立了相对独立的量刑程序模式,将量刑问题作为一个相对独立的问题,在法庭调查和法庭辩论中予以强调。然而,从司法实践的状况来看,各地法院在普通程序审理的案件中没有组织任何形式的"社会调查",法官无法获得包含丰富量刑信息的"社会调查报告";公诉方所提出的量刑情节主要是"法定量刑情节",且局限于案卷笔录所记载的信息范围;辩护方没有机会进行有效的量刑事实调查,无法向法庭提出新的量刑事实,特别是大量存在的"酌定量刑情节",更是难以全面地出现在法庭上。没有新的量刑事实,法院所组织的量刑听证经常流于形式,无法实现其应有的功能。

也即是说,在缺乏量刑前调查报告的情况下,大量的量刑信息无法收集并呈送到法官面前,这一方面会导致法官因大量的量刑信息的缺失而使实体公正无法达至;另一方面,由于没有额外的、足以影响量刑的信息和证据进入法官视野,使得控辩双方在量刑程序中很难有所作为,相对独立的量刑程序根本起不到应有的作用。如果说,在相对独立的量刑听证程序中,控辩双方仍然"一如既往"地无所作为,那么这种相对独立的量刑程序将徒具形式意义,其必要性将大打折扣。

(二)落实量刑实体改革的需要

最高人民法院倡导和推行的量刑规范化改革,除了构建相对独立的量刑程序之外,还创制了"中国式"量刑指南。实际上,"中国式"量刑指南无非是为了克服我国刑法分则过于粗略的弊端,使某些常见罪名的量刑种类、量刑幅度、量刑情节的效力等问题变得更为精密而已,它大体上属于对刑法分则量刑规范的细化和完善。中国式量刑指南将司法实践中常见的14种量刑情节,以及15种犯罪中常见的一些法定或酌定量刑情节确定下来,并明确了其对量刑的影响。所有的这些实体法上的规定,都需要一定的证据和事实予以证明,而证据和事实只能依靠调查。原因很简单,"量刑方法的改革充其量只对各种量刑信息的法律影响做出了规范,使法官在针对特定情节确定量刑幅度时不得不遵循'法定'的标准,但对于确保量刑信息的完整性、避免量刑信息的虚假性而言,这种改革就显得无能为力了"①。

量刑信息的调查对落实量刑实体改革的成果至少具有以下两个方面的意义:第一,中国式量刑指南所规定的一些酌定量刑情节,需要通过量刑信息的调查方可获取。公安机关和检察机关收集的主要是一些法定量刑情节,偶尔也会涉及一些不利于被告人的酌定量刑情节,而辩护律师调查取证的能力受到各方面的限制,因此大量有利于被告人的酌定量刑情节无法被收集并提交给法庭。因此,为确保中国式量刑指南中规定的相关酌定量刑情节也得到应有的收集,量刑信息的调查至关重要。第二,中国式量刑指南毕竟只规定了14种常见的量刑情节,除此之外还有大量的量刑情节没有规定进来,对于那些没有规定进来的量刑情节,必须依靠量刑信息的调查方可获取。比如,中国式量刑指南没有规定被告人的家庭情况对量刑的影响,但是在某些案件中,被告人的家庭情况对法官决定是否判处被告人缓刑将发挥至关重要的作用。② 对于这些量刑情节,一般只有通过专门的调查才可获取。

(三) 法官公正量刑的基础

在定罪阶段,法官主要是对犯罪人的犯罪行为进行评价;在量刑阶段,法官则是针对实施犯罪的行为人进行评价。③ 在定罪阶段,法官考虑的往往只是要实现"罪刑法定",而在量刑阶段,法官考虑的则是"罪责刑相适应"。犯罪人应负刑事责任的大小,要比犯罪构成本身更加复杂,需要更多的信息。

刑事责任的大小不仅表现为行为人犯罪前、犯罪过程中、犯罪后的各种行为事实,还表现为反映行为人主观恶性、人身危险性、社会危害性的主客观情况。也就是说,在相当多的案件中,量刑所需要的事实信息远非定罪问题

---

① 陈瑞华:《论量刑信息的调查》,载《法学家》2010年第2期。
② 在扬州市邗江区人民法院审理徐留洪、眭晶贪污案中,眭晶的辩护人提出如下量刑情节:两被告人系夫妻,家中有一个正在上学的儿子需要抚养,而且双方的父母皆有病在身,且丧失劳动能力,此外,被告人徐留洪的弟弟患有精神病,一直靠两被告人照顾,如果将两被告人都判处监禁刑的话,将会给几个家庭带来毁灭性的打击,而且也给社会稳定带来不利影响,法庭最终判处被告人眭晶缓刑。参见葛明亮:《邗江的量刑"实验庭"》,载《清风苑》2009年第10期。
③ 汪建成:《量刑程序改革中需要转变的几个观念》,载《政法论坛》2010年第2期。

那么单纯。在几乎所有司法制度中,诸如被告人的家庭成长环境、受教育的情况、有无前科劣迹、社会关系、再犯可能等方面的事实信息,对于检察官证明被告人构成某一犯罪可能没有任何价值,却可以对法院的量刑具有举足轻重的意义。① 然而,目前,最高人民法院推行的相对独立量刑程序模式,在没有建立相应的量刑信息调查制度的情况下,法官的量刑裁决要么忽略了被告人的个人情况,要么建立在一些很不充分的信息的基础上,要么依据一些未经核实甚至带有猜测成分的事实信息来作出。

也就是说,在缺乏量刑信息调查制度的情况下,被告人的背景信息,包括被告人犯罪的社会原因、成长经历、社会环境、被害人过错、家庭和教育情况等因素几乎不可能在法庭审理中受到认真关注;法官也不可能对犯罪造成的各种后果给予全面的关注,诸如犯罪给被害人带来的身体伤害、精神创伤,犯罪给被害人家人所带来的各种损害,犯罪给社区所带来的负面影响,都难以成为法官的量刑信息资源。在这些量刑信息缺失的情况下,量刑公正是难以保障的。

(四) 实现刑罚个别化的重要依托

现代各国一般都会采取一般预防与个别预防并重的刑事政策,其中,刑罚的个别预防要求刑罚的个别化,要求刑罚应当与罪犯的个人情况相一致。而人格调查制度正是以刑罚个别化原则为理论基础,既有利于有针对性地预防犯罪,也有利于犯罪人重新回归社会,因而是世界各国通行的一种制度。比如美国,"量刑前调查报告"是决定是否判处被告人缓刑、轻刑、将被告人关押在何种场所、是否需要适用特殊矫治方法等措施的依据,适用于包括轻罪和重罪在内的所有罪行。在英国,有关成人(16岁以上)的量刑前报告由缓刑官负责,量刑前报告由前言、介绍、对犯罪的分析、与犯罪者有关的信息、再犯可能性分析和结论组成,量刑前报告对于最终量刑具有重要的影响。在德国,法官被要求在判决理由中对被告人的人格作叙述,其理由在于,"一方面,此项量刑理由之说明有其重要性。此外,也因为对其整体人格上之认识对执行人员而言,亦极重要,且在其于后来又犯罪时,此在对其整体人格作判断时亦为不可或缺"。② 在法国重罪审理程序中,根据法国《刑事诉讼法》第81条的规定,"预审法官亲自,或者委派司法警察按照第四款之规定,或者委

---

① 陈瑞华:《定罪与量刑的程序分离——中国刑事审判制度改革的另一种思路》,载《法学》2008年第6期。
② 李玉萍:《量刑与社会调查报告》,载《法制资讯》2008年第6期。

派任何有资格的人(司法部长授权的有资格的任何人)对受审查人的人格及其家庭状况、物质和社会状况进行调查"①;被告人一旦被法庭投票认定有罪,在选择适用刑法时,"应当考虑犯罪人的性格(人格),同时要考虑犯罪给社会造成之扰乱的严重性,尽可能全面地、平衡地考虑刑罚所应当实现的威慑、报应与社会再适应目的"。② 法国著名刑法学家安赛尔认为为了正确处理案件,法官必须了解他负责审理的犯罪人,为此,必须对犯罪人的人格进行调查,调查应从"社会、医学和心理"等方面进行,务必使对犯罪人的处遇与其人格相符合,便于其尽快地复归社会。③

我国《刑法》第 5 条规定:"刑罚的轻重,应当与犯罪分子所犯罪行和承担的刑事责任相适应。"有法学家认为,该条文虽被称为罪刑相适应原则,但已与刑事古典学派所主张的罪刑相适应原则有着重大区别,其中已涵盖了刑罚个别化的内容,根据这一规定,刑罚的轻重不仅应当与所犯罪行,即已然的犯罪的社会危害性程度相适应;而且应当与承担的刑事责任,即未然的犯罪的可能性(人身危险性)相适应。④ 我国刑法学界一般认为"行为人的个人情况属于人身危险性的范畴,它对于犯罪的正确认定具有重要意义"。⑤ 然而,最高人民法院推行的相对独立量刑程序,却没有涉及被告人人格调查的规定,这不仅使得刑罚的个别化目的难以达至,而且在量刑信息上也是不完全的,特别是在是否适用缓刑、免除刑罚等方面的问题上因缺乏关于被告人个人情况、家庭监管状况等方面的证据,使得法官很难作出决定。

与刑罚个别化密切相关的另一个问题便是对犯罪人的矫治。根据现代刑罚理论,量刑的目的不仅仅是将那些可能危害社会的人从社会中隔离出去,对不良行为施以报复,其同时也是为了矫治那些犯罪行为人,以便他们能重新回归社会。然而,"矫治"同样也要求法官的量刑应当建立在犯罪人个人基础之上,"法官必须掌握关于被告人个人情况的所有信息,以便他能够作出合理而明智的量刑判决"⑥。

量刑信息的调查制度,使法官的量刑不仅更加能够体现刑罚的个别化,而且也更加便利法官选择那些有利于矫治犯罪人的刑罚方式,从而实现刑罚

---

① 〔法〕卡斯通·斯托法尼等:《法国刑事诉讼法精义》,罗结珍译,中国政法大学出版社 1998 年版,第 556 页。
② 同上书,第 775 页。
③ 马克昌:《比较刑法原理》,武汉大学出版社 2002 年版,第 53 页。
④ 陈兴良:《刑法哲学》,中国政法大学出版社 2000 年版,第 644 页。
⑤ 陈兴良:《走向哲学的刑法》,法律出版社 1999 年版,第 77 页。
⑥ Gerhard O. W. Mueller, Douglas J. Besharov, Bifurcation: The Two Phase System of Criminal Procedure in the United States, 15 *Wayne L. Rev.* 1969, pp. 613, 635.

的矫治、教育等方面的功能。在量刑程序改革的背景下,量刑信息调查制度的缺失,使得包括被告人个体情况在内的大量量刑信息难以全面展示在法庭上,法庭更无法就某一量刑在遏制犯罪、阻止被告人重新犯罪、确保被告人回归社会等方面展开科学的评估。特别是在科处缓刑方面,缺乏量刑前报告的量刑答辩程序仍然无法保证法庭对被告人是否具备"帮教条件"、被告人逃避缓刑考验义务的可能性、被告人再犯新罪的风险等问题,作出专门的审查和评判。传统刑事审判所具有的对量刑信息的草率审查和片面采纳问题,即使在那些试点定罪与量刑程序分离的法院仍然明显地存在着。

二、量刑信息的种类

量刑信息泛指所有可能对法官量刑产生积极或消极影响的信息。这些信息包括法定量刑情节、酌定量刑情节,也包括法定情节和酌定情节之外的其他一些对法官的量刑可能产生一定影响的信息。

(一) 法定量刑情节信息

法定情节,是指法律明文规定在量刑时必须予以考虑的情节。它既包括刑法总则规定的对各种犯罪共同适用的情节,也包括刑法分则对特定犯罪适用的情节。我国刑法共规定了以下四类法定情节:

第一,从重处罚情节。具有该种情节的犯罪人,量刑时,法官在法定刑幅度内,对他们选择适用相对较重的刑种或相对较长的刑期。我国《刑法》总则中规定的从重处罚情节有:教唆不满18岁的人犯罪(第29条)、累犯(第65条)。刑法分则中也规定了大量的从重处罚情节,比如,《刑法》分则第157条规定的"武装掩护走私的"、第236条规定的"奸淫不满14周岁的幼女的"、第279条规定的"冒充人民警察招摇撞骗的"、第386条规定的"索贿的"等等。

第二,从轻处罚情节。具有该情节的犯罪人,量刑时,法官在法定刑幅度内,对他们选择适用相对较轻的刑种或者相对较短的刑期。我国刑法规定的从轻情节包括"可以从轻情节"和"应当从轻情节"。其中,"可以从轻情节"包括:尚未完全丧失辨认或控制自己行为能力的精神病人犯罪的、预备犯和未遂犯(可以比照既遂犯)、被教唆人没有犯被教唆的罪的教唆犯、自首、有一般立功表现、又聋又哑的人犯罪或盲人犯罪。"应当从轻情节"包括:已满14周岁不满18周岁的人犯罪的、从犯。

第三,减轻处罚情节。具有该情节的犯罪人,法官在量刑时,依法在法定最低刑以下判处其刑罚。我国刑法规定的减轻情节包括"可以减轻情节"和"应当减轻情节"。其中,"可以减轻情节"包括:尚未完全丧失辨认或控制自己行为能力的精神病人犯罪的、预备犯和未遂犯(可以比照既遂犯)、被教唆人没有犯被教唆的罪的教唆犯、自首、有一般立功表现、又聋又哑的人犯罪或盲人犯罪、在国外犯罪且已在国外受过刑罚处罚的、有重大立功表现、行贿人在被追诉前主动交待行贿行为、介绍贿赂人在被追诉前主动交待介绍贿赂行为的,等等。"应当减轻情节"包括:已满14周岁不满18周岁的人犯罪的、造成损害的中止犯、从犯、防卫过当、避险过当、胁从犯、犯罪后自首又有重大立功表现的,等等。

第四,免除处罚情节。具有该种情节的犯罪人,法院将对他们作有罪宣告,但免除其刑罚处罚。我国刑法规定的免除情节包括"可以免除情节"和"应当免除情节"。其中,"可以免除情节"包括:又聋又哑的人犯罪或盲人犯罪、预备犯(可以比照既遂犯)、在国外犯罪且已在国外受过刑罚处罚的、有重大立功表现、行贿人在被追诉前主动交待行贿行为、介绍贿赂人在被追诉前主动交待介绍贿赂行为的、犯罪情节轻微而不需判处刑罚的、犯罪较轻的自首犯、非法种植罂粟或其他毒品原植物而在收获前自动铲除的,等等。"应当免除情节"包括:防卫过当、避险过当、胁从犯(应按其犯罪情节决定是否免除刑罚)、犯罪后自首又有重大立功表现的、没有造成损害的中止犯等。

(二) 酌定量刑情节信息

通说认为,酌定量刑情节是由我国刑法认可的,从审判实践经验中总结出来的,对行为的社会危害性和行为人的人身危险性程度具有影响的,在量刑时灵活掌握、酌情适用的各种事实情况。一般而言,酌定量刑情节具有以下几项特征:第一,内容的非法定性,即是指酌定量刑情节不是法律所明确规定的,而是审判机关在量刑时酌情考虑的情节。第二,表现形式的概括性和不确定性,即是指酌定量刑情节是审判机关灵活掌握的、可以反映犯罪对社会的危害程度,从而影响处刑轻重的法定情节以外的其他情节。它虽不是法律明文规定的,但却是根据立法精神和有关的刑事政策,从审判实践经验中抽象、概括出来的。第三,酌定情节可以相对独立地影响量刑,即酌定量刑情节具有相对的独立性,很多情况下与犯罪行为过程本身并没有太多的联系,而往往是犯罪后的表现、犯罪人的个人情况等,尽管如此,由于量刑时不仅针对犯罪行为本身,而且还要综合考虑犯罪人的具体情况,以实现刑罚的个别化,因此这些酌定情节对法官的最终量刑以及对犯罪的预防有一定的影响。

司法实践中存在着大量的酌定量刑情节,在一个案件中,可能不存在法定量刑情节,但却不可能没有酌定量刑情节。由于酌定量刑情节多种多样,即使再完备的法律也不可能将所有影响刑事责任轻重的酌定量刑情节都明文规定出来,因而在一定范围内、一定程度上对酌定量刑情节进行概括尤为必要。一般来讲,对犯罪分子的量刑主要从两个维度来把握,即犯罪行为社会危害性的大小,以及犯罪分子人身危险性的大小。我们不妨也从这两个维度来对酌定量刑情节作一简要的归纳:

表明犯罪行为社会危害性的酌定量刑情节主要有:(1) 犯罪的对象。犯罪侵害对象不同,行为的社会危害程度也不同,因而量刑的轻重程度也应有所差异。(2) 犯罪的手段与方法。犯罪分子使用的手段和方法残酷狡诈隐蔽要比使用一般的犯罪手段实施犯罪所产生的危害更大,因而应当给予较重的刑罚。(3) 犯罪的时间、地点。犯罪不能脱离一定的环境而存在,总是发生在一定的时空之中的,除个别的犯罪时间地点作为选择要件的犯罪以外,犯罪的时间和地点对定罪不产生影响,但在量刑中应当给以考虑。(4) 犯罪后造成的损害和影响。犯罪结果是犯罪对客体所造成的损害结果,它直接反映了社会危害性程度,因而,犯罪结果严重与否对量刑亦有重要意义。(5) 被害人是否有过错。被害人的过错一定程度上可以减轻犯罪行为人的刑法责任。

表明犯罪分子人身危险性的酌定量刑情节有:(1) 犯罪动机。犯罪动机反映了犯罪分子的主观恶性。即便同是故意犯罪也有程度上的差别,直接故意与间接故意相比,显然前者反映了犯罪分子的主观恶性和人身危险性更大些。犯罪动机是否卑鄙,如同是杀人,出于谋财、奸情杀人比出于义愤的动机杀人更为恶劣,因而量刑也应更严重。(2) 犯罪分子的一贯表现。犯罪分子的一贯表现如何反映了犯罪人的人身危险性的不同,对于量刑情节也有一定影响。如果犯罪分子一贯遵纪守法,表现较好,偶尔失足犯罪,应给予宽大处理;反之,如果犯罪分子一贯表现不好,存在前科劣迹,应受较重的刑罚处罚。(3) 犯罪后的态度。犯罪分子犯罪以后是否真诚坦白、彻底交代,积极退赃,挽救经济损失,都反映了犯罪人的人身危险性程度的不同,因而在量刑时应当给予区别对待。(4) 前科。前科是指依法受过刑事处罚的事实。依法受过刑事处罚又犯罪的,说明行为人的人身危险性比较大,应当成为酌定量刑情节。但是如果是构成累犯或者特定的再犯,则属于法定情节。

(三) 酌定量刑情节的扩展信息

量刑是以犯罪人为导向的活动,不仅要考虑犯罪的处罚,还要考虑犯罪人的矫治,因此,任何与犯罪人人格和人身危险性相关的信息都可以成为量刑综合衡量的依据。一般来讲，酌定量刑情节必定是与犯罪构成四个方面的要素密切相关的，包括罪前、罪中和罪后的各种事实，与此无关的不能成为酌定量刑情节。对于很多人格方面的信息，其与犯罪构成四个方面的要素没有任何关系，所以很难将其归入酌定量刑情节之中。当然，除了人格方面的信息之外，还存在一些可能对法官量刑产生一定的影响，但是却难以纳入酌定量刑情节的信息。我们权且将这些信息统称为酌定量刑情节的扩展信息。酌定量刑情节的扩展信息与酌定量刑情节之间存在一定的区别：一方面，这些量刑信息在影响法官量刑问题上具有不确定性——在有些案件中，这些信息对法官的量刑根本起不到任何作用，而在有些比较特殊的案件中，却可以起到十分关键的作用；另一方面，对于酌定量刑情节和法定量刑情节，法官在量刑时必须加以考虑，但是对于许多酌定量刑信息的扩展，是否考虑，法官具有自由裁量权。

酌定量刑情节的扩展信息范围非常宽泛。实际上，所有不属于酌定量刑情节和法定量刑情节，但是对法官的量刑可能产生影响的信息，都可以为其所涵盖。司法实践中常见的有：(1) 管制、缓刑案件中，犯罪人具有监管条件的证明，如"犯罪人所在社区出具的可以接纳犯罪人进行社区改造的证明"、"犯罪人具有缓刑监管条件的证明"、"犯罪人学校同意接纳犯罪人继续入校学习的证明"、"判处犯罪人缓刑不致危害社会"；(2) 犯罪人个人情况、家庭情况，如"犯罪人家庭抚养(扶养)情况证明""犯罪人的学习经历、工作经历""性格以及精神诊断方面的证明"；(3) 犯罪所在单位、社区等出具的"求情信""严惩要求"等。

三、量刑信息调查的主要模式

量刑信息包括法定量刑情节、酌定量刑情节和酌定量刑情节的扩展。对于法定量刑情节而言，绝大部分在刑事侦查阶段已经为公安机关或检察机关所获得；而对于一些常见的酌定量刑情节，特别是那些不利于被告人的酌定量刑情节，侦查机关在侦查时或检察机关在审查起诉时也会不同程度地调查和收集。但是，对于大量的有利于被告人的酌定量刑情节，特别是那些有利于被告人的"酌定量刑情节的拓展"，侦查机关、检察机关都没有精力和兴趣去收集。然而，对于法官准确量刑、正确地选择那些更加有利于犯罪人改造和社会稳定的刑罚来说，这些信息却是至关重要的。

就量刑信息的调查来讲，目前主要存在以下几种模式，即缓刑监督官调查模式、法官委托调查模式和控辩双方调查模式。

(一) 缓刑监督官调查模式

现代量刑前调查制度始于19世纪40年代的美国,经过一个多世纪的发展和完善,美国的量刑前社会调查报告制度在整个普通法国家最为典型。美国的"量刑前调查报告"由"缓刑监督官"(Probation Officer)完成,缓刑监督官直接隶属于法院,听从法官的指令进行社会调查。在进行调查的过程中,缓刑监督官除了要会见被告人外,还可以会见警察、检察官、被害人等与犯罪或被告人有关的人,获取一些重要文件的复印件和有关的医学记录,并通过种种渠道获得与量刑有关的信息,与被告人提供的资料相印证。在量刑前调查完成之后,缓刑官负责制作量刑前报告,报告主要由三大部分组成,一部分为"犯罪人情况报告",一部分为"犯罪行为情况报告",还有一部分是"缓刑监督官向法官提出的量刑建议"。在美国,虽然没有统一的法律规定在量刑前必须有一份量刑前报告,但是联邦政府认为,除非记录在案的信息足够确保对量刑裁量权的正确行使,否则应当准备一份量刑前报告。详言之:

第一,量刑信息调查的主体。英美法系国家的量刑前调查报告一般是由固定的、独立的、隶属于司法机关的人员主体实施。以美国为例,量刑前调查报告是由缓刑监督官负责进行的。① 缓刑监督官是司法机关的雇员,接受法官的委派,独立地对被告人进行社会调查,其所作的社会调查报告一般会被法官采纳,并直接作为法官量刑的依据。英国、加拿大等国的量刑前社会调查制度与美国大体相似,也都是由相对独立的缓刑监督官或社工机构负责进行。

第二,量刑信息调查的内容。② 缓刑监督官进行量刑信息的调查后,会出具一份包含相关量刑信息的报告,即量刑前调查报告。美国量刑前调查报

---

① Nicholas N. Kittrie, Elyce H. Zenoff, Vincent A. Eng, *Sentencing*, *Sactiion*, *And Corrections* (2nd ed), Foundation Press, 2002, p.1117.
② 《美国联邦刑事诉讼规则》第32条(d)款则规定了量刑前调查报告的详细内容:(1)使用参考性量刑指南。量刑前报告必须明确所有可能使用的指南幅度以及量刑委员会的量刑政策要求;计算被告人的犯罪等级以及犯罪史档级;陈述最终的量刑幅度以及可以适用的刑罚种类;澄清与恰当种类的刑罚抑或量刑幅度内的恰当刑罚相关的任何事实;确定任何可能导致偏离量刑指南规定的幅度的基础事实。(2)其他信息。量刑前报告必须同时也包含以下信息:被告人的历史以及人格特征,包括任何先前的犯罪记录、被告人的财产状况、任何影响被告人行为且有助于量刑和矫正的事实情况;可资评估犯罪对被害人造成的经济、社会、心理和治疗影响的信息;如果可以的话,任何可适用于被告人的非监禁措施的性质以及其条件;当法律规定有赔偿时,应当收集足以支持法官作出赔偿命令的信息;如果法官要求缓刑监督官根据8 U.S.C. § 3552(b)规定的内容展开调查,则报告中需要保护相应的结果和建议;法庭需要的其他信息,包括与18 U.S.C. § 3553(a)中规定的信息相关的其他信息。(3)量刑前报告中不应当包含的内容:任何诊断———一旦公开,将会严重干扰对被告人进行的矫治措施;任何通过承诺不予公开方获取的信息;其他信息———一旦公开,将会造成被告人或他人的生理或者其他方面的伤害。

告一般包含以下几项内容:(1) 犯罪行为,主要包括检察机关的指控、法院的定罪情况、相关案件、犯罪行为、犯罪严重层级计算、是否有妨碍司法公正的行为、是否有主动接受罪责的行为;(2) 被告人的犯罪前科状况,主要包括少年犯罪裁决情况、被法院定罪的情况、其他犯罪行为、被不起诉情况、犯罪前科在量刑指南中的换算;(3) 量刑选择,即可适用于此种犯罪行为的几种量刑方式,包括监禁、监督释放、缓刑等;(4) 犯罪人的个人特征,包括家庭关系、社区联系、精神和心理健康状况、生理情况、教育情况、职业技能、雇佣状况等;(5) 罚款与赔偿,包括被告人的赔付能力、量刑指南上规定的罚款情况、成文法上的相关规定;(6) 可能导致偏离量刑指南的事实要素;(7) 辩诉交易的影响;(8) 量刑建议,综合被告人的个人情况、罚款和赔偿情况、可能导致偏离量刑指南的事实要素以及辩诉交易的影响等方面的内容,提出准确的量刑建议。①

第三,量刑信息的审查。在美国,在向法官呈送量刑前调查报告之前,缓刑监督官必须至少在量刑前35天向被告人、辩护律师以及检察官提供调查报告的复印件。② 此举的目的在于"在向法官提交最终报告之前,给各方当事人一定的时间以补充量刑信息、提出评论意见以及提交书面反驳意见"。③ 在接到量刑前调查报告之后的14天内,当事人必须通过书面的形式陈述反对意见,该反对意见针对的内容包括材料信息、量刑指南规定的幅度,以及包含在报告中或者报告所忽略的政策因素。异议方必须向对方当事人和缓刑监督官分别提供一份反对意见的副本。在接到反对意见副本之后,缓刑监督官可能会与当事人会面,讨论异议内容。缓刑监督官也可能作进一步调查,并对量刑前调查报告作进一步必要的修改。至少在量刑前7天,缓刑监督官必须向法院以及当事人提交最终的量刑前调查报告,同时附具一份包含所有未决争议、反驳意见的理由以及缓刑监督官对这些问题的评论性意见的备忘录。当然,控辩双方在其后举行的量刑听证程序中,还可以提供证人、提出证据,在特定的情况下,缓刑监督官也要出庭澄清某些争议事项。

---

① Center on Juvenile and Criminal Justice: The History of the Pre-sentencing Investigation Report, See http://www.cjcj.org/resource/center,2014 年 9 月 29 日访问。
② 参见 Federal Rules of Criminal Procedure, Rule 32 "Sentencing and Judgment"。
③ Inga L. Parsons, *Rule 32. Sentencing and Judgment*, *Federal Rules of Criminal Procedure*: *Title Ⅶ. Post-Conviction Procedure*, 2008 National Institute for Trial Advocacy.

(二) 中国未成年案件中法官委托调查模式

就量刑信息的全面调查来讲,我国目前的普通刑事诉讼程序①中并不存在,而且,即便是在目前的量刑程序改革如火如荼的情况下,这项改革呼声还是没有引起改革者的注意,最高人民法院新近出台的《量刑程序改革意见》便没有就此作出规定。但是,在少年案件中,自"上海市长宁区人民法院与有关单位合作,于1999年在全国首创了聘请社会调查员对未成年刑事被告人进行社会调查的制度"②以来,各地少年法庭在审理少年案件中却普遍地探索和尝试建立量刑信息调查制度——社会调查报告制度。

未成年人刑事案件社会调查,又称为判决前调查制度或人格调查制度,是指在办理未成年人案件的过程中,在调查案件所涉的犯罪事实的同时,由专门机构对被告人的个人情况、家庭环境、犯罪背景等进行专门调查分析,并对其人身危险性进行系统评估,其后形成比较系统的社会调查报告并将其提交法院,供法院在量刑时予以参考的制度。

1997年《刑事诉讼法》没有关于社会调查报告制度的具体规定,2012年修正的《刑事诉讼法》在未成年人刑事诉讼程序中规定了社会调查制度,其第268条规定,"公安机关、人民检察院、人民法院办理未成年人刑事案件,根据情况可以对未成年犯罪嫌疑人、被告人的成长经历、犯罪原因、监护教育等情况进行调查"。另外,相关司法解释也透露出"应当对未成年犯罪嫌疑人进行社会调查"的意思,如最高人民法院《关于审理未成年人刑事案件的若干规定》(2001年)第21条规定:"开庭审理前,控辩双方可以分别就未成年被告人的性格特点、家庭情况、社会交往、成长经历以及实施被指控的犯罪前后的表现等情况进行调查,并制作书面材料提交合议庭。必要时,人民法院也可以委托有关社会团体组织就上述情况进行调查或者自行进行调查。"据此,在未成年人刑事案件量刑前,法官一般会委托特定的主体对与被告人有关的量刑信息进行全面调查,并形成一份包含相关信息的报告。

司法实践中,未成年人刑事案件中,接受法官委托对被告人的量刑信息实施调查的主体包括:(1)法院内部设立的一名相对固定的社会调查员,负

---

① 这里的普通刑事诉讼程序主要是适用于成年人的刑事诉讼程序,包括普通程序、简易程序和普通程序简化审程序。

② 周道鸾:《中国少年法庭制度的发展与完善——苏、沪少年法庭制度调查报告》,载《青少年犯罪问题》2007年第6期。

责对未成年犯罪嫌疑人进行社会调查①;(2)法官委托地方司法所的工作人员对未成年犯罪嫌疑人进行调查②;(3)法官委托"社工站"的"社工"对未成年犯罪嫌疑人进行社会调查③;(4)法官委托当地团委权益部的"志愿者"对未成年犯罪嫌疑人进行社会调查④;(5)法官委托当地"未成年人司法项目试点办公室"聘请的"合适成年人"对未成年犯罪嫌疑人进行调查。

就量刑信息调查的内容来讲,尽管各地法院制作的社会调查表格内容、项目、顺序等方面存在一定的区别,但是总体说来,其所要包含的内容却大同小异,即至少应该包含导致未成年人违法犯罪的各种主、客观因素及反映其人身危险性大小的因素。详言之,一份完整的社会调查报告中涉及的量刑信息至少应包括以下几个方面的内容:(1)未成年犯罪嫌疑人的家庭结构,其在家庭中的地位和遭遇,与家庭成员的感情和关系,家庭对其的教育、管理方法;(2)性格特点、道德品行、智力结构、身心状况、成长经历,即有无犯罪前科,成长过程中对其产生重大影响的人或事,如勒令退学或父母离婚、早逝等;(3)在校表现、师生关系及同学关系;(4)在社区的表现及社会交往情况;(5)就业情况及在单位的工作表现情况;(6)犯罪后的行为表现,这主要包括在犯罪后是否自首、立功、坦白交待、积极赔偿被害人或退回赃物,积极避免、减少犯罪所造成的损失,已经取得被害人的谅解等。⑤

由于这些信息关涉到被告人的量刑,因此如何保障这些信息的真实性,是各诉讼主体最为关心的问题。如何保障这些量刑信息的客观真实性,各地法院采取的方式有所不同。有些法院要求至少一名社会调查人员代表在法庭审判中出庭宣读社会调查报告,并接受控辩双方的询问;有些法院不要求社会调查人员出庭,而是由庭审法官当场宣读社会调查报告,并当场询问控辩双方的意见;有些法院认为社会调查报告并不属于刑事诉讼法意义上的证据,且由于是法官亲自调查或者亲自委托中立的第三方进行的调查,因此报告的中立性能够得到保障,所以一般不在法庭上宣读社会调查报告并接受控

---

① 河南省兰考县法院,于2000年6月经院审判委员会讨论通过了《兰考县人民法院青少年刑事案件审判庭社会调查工作规则(试行)》(以下简称《兰考规则》),这是我国第一个关于未成年被告人个体情况社会调查制度的规范性文件。它在第4条规定:"青少年法庭设社会调查员,负责社会调查,制作社会调查报告,参与法庭审理,跟踪帮教考察等工作。"
② 这种模式以重庆市沙坪坝区人民法院为代表。
③ 这种模式以上海市长宁区人民法院为代表。
④ 这种模式以安徽省合肥市包河区人民法院为代表。
⑤ 也有学者将社会调查报告的内容概括为"个人基本情况的调查"、"犯罪事实方面的调查"、"犯罪前后表现情况的调查"、"家庭背景的调查"、"学业情况及学校环境的调查",但这只是分类标准的不同,实际内容并无本质区别。参见冯卫国:《未成年人刑事案件的审前调查制度探讨》,载《青少年犯罪问题》2007年第1期。

辩双方的询问,而直接作为自己在对被告人量刑过程中的参考材料;还有一些法院则将社会调查报告交予控方或者辩方,由该方宣读,并接受对方的质证。总体来讲,大部分法院都肯定辩护方享有知悉社会调查报告内容,以及对调查报告内容的真实性进行反驳和质证的权利。

(三) 控辩双方调查模式

在量刑程序改革的探索过程中,一些地方法院在探索独立或相对独立的量刑程序模式时,也附带地就如何保障量刑信息的全面性进行了探索。不过,囿于各方面的限制,各地法院至今仍然没有将社会调查报告制度延伸适用到成年人案件之中。在这些案件的量刑裁决过程中,量刑信息的搜集主要是由控辩双方负责完成的。

一般来讲,在侦查阶段,侦查人员已经收集了大量的法定情节,以及一些易于收集的常规酌定量刑情节,当然其中既可能包括从轻情节,也可能包括从重情节。在侦查人员将所有案卷材料移送给检察官之后,检察官根据案卷的所有材料,对相应的定罪事实和量刑情节进行分类、整理。当然,检察官如果发现侦查人员忽略了部分量刑情节的收集,或者检察官如果发现侦查人员收集的部分量刑情节存在一定的问题,他们也可能会就此进行调查核实,或者另行收集量刑证据。由于法律上规定检察官是法律监督机关,因此其必须要收集所有有利于被告人和不利于被告人的法定量刑情节和常见的酌定量刑情节。当然,司法实践中,由于检察官往往将自己定位于控诉方,因此,其通常关注的只是那些不利于犯罪人的量刑情节。

辩护人自接受委托之后,除了从侦查案卷中获取一定的有利于被告人的法定或酌定量刑情节外,往往也会开展一系列的调查活动。然而,我国刑事辩护律师在无罪证据的调查和收集方面很少会成功,这可以从我国司法实践中无罪判决微乎其微的现状中窥测出来。刑事辩护律师在无罪证据调查方面很难有所作为,这一方面是因为我国法律对辩护律师的调查取证权设置了诸多障碍,另一方面也是因为无罪辩护证据的收集,容易触动侦查、检察机关敏感的神经。实际上,在大量的刑事案件中,辩护律师的主要工作是进行量刑证据的收集,特别是收集那些被公安、检察机关所忽略的、且能够在一定程度上影响法官从轻量刑的酌定量刑情节(包括酌定量刑情节的拓展)。

四、量刑信息调查模式的选择

尽管 2012 年修改的《刑事诉讼法》及最高人民法院颁布的《关于规范量刑程序若干问题的意见(试行)》中,对于普通程序,并没有就量刑信息的调查作出明确的规定,但是,"为确保量刑信息的全面性和准确性,法院需要引入'量刑前报告'或'社会调查报告'制度,这被一些学者和法官视为难以绕开的制度安排"①。那么,就上述三种量刑信息的调查模式来讲,每一个模式的优劣得失何在?能否适用于我国目前的司法制度?这些问题值得认真分析。

(一)缓刑监督官调查模式引入中国可能面临的障碍性因素

英美法系国家缓刑监督官调查模式在确保量刑信息的全面性、客观性和准确性方面具有独特的优势:缓刑官角色中立,从而保障其调查信息的客观性;缓刑官作为司法调查官的职业素养和经验,保证了量刑信息的全面性和准确性。当然,这种模式的缺陷也非常明显,即非常浪费诉讼资源,而且诉讼效率比较低下。这种模式引入中国可能面临以下几个方面的障碍:

第一,缓刑监督官调查模式引入中国遇到的最大障碍可能是诉讼资源问题。英美法系国家缓刑监督官调查量刑信息的模式,需要消耗极大的人力、物力和财力。以下试以法院人力资源为例,分析这一模式引入中国可能面临的困难。以美国马萨诸塞州联邦地区法院为例,在这个中等规模的联邦法院的缓刑监督官办公室内,共有雇员 67 人,其中包括 37 名缓刑监督官和 30 名助理工作人员,在这 37 名缓刑监督官中,有 15 名缓刑监督官负责准备量刑前报告,22 名缓刑监督官负责监督缓刑的执行情况。须知,整个马州联邦地区法院的法官也不过只有区区 12 位。可见,负责准备量刑前调查报告的缓刑监督官占据法院很大一部分的行政编制。然而,在中国目前的情况下,法院的编制非常紧张,而案件量却又逐年增长,刑事法官办案任务非常重。以宁波市法院系统为例,"全市法院实际具有审判职称人员只增加 10 人,增长幅度只有 1.07%,而同期案件数却增加 23936 件,增长幅度达 31.80%","一线法官人均办案数从 2006 年的 95.75 件增加到 2008 年的 125.25 件,增长

---

① 陈瑞华:《论量刑信息的调查》,载《法学家》2010 年第 2 期。

30.81%"。① 而且,在我国目前的政治形势下,法官除了审判任务外,还要承担很多额外的政治、经济、社会事务等方面的任务,比如解决上访问题、维稳,甚至很多地方还要求法院完成相应的招商引资任务。在这种情况下,我国很多地方的法院连基本的办案人手都不够,更遑论增编大量的缓刑监督官了。

第二,缓刑监督官调查模式引入中国可能遇到的另一个障碍应当是诉讼期间的限制。从以上对缓刑监督官调查模式的分析可以看出,这种模式需要花费相当多的时间:一方面,由于量刑前调查报告需要的内容繁多,缓刑监督官在调查前还必须要查阅相关案卷,调查之后还要就被告人刑罚问题提出量刑建议,有时候准备这些内容就要花费数周时间;另一方面,即便缓刑监督官准备好了量刑前报告,他们在向法官呈送量刑前调查报告之前,必须至少在量刑前35天向被告人、辩护律师以及检察官提供调查报告的复印件。② 然而我国修正后的《刑事诉讼法》规定的普通案件的审判期限只有2个月,最迟不超过3个月,而简易程序的审理期限一般只有20天。在这么短的时间内,甚至连量刑前报告的开示、异议程序都难以完成,就更不用说内容繁多的量刑信息的调查了。

(二) 控辩双方调查模式的局限性

控辩双方调查模式的优势是非常明显的,既能够节省诉讼资源,也不至于影响诉讼效率。当然,其局限性也是非常明显的。

控辩双方调查模式的良好运转有赖于完善的刑事辩护制度,我国不完善的刑事辩护制度可能是对这一模式良性运转最大的掣肘。控辩双方调查模式的基本精神是将量刑信息的调查委托给检察官和辩护律师来进行。就检察官来说,其本身比较关注不利于被告人的量刑证据,当然,基于检察官负有一定的"客观义务",他们也会收集那些比较明显的、且易于收集的有利于被告人的量刑证据。但是总体来讲,根据对抗制诉讼模式的精髓,收集有利于被告人的量刑证据应当由辩护律师负责进行。但是,就我国目前的刑事辩护制度来讲,这种程序设计可能会归于无效:首先,在大量的刑事案件中,被告人以及其家属并不聘请辩护人,而在没有辩护人的情况下,有利于被告人的量刑证据将无法收集,量刑辩护也将无法展开;其次,鉴于我国法律援助制度的缺陷,在很多法律援助的案件中,法律援助律师甚至连会见犯罪嫌疑人、庭

---

① 宁波市中级人民法院研究室课题组:《宁波两级法院"案多人少"现状调查》,http://nbzy.chinacourt.org/public/detail.php? id=237,2014年9月29日访问。

② 参见 Federal Rules of Criminal Procedure, Rule 32 "Sentencing and Judgment"。

前阅卷都懒得去做，更不用说去实施那些耗时、耗力和耗钱的量刑信息的调查行为了；最后，即便是在那些被告人聘请了辩护律师的情况下，是否进行量刑信息的调查还取决于辩护律师的敬业精神、辩护水平、辩护技巧等。

控辩双方调查模式的第二个缺陷在于：控辩双方调查的量刑信息，其客观真实性无法保障。由于检察官代表国家公权力进行调查，而且检察官调查的量刑证据往往集中在不利于被告人的法定或酌定量刑情节，以及那些明显的、易于调查的有利于被告人的量刑情节，因此，对于检察官调取的证据，其客观真实性还是有一定的保障的。而对于大部分律师自己调取的证据，其客观真实性确实很难保障。一方面，很多律师在调查量刑证据时，往往是去犯罪人户籍所在地的社区、学校、单位，找到相关人员进行面谈并制作询问笔录，或者向有关机构调取该机构出具的加盖单位公章的书面文件。例如，学校对被告人在校期间表现情况的"证明"；单位对被告人工作期间表现情况的"说明"；基层组织对被告人家庭组成以及健康情况的"情况说明"；基层司法行政机关的派出机构对愿意为被告人提供帮教所出具的"意见"等。考虑到熟人社会、乡土文化的影响，被调查人一般不会当面公然说一些不利于被告人的言论，因此，辩护律师的调查获取的量刑信息，其客观性值得怀疑。另一方面，在我国律师制度不健全的情况下，个别辩护律师可能会不遵守基本的职业操守而采取某种不正当的手段从事调查活动，特别是采取利诱、欺骗、贿买等方式调取有利于被告人的有关量刑证据。这种情况下，量刑信息的客观性、真实性更是无法保障。

控辩双方调查模式的第三个缺陷在于：在缺乏相应的制度保障的情况下，即便控辩双方调查了大量的量刑信息，法庭一般也不会采纳。对抗式诉讼模式，为了防止诉讼的拖延和无序，实现审判公正，在法庭审理之前，控辩双方会开示本方所掌握的证据，以便对方作出相应的准备，防止证据偷袭。然而，我国目前没有证据开示制度，如果说辩护律师尚可以通过"阅卷权"来获得检控方所掌握的部分不利于被告人的量刑证据的话，那么对于辩护方掌握的有利于被告人的量刑证据，检察官却无法在庭前知悉。一旦进入法庭审理程序，对于辩护方收集的那些有利于被告人的量刑证据，检察官根本提不出什么反驳性意见。当然，对于检察官没有在开庭前提交给法庭的那些不利于被告人的法定或酌定量刑情节，辩护人当庭也很难提出任何具有实质意义的反对意见。考虑控辩双方胜诉的欲望，特别是我国律师执业不规范的现状，法官一般不会采纳那些辩护方收集的有利于被告人的证据，当然对于检察官收集的那些不利于被告人的酌定量刑情节，法官即便采纳也是将信将疑。

(三) 法官委托调查模式的优势及其可能面临的问题

与缓刑监督官调查模式相比,法官委托调查模式可能更加节省诉讼资源,也不会过分地降低诉讼效率;而与控辩双方调查模式相比,由于法官委托的调查主体独立于控辩双方,因此其调查的结论会更加中立和客观。详言之,法官委托调查模式至少具有以下几个方面的优点:第一,不会过多地占用法院的人力、物力和财力。一般来讲法院委托的主要是地方司法行政机关、共青团权益部门、当地的社工组织。这些组织相对工作比较清闲,人员充足、资源丰富,法院正好可以利用他们的人力、物力和资源。第二,法官委托的调查人员独立于控辩双方,这使得他们在调查时会保持中立,从而保障了调查结论的客观性。

当然,法官委托调查模式如果大规模地引入我国刑事诉讼,也可能会遇到一定的问题:

首先,这种模式如果引入我国普通刑事诉讼,遇到的第一个问题可能是诉讼资源不足问题。从我国目前的司法实践来看,法官委托调查模式主要适用于未成年人案件。由于未成年人案件数量比较少,案情相对比较简单,而且进行社会调查的也只是其中的部分案件,所以,地方法院委托当地的司法机关、共青团权益部门或者社工在本职工作之余,协助代为进行量刑信息的调查,或许还可以应付。但是如果将这种模式运用于所有刑事案件,由于地方司法行政机关、共青团机关和社工组织本身人员编制有限,而且本职工作也比较多,在这种情况下,他们根本无力对所有刑事案件进行社会调查。以某区法院为例,一年的刑事案件约有 300 余件,未成年人案件约 50 件,其中委托当地司法行政机关代为调查的案件可能只有 10 余件,对于这些工作量,当地司法行政机关或许可以应付,但是,如果要将所有的刑事案件都委托他们进行量刑信息的调查,则不太现实。

其次,法院委托调查模式引入我国刑事诉讼,遇到的第二个问题可能是被委托从事社会调查的人员的不专业问题。目前来看,不论是接受委托的司法行政工作人员还是团委权益部人员,抑或社工组织的社工,他们普遍对"量刑信息的调查报告"的性质和功能缺乏深切的认识。经过快速而短暂的走访,被委托人填写完一张法院设定的格式化的调查表格,其调查工作也就告一段落了。整个调查过程中,被委托人不了解案情,也无法进行有针对性的调查。此外,由于被委托从事调查工作的人员不是法院工作人员,法院也无法向其支付必要的费用,其从事调查工作的积极性不高,社会调查的专业性严重欠缺。这些非专业人员进行的调查,其结论往往具有形式化特征,对法官的量刑没有太多的意义。

最后,法院委托调查模式引入我国刑事诉讼法,可能遇到的第三个问题是控辩双方无法就第三方调查的量刑信息的真实性提出有针对性的意见。尽管法官委托调查的模式之下,被委托方独立于控辩双方,其调查具有一定的中立性,其结论也比控辩双方调查模式更具客观性。但是,考虑到熟人社会、乡土社会的影响,以及被委托人调查中可能出现错误,因此对于第三方调查的量刑信息,其真实性也无法保证。然而,在目前的司法状况下,考虑到缺乏庭前的证据开示制度、检察官不太关注量刑问题、被告人往往没有聘请辩护人、辩护人往往不敬业等情况,控辩双方无法在法庭上就这一调查结论提出富有针对性的意见,因此,其真实性无法保障。

(四) 中国近期可能的发展

尽管中国当下的量刑程序改革并没有确立量刑信息调查制度,但是从可以预测的未来来看,量刑信息调查制度至少呈现出以下几个方面的发展趋势:

第一,2012年修正的《刑事诉讼法》已经确立了相对独立的量刑程序模式,量刑问题已经作为一个独立的问题纳入到法庭审判中来。为了确保量刑的公正、实现刑罚的个别化,法官在相对独立的量刑程序中需要更多的量刑信息,特别是关于被告人家庭情况、成长情况、性格特征、有无监管条件等方面的信息。因此,相对独立的量刑程序一定程度上会催化量刑信息的调查制度。

第二,从我国目前的司法状况来看,囿于司法资源和诉讼期间的限制,英美缓刑监督官调查模式在我国没有多少生存空间。尽管我国司法实践中采纳的是一种控辩双方调查量刑信息的模式,但是这种模式受到了我国刑事辩护制度的限制,且控辩双方(特别是辩护方)调查的量刑信息的真实性无法保障,法官对这些量刑信息也不敢贸然采用,因此这种模式也成为社会各界批评的对象。相比较而言,各地少年法庭探索的法官委托调查模式却为我国普通程序中引入量刑信息调查制度积累了丰富的经验。但是,将这种模式彻底地引入我国普通刑事程序,还将会遇到一些困难,比如诉讼资源的限制、被委托人的非专业问题,以及第三方调查获取的量刑信息因无法受到控辩双方的质证而不能被法官采纳的问题。

第三,不论未来我国量刑信息的调查采取何种模式,也不论未来将会由哪一个主体负责量刑信息的调查,以下几个方面的问题都值得制度的设计者重点加以考虑:(1)量刑信息调查主体的中立性和专业化问题;(2)尽管量刑信息调查的内容主要包括关于被告人家庭情况、生活经历、个人性格、工作学习表现，以及是否具有良好的监管条件等方面的事实或者信息，但是调查主体仍然应当考虑到个案的基本情况，实施有针对性的调查；(3) 为保障量刑信息的真实性，调查主体在调查完结并形成报告之后，应当将报告提前交给控辩双方查阅，控辩双方也应当就各自掌握的量刑证据向对方开示。

【本章小结】

与定罪程序不同的是，量刑程序中的信息来源可以是多方面的，既可以是法定的证据种类，也可以是自然意义上的证据，而且其作证形式也非常灵活。量刑信息的调查是量刑程序改革实质化之保障，是落实量刑实体改革的需要，是法官公正量刑的基础，也是实现刑罚个别化的重要依托。

从量刑信息的种类来看，主要包括法定量刑信息、酌定量刑信息和酌定量刑信息的扩展。对于大量的酌定量刑情节，缺乏法律的规定，法官在这些问题上具有不受限制的自由裁量权。为了限制法官的量刑裁量权，有必要通过法律或司法解释将那些常见的、重要的酌定量刑情节明确规定下来，并明确其对量刑的影响，以约束法官的量刑裁量权。

从量刑信息调查的模式来讲，目前主要存在以下三种模式，即缓刑监督官调查模式、法官委托调查模式和控辩双方调查模式。这三种模式各有其优点，但是其缺陷也是非常明显的。就缓刑监督官调查模式来讲，其引入中国可能会遇到诉讼资源和诉讼期间的限制。就控辩双方调查模式来讲，我国不完善的刑事辩护制度可能是对这一模式良性运转最大的掣肘。此外，缺乏相应的制度保障，也是控辩双方调查模式的另一个缺陷。就法官委托调查模式来讲，这种模式如果引入我国普通刑事诉讼，可能会遇到以下几个方面的问题，即诉讼资源不足问题，被委托从事社会调查的人员的不专业问题，以及控辩双方无法就第三方调查的量刑信息的真实性提出有针对性的意见。

尽管如此，2012 年修改的《刑事诉讼法》已经确立了相对独立的量刑程序模式，量刑问题已经作为一个独立的问题纳入法庭审判中来。相对独立的量刑程序一定程度上会催化量刑信息的调查制度。然而，从目前的司法状况来看，囿于司法资源、诉讼期间、辩护制度、相关配套制度的限制，英美缓刑监督官调查模式、控辩双方调查模式以及法官委托调查模式，都面临着一系列的问题。

但不论将来我国在保障量刑信息全面化问题上采取何种模式，不论由哪一个主体负责量刑信息的调查，制度设计者都应当重点关注量刑信息调查主体的中立性和专业化，量刑调查内容的全面性、量刑信息的真实性等问题。

第六章　量刑程序中的证据问题

证据是最基本的诉讼武器,是证明(案件)事实的依据。证据问题是诉讼(定罪和量刑)的核心问题,全部诉讼活动实际上都是围绕证据的搜集和运用进行。刑事审判活动包括定罪和量刑,在定罪程序中,重现案件事实、证明犯罪嫌疑人的行为已经满足某一犯罪的构成要件,都需要特定的证据加以证明。量刑活动也不能例外,法官依据何种事实对被告人从重量刑、从轻量刑、减轻量刑或免除刑罚,法官依据何种事实决定对被告人适用缓刑,这些事实都是需要一定的证据加以证明的。缺乏证据证明的事实,往往被视为真伪不明的事实,法官一般不能将其作为对被告人量刑的依据。

2012年修改的《刑事诉讼法》已确立了相对独立的量刑程序模式,量刑程序和量刑问题已经在法律上获得了相对独立的地位。在这个相对独立的量刑程序中,量刑事实的证明问题亟待规范。比如,以社会调查报告为代表的量刑材料的属性如何?是不是证据?目前的证据概念能够将这些材料涵盖进来吗?量刑程序中的证明责任如何分配?是检察官承担证明责任,还是依据"谁主张,谁举证"?量刑证据有证据能力的规范吗?承担证明责任的检察官或被告人需要将量刑事实和情节证明到何种程度,也即其证明标准如何设立?量刑程序中,非法证据排除规则、传闻证据规则、品格证据规则、证人特免权规则等还能够适用吗?量刑程序中证据规则适用的规律是什么?

有鉴于此,本章拟尝试对这些问题进行初步的研究。笔者认为,即便中国在形式上实现了定罪与量刑程序的相对分离,但是如果改革的设计者们忽略了与此密切相关的量刑证据制度,那么控辩双方在相对独立的量刑程序中将缺乏交锋的武器,量刑程序也将会变得混乱和无序。

一、量刑证据的一般理论

自社会调查报告制度引入我国少年审判以来,关于社会调查报告的性质,学界和司法实务界争议不断。有的学者认为"社会调查报告有别于证人,应当将其作为一种较为特殊的诉讼参与人对待,赋予其类似于鉴定人的诉讼地位,并在法庭调查结束后设置独立的听审程序,由调查员出庭宣读调查评价报告,并接受控辩审各方的询问"①;也有学者认为"未成年人社会调查报告不能作为证据使用,只能是司法机关处理未成年人刑事案件时的一种重要参考资料"②;还有学者认为社会调查报告不属于法律规定的任何一种证据分类,因此不是证据;当然也有学者认为"社会调查报告从理论上应当视为证据"③。当然,在定罪与量刑程序分离的大背景下,量刑程序中可能还会出现类似社会调查报告的其他一些事实和信息,比如,被告人和被害人之间达成的刑事和解协议、被告人对被害人的民事赔偿协议、被告人具有监管条件的证明等,这些材料属于证据吗? 如果属于证据,那么它们又是什么样的证据呢? 是定罪证据吗?

(一) 传统证据的概念以及其不全面性

从法律文本的角度看,2012 年《刑事诉讼法》第 48 条的规定,可以视为证据概念的母本,该条规定:"可以用于证明案件事实的材料,都是证据。证据包括:(一) 物证;(二) 书证;(三) 证人证言;(四) 被害人陈述;(五) 犯罪嫌疑人、被告人供述和辩解;(六) 鉴定意见;(七) 勘验、检查、辨认、侦查实验等笔录;(八) 视听资料、电子数据。证据必须经过查证属实,才能作为定案的根据。"

围绕着这一法律条文,学术界对证据的概念进行了激烈的争论,并形成了不同的观点和学说,其中最具代表性且影响最大的当属"事实说"和"根据说":

事实说认为,证据是客观存在的事实。有学者将证据概念表述为:"诉讼证据就是司法人员在诉讼过程中可用以证明案件真实情况的各种事实。"④也有学者认为:"刑事诉讼证据,是指以法律规定的形式表现出来的,能够证明案件真实情况的一切事实。"⑤

根据说认为,证据就是证明的根据,如果从法律的角度来界定,"证据就是证明案件事实或者与法律事实有关之事实存在与否的根据"。⑥ 也有学者认为:"诉讼证据,是审判人员、检察人员、侦查人员等依照法定的程序收集并

---

① 沈利、陈亚鸣:《刑事案件未成年被告人社会调查制度的法理考察与司法实践》,载《青少年犯罪问题》2008 年第 2 期。
② 郭欣阳:《未成年人社会调查报告的法律性质以及其审查起诉中的运用》,载《人民检察》2007 年第 11 期。
③ 杨雄:《未成年人刑事案件中社会调查制度的运用》,载《法学论坛》2008 年第 1 期。
④ 陈一云主编:《证据学》,中国人民大学出版社 1991 年版,第 104 页。
⑤ 陈光中主编:《刑事诉讼法》,北京大学出版社、高等教育出版社 2002 年版,第 129 页。
⑥ 何家弘主编:《新编证据法学》,法律出版社 2000 年版,第 99 页。

审查核实,能够证明案件真实情况的根据。"①

上述两种学说尽管存在一定的区别,但两种证据概念的基本立足点都是"是否能够证明案件的真实情况",而这种所谓的"案件的真实情况"主要是指与案件事实相关的、能够证明犯罪嫌疑人是否有罪,以及相关的量刑情节事实,基本上难以涵盖社会调查报告中所涉及的关于被告人家庭情况、生活经历、个人性格、工作学习表现,以及是否具有良好的监管条件等方面的事实或者信息。此外,还有其他一些与案件事实无关,但是却与量刑密切关联的事实和信息,比如被告人与被害人达成的刑事和解协议、被害人对被告人进行的民事赔偿协议等,这些事实和信息,都难以被现行的证据概念所包含。

证据裁判原则是刑事诉讼进步与文明的表现,对于防止法官作出裁判时的恣意擅断、增强司法裁判的确定性和权威性具有非常重要的意义,量刑与定罪一样应该遵循证据裁判原则。② 司法实践中,法官在量刑时实际上也一直在使用那些虽然没有被现行证据概念所涵盖、但却作为法官量刑基础的事实和信息,如果按照证据裁判原则反推,这些事实和信息理应属于证据的范畴。基于此,在定罪与量刑程序分离的大背景下,传统证据概念的外延亟待拓展。

(二) 量刑证据的概念以及其特征

如果我们将证据的概念纳入一个大的诉讼视野,即刑事诉讼程序包括定罪程序和量刑程序两个部分,那么,刑事诉讼中的证据便不仅应当包括定罪证据,还应当包括量刑证据。而且,"诉讼证据的实质是事实,其形式是外表,形式应服从于实质,表现实质"③。从社会调查报告、刑事和解协议、附带民事赔偿协议等事实材料实际所发挥的功能来看,其主要是在量刑阶段证明被告人具有从重、从轻、减轻或免除处罚等酌定量刑情节,或者证明被告人具有适用缓刑的条件等,这与普通证据的功能并无二致,只不过证据形式以及其所证明的对象有所不同而已。从这个意义上讲,这些事实材料实际上是一种与定罪证据相对应的证据种类,即量刑证据。

量刑证据并不证明案件中的犯罪构成要件事实,而主要证明与量刑有关的法定和酌定量刑情节以及其他有利于法官准确量刑的事实,如被告人是否具有监管条件等。量刑证据主要包括以下方面:一是在定罪阶段查明的与量

---

① 樊崇义主编:《证据法学》,法律出版社2001年版,第45页。
② 陈卫东、张佳华:《量刑程序改革语境中的量刑证据初探》,载《证据科学》2009年第17卷第1期。
③ 周密:《论旁证》,载《中国法学》1986年第2期。

刑相关的证据,如证明作案手段、动机,危害后果、被害人犯罪后的表现、附带民事赔偿、达成刑事和解等酌定量刑情节的证据;二是被害人影响陈述,即被害人关于犯罪行为给自己造成的身体或精神伤害、物质损失等的陈述;三是社会调查报告,主要反映被告人个人情况、家庭以及受教育的背景、经济状况、先前犯罪记录、是否吸毒及酗酒等。

全面、客观地了解被告人犯罪行为的社会危害性以及人身危险性乃为量刑程序的第一要务,审判法官需要尽量不受限制地接触各种量刑事实及相关的证据材料,这便决定了量刑证据在属性上并没有定罪证据那么严格。

首先,从证据能力上讲,量刑证据并没有严格的证据能力要求。基于此,在量刑程序中,非法取得的证据、品格证据、传闻证据等,均具有证据能力,并能够为法官量刑时所采纳。

其次,量刑证据对相关性要求也没有定罪证据那么严格。就定罪证据而言,每一项提交审判的证据都必须对案件中的实质性争议问题具有证明性,其中实质性指的是该证据是否针对案件中的实质性争议,而证明性涉及所提出的证据能否确立或否定这一实质性争议。然而,量刑证据则没有那么高的要求,很多量刑证据实际上与犯罪行为本身并没有什么关联性,比如被告人的个人情况、监管条件等,但是如果将关联对象的外延扩展,那么量刑证据必须与被告人的准确量刑具有关联性,只不过这种关联性的范围十分宽泛,原因很简单,酌定量刑情节的范围宽泛无边,而所有证明酌定量刑情节的证据都与量刑具有关联性。

再次,量刑证据的合法性也没有过高的要求。定罪证据由于法律明确加以规定,因此其合法性要求比较高。具体说来,在我国刑事诉讼理论中,定罪证据必须要求其收集主体合法、程序合法、表现形式合法。然而,从我国目前的司法实践来看,量刑证据由于没有法律加以明确规定,因此其收集主体、程序、表现形式等都没有具体要求。即便未来立法对量刑证据加以明确规定,但是由于量刑程序的独特性,量刑证据收集程序和表现形式等也不可能像定罪证据那样要求严格。

最后,量刑证据的底线属性——客观真实性。尽管与定罪证据相比,量刑证据在证据能力、相关性、合法性等方面的要求明显要低一些,但是量刑证据的底线是该证据必须具有真实性。如果量刑证据是不真实的,那么无论如何都不得作为证据使用。

二、量刑证据的证据能力问题

不论采取何种方式调查获得的量刑证据,一旦进入法庭,法官首先必须要考虑的便是该证据的证据能力问题。所谓证据能力,是指证据材料能够在法庭上使用所应当具备的资格要件,是法律对证据材料转变为诉讼证据所设定的资格限制。我国台湾学者李学灯指出:"证据能力,亦称证据资格。谓证据方法或证据资料,可用为证明之能力,自证据之容许性言之,亦即可受容许或可被采用为证据之资格。"①

如果从发现真相的角度分析,对于证据来讲,只要与案件事实相关、且具有真实性,那么法官应当采纳其作为断案的根据。然而,法律对证据能力的规定意味着并非所有与案件事实有关联的证据材料都能在诉讼中作为证据使用,某些证据材料即使对案件事实具有一目了然的证明作用,如果其不符合法律规定的条件,也必须被忍痛割爱。② 这便意味着,证据能力规则并不是为发现真相服务的,证据能力的规定在绝大部分情况下不仅不利于发现真相,反而可能会妨碍法官发现案件真相。

法律之所以对证据的证据能力作出规定,主要是出于以下两个原因:一是限制、防止追诉机关滥用权力;二是保护公民的个人权利不受非法侵犯。刑事诉讼中的侦查和起诉机关作为国家的专门机关,追究和惩治犯罪既是它的职责又是它的权力,而权力本身便带有腐败和专横的倾向,正如孟德斯鸠的精辟概括,"一切有权力的人都容易滥用权力,这是一条万古不变的经验。"③而且"现代国家莫不将其物理的强制力或武力,分别交由警察和军队行使"④,军队使用武力的对象是敌人,且仅在战时,警察却不论在战时或在平时皆可行使强制力,且其对象是人民,因此在约束国家机关行使权力时,约束警察的权力尤为重要。⑤ 从另一方面来讲,保护公民的个人权利不受侵犯也是刑事诉讼的目的之一。即使是一个涉嫌犯罪的公民,国家在对其作出有罪判决以前,他所享有的基本人权仍受法律,尤其是宪法与刑事诉讼法的保护。国家机关即便是要将他们定罪,也应当通过公正、合法的程序,否则便是

---

① 李学灯:《证据法比较研究》,台湾五南图书出版公司1992年版,第438页。
② 汪建成、孙远:《刑事证据立法方向的转变》,载《法学研究》2003年第5期。
③ [法]孟德斯鸠:《论法的精神》(上),张雁深译,商务印书馆1982年版,第154页。
④ 蔡墩铭:《法治与人权》,敦理出版社1987年版,第117页。
⑤ 李莉:《论刑事证据的证据能力对证明力的影响》,载《中外法学》1999年第4期(总第64期)。

政治镇压。

那么,就量刑证据而言,是不是也要像定罪证据那样设置复杂的证据能力规则呢?笔者认为,量刑证据的底线属性是真实性,量刑证据没有必要像定罪证据那样设置复杂的证据能力规则。其理由如下:

第一,证据能力是为了限制国家公权力的,然而,就量刑证据的收集来讲,国家公权力滥用的空间非常小。与定罪证据不同的是,量刑证据主要证明的是量刑问题,包括有利于被告人和不利于被告人的法定和酌定量刑情节。就有利于被告人的法定和酌定量刑情节来讲,一般是由被告人及其辩护人负责收集的,辩护人收集证据是不会涉及国家公权力行使的,当然更谈不上公权力的滥用了。当然,我国法律规定公安、检察机关负有全面收集证据的责任,他们也有义务收集那些有利于被告人的法定或酌定量刑情节,但是社会生活的一般经验告诉我们,对于那些有利于被告人的证据,不论是公安机关还是检察机关,都不可能会"积极"到滥用公权力违法收集的地步。那么,对于那些不利于被告人的法定或酌定量刑情节,公安检察机关会不会滥用公权力违法收集呢?司法实践表明,鉴于业绩考核制度的限制,我国大部分公安检察机关对侦查破案、成功定罪十分在意,为此他们可能会违法取证,但是对于量刑问题,公安机关是不关注的,检察机关也不是非常关心,因此,他们是不大可能冒着遭受惩罚的危险违法取证的。另一方面,对于不利于被告人的酌定量刑情节而言,大部分事实和证据是不需要通过严格的调查和核实便可以获取的;而对于不利于被告人的法定量刑情节而言,大部分都被当作定罪情节,在定罪程序中加以解决,而量刑程序中解决的充其量不过是"教唆不满18岁的人犯罪"(《刑法》第29条)和累犯(《刑法》第65条),对于这两个量刑情节的构成要件来讲,也没有什么方面需要检察机关滥用公权力调查取证的。由此可见,在量刑证据的取证方面,公权力行使的空间非常小,这使得以规范和限制国家公权力滥用的证据能力规范在这个程序中没有多少作用空间。

第二,量刑程序的基本目的便是实现量刑公正,在这个程序中,保障人权的功能有所弱化。定罪审理程序中保障人权受到了必要的强调,所谓保障人权,即是指在刑事诉讼中,保障公民的生命权、自由权、平等权和财产权等合法权利,及刑事诉讼法为保障这些权利在诉讼中不受侵犯而赋予被告人及其他诉讼参与人的诉讼权利。[①] 与定罪程序不同的是,在量刑阶段,不论被告

---

① 陈光中、宋英辉:《我国刑事诉讼目的与审判结构之探讨》,载《政法论坛(中国政法大学学报)》1994年第1期。

人是通过有罪答辩,还是通过法庭审判程序被宣告有罪,他们都从一名享有广泛自由权利的公民转变成一名被剥夺许多公民权利的、被宣告有罪的罪犯。量刑程序所要解决的最主要问题是选择一个最适合犯罪人的刑罚,这种刑罚将主要结合犯罪人犯罪的轻重、犯罪人个人的情况及何种刑罚更有利于犯罪人的改造等。既然量刑程序中的被告人业已成功地转化成罪犯,因此,那些为防止公民受到不公正追诉而赋予犯罪嫌疑人的一系列诉讼权利,也将随着定罪程序的终结而终结。基于此,在量刑事实证明过程中,那些为保障人权而限制国家公权力行使的证据能力规则也将没有作用的空间。

第三,量刑程序即便获取了相对独立的地位,量刑事实的证明问题也不可能设计得像定罪程序那样复杂。在定罪程序中,由于事关被告人罪与非罪、国家权力的规制和公民个人权利的保护,因此各国对这个程序规定得都比较正式而且严格,证据能力规范因而受到了一定程度的强调。以英美法为例,在定罪程序中,控辩双方如果对某一关键证据的证据资格存在争议的话,法庭可能会暂时中止案件事实的审理,而启动程序性裁判程序,这便是人们常说的"审判之中的审判"。与定罪程序不同的是,即便是在量刑程序完全独立的英美法国家,非正式性、简易化和高效率都是量刑程序的典型特征。在具有非正式性、简易化和高效率的量刑程序中,是不可能再就量刑证据的证据能力开启"审判之中的审判"的。

第四,从大陆法和英美法的制度来看,对量刑证据也没有必要设置证据能力要求。根据大陆法国家的证据法理论,证明向来有严格证明和自由证明之分。① 一般认为,法官以证据能力或可采性为标准对是否可以将证据纳入到诉讼之中进行判断的过程只能发生在为对被告人定罪而采用严格证明的场合下。② 而对于量刑问题,一般适用的是自由证明方式。③ 对于自由证明,"法院得以一般实务之惯例以自由证明之方式调查之","可不拘任何方式来获取可信性(例如以查阅卷宗或电话询问之方式)"④,即允许以非法定甚至非正式的方式获取事实判断资料。而在英美法国家,几乎所有以规范证据可采性为目的的证据规则在量刑听证程序中都是不予适用的。比如美国《联邦证据规则》在第1101条(d)款中的杂项规定中便明确规定,除了特权规则外,所有的联邦证据规则均不适用于量刑程序。可见,不论是大陆法国家,还

---

① 参见陈朴生:《刑事证据法》,台湾三民书局1979年版,第177页。
② 陈卫东、付磊:《我国证据能力制度的反思与完善》,载《证据科学》2008年第16卷,第1期。
③ 参见汪建成:《量刑程序改革中需要转变的几个观念》,载《政法论坛》2010年第2期。另参见樊崇义:《量刑程序与证据》,载《南都学坛》2009年第4期。
④ 〔德〕罗科信:《刑事诉讼法》,吴丽琪译,法律出版社2003年版,第208页。

是英美法国家,量刑程序中证据的证据能力很少受到强调。

第五,从我国司法实践来看,即便是在定罪程序中,证据能力问题都没有成为法官裁判的对象,在量刑程序规定量刑证据的证据能力似乎走得太远。我国司法实践中,基于对所谓的事实和真实的追求,法官在法庭上仅仅关注的是证据的证明力问题,即便是被告人及其辩护人有充足的证据证明口供系刑讯逼供获得的,如果法官认为口供中的事实能够得到其他证据的佐证和印证,也会采纳该证据。① 在定罪审理程序中的证据能力尚不能获得法官认可和尊重的情况下,即便在量刑程序中规定了量刑证据的证据能力问题,这种规定也是不可能起到任何作用的。

总之,考虑到设置证据能力的基本目的,考虑到量刑程序的非正式性、简易化特征,考虑到大陆法国家和英美法国家的经验,同时也考虑到我国司法实践的基本状况,笔者认为,就量刑证据而言,没有必要设置证据能力的要求。

三、量刑程序中的证明责任

证明责任制度是连接实体法与程序法的桥梁。② 在定罪与量刑程序合一模式下,我们所探讨的刑事证明责任,是以定罪审理程序为导向的。定罪与量刑程序一旦分离,由于定罪审理程序已经成功地将被告人转变成了罪犯,因此,在量刑程序中,对被告人的特殊保护将不复存在。那么,在量刑程序中,控辩双方的证明责任是如何分配的呢?与定罪审理程序中证明责任的分配方式有哪些区别?这些都亟待研究。

(一) 定罪程序中的证明责任

在英美法世界,1890 年美国法学家塞耶首次提出了证明责任的双重含义,并深远地影响着后世证据法学研究。塞耶认为,证明责任是一个多义词,包含两层意思:第一层含义是指"提出任何事实的人,如果该事实为对方所争执,他就有承担特殊责任的危险——如果在所有的证据都提出后,其主张仍不能得到证明,他就会败诉";第二层含义是指"在诉讼开始时,或是在审判或辩论过程中的任何阶段,首先对争议事实提出证据的责任"。③ 其中,第

---

① 汪贻飞:《论证言笔录的证据能力》,载《中国刑事法杂志》2008 年第 8 期。
② 黄维智:《刑事证明责任研究——穿梭于实体与程序之间》,北京大学出版社 2007 年版,第 1 页。
③ Cross, *Cross on Evidence*, Butterworths, 1978. p.85.

一层意思一般被学者们概括为"说服责任",指的是"当事人提出证据使法官或者陪审团确信其诉讼主张成立,否则必然遭受不利裁判的证明责任"①。第二层意思则被概括为"提供证据的责任"或者"利用证据推进诉讼的责任",指的是"提供证据证明其主张构成法律争端从而值得或者应当由法院进行审理,并引发法官或者陪审团对该主张进行审查判断的证明责任"。

在大陆法世界,1883年德国法学家尤利乌斯·格拉查率先提出了证明责任的双重含义说。他认为证明责任有两层意思:一是主观证明责任,即提出诉讼主张的当事人有提出证据证明自己主张的责任;二是客观证明责任,即法律规定的某一要件事实在法院审理的最后阶段仍然真伪不明时,由何方当事人来承担不利或者败诉后果。当代德国学者汉斯·普维庭也认为证明责任包含双重含义:一为主观证明责任,亦称为提供证明责任、形式证明责任、诉讼上的证明责任或虚假证明责任,即哪方当事人应当对具体的要件事实举证;二为客观证明责任,亦称判定责任、实质证明责任,即当诉讼中一项事实主张最终不能被证明时,也即在法官自己对该项事实主张存在或者不存在始终不清楚的条件下,由何方负担不利后果的问题。②

在我国刑事证明责任分配制度中,主要有以下几项原则:一是根据"谁主张,谁举证",要求提出控诉主张者举证;二是基于"无罪推定",刑事案件的控方对控诉事实承担证明责任,否则将承担指控不成立的后果;三是被告人只有在特定的情况下、针对特定的问题才需要承担证明责任,如被告人对积极的抗辩事由、刑事推定等。基于此,在定罪程序中,根据无罪推定原则,证明被告人有罪的责任由控诉方负担,被告人无需承担证明自己有罪或者无罪的责任,但是可以提出有利于自己的证据。

尽管由于司法制度、审判组织、诉讼模式、诉讼价值追求等方面的差异,英美法系、大陆法系和我国的证明责任分配理论存在一定的区别,但是由于这些国家的证明责任都是以定罪为导向的,因此其证明责任分配也存在极大的共性:

第一,被告人受到无罪推定的保护,证明被告人有罪的责任都由检察官承担,被告人没有义务证明自己无罪。在整个定罪审理程序中,各国检察官都有一个基本的立场,即被告人构成犯罪,所有的法庭审理活动都是围绕着这个基本点展开的。基于此,不论是大陆法系国家的检察官还是英美法系的

---

① 卞建林、郭志媛:《诉讼模式视角下的证明责任》,载《甘肃政法学院学报》2008年第6期(总第101期)。

② 〔德〕汉斯·普维庭:《德国现代证明责任问题研究》,吴越译,法律出版社2000年版,第253—257页。

检察官,抑或我国的检察官,在整个定罪审理程序中始终都会承担一个说服事实的裁判者起诉成立的责任,只不过这种责任在大陆法系国家叫做客观责任,在英美法系国家叫说服责任而已。①

第二,在整个定罪审理的过程中,检察官为了赢得诉讼,必须提出一定的"结构性请求",比如本案满足犯罪客观要件、主观要件等,而辩护方为了反驳指控,也会提出一些辩护观点和理由,比如不在犯罪现场、正当防卫等,在这些问题上,则遵循"谁主张,谁举证"这一证明责任分配的一般原则。不论是大陆法系国家还是英美法系国家,检察官为了支持公诉,必然会围绕着犯罪构成要件来提出一个个的"结构性请求",对于这些诉讼请求加以举证、论证是检察官义不容辞的责任。与此相对应,辩护律师在诉讼过程中为了反驳指控,也会提出一系列的主张,对于这些诉讼过程中提出的主张,辩护人必须承担举证、论证的责任,否则其主张将不会被采纳。

第三,检察官的证明责任履行到一定的程度之后,证明责任可能因刑事推定的存在而转移给被告人承担。在那些存在推定的场合下,比如巨额财产来源不明罪,检察官必须将基础事实证明到法定的程度,其证明责任才可以转移给辩护方。当然,辩护方如果将证明责任履行到一定的程度,以上述罪名为例,辩护方如果将巨额财产的合法来源证明到法定的程度,那么,证明被告人有罪的责任又将再度转移给检察官。

(二) 量刑程序中的证明责任

以上分析了定罪程序中证明责任分配的一般原理,那么量刑程序中证明责任的分配与定罪程序是一样的吗?量刑程序所具有的以下三个特点,决定了量刑程序中控辩双方证明责任的分配方式与定罪审理程序迥异。

第一,无罪推定在量刑程序中将不再适用。所谓无罪推定,主要是指犯罪嫌疑人未经法定程序判决有罪之前,应当假定或认定为无罪。② 最早从理论上提出无罪推定思想的是18世纪意大利著名的法学家萨雷·贝卡里亚,他在其成名作《论犯罪与刑罚》中指出:"在法官判决之前,一个人是不能被称为罪犯的。只要还不能断定他已经侵犯了给予他公共保护的契约,社会就

---

① 笔者并不是说大陆法系的客观责任就等于英美法系的说服责任,而只是说客观责任和说服责任在内涵上存在一定的交叉。
② 樊崇义:《刑事诉讼法实施问题与对策研究》,中国人民公安大学出版社2001年版,第59页。

不能取消对他的公正保护。"①根据刑事诉讼法学基本理论,无罪推定原则的本质精神主要包括以下两个方面的内容:第一,被告人不等于罪犯,要确定任何人有罪必须经过国家合法的审判;第二,既然法院正式判决以前被告人不是法律意义上的罪犯,那么在追诉被告人刑事责任时,就要从假定(推定)无罪这一点出发来对待被告人。然而,在量刑程序独立的情况下,"定罪与量刑问题在逻辑上的先后性决定了进入量刑程序的被告人已经被证明为有罪之人"②。在被告人已经成功地转变为罪犯的情况下,无罪推定便不再具有任何的适用空间。

第二,在定罪审理程序中,保护公民免受不当追诉和错误定罪,防止国家权力的滥用乃是一项重要的目的。在量刑程序中,被告人业已被定罪,这种情况下被告人便丧失了特殊保护的基础,其利益与被害人利益、国家利益将会放在同一个层面上予以考虑。因此,在这种情况下,被告人和检察官在证明责任的承担问题上,更多地体现出的是"公平原则",只不过检察官可能会由于其国家工作人员的属性而需要承担额外的"客观义务"而已。

第三,在量刑程序中,控辩双方提出证据加以证明的对象是"量刑情节",其中包括法定量刑情节和酌定量刑情节,比如,辩护人提出了一项酌定从轻情节,那么他必须就此举证和证明;检察官提出了一项酌定从重情节,那么他也将就此举证和证明。如果辩护人认为被告人具有若干项从轻量刑情节,应当从轻量刑,那么他必须就此进行证明;如果检察官认为被告人具有若干项从重量刑情节,应当从重量刑,那么他也必须就此进行证明。也就是说,在量刑程序中,检察官并不像在定罪程序中那样有一个明确的、总括性的立场,这便使得检察官不可能像定罪审理程序那样,必须承担一个不可转移的证明责任。

那么,量刑程序中证明责任到底如何分配呢?笔者认为,"谁主张,谁举证"是证明责任分配的一般形式,在法律没有特别加以规定的情况下,在诉讼中应当适用此种证明责任分配方式。而量刑程序中,各种有利和不利于被告人的酌定和法定量刑情节,如果存在争议的话,一般都将由"利益方"提出,并遵循"谁主张,谁举证"的一般原则,由提出主张的一方承担证明责任。对方尽管也可以提出否定性的证据,但是在事实真伪不明时,法官将会作出对主张方不利的后果。量刑程序中遵循"谁主张,谁举证"原则,主要有以下

---

① 〔意〕切萨雷·贝卡里亚:《论犯罪与刑罚》,黄风译,中国大百科全书出版社1993年版,第31页。
② 李玉萍:《量刑事实证明初论》,载《证据科学》2009年第1期。

几个方面的原因:

第一,要求诉讼双方对于各自主张的量刑事实承担证明责任,可以促使控辩双方审慎地提出本方的量刑事实和主张,积极地举证和论证,避免出现不利的诉讼结果。其附带衍生的一个积极效果便是,可以避免因控辩双方提出无谓的量刑主张而拖延诉讼时间,浪费诉讼资源。

第二,从举证能力上看,在量刑阶段,公诉机关与被告人的取证力量相差不大,由被告人承担其所主张的量刑事实的证明责任不会产生诉讼不公的问题。如果说在定罪阶段,关于被告人是否实施了被指控的犯罪这一事实,代表国家的检察机关在证据的收集和运用方面具有绝对优势的话,那么在量刑阶段,对于罪轻事实,有的因与定罪事实有关(如犯罪中止、预备、未遂、犯罪动机、手段、方法、危害后果,被害人是否有过错,被告人与被害人的关系,犯罪的地点、时间等),已经由侦查机关在侦查阶段予以查明,因而不会产生认定方面的困难;有的则属于被告人自己掌握或独有的信息(如精神障碍、悔罪表现、自首、立功、赔偿损失等),因而其较容易举证证明。①

第三,从世界范围来看,在那些采取定罪与量刑程序分离模式的国家,在量刑事实证明责任的分担问题上,一般也奉行"谁主张,谁举证"原则。比如,在英国,根据普通法及相关法律的规定,应被告请求而引出的减轻责任问题,由被告方负担证明责任。② 在美国,目前司法实践中通行的做法是:量刑事实的证明责任由可能因这一事实获益的一方当事人负担——罪重事实的证明责任由控诉方负担,罪轻事实的证明责任由被告方负担。③

四、量刑程序中的证明标准

从证明标准设置的一般原理来看,在设置证明标准时,一般需要对以下几个要素进行综合考虑:第一,证明对象的重要程度。从相关规定来看,刑事诉讼中的证明对象主要包括犯罪构成要件事实、量刑情节、程序法事实。不同种类的事实在刑事诉讼中所扮演的角色是不同的,其重要程度也有所不同,法律设定的证明标准也有所区别。第二,证明对象发生错误的可能性及

---

① 李玉萍:《量刑事实证明初论》,载《证据科学》2009 年第 1 期。
② 〔英〕罗纳德·沃克:《英国证据法概述》,王莹文等译,西南政法学院诉讼法教研室 1980 年印。转引自樊崇义:《迈向理性刑事诉讼法学》,中国人民公安大学出版社 2006 年版,第 544 页。
③ "Special hearing to determine whether a sentence of death is justified", available at http://www.law.cornell.edu/uscode/18/3593.html。转引自李玉萍:《量刑事实证明初论》,载《证据科学》2009 年第 1 期。

其后果的严重程度。就证明对象而言,如果证明的过程中极容易发生错误,而且一旦发生错误,其后果将极大地危及刑事诉讼当事人的人身自由、财产安全,甚至生命,对于这些事实,应当设置较高的证明标准,以防止错案的发生。比如,对于那些犯罪构成要件事实,由于是通过证据回溯性地"建构"曾经发生过的犯罪事实,因此,如果证据存在瑕疵、证明方法不当、证明标准太低,则很容易发生错误,而一旦发生错误,其后果又极其严重,所以对于这些事实应当设置最高的证明标准;与此相反,对于那些程序法事实,比如管辖问题,法律明文规定了管辖的标准,当事人调查取证也比较容易,而且即便发生错误,对案件的判决也不会产生太大的影响,对于这些事实,则没必要设置过高的证明标准。第三,证明责任承担主体的取证能力和证明能力。在刑事诉讼中,承担控诉职能的是国家侦诉机关,一般包括警察机关和检察机关。作为与犯罪作斗争的专门的国家机关,立法赋予其广泛的权力及为行使这些权力而享有的各种手段,如调查询问、讯问、勘验、鉴定、录音录像,及对犯罪嫌疑人采取强制措施,等等。这些权力是控方获取大量证据的前提和基础。相比之下,被告方在承担证明责任的能力上则有明显的欠缺。基于此,在被告人承担证明责任的情况下,不应设置过高的证明标准。第四,证明标准的可行性。在设置证明标准时,我们必须考虑证明标准与诉讼资源之间的关系,考虑证明标准的实际可行性。如果证明标准过高、过于抽象,缺乏实际可操作性,不仅不利于司法人员的操作和把握,而且也可能会因法律条文得不到执行而降低法律的权威性,有损法律的尊严。如果证明标准太低,则往往会导致证明对象太容易被认定,而难以实现"证明标准"的预期功能。第五,诉讼效率的考虑。在设置证明标准时,我们同样也需要考虑证明标准与诉讼效率之间的关系。如果在一些比较简单的证明对象上,设置太高的证明标准,使得控辩双方花费过多的人力、物力和财力,那么不仅会拖延诉讼,还将会导致诉讼资源的浪费。

我国相对独立的量刑程序,尽管在法庭审理调查和法庭辩论中区分了定罪事实和量刑事实,但是法律却仍然将量刑事实和定罪事实一起适用法定的、统一的证明标准——犯罪事实清楚,证据确实、充分。抛开"事实清楚,证据确实、充分"这一证明标准本身存在的问题不谈①,就定罪事实而言,设置较高的证明标准具有其合理性:第一,从证明对象的重要性上讲,犯罪构成要件事实关系到罪与非罪、此罪与彼罪、轻罪与重罪,此外也涉及刑罚权是否

---

① 《人民检察》2003 年第 5 期专门就证明标准问题进行了主题研讨,发表了多篇由著名学者撰写的文章。

正确适用,并影响了当事人的人身、财产甚至是生命权问题,故而此类事实在刑事诉讼中至关重要。第二,从发生错误的可能性及其后果的严重程度来看,对于那些属于犯罪构成要件范畴的事实,由于是通过证据来回溯性地"建构"已经发生过的"犯罪事实",在这种情况下,一旦证据存在瑕疵、证明方法不当或证明标准太低,则很容易发生错误,而一旦发生了错误,其后果又极其严重。第三,从取证能力和证明能力来看,定罪事实一般由警察机关和检察机关承担取证责任和证明责任,而作为与犯罪作斗争的专门国家机关,立法赋予他们广泛的权力及为行使这些权力而享有的各种手段,也就是说,警察和检察机关在取证能力和证明能力方面无须担忧。正是由于上述原因,对于定罪事实,世界各国都设置了较高的证明标准。比如,大陆法系国家要求在定罪问题上,必须达到内心确信的程度;而英美法系国家,在定罪问题上,必须达到排除合理怀疑的高度。

然而,与定罪问题不同,量刑是对犯罪人刑事责任具体化的关键阶段,量刑程序所要解决的问题是是否判处刑罚,判处何种刑罚及判处多重的刑罚。与定罪事实相比,量刑事实的证明有其特殊之处:第一,从证明对象的重要性上讲,量刑事实一般没有定罪事实"关系重大"。这便意味着,除了特定的量刑事实外,大量的一般量刑事实无需像定罪事实那样设置最高的证明标准(后文会对此作进一步分析)。第二,从发生错误的可能性及其后果的严重性来看,定罪问题由于是通过证据回溯性地"构建"和"重现"案件事实的活动,因此任何一点微小的错误,都可能引发"连锁反应",进而可能导致无罪的人被判处有罪、此罪的被判处彼罪、罪轻的被判处重罪。而一旦上述情况发生的话,将严重地影响被告人的人身、财产及司法的权威。而量刑事实则完全不同,量刑事实一般涉及的是刑罚量的多少、刑罚方式的选择,而且在整个案件中,量刑情节众多且不相关联,因此也不存在"一步错,步步错"的情况。比如,在自首问题上即便出了错,也不至于影响法官对"立功"情节的认定。第三,从证明责任承担主体的取证能力上讲,对量刑事实或情节的取证和证明,很多情况下是由被告人及其辩护律师承担的,他们在取证能力上与公诉方不可同日而语,在这种情况下,不能对他们要求太高。第四,从证明标准的可行性上看,由于量刑程序中,证人不出庭,没有严格的交叉询问和证据规则,也就是说缺乏达至较高证明程度的必要条件,因此,在这种情况下,设置过高的证明标准不太现实。第五,从诉讼效率角度看,对于量刑事实如果设置像定罪事实那么高的证明标准,不仅会导致诉讼资源的浪费,也往往使得诉讼效率低下。

（一）量刑事实证明标准的一般理论

从比较法的角度来看，大陆法国家通过自由证明与严格证明的界分，来区别不利被告人与有利被告人的量刑事实的证明标准。比如，田口守一教授在其《刑事诉讼法》中探讨自由证明与严格证明时，便论及量刑事实的证明问题："通说认为，量刑情节只通过自由证明即可。但是倾向于加重被告人刑罚的情节事实需要严格证明。判例也认为，判断有无缓刑的情节，不需要经过调查的证据，但是作为加重处罚累犯事由的前科是法定加重事由，实质上相当于犯罪构成要件，因此必须严格证明。"[1]从以上关于严格证明和自由证明的界分可以看出，在大陆法国家，倾向于加重被告人刑罚的情节事实需要严格证明，而自由证明和严格证明本身便蕴含了心证程度（证明标准）的不同，所以说，对于倾向于加重被告人刑罚的情节事实的证明要达到排除合理怀疑的程度。相反，对于那些可以构成法律上减轻或免除刑罚理由的事实，其证明标准并没有那么高。比如，日本有学者认为，"判决中并不要求指明证据的标题和适用的法令，但是只要有这种事实的主张，就必须指明对此所做的判断（《刑事诉讼法》第335条第2款）。可以不出示证据但却不是说可以不根据证据去认定。对这种事实也理所当然地要依据证据去认定，只是对于这种证据没有必要严格限制其证明力，它的证明没有必要非达到与犯罪事实相同的最高的确信程度即'没有合理的疑点'不可。它只要能被'优势证据'所证明，就是说，与否定它的证据相比，肯定它的证据一方要占优势，就可以了"。[2]

在证明标准问题上，英美法国家也将不利于被告人的量刑事实和有利于被告人的量刑事实区别开来。对于不利于被告人的量刑事实，英美法国家一般都确立了比有利于被告人的量刑事实更高的证明标准。比如，在 United States v. Kikumura[3] 一案的上诉审判决书中，联邦第三巡回法院法官拜克（Becker）认为，"本案中，偏离量刑指南而加重量刑的幅度是如此之大，以至

---

[1] 〔日〕田口守一：《刑事诉讼法》，刘迪等译，法律出版社2000年版，第221页。
[2] 〔日〕小野清一郎：《犯罪构成要件理论》，王泰译，中国人民公安大学出版社2004年版，第250页。
[3] United States v. Kikumura, 918 F.2d 1084 (1990). 本案被告人 Yu Kikumura 被确定犯有多项涉及爆炸物品和护照方面的犯罪，根据联邦量刑指南的规定，对这些犯罪行为的量刑幅度是27到33个月的监禁。在量刑听证程序中出示的证据表明，被告人在被抓时，已经自制了三个可致命的炸弹，准备在美国国土范围内实施恐怖爆炸行为——上述行为显然比指控的犯罪行为严重得多。联邦地区法院最终判处被告人30年监禁。

于犯罪事实本身的重要性在量刑情节面前相形见绌,因此其赖以成立的基础事实必须至少要被证明到'清晰且具有说服力'的标准"。

由此可见,不论是大陆法国家,还是英美法国家,对于有利于被告人的量刑事实,普遍确立了比较低的证明标准;而对于那些不利于被告人的量刑事实,则普遍采用严格证明方式,确立最高的证明标准。

(二) 英美法系国家量刑事实的证明标准设置

英美法系国家定罪与量刑程序分离,在独立的量刑听证程序中,量刑事实的证明标准则与定罪事实的证明标准存在明显的区别。此外,由于法律或相关判例对量刑听证程序中的司法证明问题都有所涉及,因此,英美法系国家量刑事实的证明标准问题比较成体系。

第一,双方没有争议的情节和事实,无需设置证明标准。

对于那些控辩双方没有争议的量刑事实,英美法国家一般都有明确的规定。比如,根据《美国联邦刑事诉讼规则》第32条(i)项的规定,法官在量刑听证程序中,一般会采纳量刑报告中的任何没有争议的部分作为量刑认定的事实。在加拿大,量刑听证程序中的证明应当遵守以下准则:"需要牢记于心的是,在被告人作有罪答辩的过程中,很多重要的法定要素事实都随着被告人的承认而直接可以被法庭所采纳。"①在英国,如果检察官接受或者同意了被告方提出的关于某争议事项的原因和理由(也就是说控辩双方就此争议事项达成了一致意见),那么该"一致意见"必须以书面的形式,为双方当事人所共同签署。这种情况下,该争议事项无需证明,法官可以直接使用之。②

对于那些没有争议的量刑情节和事实,英美法之所以没有设置证明标准的原因可能在于:第一,英美法系国家对抗制审理方式决定了,对于那些没有争议的事实,法官可以直接采纳。因为,对抗制审判方式强调"双方当事人在诉讼中的主体地位和诉讼作用,审判活动依据控诉方和被告方的主张和举证进行,而审判机关则处于居中公断的地位"③。第二,量刑听证程序的非正式性以及对效率的追求,决定了对于那些双方没有争议的事实,法官可以直

---

① Clayton C. Ruby, Breese Davies, Delmar Doucette, Sarah Loosemore, Jdssica R. Orkin, Caroline Wawzonek, *Sentencing*(7th ed), LexisNexis Canada Inc, 2008, p.102.
② Peter Hhngerford-Welch, *Criminal Procedure and Sentencing (Seventh Edition)*, by Routledge-Cavendish, 2009, p.745.
③ 龙宗智:《刑事庭审制度研究》,中国政法大学出版社2001年版,第96页。

接采纳。即便是在定罪与量刑程序分离的国家，与定罪程序相比，非正式性都是量刑程序的一大特点；此外，与正式的定罪程序相比较，量刑程序中被告人业已变成了罪犯，因此很多程序上的保障措施此时便不再发挥作用，程序变得更加简易。在这样一个非正式的简易程序中，对于那些控辩双方都没有争议的事实，当然没有必要加以证明，因此也不可能会设置任何的证明标准。

第二，对有利被告人的事实，一般只要求"优势证据"标准。

关于有利于被告人的事实，英美法国家通过相关判例，设定了相应的证明标准。比如，美国在 McMillan v. Pennsylvania[①] 一案中，联邦最高法院首先驳斥了被告人提出的"刑事案件中应当使用排除合理怀疑的证明标准"，并认为正当程序所要求的上述标准主要针对的是犯罪构成要件事实。联邦最高法院同时也驳斥了被告人提出的辩护观点——争议中量刑事实如果会导致一个确定性的严重后果[②]，其证明标准应当达到"清晰且令人信服"标准。联邦最高法院进一步认为，针对量刑事实，优势证据标准足矣，除非该量刑加重事项是如此重要，以至于"量刑事实之末能够撼动实体法事实之本"[③]。在其后的 United States v. Watts 案[④]判决中，联邦最高法院的判决认为"在量刑听证程序中适用优势证据标准一般情况下满足了正当程序的要求"，而且，"虽然陪审团基于未能排除合理怀疑而宣告被指控行为无罪，但是只要对该行为的证明已达到优势证据标准，那么该无罪宣告并不能阻止法官考虑将该行为作为从重量刑的情节"。在加拿大，《加拿大刑事法典》第724条第3款也就量刑事实的证明标准作出了明确规定：除e项规定以外，在法庭根据该项事实对被告人量刑前，该争议事项的存在必须被证明到"优势证据"标准。[⑤] 在英国司法实践中，对于那些有利于被告人的量刑事实和情节，被告人只要证明到优势证据的程度即可。澳大利亚与英国大体相同，被

---

① McMillan v. Pennsylvania,477 U.S.79,106S. Ct. 2411, 91. L. Ed. 2d67(1986). 该案件中被告人涉及在实施犯罪行为的过程中以"可视的方式拥有"武器，而根据相关法律如果实施犯罪的过程中"以可视的方式拥有武器"，则其最低刑罚将会是5年以上。该成文法要求量刑法官根据审判和量刑听证中出示的证据，决定"拥有武器"是否已经达到了优势证据标准。被告人就上述规定的合宪性问题提出质疑。

② 本案被告人一旦被确定在犯罪的过程中，以可视的方式携带武器，将会导致5年以上的刑罚。

③ 原文是：that the sentencing enhancement was so significant that it became "a tail which wags the dog of the substantive offense".

④ U.S. v. Watts,519 U.S.148,117S. Ct. 633,136. L. Ed. 2d554 (1997).

⑤ 《加拿大刑事法典》第724条第3款(e)规定，检察官必须将对被告人加重量刑事实和被告人的前科问题证明到"排除合理怀疑"标准。

告人仅需要证明那些减轻自己罪责的事实或证据——这些证据会减少对被告人量刑的幅度——至优势证据标准即可。

由此可见,在英美法系各国的量刑程序中,对于那些有利于被告人的情节和事实,其证明标准一般只要求达到"优势证据"标准即可。在量刑程序中,各国在证明标准问题上,之所以给予被告人"特殊照顾",其原因主要在于:第一,被告方在发现、收集和运用证据的能力方面,明显低于代表国家和可以调动国家资源的检察官。第二,被告人承担较轻的证明责任和较低的证明标准,符合各国刑事诉讼的一般做法。比如,在英美法系国家,即便是在定罪阶段,起诉方所提供的证据必须达到使法官和陪审团不存在任何合理疑点的程度,才能解除举证责任;而对被告方所提供证据的要求较低,只要所证明的事实的盖然性与对方相等即可,不需要达到不存在合理疑点的程度。①

第三,对不利被告人的事实,一般要高于"优势证据"标准。

对于不利于被告人的量刑事实,美国设定了三种证明标准,即优势证据标准,清晰且具有说服力标准和排除合理怀疑标准。在 McMillan v. Pennsylvania② 一案中,联邦最高法院认为,"针对量刑事实,优势证据标准足矣"。如前所述,在 United States v. Kikumura③ 一案的上诉审判决书中,联邦第三巡回法院法官拜克认为,"本案中,偏离量刑指南而加重量刑的幅度是如此之大,以至于犯罪事实本身的重要性在量刑情节面前相形见绌,因此其赖以成立的基础事实必须至少要被证明到'清晰且具有说服力'的标准"。在 Apprendi v. New Jersey④ 中,联邦法院则对某些重要的量刑事实采取了排除合理怀疑的证明标准,大法官史蒂文森在裁决意见中认为,"除犯罪前科以外,任何事实,如果能够导致提高量刑指南中规定的某罪的量刑幅度,那么这些事实都应当在陪审团面前被证明到排除合理怀疑的标准"。

在加拿大,对于任何加重事实和情节,包括被告人的前科,检察官必须排除合理怀疑地证明该事实确实存在。比如,在 R v. Gardiner⑤ 一案中,多数

---

① 王以真:《外国刑事诉讼法学》,北京大学出版社 1989 年版,第 163—164 页。
② McMillan v. Pennsylvania, 477 U.S.79,106S. Ct.2411, 91. L. Ed.2d67(1986).
③ United States v. Kikumura, 918F.2d1084 (1990).
④ Apprendi v. New Jersey,530 U.S.466,120S. Ct.2348,147. L. Ed.2d435 (2000). 该案被告人因向非裔美国人家中连射数枪而被捕,而新泽西州《仇恨法》(Hate Crime Act)中有一条规定:法官一旦根据优势证据标准认定被告人所实施的犯罪是基于"打击和恐吓某一种族、肤色、性别、残疾、宗教、性取向的个人或一群人"时,那么法官可以根据该法律提高该罪的最高量刑期限,也即是说,本案被告人的潜在量刑将可能会加倍,即从被指控的武器犯罪可能带来的 10 年徒刑,增加到 20 年。
⑤ R v. Gardiner,(1983)140 DLR(3d)612.

法官主张对罪重事实适用排除合理怀疑标准。在该案中,迪克逊代表多数法官给出了如下裁决意见:证明刑罚具有正当性的事实与证明定罪具有正当性的事实具有同等重要性,两者应适用同一证明标准。①

在英国,如果被告人对量刑事实提出质疑,那么检察官对于任何与犯罪、罪犯在犯罪中的地位有关的事实——包括罪重事实,必须证明到排除合理怀疑的程度。与英国类似,在澳大利亚,如果检察官其后试图向法庭提交某些可能加重被告人刑事责任的事实或者证据——这些证据将会加重被告人的量刑——他必须也要排除合理怀疑地证明该项事实。对于适用这一证明标准的理由,布雷法官在 Weave v. Samuels② 一案中作了如下解释:如同罪与非罪问题上一样,在刑罚问题上,被告人必须得到排除合理怀疑的利益,除非立法有例外规定。

第四,量刑事实存疑时,"存疑利益"并不必然赋予被告人。

在定罪审理阶段,"存疑有利于被告"是一项重要的原则,比如对于被告人是否构成犯罪存在合理怀疑时,那么事实的裁判者需要宣告被告人无罪;对罪行的轻重实行"疑罪唯轻"。然而,在量刑阶段,被告人已经被确定有罪,因此诸如无罪推定原则、沉默权等在定罪阶段对被告人予以特殊保护的制度和措施,在此阶段并不适用。量刑程序的唯一目的便是为了通过各方的参与、举证、质证,获取真实性证据,以便法官能够作出正确的判决。因此,在量刑问题上,对于那些存疑的、没有被证明的事实,即便是有利于被告人的,法官同样需要将它们视为不存在。也就是说,在量刑阶段,存疑有利于被告人原则并不适用,对于那些存疑的事实,其存疑利益并不会赋予被告人。

在加拿大,在量刑程序中,除了针对加重量刑情节外,合理怀疑带来的利益不再赋予被告人了。③ 也就是说,在定罪程序中,如果案件的证明没有达到排除合理怀疑的标准,那么该"合理的怀疑"带来的利益将会赋予被告人,法庭最终将会宣告被告人无罪;然而量刑程序中,对于除加重量刑情节以外

---

① 在该案中,一名叫 Broderick 的妇女被指控从牙买加运输可卡因到英国。对检察官的指控,被告人没有提出抗辩,但是却指出,自己以为运输的是大麻,且自己是在牙买加受到胁迫才进行运输的。上诉法院维持了原判,并指出,原审法院以被告人关于不知情的辩解明显不可信,检控方无需对其受到胁迫的声明进行反驳的做法是对的。Law Commission of New Zealand: Proof of disputed facts on sentence, available at http://www.lawcom.govt.nz,2014 年 11 月 20 日访问。

② Weave v. Samuels, (1971) SASR 116,120.

③ Clayton C. Ruby, Breese Davies, Delmar Doucette, Sarah Loosemore, Jdssica R. Orkin, Caroline Wawzonek, *Sentencing (7th ed)*, LexisNexis Canada Inc, 2008, p.104.

的事实的证明如果存在合理的怀疑,该"合理怀疑"带来的利益并不是必然属于被告人。在量刑程序中,被告人希望使用的有利事项和情节,被告人必须将其证明到优势证据标准。上述原则明确包含在 Donovan 案的裁决中:一方当事人确信,但是却拒绝或者没有能够证明的事实,在对方提出异议的情况下,并不能够作为证据使用。① 而英国则通过 R v. Underwood② 一案详细地阐明并印证了加拿大的做法,即"在很多情况下,被告人提出的某一问题是在检察官所知晓的事实范围之外,检察官没有任何证据来质疑和反驳被告人提出的事实主张,但是即便是在这种情况下,并不意味着被告人提出的超出检察官事实认知之外的主张就应得被法官所采纳,……检察官和法官都不可能因为检察官没有能够否认被告方提出的事项而必须承认和接受该事项"。

(三) 量刑事实的分类与证明标准的构建

刑法理论界对量刑情节存在多种分类,然而,从证明标准的角度考虑,参考英美法系国家量刑事实的证明标准设置经验,我国量刑情节和事实应当作出如下划分:罪轻情节、一般罪重情节、"升格"加重量刑情节。之所以作出上述分类的主要原因在于:第一,量刑程序中的证明标准,主要可以区分由被告人承担的证明责任和标准,和由检察官承担的证明责任和标准,除双方没有异议的部分事实外,被告人承担的主要是罪轻情节的证明,检察官承担的主要是罪重情节的证明。第二,在量刑程序中,情节对量刑产生的影响,是我们需要考虑的重点要素,因此,量刑事实的划分应当主要按照情节对量刑产生的轻重影响性质为标准,即罪轻情节和罪重情节。第三,在罪重情节中,考虑到量刑程序的非正式性、量刑程序对效率的追求、检察官和被告人责任的平衡,及不同的罪重情节对量刑产生的影响也是差距甚远的,因此,对于一般的罪重情节和"升格"加重情节应当有所区别。

从目前的立法和司法解释来看,罪轻情节包括法定罪轻情节和酌定罪轻情节,具体主要包括:中止犯;自首、立功;从犯、胁从犯;正当防卫、防卫过当、紧急避险、意外事件等。一般罪重情节主要包括法定从重情节和酌定从重情节。法定从重情节主要有:累犯、教唆不满 18 周岁的人犯罪、犯罪集团的主

---

① Donovan, [2004] N. B. J. No. 273, 188C. C. C. (3d)193, at para. 39 (N. B. C. A.).
② R v. Underwood, [2004] EWCA Crim 2256.

犯等。① 酌定从重情节主要有：犯罪人有前科劣迹、犯罪人声名狼藉等。"升格"加重量刑情节主要是指这样一些犯罪事实和情节，即在基本犯罪构成的情况下，一旦该事实和情节得以证明，那么对犯罪人的量刑将会提升到一个更加严厉的幅度。比如我国《刑法》第263条规定，犯一般抢劫罪的，"处3年以上10年以下有期徒刑，并处罚金"；但是如果存在入户抢劫的、在公共交通工具上抢劫的、抢劫银行或者其他金融机构的等八种情形时，其法定刑幅度将攀升到"10年以上有期徒刑、无期徒刑或者死刑，并处罚金或者没收财产"。② 对于该八种情形，一旦被检察官证明成立，则法定刑将升格到一个新的幅度，从这个意义上讲，这些情节对量刑的影响明显比一般罪重情节更大。

当然，需要注意的是，在我国司法实践中，由于大部分"升格"加重量刑情节往往与定罪情节之间联系得非常紧密，所以，对于这些情节，大部分都是在定罪审理程序中，由检察官提出并承担与定罪事实相同的证明责任。从这个意义上讲，在我国构建量刑事实证明标准时，实际上只需要考虑罪轻情节和罪重情节即可。

从证明标准的角度考虑，在量刑阶段，对于罪轻情节和一般罪重情节，其证明标准应当有所区别。对于那些有利于被告人的事实和情节，被告人只要证明到"优势证据"标准即可；对于那些不利于被告人的法定或者酌定从重情节，检察官必须证明到"清晰且具有说服力"标准。

此外，我国量刑程序证明标准设置过程中还需要进一步明确以下三个方面的问题：一是对于双方都没有异议的事实和情节，无须证明。与定罪程序相比，量刑程序毕竟是一种非正式的程序，在程序要求和被告人权利保障方面都极具弹性。此外，量刑程序中被告人已经被定罪，收集更多的量刑信息，迅速解决量刑问题，乃为量刑程序的主要任务，因此量刑程序中必须追求诉

---

① 分则常见法定从重量刑情节有：(1)武装掩护走私的；(2)伪造货币并出售或者运输伪造的货币的；(3)国家机关工作人员利用职权实施非法拘禁罪的；(4)国家机关工作人员犯诬告陷害罪的；(5)冒充人民警察招摇撞骗的；(6)司法工作人员犯妨害作证罪，帮助当事人伪造、毁灭证据罪的；(7)利用、教唆未成年人走私、贩卖、运输、制造毒品，或者向未成年人出售毒品的；(8)引诱、教唆、欺骗或者强迫未成年人吸食、注射毒品的；(9)因走私、贩卖、运输、制造、非法持有毒品罪被判过刑，又犯毒品犯罪的；(10)有关单位主要负责人，利用本单位的条件，组织、强迫、引诱、容留、介绍他人卖淫的；(11)向不满18周岁的未成年人传播淫秽物品的；(12)国家工作人员滥用权力非法搜查、侵入他人住宅的；(13)国家工作人员刑讯逼供或者暴力取证致人伤残、死亡的，以故意伤害罪、故意杀人罪从重处罚；(14)犯受贿罪，索贿的；(15)犯挪用公款罪，挪用特定款物如救灾、救济、抢险、防汛、优抚、扶贫、移民款物归个人使用的；(16)制作、复制淫秽的电影、录像等淫秽的音像制品组织播放的；(17)奸淫幼女的；(18)非法剥夺他人人身自由具有殴打侮辱情节的；(19)邮电工作人员私自开拆、隐匿邮件、电报从中窃取财物的，以盗窃罪从重处罚。等等。

② 实际上，在刑法分则中，有很多犯罪都存在类似的"升格"加重情节，比如《刑法》第236条"强奸罪"、第239条"绑架罪"、第240条"拐卖妇女、儿童罪"等。

讼效率。在控辩双方对量刑事实和情节没有异议的情况下，信息的真实性有了一定的保证，此时提高诉讼便更具优先性。因此，对于那些双方没有异议的事实和情节，控辩双方没有必要进行证明，因此也无须设置证明标准。二是对"有利于被告人的事实和情节"应设置低于"对被告人不利的事实和情节"的证明标准。原因在于：首先，在刑事诉讼中，检察官代表国家行使追诉犯罪的权力，因此，在刑事诉讼中承担的责任应当高于被告人，对于那些不利被告人的事实，至少应当证明到令人信服的程度。其次，有利于被告人的证据多数为被告人及其辩护人主动提出，与检察官的取证能力相比，被告人以及其辩护人的取证能力较弱。最后，如要求将那些有利于被告人的量刑情节证明到较高的标准，则恐将导致许多对被告有利之情状事由无法采用，其结果反而有违采取严格证明以保障被告权益之初衷。三是对于那些有利于被告人的事实和情节，如果真伪不明，应当视为不存在，而不能再适用"存疑有利于被告"原则。在定罪阶段，基于无罪推定原则和对错误定罪的恐惧，被告人利益应当受到特殊保护，因此在事实存疑的情况下，一般应当作有利于被告人的解释。然而，在量刑程序中，被告人业已被定罪，被告人转变成为罪犯，无罪推定原则至此不再适用，错误定罪的风险也丧失殆尽，在这种情况下，国家利益、被告人利益、被害人利益并不存在孰轻孰重，也就是说，被告人利益的特殊保护在量刑程序中并不适用。

五、量刑程序中的证据规则

与就定罪问题而展开的刑事审判相比，量刑程序中的证据规则是极其松散的。其原因可能是多方面的：(1) 量刑程序中一般只有法官而没有陪审团[①]，法官比陪审团更能够精确地评估证据的价值，而定罪审判中的一个普遍担心是未经证实的证据一旦引入法庭，会不恰当地误导陪审团对整个案件的判断。(2) 定罪审理程序中，犯罪嫌疑人受到无罪推定、程序正义的保护，整个证据规则中的权利保护属性比较明显；而量刑程序中，被告人已经成功地被定罪，无罪推定已经失去效力，而程序正义在量刑程序中也有所削弱，因此，"量刑程序所要解决的核心问题是如何调查、核实那些与犯罪事实无关的量刑信息问题，法官应将最大限度地获取有价值的量刑信息作为这一程序

---

① 在美国，一些州在死刑案件的量刑程序中，仍然使用陪审团。

的主要目标"①。基于此,法官在量刑听证程序中关注的主要是量刑证据的相关性和真实性,即该量刑证据真实与否,及其与量刑事实和情节之间的逻辑联系,而至于那些建立在法律政策基础上的可采性规则,包括传闻证据规则、品格证据规则及非法证据排除规则等,一般都不再对量刑程序发生作用。(3) 与定罪程序中防止国家权力的滥用、防止个人受到国家无理由的追诉和审判不同的是,在量刑程序中,如何实现"罪责刑相适应",如何公正地量刑,减少不合理的量刑差别,乃是量刑程序追求的最重要的目标。因此,为了公正量刑,法官必须确保能够最大限度地获取那些真实的、且与量刑有关的信息和证据,所以,在量刑听证程序中,"量刑法官需要不受限制地接触信息,是量刑阶段应当遵循的一项原则,绝大多数国家有关证据能力或者可采性的规则均是针对定罪程序而言的,其效力不应及于量刑阶段"②。

那么,在量刑程序中哪些证据规则可以适用呢?从目前的研究来看,大陆法系国家由于没有独立的量刑听证程序,量刑属于附带于定罪的裁判事项,因此,"从理论上讲,几乎所有被用来规范定罪过程的证据规则都可以在量刑环节加以适用,但在司法实践中,法官在量刑环节上却几乎不受任何证据规则的约束"③。从这个意义上讲,在研究量刑程序中的证据规则问题时,我们只能将眼光投向英美,从英美证据法中吸取灵感。

从目前英美证据理论来看,主要有以下证据规则:(1) 传闻证据规则。传闻证据包括以下两类证据资料,即证明人在审判期日以外对直接感知的案件事实亲笔所写陈述书及他人制作并经本人认可的陈述笔录;证明人在审判期日转述他人所感知的事实。传闻法则确立的理由,一方面是因为传闻证据在诉讼中的使用剥夺了诉讼双方包括被告人对原始人证的询问和反询问的权利,另一方面,传闻证据的使用也违反了刑事诉讼的直接审理原则。美国《联邦证据规则》第8条便是对传闻法则及其例外作出的规定。(2) 相关性规则。证据法专家乔恩·R. 华尔兹称:"如果所提出的证据对案件中的某个实质性争议问题具有证明性(有助于认定该问题),那它就具有相关性。"④美国《联邦证据规则》第4条主要是对于相关性及其限制的规定。(3) 非法证据排除规则。非法证据排除规则主要是指在刑事诉讼中应当排除警察、检察

---

① 陈瑞华:《论量刑程序独立——一种以量刑控制为中心的程序理论》,载《中国法学》2009年第1期。
② 汪建成:《量刑程序改革中需要转变的几个观念》,载《政法论坛》2010年3月,第28卷第2期。
③ 见上注①。
④ 〔美〕乔恩·R. 华尔兹:《刑事证据大全》,何家弘译,中国人民公安大学出版社1993年版,第64页。

官通过非法手段讯问、搜查和扣押获取的言辞和实物证据的规则。对违法获取的能够证明案件真实情况的言辞和实物证据是否排除,从根本上讲是一种价值选择,或者着眼于保护被告人和其他诉讼参与人的合法权益而否定非法取得的证据材料的证据能力,或者为追求本案的客观真实并有效地实现国家的刑罚权而肯定其证据能力。①(4) 意见规则,也叫意见排除规则。意见规则的基本内容是,证人有关事实的意见、信念或据此进行的推论,为证明所信事实或推论事实为真,一般不具有可采性。意见规则的立法理由在于,一方面证人的责任在于提供法官判断事实的材料,而不能代行法官的判定职能;另一方面,"法庭需要证人提供其经验事实,而意见和推测并非证人的体验,因此在证据上并无用途,而且容易导致立法混乱,可能会因提供有偏见的推测意见而影响法官客观公正地认定案件事实"②。美国《联邦证据规则》第7条便是关于意见证据可采性的规定。(5) 特权规则,又称证人作证豁免权规则,主要指的是,在刑事诉讼中,当证人与被告人之间具有一定的关系时,那么即便该证人了解案情,其也可以拒绝作证。根据证据法学基本理论,特权规则所保护的是在一个社会中不可或缺的、最基本的人与人之间的关系,比如辩护律师与被告人之间的关系、夫妻关系、牧师与忏悔者之间的关系等。借用华尔兹教授的说法便是,"社会期望通过保守秘密来促进某种关系。社会极度重视某种关系,宁愿为捍卫保守秘密的性质,甚至不惜失去与案件结局关系重大的情报。"③(6) 最佳证据规则。即认为原始文字材料(包括录音、录像、摄影材料等)作为证据其效力优于它的复制品,因而是最佳的,因此有的人将其称为"原始文书规则"。美国《联邦证据规则》第10条对该原则作出明确规定。

如果将上述六个最主要的证据规则加以分类的话,可以发现,相关性规则和最佳证据规则主要是为发现案件真实服务的;传闻证据规则、非法证据排除规则和意见证据规则主要是建立在被告人权利保护、约束国家机关滥用职权或者其他特定的法律政策基础上;而特权规则则是为了维护那些社会中不可或缺的、最基本的人与人之间的关系。

不管在定罪还是在量刑程序中,特权规则都是必须适用的,以维护社会生活中至关重要的人与人之间的社会关系,防止对基本的社会秩序造成冲击。这主要体现了国家在打击犯罪和维护社会基本秩序的稳定两者之间的

---

① 龙宗智、李玉花:《论我国刑事诉讼的证据规则》,载《南京大学法律评论》2000年第12期。
② 同上注。
③ 〔美〕乔恩·R.华尔兹:《刑事证据大全》,何家弘译,中国人民公安大学出版社1993年版,第283页。

利益选择问题,本质上属于价值判断的范畴。在任何西方国家,这种选择都是确定的,国家不能为了在个别案件中获取证言,而破坏那些需要加以特别保护的关系或利益。在大陆法系,由于定罪与量刑程序合二为一,而德国、意大利、日本等国证人"拒绝作证"的特权可以适用于量刑阶段,自不待言。在英美法中,特权规则是英美证据法上一条传统的证据规则。尽管在大部分司法管辖区,其他证据规则并不适用于量刑程序,但是特权规则,比如律师与代理人之间的特权,一般情况下在量刑阶段也是需要遵守的。① 美国《联邦证据规则》第 11 条第 1 款(C)项明确规定,特权规则适用于联邦法院所审理的所有诉讼程序,也适用于各种诉讼的所有阶段。②

对于那些建立在被告人权利保护、约束国家机关滥用职权或者其他特定的法律政策基础上的证据规则,如传闻证据规则、非法证据排除规则、意见证据规则、口供自愿性规则等,由于在量刑阶段,被告人已经转变成了罪犯,被告人权利的特殊保护已经弱化,而且国家机关滥用追诉权,使无罪的人受到起诉、审判和定罪的危险已经不复存在,因此,在这个阶段,这些证据规则没有必要严格适用。此外,由于"证据规则发展出来的时候,所有司法管辖区内的量刑问题还仅仅是法官自由裁量的事项,法官对他需要的相关信息享有极大的自由裁量权,而不需要那些用来限制陪审团的证据规则"③,也就是说,证据规则的产生旨在规范陪审团在定罪程序中的证据运用问题,其自始就不是为了规范量刑程序中法官对证据的裁量权的,因此,这些证据规则在量刑程序中并不能够适用。最后,由于在量刑阶段,获得全面、真实的量刑信息乃是整个量刑程序的核心,因此,只要量刑信息具有足够的真实性保障,即可达到预期效果,而此类证据规则,其主要目的不仅不是为了获取真实、可信的信息,而且往往还会限制和排除那些真实可信的信息,这是与量刑程序的核心价值相悖的。由此可见,对于上述几个以被告人权利保护、正当程序等为基础的证据规则,在量刑阶段不能适用。

对于那些保障证据真实性的证据规则,在量刑程序中也是应当适用的。在英美法系,一般认为,"在定罪审理程序中需要严格适用的证据规则,在量

---

① Sentencing: Procedural Protection—Rules Of Evidence And Procedure At Sentencing, http://law.jrank.org/pages/2088/Sentencing-Procedural-Protection-Rules-evidence-procedure-at-sentencing.html,2014 年 2 月 28 日访问。

② 原文:(c) Rule of privilege. The rule with respect to privileges applies at all stages of all actions, cases, and proceedings.

③ 同上注①。

刑阶段则表现得弹性十足"①。比如,在美国,《联邦量刑指南》明确规定,除特权规则外,其他证据规则在量刑程序中不予适用。但是,这并不意味着证据规则与量刑程序是不相关的,特别是那些旨在保障被告人了解和挑战量刑信息(如社会调查报告)真实性权利的证据规则,有助于保障量刑信息具有切实可信的证据来源的证据规则,及保障被告人交叉询问那些提供不利于己的证人的证据规则。② 此外,尽管美国联邦量刑委员会一直不愿意将证据规则适用于量刑程序③,并在《联邦量刑指南》中规定,"在解决有关量刑的重要事实争议时,法院可以不顾定罪审理程序中适用的证据规则所确定的可采性因素,而直接将相关信息考虑进来,只要这些信息具有足够的真实性保障即可"④,但是在美国联邦司法实践中,量刑阶段的法官仍然会适用一定的证据规则来处理量刑程序中的事实争议。比如,在美国很多已经制定了量刑指南的司法管辖区,量刑已经不再完全属于法官自由裁量权的范围,而是建立在一系列有关犯罪行为和犯罪人的事实认定基础上。这种本质的改变使得量刑听证程序更像一次法庭审判,因为两个程序中对特定历史事实(案件事实或量刑事实)的确定都要求适用特定的法律规则。特别是在那些采纳了"实际罪行量刑"(real offense sentencing)的联邦或州司法系统,由于诸多量刑所依赖的事实都不属于犯罪的构成要素,不可能会在确定被告人是否构成犯罪的定罪审理程序中确定下来,因此其对证据规则的适用要求尤其强烈。⑤ 既然英美法系司法实践中在量刑阶段也会适用一定的证据规则,而且由于"对于一个被定罪的人来说,没有什么比法官在量刑程序中采纳一个虚假的陈述更加非正义的了"⑥,所以说,保障量刑信息的真实性是法官在量刑时最基本的要求,那些保障证据真实性的证据规则,在量刑程序中也是应当适用的。

总之,在量刑程序中,证据规则适用的标准是:对于那些有助于发现案件真实、确保量刑信息可信性的证据规则,在量刑程序中可以适用;对于那些旨在保护被告人权利、约束国家机关滥用职权或为了其他特定的法律政策目的

---

① Martin Wasik, *The Sentencing Process*, published by Dartmouth Publishing Company Limited, 1997, p.350.

② Ibid.

③ 其意图在确保作为量刑指南刑期计算基础之量刑事实的真实性、量刑程序的诉讼效率和减轻法院负担三者之间寻求一种平衡。

④ United States Sentencing Commission, *Federal Sentencing Guidelines Manual*, Vol.1, Thomson, 2008, p.470.

⑤ 例如,在一起联邦法院管辖的毒品犯罪中,对被告人量刑至关重要的一点是毒品的种类和数量,而这些事实一般并不为犯罪构成的要素,因此在定罪阶段这些事实并没有被确定下来,因此他们必须在量刑程序中予以解决,如果这些事实认定不正确的话,那么犯罪人将难以受到公正的量刑。

⑥ 见上注①,第351页。

的证据规则,在量刑阶段不可以适用;而特免权规则则适用于任何诉讼的任何阶段。

【本章小结】

中国新近的司法解释已经确立了一种相对独立的量刑程序模式,这一量刑程序获得了相对独立的地位。在这个独立的量刑程序中,作为控辩双方对抗和法官量刑之基础的证据,以及相关证据规则问题,值得认真研究。

从证据的概念上讲,传统"事实说"和"根据说"的基本立足点都是"是否能够证明案件的真实情况",而这种所谓的"案件的真实情况"主要是指与案件事实相关、能够证明犯罪嫌疑人是否有罪,以及相关的量刑情节事实,基本上难以涵盖社会调查报告中所涉及的关于被告人家庭情况、生活经历、个人性格、工作学习表现以及是否具有良好的监管条件等方面的事实或者信息。如果我们将证据的概念纳入一个大的诉讼视野,即刑事诉讼程序包括定罪和量刑程序两个部分,那么,这些事实显然属于量刑证据的范畴。量刑证据并不证明案件中的犯罪构成要件事实,而主要证明与量刑有关的法定和酌定量刑情节以及其他有利于法官准确量刑的事实,如被告人是否具有监管条件等。量刑证据具有以下几项特征:第一,从证据能力上讲,量刑证据并没有严格的证据能力要求;第二,量刑证据对相关性要求也没有定罪证据那么严格;第三,量刑证据的合法性也没有过高的要求;第四,客观真实性乃是量刑证据的底线属性。

从证据能力的层面来看,量刑证据无须设置证据能力的要求。其原因在于:第一,证据能力是为了限制国家公权力的,然而,就量刑证据的收集来讲,国家公权力滥用的空间非常小;第二,量刑程序的基本目的便是实现量刑公正,在这个程序中,保障人权的功能有所弱化;第三,量刑程序即便获得了相对独立的地位,量刑事实的证明问题也不可能设计得像定罪程序那样复杂;第四,从大陆法和英美法的制度来看,对量刑证据也没有必要设置证据能力要求;第五,从我国司法实践来看,即便是在定罪程序中,证据能力问题都没有成为法官裁判的对象,在量刑程序规定量刑证据的证据能力不免有些"后现代"。

从证明责任的层面来看,不论是英美法国家,还是大陆法国家,或者我国,其刑事证明责任都是以定罪为导向的,并具有极大的共性:第一,被告人受到无罪推定的保护,证明被告人有罪的责任都将由检察官承担,被告人没有义务证明自己无罪;第二,在整个定罪审理的过程中,检察官为了赢得诉讼,必须提出一定的"结构性请求",而辩护方为了反驳指控,也会提出一些辩护观点和理由,在这些问题上,则遵循"谁主张,谁举证"这一证明责任分配的一般原则;第三,检察官的证明责任履行到一定的程度之后,证明责任可能因刑事推定的存在而转移给被告人承担。而量刑程序中,由于无罪推定不再适用、保护公民免受不当追诉和错误定罪的风险已经不存在,因此量刑程序中控辩双方证明责任的分配方式与定罪审理程序迥异,量刑程序中遵循的证明责任分配方式是"谁主张,谁举证"原则。

在量刑事实的证明标准问题上,不论是大陆法国家,还是英美法国家,都强调要将不利于被告人的量刑事实和有利于被告人的量刑事实区分开来,并设置不同的证明标准。笔者认为,在构建我国量刑事实证明标准之前,必须根据量刑情节对量刑产生的影响,将我国量刑情节和事实划分为罪轻情节、一般罪重情节、"升格"加重量刑情节。由于大部分"升格"加重量刑情节往往与定罪情节之间联系得非常紧密,所以,对于这些情节,大部分都是在定罪审理程序中,由检察官提出并承担与定罪事实相同的证明责任。从这个意义上讲,在我国构建量刑事实证明标准时,实际上只需要考虑罪轻情节和罪重情节即可:对于那些有利于被告人的事实和情节,被告人只要证明到"优势证据"标准即可;对于那些不利于被告人的法定或者酌定从重情节,检察官必须证明到"清晰且具有说服力"标准。

就证据规则来讲,英美证据理论中的证据规则主要有:传闻证据规则、相关性规则、非法证据排除规则、意见规则、特权规则、最佳证据规则。其中,相关性规则和最佳证据规则主要是为发现案件真实服务的;传闻证据规则、非法证据排除规则和意见证据规则主要是建立在被告人权利保护、约束国家机关滥用职权或者其他特定的法律政策基础上;而特权规则则是为了维护那些社会中不可或缺的、最基本的人与人之间的关系。不管在定罪还是在量刑程序中,特权规则都是必须适用的,以维护社会生活中至关重要的人与人之间的社会关系,防止对基本的社会秩序造成冲击;对于那些建立在被告人权利保护、约束国家机关滥用职权或者其他特定的法律政策基础上的证据规则,如传闻证据规则、非法证据排除规则、意见证据规则、口供自愿性规则等,由于量刑阶段的被告人已经成功地转变成了罪犯,被告人权利的特殊保护已经弱化,而且国家机关滥用追诉权,使无罪的人受到起诉、审判和定罪的危险已经不复存在,因此,在这个阶段,这些证据规则没有必要严格适用;而保障量刑信息的真实性是法官在量刑时最基本的要求,因此,那些保障证据真实性的证据规则,在量刑程序中也是可以适用的。

第七章 量刑程序中的控辩关系

定罪与量刑程序一旦分离,那么在这个独立或相对独立的量刑程序中,"尤其需要控辩双方的参与与配合,检察机关作为国家的公诉机关和法律监督机关,如果没有完备的量刑建议程序,则很难收到好的效果"①。在量刑程序中,检察机关作为控告方,不仅要明确指控被告人所犯罪行,还要力争就被告人的量刑问题向法庭提交本方的意见和请求,并用事实和证据来加以证明。在检察机关提出量刑建议之后,被告人及其辩护人需要提出一定的证据对检察官的量刑建议进行必要的驳斥,并举出有利于本方的证据,来支持和论证本方就被告人量刑的意见和请求。此外,为充分保障和体现被害人的诉讼权利及当事人的地位,也应该允许被害人参与量刑程序、发表量刑建议和意见,并提出相应的支持本方观点的证据。其实,整个量刑程序就是不同的程序参与主体提出本方量刑建议(意见),驳斥对方的量刑建议(意见),并通过举证加以论证,最终影响法官量刑决策的过程。当然,在这些量刑建议和量刑意见中,不论是从主体的重要性还是量刑建议的角色和效果上看,检察官的量刑建议和辩护人的量刑意见无疑是最为重要的,因此也是更值得认真研究的。

《关于规范量刑程序若干问题的意见(试行)》(以下简称《意见》)也就检察官的量刑建议和辩护律师的量刑意见作出了明确的规定。《意见》在第3条和第5条就量刑建议作出了明确的规定。《意见》第3条规定,"对于公诉案件,人民检察院可以提出量刑建议。量刑建议一般应当具有一定的幅度。人民检察院提出量刑建议,一般应当制作量刑建议书,与起诉书一并移送人民法院;根据案件的具体情况,人民检察院也可以在公诉意见书中提出量刑建议。对于人民检察院不派员出席法庭的简易程序案件,应当制作量刑建议书,与起诉书一并移送人民法院。量刑建议书中一般应当载明人民检察院建议对被告人处以刑罚的种类、刑罚幅度、刑罚执行方式及其理由和依据。"《意见》第5条规定:"人民检察院以量刑建议书方式提出量刑建议的,

---

① 樊崇义、杜邈:《检察官量刑建议程序之构建》,载《国家检察官学院学报》2009年10月,第17卷第5期。

人民法院在送达起诉书副本时,将量刑建议书一并送达被告人。"《意见》在第 4 条中就量刑意见作出了明确的规定。该条规定:"在诉讼过程中,当事人和辩护人、诉讼代理人可以提出量刑意见,并说明理由。"此外,在第 14 条的"量刑辩论"和第 16 条的"量刑说理"中,也都涉及了被告人和辩护人提出量刑意见的问题。

有鉴于此,本章拟对量刑程序中的控辩关系作一初步分析。实际上,量刑程序中检察官围绕的核心乃是量刑建议,而辩护人围绕的核心是提出量刑意见。本章通过对检察官量刑建议的研究,将以点代面地探讨检察官在量刑程序中的主要角色和功能;通过对辩护人量刑意见的研究,也可以切入量刑辩护制度及辩护律师在量刑程序中的作用问题。

一、检察官和辩护人参与量刑程序的意义

检察官在量刑程序中最重要的一项职责便是提出量刑建议,围绕着量刑建议,检察官还需要收集一定的量刑证据,在量刑程序中出示这些证据,并通过量刑证据来向法庭论证本方量刑建议的合理性。与此如出一辙的是,辩护律师在量刑程序中的一项重要任务便是提出量刑辩护意见,围绕着量刑意见,辩护律师需要收集量刑证据,反驳检察官量刑证据及其量刑建议,并通过本方的论证说服法庭接受量刑意见。从上述意义上讲,量刑建议和量刑意见是检察官和辩护律师在量刑程序中作用和功能的缩影。检察官和辩护律师参与量刑至少具有以下几个方面的意义:

(一) 保障法庭审判的对抗性

相对独立的量刑程序改革一旦完成后,为了控制法官量刑的裁量权,实现量刑实体公正、量刑程序公正,应当对改革后的量刑程序进行诉讼化改造,并适度地增加诉讼的对抗性。[①] 要使控辩双方能够在法庭上适度地对抗起来,首先,检察官必须要为辩护人设立一个标靶,这个标靶可能包括相关的量刑证据、相关的论证和检察官要求判处的刑罚;其次,辩护人也要为检察官的"对抗"设定一个类似的标靶。辩护人和检察官只有在量刑前相互了解对方的底牌,他们才能做出相应的准备。比如检察官了解了辩护人收集的某些量刑证据,并发现其中可能存在一些不实之处,他们便可以在开庭前组织相应的调查取证;而辩护人在庭前了解了检察官的量刑证据体系,如果发现检察

---

① 参见本书第三章。

官的某些量刑证据存在问题,他们也会在庭前进行相应的调查,当然他们还可以收集那些检察官没有收集的量刑证据。上述工作一旦准备妥当,法庭就量刑问题进行专门的审理时,检察官或辩护人针对对方提出的证据、论证、建议或意见方可提出富有意义的反驳意见,整个量刑事实的法庭审判才能对抗得起来。

(二) 诉权对裁判权的有效制约,实现实体公正

实体公正就是指实体裁决公正,是一种结果意义上的公正。实体正义的核心便是"法官裁决所依赖事实必须客观、准确,法官在裁决的过程中必须合理且正当地考虑各方面的情况,法官的裁决是公正而合理地行使自由裁量权的结果"[1]。公诉人和辩护人在量刑程序中分别有效地提出量刑建议和量刑意见,有助于实现诉权对裁判权的制约,实现实体公正:

首先,控辩双方参与量刑程序,并提出量刑建议和量刑意见,有利于限制法官的量刑裁量权。在刑事审判中,法官经过庭审过程一旦认定被告人构成犯罪,那么他就要在公诉人和辩护人的请求下根据实体法的规定认定罪名成立。在此前提下,法官即可以在规定此罪名的条款中找到关于量刑幅度的规定,在法定的量刑幅度内决定被告人的刑种、刑期、执行方法等。在传统"办公室作业式"的量刑方式下,法官拥有不受限制的量刑裁量权。"某个法官在某个具体案件中将判决什么,在实际事实中,要依许多情况而定。……具体案件的所有特点——法官的品性、性情、生活哲学及身体条件,对因果连锁的真正理解来说,确实是重要的。"[2]然而,正如孟德斯鸠的经典评价:"有权力的人们使用权力一直到遇有界限的地方才休止"[3],权力导致腐败,权力始终存在着被滥用的可能。因此,为防止法官在量刑问题上滥用自由裁量权,检察官的量刑建议权和辩护人的量刑意见至关重要。尽管这种量刑建议和量刑意见仅仅是一种建议,但是这种建议使得法官必须要对检察官和辩护人提出的建议和意见的合理性进行认真审视,如果法官的量刑超出了检察官量刑幅度之外,抑或法官没有采纳辩护人的量刑意见,那么他们必须要就此提供充足的理由,基于此,法官滥用自由裁量权的现象将会得到有效的遏制。

其次,控辩双方参与量刑程序,并提出量刑建议和量刑意见,有利于法官

---

[1] 陈瑞华教授将实体正义概括为以下四项标准:一,裁决必须是客观或准确的;二,裁决结果不得违背形式正义的要求;三,裁决结果必须在严格适用法律规则与适当行使自由裁量权之间保持平衡;四,裁决结果必须在个人正义和社会目标之间保持平衡。参见陈瑞华:《刑事审判原理论》(第二版),北京大学出版社2003年版,第70—74页。

[2] 〔奥〕凯尔森:《法与国家的一般理论》,沈宗灵译,中国大百科全书出版社1996年版,第195页。

[3] 〔法〕孟德斯鸠:《论法的精神》(上册),张雁深译,商务印书馆1982年版,第54页。

作出正确的量刑裁决。检察官和辩护人在量刑建议和量刑意见中不仅要提出具体的刑罚意见，还必须分别从各自的角度，根据案件的具体情况，详细地分析本方掌握的各种法定和酌定情节，也就是说，检察官的量刑建议和辩护人的量刑意见中还必须附具详细的理由。检察官和辩护人分别从各自的角度对案件量刑证据的分析、对建议的论证，对于法官全面考察本案的所有量刑事实和情节，具有举足轻重的作用。

最后，检察官的量刑建议和辩护人的量刑意见，还为对方的庭前准备提供了方向和目标。一般来讲，没有起诉就没有审判，更没有辩护，只有存在明确的指控主张，被告人及其辩护人才能提出有针对性的辩护意见。也即是说，如果检察官在量刑程序中没有提出量刑建议，则意味着检察官没有明确的观点，而检察官一旦没有明确的观点，那么辩护律师将失去辩护努力的方向。反之亦然。控辩双方只有在量刑前明确各自的立场，公诉人和辩护人才能够在庭前做出必要的准备，控辩双方在开庭时才可就量刑问题形成争论，从而法官更容易在此基础上作出一个于法、于情、于理都适当的判决。

（三）维护基本的程序正义

程序正义是一种"过程价值"，它主要体现在程序的运作过程中，是评价程序本身正义性的价值标准。① 正义不仅要实现，而且要以看得见的方式实现。法官对案件作出的刑罚裁判，应当适当，并且应当让人们知道它为什么是适当的。"如果人们能理解程序及判决理由，他们就更有可能接受解决其争执的判决。……法院就根据理性的规则和原则及听证或审理时提供的理由以明白晓畅的语言作出判决。"②

由公诉人和辩护人在法庭审判中提出量刑建议或意见并阐明各自的理由，法官对量刑建议和量刑意见可以接受，也可以不接受。如果法官接受了公诉人的量刑建议，说明他也接受了公诉人产生量刑建议的理由（也可能是法官基于不同的理由而产生了与公诉人一样的量刑结果）；如果法官接受了辩护人的量刑意见，说明他也接受了辩护人所提出的证据和理由；如果法官没有接受公诉人或辩护人的量刑建议或意见，而是作出一个内容不同的刑罚判决，说明他同时认为公诉人和辩护人提出的量刑理由不足，那么法官在这种情况下就有必要向公诉人、辩护人和社会公众说明其没有采用量刑建议和量刑意见的理由，及作出一个不同的判决的理由。

---

① 陈瑞华：《刑事审判原理论》（第二版），北京大学出版社2003年版，第48页。
② 〔法〕孟德斯鸠：《论法的精神》（上册），张雁深译，商务印书馆1982年版，第36页。

这样,诉讼参与人、社会公众就可以对法官产生这种判决的理由和产生它的背景有一个清楚的认识,如果它是公正的,那么它的公正也就让公众更容易理解、更容易接受了。如果它是不公正的,诉讼参与人和公众可以看出它的理由是不能成立的,因而它的结果是非正义的和不可接受的,可以通过相关程序将这个判决结果推翻。所以说,在法庭审判中,公诉人和辩护人提出较为具体的量刑建议和意见,由法官酌情裁判并说明理由,可以增加法官量刑活动的公开程度,有利于程序公正的实现。

(四) 提高诉讼效率

在量刑程序中,公诉人和辩护人提出量刑建议和量刑意见,可以减少上诉、抗诉案件的产生,节约司法资源和诉讼成本。从中国目前的司法实践来看,绝大部分案件中被告人认罪,对于这些案件,被告人及其辩护人更为关心的就是判处刑罚的问题了。同样,由于我国绝大部分案件中,法官作出的都是有罪判决,因此,对于定罪问题,检察机关几乎不可能会提出抗诉,否则便与自己的起诉立场相违背,也就是说,刑事诉讼中检察机关的抗诉,有相当大的比例是以量刑畸轻或者畸重为由的,即检察机关认为法官在量刑上是有违公正的。无论是控方还是辩方,如果他们对量刑的结果不服,按照法律赋予的权力或权利,都有权向上一级法院提出抗诉或上诉。

如果在法庭审判中,公诉人提出量刑建议、辩护人提出量刑意见,从而引起控辩双方就量刑问题的争论,这样,法官便可以对本案中所有的观点、事实、情节和证据有一个全面的把握。在这个基础上,法官作出一个判决,并对量刑结果所依据的理由作出说明,同时也对控辩双方的观点作出必要的回应,控辩双方将更容易接受这个结果。只有在控方或者辩方对法官的量刑理由和结果都感到不能接受的情况下,才会提起抗诉或上诉。从这个角度上讲,量刑建议、量刑意见及其所引起的法官说明理由的判决,可以在一定程度上消解掉控方或者辩方对一审判决的疑虑和不满,减少不必要的抗诉或上诉,节约司法资源和诉讼成本。

二、量刑建议——量刑程序中检察官工作的核心

我国法律对检察官量刑建议问题未作出明确的规定。为此,司法实践中,我国检察官原则上不提出具体的量刑建议,无论在起诉书中,还是在公诉词中,只确认被告人的量刑情节,指出适用的法律条款,从而确认了量刑的幅度,但原则上不提出具体的量刑要求。近年来,作为强化检察官公诉活动的

一部分,量刑建议制度改革被检察机关列入了议事的日程,一些基层检察机关率先进行了一些试验改革,据说取得了一定的成效。2005 年 7 月,最高人民检察院正式下发《人民检察院量刑建议试点工作实施意见》,量刑建议制度作为刑事诉讼程序改革的一项重要内容,正式在全国各地检察院推行。①从试行情况来看,检察机关量刑建议权的适当行使,一方面有效贯彻了"宽严相济"的刑事政策,取到了比较好的社会效果②;另一方面鼓励被告人主动认罪,提高了诉讼效率。

在量刑程序改革的大背景下,各地法院在探索量刑程序独立的同时,也与检察机关一起探索量刑建议的制度。最高人民法院、最高人民检察院、公安部、国家安全部、司法部联合出台的《关于规范量刑程序若干问题的意见(试行)》中,便明确地就检察官的量刑建议作出规定。关于量刑建议的相关规定在最高人民检察院 2012 年修正的《人民检察院刑事诉讼规则(试行)》中得到采纳。该司法解释第 399 条中明确规定:"人民检察院对提起公诉的案件,可以向人民法院提出量刑建议。除有减轻处罚或者免除处罚情节外,量刑建议应当在法定量刑幅度内提出。建议判处有期徒刑、管制、拘役的,可以具有一定的幅度,也可以提出具体确定的建议。"该司法解释第 400 条进一步就量刑建议书作出明确规定:"对提起公诉的案件提出量刑建议的,可以制作量刑建议书,与起诉书一并移送人民法院。量刑建议书的主要内容应当包括被告人所犯罪行的法定刑、量刑情节、人民检察院建议人民法院对被告人处以刑罚的种类、刑罚幅度、可以适用的刑罚执行方式以及提出量刑建议的依据和理由等。"

(一) 量刑建议的性质与效力

从世界各国的情况来看,在现代检察制度中,检察官权力的核心乃为追诉权(又叫公诉权),当然,追诉权的外延在随着时间的推移而不断扩充。自现代诉讼制度实现控诉与审判职能的分离以来,刑罚裁量权与刑罚追诉请求权也随之实现了分离,分别由不同的主体承担。在控、审职能分离之后,作为

---

① 赵阳:《中国量刑建议制度八年探索历程披露》,载《法制日报》2007 年 11 月 30 日。
② 田传兰是山东省滕州市羊庄镇西南宿村的一位普通妇女,丈夫因病失去劳动能力,三个女儿都在读中学。为了供孩子们上学,偿还债务,田传兰用仅有的二百多元钱购买了鞭炮炸药原料,打算做鞭炮挣点钱。不久后,当地派出所民警根据群众举报,在田传兰家查获火药共计 19575 克。根据刑法的有关规定,田传兰将面临 10 年以上的有期徒刑。滕州市检察院根据案情及田传兰家的实际情况,向法庭提出了免予刑事处罚的量刑建议,后被法院采纳,依法判决田传兰犯非法制造爆炸物罪,决定免予刑事处罚。这一事件被当地人称为"一份量刑建议挽救了一个家庭"。参见卢金增:《山东滕州一份量刑建议挽救了一个家庭》,载新华网 www.xihua.Net,2014 年 9 月 29 日访问。

被动、中立的法官,他们只有在检察官提出追诉请求的前提下,方可就犯罪是否发生、如何判处被告人刑罚等事项作出裁判。从这一角度上讲,刑罚追诉请求权实际上是刑罚体系中的连结之权,是刑罚权由抽象走向现实、由理论走向实践的纽带和桥梁。它把刑罚创制权与刑罚裁量权及执行权有机地结合了起来,并成为一个相对独立的权能形态。它的作用也在于保障并促使刑罚权的实现,即代表国家向刑罚裁量权之主体(法院)提出适用刑法、宣告被告人有罪并施以刑罚的请求,这种权力是实现刑罚权从静态走向动态的一个关键性因素。

所谓检察机关的量刑建议权,也称为求刑权,是指检察机关在刑事诉讼中就被告人所应判处的刑罚向法院提出建议意见的权力。[①] 检察机关的量刑建议权体现了国家的意志,是为维护社会秩序而设立的追诉犯罪的权力,且权力的行使主体也是代表国家行使追诉权的公诉人或公诉机关。详言之,检察官的量刑建议权具有以下几项属性:

第一,从刑罚权的内涵来看,检察官的量刑建议权属于公诉权的范畴。

由于犯罪是具有一定的社会危害性、刑事违法性和应受刑罚惩罚性的行为,反映出特定行为对社会秩序与国家利益的严重损害,因此,国家必须要用刑罚的手段对这些犯罪行为进行惩处,这也是国家建立刑事法律制度的基本目的。就刑罚权来讲,国家颁布了专门的刑事法典对国家刑罚权的范围与行使方式进行明确规定,如《中华人民共和国刑法》的主要条款对实体刑罚权作出规定,而《中华人民共和国刑事诉讼法》的主要条款则对程序刑罚权作出规定。在诉讼过程中,国家所享有的刑罚权力便派生出了侦查权、公诉权、审判权和执行权。其中侦查权指的是,侦查机关依照法定程序实施侦查行为,收集犯罪证据材料,查获犯罪嫌疑人,并对侦查结果自行作出移交检察机关或撤销案件的处理决定的权力。审判权往往可以被称为司法裁判权。作为裁判权,"从权力行使的过程角度看,司法裁判无疑就是享有司法权的机构、组织和个人,针对申请者向其提交的诉讼案件,按照实际颁行的法律规则和原则,作出一项具有法律约束力的裁决结论,从而以权威的方式解决争议各方业已发生的利益争执的活动"[②]。由此可见,检察官的量刑建议权,既不属于侦查权范畴,也不属于审判权范畴,当然更不可能属于执行权范畴了。

就公诉权来讲,它实际上是国家所享有的对一切犯罪行为进行追诉的特

[①] 潘金贵:《论量刑建议制度》,载《南京大学法律评论(2009年秋季卷)》,法律出版社2009年版,第94—106页。

[②] 陈瑞华:《问题与主义之间——刑事诉讼基本问题研究》(第二版),中国人民大学出版社2008年版,第5页。

定诉权,是一项司法请求权,同时也是一项犯罪追诉权,其本身不具备终结性和处罚性。与其他权力一样,公诉权也是国家所独立享有的垄断性权力,它直接来源于国家所享有的刑罚权力,是国家权力的一个重要组成部分。"公诉权与刑罚权两者之间特质上的一致性和程序上的连续性,使公诉权与刑罚权之间具有一种亲合关系和某种共同的实质指向——实现国家对犯罪的惩治"①。人民检察院指控犯罪,就是请求人民法院以裁判的方式同意人民检察院对案件认定事实、确定案件性质、认定犯罪,并由人民法院根据人民检察院认定的犯罪中法定、酌定量刑情节对被告人量刑处罚并确定执行方式。不难看出,人民检察院行使司法请求权时,其请求的内容实际上包括两个部分:一是请求人民法院对其起诉的犯罪予以确认,即行使定罪请求权;二是请求人民法院在确认其指控的犯罪的基础上予以刑罚制裁,即行使量刑请求权(量刑建议权)。二者都属于公诉权的具体权能,有着不可分割的联系,前者是基础,没有前者,自然也就不会存在后者;后者是请求确认前者的目的,没有后者,对定罪的请求就失去了原本的意义,其请求也就不是完整的请求。因此,量刑建议权本质上属于公诉权,是公诉权的一部分。

第二,量刑建议权是公诉权实现刑罚权的支点之一。

刑罚权的实现应当是一个连续的、互动的过程,即从刑罚创制到刑罚的追诉(诉请),然后是刑罚的裁量,最后是刑罚的执行。这其中又可以划分为两个层次,即书面(立法)上的刑罚到实际运用中的刑罚。前者指国家立法机关在刑事立法中创制的刑罚,解决的是刑罚在法律上的存在问题,也是刑罚具体运用的依据。它只是静态的存在,虽然能起到一定的警戒作用,但只有具体运用于犯罪人,才有实际意义。而刑罚权的裁量,是审判机关在认定有罪的基础上对犯罪人是否判处刑罚和判处什么刑罚的权力;刑罚权的执行权,是特定机构根据法院的判决将对犯罪人判处的刑罚予以执行的权力。这两种权力可以说是一种动态的存在,它促使刑罚权由纸面上的、静态的权力走向现实的实现,是刑罚权中最富有生命力的部分。但是,从这种静态走向动态的过程必须要有一个连结因素,从各国立法和司法实践来看,公诉权无疑是承担上述职能的不二选择。作为公诉权的求刑权是公诉机关依照刑事诉讼程序提起诉讼请求,要求法院对犯罪人定罪科刑的权力,它有明确的实体内容指向,是刑罚从理论走向现实的重要一环,这种刑罚请求是法律规定在刑罚实现过程中所必备的。

---

① 姜伟等:《公诉制度章程》,法律出版社2002年版,第27页。

第三,量刑建议权是一种司法请求权,它不具有终局性。

就检察官所提量刑建议的效力,各国遵循的一个基本原则是:量刑建议不对法官产生约束力。以美国为例,在辩诉交易中,被告人作有罪答辩并参与交易的愿望是得到从轻量刑,如果检察官的量刑建议得不到法官的采纳,辩诉交易就无从展开,所以,司法实践中,法官在量刑时通常会采纳检察官的量刑建议——尽管绝大多数司法管辖区的法官并没有这种义务。①

由此可见,量刑建议权是刑事诉讼的一方根据自己的认识向居中裁判的法官所提出的对另一方进行制裁的请求,只不过提出这种请求的人是国家的代表,这是它不同于其他诉讼请求的地方。但是量刑建议与其他诉讼请求一样,是不具有最终结论性的。与之相对应由法官专门享有的量刑裁量权才具有终局性,法官在接受或否定量刑建议的情况下对被告人的行为及其责任作出自己的判断和评价。

(二) 比较法上的量刑建议制度

"量刑建议"源自西方,在我国属于"新概念"。② 就目前的情况来看,世界上许多国家的刑事诉讼制度中都有关于量刑建议的内容,但是因为法律制度和法律传统的不同,而形成了各具特色的量刑建议制度。尽管如此,基于事物的本质属性,各国检察官量刑建议制度在某些方面仍然具有一定的趋同性。

第一,不论是英美法系,还是大陆法系,绝大部分国家的检察官有权提出量刑建议。

美国的量刑建议有三种情况,一种情况是由检察官提出,另一种情况是由缓刑执行官提出,第三种情况是由辩护方提出。③ 在这三类主体的量刑建议中,"检察官提出量刑建议的频率最高,检察官的量刑建议在诉讼程序的适用范围上也最宽广",可以说,"检察官量刑建议制度是美国量刑建议制度的核心部分"。④

在法国,由于检察官是"公众当事人"或"社会利益的维护者",担负着维护社会利益或公共利益的职责,行使着属于社会的诉权,所以检察官不得任意处分诉权,也不得与被告人进行交易。基于维护社会利益或公共利益的职

---

① George F. Cole, Christopher E. Smith, *The American System Of Criminal Justice*, Thomson Learning, Inc, 2001, p.342.
② 陈岚:《西方国家的量刑建议制度及其比较》,载《法学评论》2008 年第 1 期。
③ 曾康:《国外量刑建议制度考评与借鉴》,载《求索》2004 年第 7 期。
④ 陈岚:《西方国家的量刑建议制度及其比较》,载《法学评论》2008 年第 1 期。

责,检察机关在法庭上可以发表关于被告人有罪、无罪以及量刑轻重的各种意见。检察官在法庭上发表的意见通常以口头形式出现。这种口头公诉意见"包含对犯罪事实的陈述,并且提出证据以及通常都提出适用刑罚的要求(《刑事诉讼法典》第346条与第458条)"。① 如果检察机关认为案件的处理符合社会利益的要求,检察官就可以要求对被告人免予起诉而不对被告人作出有罪判决,在被告人被认定有罪之后,还可以要求法庭按照新《刑法典》的规定宣告对被告人免除一切刑罚,或者推迟宣告刑罚。

在德国,"量刑建议是德国检察官在刑事审判中的最重要步骤"②。德国的检察官并非当事人,而是"法律真实的维护者",以维护法律真实和法律公正为己任,"一如法官均有追求真实性和公正性之义务"。③ 基于此种角色和任务,检察官不但为不利于被告之资料收集,对于有利于被告之资料也需调查(德国《刑事诉讼法》第160条第2项)。德国刑事审判奉行严格的不告不理原则,"如果先前未曾特别对被告人告知法律观点已经变更,并且给予他辩护的机会的,对被告人不允许根据不同于法院准予的起诉所依据的刑法作判决"(德国《刑事诉讼法》第265条第1项)。这项规定同样适用于在审判过程中才发现的刑法特别规定的可提高可罚性的情节和情形的变更(德国《刑事诉讼法》第265条第2项)。因此,德国检察机关在提起公诉时,在起诉书中必须"写明被诉人、对他指控的行为、实施行为的时间和地点、犯罪行为的法定特征和适用的处罚规定"(德国《刑事诉讼法》第200条)。起诉书对犯罪行为的指控属于定罪请求权的内容,对于本案"适用的处罚规定"的援引属于量刑请求权的内容,两者均限定了法院的审理范围和裁判范围。

此外,在日本,"求刑"是检察官"论告"的落脚点,实践中检察官的请求处刑权对法官量刑发挥着重要作用。根据意大利《刑事诉讼法》第459条的规定,在处刑命令程序中,检察官可以要求适用相对于法定刑减轻直至一半的刑罚,可见,意大利检察官在处刑命令程序中提出的量刑建议是相当具体的。俄罗斯《刑事诉讼法典》第248条也规定,检察长在法庭上支持公诉,并应当向法庭提出自己关于对受审人适用刑事法律和刑罚的意见,但是在实践中,俄罗斯检察长建议刑罚的具体方式较为灵活,可以只提出应适用的刑罚的种类,也可以建议一定的量刑幅度,直至确定的刑罚。

---

① 〔法〕卡斯东·斯特法尼、乔治·勒瓦索、贝尔纳·布洛克:《法国刑事诉讼法精义》,罗结珍译,中国政法大学出版社1998年版,第135页。
② 〔美〕约翰·郎拜因:《比较刑事诉讼:德国》,美国明尼苏达西方出版公司1977年版,第68页。
③ 〔德〕克劳思·罗科信:《刑事诉讼法》,吴丽琪译,法律出版社2004年版,第68页。

第二,量刑建议制度与各国的司法体系紧密联系,因此各国的量刑建议的具体表现形式有所不同,其目的也不尽相同。

量刑建议制度作为一种具体的制度,是一个国家刑事诉讼制度的有机组成部分,是与该国的其他诉讼制度相匹配的。这决定了英美法系国家与大陆法系国家在量刑建议制度上的不同,也决定了同一法系的不同国家(如英国、美国)在量刑建议制度上也存在一定的差异。比如,英国、美国的量刑建议制度就是与它们的对抗制理念、陪审团制度、定罪量刑程序分离制度等密切相关,而德国、法国、日本等国的量刑建议制度则与其职权理念、参审制度、定罪量刑程序合一的制度等相适应。

从目前的司法实践来看,英美法系国家的量刑建议制度与辩诉交易紧密相连。在对抗制刑事诉讼中,作为"政治人物"的检察官必须通过刑事诉讼中的出色表现来赢得人民的支持,因此,检察官还要尽其所能赢得有罪判决。然而,对抗制、陪审团制度以及完善的刑事辩护制度,却又让审判结果变得难以预料,检察官经常徘徊在"赢得诉讼"还是"维护正义"之间。迫于繁重起诉任务的压力和尽可能地赢得诉讼的要求,美国检察官发明了辩诉交易程序。辩诉交易以国家在刑事指控或者量刑上的某些让步作为被告人作出有罪答辩的交换条件,需借助检察官、被告人和法官的积极参与。① 为了获取被告人的有罪答辩,检察官可以拿出以下交换条件:降格指控、降低诉因数量;变更特定的指控,提出较轻量刑的建议;或作出替代量刑的承诺。在辩诉交易程序中,被告人一旦承认有罪,检察官应当根据与辩护方律师在交易的过程中所达成的协议向法官提出具体的或概括性的量刑建议。所以说,从目的上讲,美国的量刑建议很大程度上是为了提高诉讼效率,而不是为了控制法官的量刑裁量权。

与英美法系国家不同的是,大陆法系国家的量刑建议主要是为了约束法官的量刑裁量权,而不是为了提高诉讼效率。以德国为例,德国检察机关在提起公诉时,在起诉书中必须"写明被诉人、对他指控的行为、实施行为的时间和地点、犯罪行为的法定特征和适用的处罚规定"(德国《刑事诉讼法》第200条)。起诉书对犯罪行为的指控属于定罪请求权的内容,对于本案"适用的处罚规定"的援引属于量刑请求权的内容,两者均限定了法院的审理范围和裁判范围。法院依通常程序进行审理,若要判处比起诉书和庭审调查中控方表明的法律观点更重的刑罚,必须有检察官的量刑建议,并且必须给予辩

---

① Howard A. Badinsky, L. Thomas Winfree, *Crime & Justice: An Introduction*, Nelson-hall, Inc, 1992, p.418.

护方以重新辩护的机会，否则，法院不得作出此种判决。此外，德国法院的刑事判决书必须载明量刑理由（德国《刑事诉讼法》第267条），包括载明检察官对于被告人的前科、人格和量刑的陈述以及辩护方的量刑观点。① 也就是说，法官在最终的判决中，必须对检察官的量刑建议作出必要的回应，以此达到限制法官量刑裁量权的效果。

第三，量刑建议对法官不产生法律上的拘束力。

就检察官所提量刑建议的效力，各国遵循的一个基本原则是：量刑建议不对法官产生约束力。以美国为例，在辩诉交易中，被告人作有罪答辩并参与交易的愿望是得到从轻量刑，如果检察官的量刑建议得不到法官的采纳，辩诉交易就无从展开，所以，司法实践中，法官在量刑时通常会采纳检察官的量刑建议——尽管绝大多数司法管辖区的法官并没有这种义务。② 在英国，由于其刑事诉讼通常由警察作出决定，再由警察聘请事务律师，由事务律师委托一名出庭律师作为控方律师代理进行。根据警察的委托事项，控方律师可以提出某项罪名的指控，也可以在量刑程序中提出被告人的前科等量刑资料，而不得就具体的量刑问题发表意见。量刑被看成是法官的专有职权。

在法国，尽管检察官可以提出各种量刑建议，但是这种建议对法官也不产生法律上的拘束力。对于一审法院作出的量刑判决，检察机关以原告身份有权提出上诉，如果认为一审法院的量刑过轻，检察机关甚至有权要求上诉法院法官宣告比一审法院宣告的刑罚更重的刑罚。

在德国，以检察机关在处刑命令程序中提出的量刑建议为例。在处刑命令程序中，尽管检察官提出的处刑令申请"应当写明要求判处的法律处分"，但是这种申请对管辖法院和当事人并不具有约束效力："法官如果认为该申请不应当被允许或犯罪嫌疑不足，则亦得不为审判程序而完全拒绝（驳回）申请"；当事人完全可以拒绝该处刑令而使该案件转入普通刑事诉讼程序。从司法实践的角度来看，德国检察官的建议与最终刑罚大都较为接近，但法官倾向于对检察官的建议作一定的修正。一项关于德国处罚的统计结论表明，检察官建议适用的刑罚与法官最终判处的刑罚大都较为接近，在570个案件中，与检察官建议的刑罚相比，法院判刑较重的占8%，判刑较轻的占63%。③

---

① 〔德〕克劳思·罗科信：《刑事诉讼法》，吴丽琪译，法律出版社2004年版，第466页。
② George F. Cole, Christopher E. Smith, *The American System of Criminal Justice*, Thomson Learning, Inc, 2001, p.342.
③ 转引自邹开红：《国外量刑建议权研究》，载赵秉志主编：《刑事法治发展研究报告》（2003年卷·上册），中国人民公安大学出版社2003年版。

第四,关于量刑建议的方式,各国表现出不同的特征,可以提出具体的量刑建议,也可以提出概括性量刑建议。

量刑建议可以分为概括的量刑建议和具体的量刑建议。概括的量刑建议是关于对被告人进行量刑的一般原则、轻重程度的抽象描述。具体的量刑建议则是关于法院应当判处被告人何种刑罚、在何刑罚幅度内判处刑罚以及应否免予处罚和应否判处缓刑等具体的量刑主张。

在美国的辩诉交易程序中,检察官提出具体的量刑建议,这不仅常见,而且往往成为获取被告人有罪答辩的前提条件。在判决有罪的案件中,在量刑听证程序中,控辩双方被要求出庭,检察官可以在庭上提出自己的量刑建议,针对检察官的量刑建议(常常还伴有缓刑监督官的量刑建议),辩护方有权发表看法并提出自己的量刑意见。检察官在这种情况下提出的量刑建议往往比较概括。

法国刑事诉讼法对于检察官提出量刑建议并没有作出任何的限制,检察官提出量刑建议的最高标准是社会利益或公共利益。只要合乎社会利益或公共利益,检察官就可以提出任何形式、任何内容的量刑建议,包括概括的量刑建议和具体的量刑建议。

德国检察机关在提起公诉时,在起诉书中必须"写明被诉人、对他指控的行为、实施行为的时间和地点、犯罪行为的法定特征和适用的处罚规定"。起诉书援引的"处罚规定"尽管通常以刑法条文形式表现出来,但是其中包含着检察机关的概括的量刑建议。德国《刑事诉讼法》也明确规定,在诉讼协商程序和处罚令程序中,检察官应当向法庭提出明确的量刑建议。[①] 也就是说,德国检察官享有起诉与否的自由裁量权,可以提出概括的量刑建议,也可以提出具体的量刑建议。

第五,两大法系国家量刑建议制度在建议的时机选择、场合等方面不尽一致,这说明量刑建议制度的实施方案并不强求千篇一律。

美国检察官的量刑建议除了发生在辩诉交易的场合外,由检察官提出量刑建议还存在于通过审判宣告被告人有罪的案件中,法官在对被宣告有罪的被告人作出量刑判决之前,按照程序应当举行量刑听证会。加拿大量刑建议的实践主要体现在两个方面:一是法庭的量刑聆讯阶段,二是辩诉交易。在法庭的量刑聆讯阶段,先由控方检察官根据案件的具体情况和相关规定,对被告人提出明确的量刑意见,然后辩方也提出量刑意见,双方都必须阐明自己的理由,然后进行辩论。法官对被告人量刑时会充分考虑控辩双方的意

---

① 《德国刑事诉讼法》第 407 条等,李昌柯译,中国政法大学出版社 1994 年版。

见,并且在判决时,法官会详细阐明对被告人量刑的理由。加拿大的辩诉交易中包括指控交易、程序交易、量刑交易三种,检察官的量刑建议权在量刑交易程序中表现得尤为显著。

德国检察官的量刑建议不仅体现在起诉书中,而且体现在法庭辩论的意见中。甚至,"不管是在审判程序中或审判程序外,在法院为任何裁判之前,检察机关均应有机会为书面或口头之陈述"①。只要能够维护法律的真实和公正,那么这种陈述就可以是不利于被告的陈述,也可以是有利于被告的陈述;可以是事实认定的陈述,也可以是法律适用的陈述;可以是定罪意见的陈述,也可以是量刑意见的陈述。

(三) 我国量刑建议的制度设置

《人民检察院刑事诉讼规则(试行)》《关于规范量刑程序若干问题的意见(试行)》等,已经就量刑建议的制度设置作出了原则性的规定。以下便以此为基础,探讨量刑建议的制度设置问题。

1. 量刑建议书的性质

检察机关提起公诉的主要目的是证明被告人的犯罪事实,说服法院对其作出有罪判决,因此,只要法院判定检察机关指控的犯罪事实成立,并据此作出有罪裁决,那么检察机关的公诉活动即告成功。当然,在传统定罪与量刑程序合一模式下,有的检察官在公诉意见中也会指出某些量刑情节,并就辩护方提出的诸如自首、立功、认罪态度等问题进行辩论,但这通常被视为附带的公诉活动。而且,一般情况下,只要法院在法定的量刑幅度内加以量刑,并且不存在量刑畸轻畸重的情形,检察机关不会就量刑问题提出抗诉。② 从这个意义上讲,检察官启动公诉的法律文书——起诉书,其实是一种定罪申请书。

在量刑程序改革视野下,法庭将整个审理程序划分为定罪与量刑两个阶段。由于起诉是定罪申请书,启动了定罪审理程序;那么与之相对应,量刑建议书便是量刑申请书,是量刑程序启动的法律文书。量刑建议书主要有两大功能:第一,启动量刑程序,实现控审分离,防止作为裁判者的法官主动提起量刑之诉,客观上承担了追诉者的角色;第二,量刑建议书客观上为辩护律师的辩护提供了标靶。

---

① 〔德〕克劳思·罗科信:《刑事诉讼法》,吴丽琪译,法律出版社2004年版,第66页。
② 陈瑞华:《论量刑程序的独立——一种以程序控制为中心的程序理论》,载《中国法学》2009年第1期。

尽管量刑建议书与起诉书在性质上大体相似,但是两者在效力上却大相径庭。根据诉讼法学的一般理论,公诉书限定了法官审判的范围,不经法定的程序,法官不得变更起诉事实和罪名。但是就量刑建议书而言,其本身对法官并没有如此强的约束力,法官仍然可以在量刑建议书提出的量刑情节之外追加新的事实和情节,而且法官也可以在检察官建议的刑罚之外量刑。两者之所以产生上述区别,原因可能在于以下三个方面:第一,定罪审理程序中,为了防止国家权力的滥用,法律对被告人给予特殊保护,但是在量刑程序中,被告人业已定罪,因此没有必要再对犯罪人给以特殊保护;第二,定罪问题是一个全有和全无的问题,在定罪问题上有且只有一个立场,因此检察官一旦提出指控将会限制整个辩护和法庭审理的范围,而量刑是一个多与少的问题,因而在量刑问题上可以有多个立场;第三,与定罪程序相比,量刑程序具有非正式性的特点,而且对诉讼效率的追求也高于定罪程序,因此在量刑程序中,法官没有必要像定罪程序那样经过繁琐的程序方可实现内容的变更。

2. 量刑建议的时机

从目前的改革探索来看,我国司法实践中主要存在以下两种模式:第一种模式是,部分检察院通过起诉书启动定罪程序,而通过提起独立的量刑建议书来启动量刑听证程序①;第二种模式是,部分检察院在对案件提起公诉的同时,便另行制作了单独的量刑建议书,并且将量刑建议书与起诉书一并送达法院。② 当然,《人民检察院刑事诉讼规则(试行)》和《关于规范量刑程序若干问题的意见(试行)》等,采纳的是第二种模式。原因很简单,第一种模式是以定罪与量刑程序的完全分离为前提的,在目前我国相关司法解释没有确立完全独立的量刑程序模式的情况下,这种模式是没有什么存在空间的。

尽管如此,从理论上讲,独立的量刑建议书具有灵活性、全面性等特点,更为合理和科学:首先,在定罪与量刑程序分离的情况下,定罪问题还没有审理完毕就提出量刑建议,在逻辑上不太顺畅,而且如果法庭审理有什么变化,那么量刑建议书的严肃性将会受到影响;而在定罪问题审理完毕后,由检察官通过量刑建议书来启动量刑程序,完全合乎逻辑。其次,在定罪审理程序

---

① 刘长:《量刑程序改革的"日照样本"》,载《民主与法制》2009年11月5日。
② 参见北京市东城区人民法院在试行量刑答辩程序中,合议庭在充分听取控辩双方及被害人家属意见基础上,判处三名被告人缓刑,三名被告人免予刑事处罚。参见侯君毅:《辩护律师首次参与被告人量刑》,载《北京青年报》2009年3月26日。

没有完成之前,检察官并没有掌握本案所有证据,特别是辩护方证据,而且本方证据由于没有受到辩护方的质证,因此该证据能否使用,检察官心里也没有底,因此在提起公诉时,即便检察官制作了量刑建议书,该量刑建议书的科学性也是值得怀疑的。而在定罪审理之后,由于本案的所有关键证据几乎都已出现在法庭上,且经过了控辩双方的质证和辩论,在此基础上制作的量刑建议书,其内容将更加科学。

3. 量刑建议的方式

关于量刑建议的方式,一般来讲,根据案件的不同情况可以采取不同的做法:一是概括性量刑,概括案件的量刑情节包括从轻或从重处罚的情节,此类建议的幅度跨度最大,就是提出据以量刑的法律条款,如《刑法》第234条第2款。二是相对确定的量刑建议,即在法定刑幅度内进一步压缩量刑空间,但要有一定的幅度,如建议判处有期徒刑三至五年。三是绝对确定的量刑建议,即检察官向法院提出被告人应适用的具体刑罚,包括刑罚种类、刑期及是否缓期执行等。

以上三种量刑建议方式各有利弊:就概括性量刑建议来讲,由于比较模糊,对法官的约束力不强,但是却可以随着法庭的进展情况进行适当的调整,因此比较灵活;就绝对确定的量刑建议来说,虽然能够较大限度地限制法官的自由裁量权,但是往往被认为侵犯了法官的裁判权,而且其科学性也值得研究;就相对确定的量刑建议来说,可以说其优缺点都介于上述两种方式之间,是在刑法规定的法定刑幅度内再确定一个幅度,既有模糊概念之嫌,又给人以多此一举的感觉,因为法官同样可以突破这一范围。

在这个问题上,《关于规范量刑程序若干问题的意见(试行)》第3条,只给出了一个比较模糊的表述,即"量刑建议一般应当具有一定的幅度";《人民检察院刑事诉讼规则(试行)》第399条则明确规定,"量刑建议应当在法定量刑幅度内提出。建议判处有期徒刑、管制、拘役的,可以具有一定的幅度,也可以提出具体确定的建议"。这些规定意味着,检察官提出的量刑建议一般应当是相对确定的,具有一定的幅度,但是这也不是绝对的,检察机关也可根据案件的特殊情况,提出概括性或绝对确定的量刑建议。

总之,检察官在提出量刑建议时应当灵活,其方式也不必固定,而应当根据不同的案件情况、不同的刑种来采取不同的量刑建议方式。检察机关在审查案件后,对于认为应当适用死刑(包括缓期执行)、无期徒刑、剥夺政治权利、驱逐出境和没收财产(包括全部或部分)的案件,应当提出绝对确定的量刑建议,需要注意的是,"只有在极有把握的情况下,才可提出绝对确定的量刑建议"①;对于那些应当适用有期徒刑、拘役、管制的案件,检察机关可以根据犯罪情节提出相对确定的量刑建议;对于那些疑难、复杂或控辩双方对案件的定性存在较大争议的案件,可视情况提出概括的量刑建议。

4. 量刑建议的说理

尽管量刑建议书对法官的量刑不具有强制约束力,但是也能够在一定程度上约束法官的自由裁量权。为了提高检察机关量刑建议本身的科学性,也为了能够更好地实现其预期功能,量刑建议书也应当说理。《人民检察院刑事诉讼规则(试行)》和《关于规范量刑程序若干问题的意见(试行)》也就检察官量刑建议的说理作出了明确的规定,均提出量刑建议书中一般应当载明人民检察院建议对被告人处以刑罚的种类、刑罚幅度、刑罚执行方式及其理由和依据等内容。

对量刑建议进行说理,至少具有以下几方面的意义:首先,规范了检察机关的自由裁量权,也使检察官的量刑建议更具科学性。公诉人在进行量刑建议时,也享有一定的自由裁量权,如不进行说理,而只公开结论性的判断,难免有肆意妄断的嫌疑。② 而且,社会生活的一般经验表明,我们首先必须说服自己,然后方可说服别人,对量刑建议进行说理可以说是检察官说服自己的过程,检察官通过将所有参考因素外化,并经过反复的推敲和论证,最终提出更具说服力的量刑建议。其次,充分保护了被告人及其辩护人的诉讼权利。检察机关通过说理,向被告人及其辩护人展示本方的论点和论据,为被告人及其辩护人充分地行使辩护权提供了便利。最后,对量刑建议的说理能使审判机关进一步接受量刑建议制度。对量刑建议进行说理,能够彻底、透明地展示公诉机关的量刑意见,从而带动控辩双方对事实和法律的充分辩论,为法官的判决提供更全面的参考,也促进了诉讼和谐,更易为法院所接受。

5. 量刑建议的变更

作为量刑申请书,检察官一般是在起诉时与起诉书一起制作并提交法院

---

① 有学者认为,在案件事实清楚、证据充分的下列情况下,检察机关可提出确定的量刑建议:一是刑法条文为某种犯罪规定了绝对确定的法定刑。在这种情况下,检察机关如果认可被告人的相应犯罪事实,即应提出绝对确定的量刑建议。二是对常见罪名有研究,并制定出量刑建议标准的情形,可以提出绝对确定的量刑建议。三是对特定犯罪人的案件,可以提出绝对确定的量刑建议。如对于犯罪的外国人,检察机关认为其人身危险性较强,不适宜居留于我国境内的,可以建议法院适用驱逐出境。参见樊崇义、杜邈:《检察量刑建议程序之建构》,载《国家检察官学院学报》2009年10月,第17卷第5期。

② 潘申明、周静:《论量刑建议的运行机制》,载《华东政法大学学报》2009年第5期(总第66期)。

的。由于在此之前,检察官没有掌握本案所有的量刑情节,检察官提出的量刑建议只是建立在本方所掌握的事实和证据基础上的,而这些证据和事实也并不是完全正确的,这便决定了检察官所提出的量刑建议也存在一定的片面性。而量刑程序一旦启动,随着量刑程序的进行,诉讼参与人,特别是辩护人所提交的酌定情节,可能使得法庭上的检察官自己意识到原先提出的量刑建议具有一定的不合理性。这种情况下,应当赋予检察官变更量刑建议的权力。

在《人民检察院刑事诉讼规则(试行)》和《关于规范量刑程序若干问题的意见(试行)》中,均未就检察官变更量刑建议的权力作出规定。其原因可能在于,司法实践中的量刑建议书一般也是加盖检察院公章的,在这种情况下,出庭检察官本人是无权当庭对量刑建议作出修改的。正确的处理途径应当是,检察官申请休庭,然后就变更量刑建议问题请示检察院相关负责人研究决定。然而我国诉讼期限有限,且量刑建议本身只是一种申请,所以检察官和法官一般都认为没有必要再在这个问题上浪费时间和精力,法官完全可以不受量刑建议的约束,而作出相应的判决。当然,事情如果真是这样的话,那也便意味着检察官并没有认真地对待量刑建议,量刑建议的虚无化便可想而知了。

(四) 检察官在量刑建议中的客观义务

就检察官在量刑程序中的参与来讲,最为重要的问题便是检察官的立场问题,也即检察官是否负有客观义务的问题。检察官的客观义务是指"检察官为了发现真实情况,不应站在当事人的立场上,而应站在客观的立场上进行活动"[1]。关于检察官是否具有客观义务,学术界和司法实务界曾产生过激烈的争论。赞成检察官具有客观义务的一方认为,"检察官应当具有客观义务,坚持客观立场、忠实于事实真相、实现司法公正"[2];"客观义务既是对检察官积极履行职责的合法限制,也是对检察官独立行使职权的合理保障。所谓限制,体现在检察官不能片面地追求打击犯罪的效果,不能不惜一切代价地追求有罪判决的结果,而必须充分发现和尊重案件的客观事实,最大限度地寻求法律的公正适用"[3]。而反对检察官具有客观义务的一方则主要从以下三个角度提出质疑:一是从心理学的角度来讲,同时令检察官承担追诉

---

[1] 〔日〕松本一郎:《检察官的客观义务》,郭布、罗润麒译,载《法学译丛》1980年第2期。
[2] 朱孝清:《检察官客观公正义务及其在中国的发展完善》,载《中国法学》2009年第2期。
[3] 孙长永:《检察官客观义务与中国刑事诉讼制度改革》,载《人民检察》2007年第17期。

职能与辩护职能,甚至有时还要承担维护公正的司法职能,与心理学规律、诉讼职能区分规律相悖;二是从检察官自身利害关系的角度来看,胜诉的欲望与利益令检察官经常无视毫无任何违反后果的"客观义务";三是从实践对理论的背反角度看,即便是理论上赞成检察官应当具有客观义务的国家,其检察官在司法实践中也往往无法秉承客观义务。

实际上,社会生活的一般经验表明,站在两种不同的角度观看同一问题,很容易"横看成岭侧成峰","公说公有理,婆说婆有理",不仅难以达成一致意见,而且容易"管中窥豹,只见一斑"。同时,由于检察机关几乎参与了刑事诉讼的全过程,包括侦查、起诉、审判(包括定罪和量刑)、定罪之后的上诉和抗诉等,如果不区分阶段,不考虑检察官在不同诉讼阶段所负有的不同职能和义务,而"眉毛胡子一把抓"地将检察机关在刑事诉讼的所有活动作为研究对象,那么不论得出何种结论都将是草率的。因此,将检察官参与的整个刑事诉讼活动进行分解,通过这种"解剖麻雀式"的研究,分别研究各阶段检察官是否具有客观义务,最终通过总结,才能得出检察官是否具有客观义务、检察官在哪些阶段具有客观义务、检察官对于何种诉讼行为负有客观义务等问题的圆满答案。

1. 侦查阶段:"客观义务"抑或"法治原则"

不论是在大陆法系国家还是英美法系国家,甚或我国,侦查机关在侦查犯罪的过程中都需要既收集不利于犯罪嫌疑人的证据,同时也收集有利于犯罪嫌疑人的证据。然而,由于各国检、警体制的不同,导致检察机关在各国犯罪侦查程序中的角色和职能表现有所不同。大陆法系国家检察官一般指挥或指导侦查,因而侦查过程中,警察的角色往往被忽略,检察机关往往被突出和强调,因此让人误以为检察官在犯罪侦查过程中因负有"客观义务"而一并收集不利于犯罪嫌疑人和有利于犯罪嫌疑人的证据。英美法系国家检警在体制上互不隶属,检察官的侦查职能非常有限,指控犯罪才是其基本职能,然而在这种情况下,警察开始承担了大陆法系检察官所承担的"客观义务",即既要收集不利证据,也要收集有利证据。而我国检、警之间秉承"分工负责、互相配合、互相制约"原则,因此,对于那些公安机关负责侦查的刑事案件,警察在侦查过程中有义务既要收集有利于犯罪嫌疑人的证据,同时也要收集不利于犯罪嫌疑人的证据;而对于那些由检察机关负责侦查的案件,检察官同样也有上述全面收集的义务。

实际上,不论是大陆法系检警一体模式,还是英美法系检警分离模式,甚或我国检警"配合制约"模式,也不论是由警察还是由检察官来承担侦查职能,法律都要求犯罪侦查主体在犯罪侦查过程中保持一定的客观性,既要收集不利于犯罪嫌疑人的证据,同时也要注意收集有利于犯罪嫌疑人的证据。从这个意义上讲,如果说检察机关在犯罪侦查过程中负有客观义务的话,那么我们同样可以认为警察机关在犯罪侦查过程中也负有"客观义务",而后者无疑是十分荒唐的结论。进一步而言,实际上任何公权力机关在调查个人违法的过程中,都有义务调查各个方面的情况,这是国家公权力正确行使的保障。比如,国家行政机关在准备对个人或者单位进行行政处罚之前,必须进行必要的证据调查,在调查的过程中,不可能只收集不利于行政处罚当事人的证据,因为一方面他们有义务确保未来的行政处罚决定是正确的;另一方面,他们需要全面掌握各方面的信息,以应对行政处罚相对人可能提出的辩解理由。然而,我们不能因此认为行政机关在行政处罚程序中负有"客观义务"。所以说,尽管在犯罪侦查过程中,公安、检察机关有义务既要收集不利于被告人的证据,同时也要收集有利于被告人的证据,但是这种义务并不是来自于所谓的"客观义务",而是源于国家机关所应秉持的法治原则。

2. 审查起诉阶段:"客观义务"抑或"功利主义"

大陆法系的多数国家传统上对刑事案件的起诉实行法定原则,即"只要有足够的证据证明犯罪嫌疑人已经构成犯罪,检察官原则上就有义务对所有的犯罪行为进行调查;而只要调查显示有足够的事实依据,则检察机关需要提起公诉"①。然而,与起诉法定主义同时存在的还有起诉便宜主义,该原则授权检察官在犯罪事实不足时,有权在提起公诉与终止程序之间自行作出决定,自由裁量是否提起公诉或作出不起诉决定。② 英美法系国家实行当事人主义,在起诉问题上检察官对案件享有广泛的不起诉裁量权,并殊少受到限制。③ 在美国,检察官在决定是否起诉时,不仅要考虑犯罪的轻重,还需要考虑犯罪嫌疑人的个人情况和是否有利于其改造等其他因素;即使是重罪案件,如果检察官对案件进行综合考虑后,认为起诉不利于犯罪行为人改造、不体现公众利益、无助于遏制犯罪或耗费司法资源太大时,都可以不起诉。④

我国刑事诉讼法规定的不起诉类型主要有三类,即法定不起诉、酌定不起诉和疑罪不起诉。"法定不起诉"本身便是法律的规定,检察机关作出不起诉决定是法律的硬性要求。对于"疑罪不起诉"而言,由于检察官收集到

---

① 〔德〕克劳斯·罗克信:《刑事诉讼法》,吴丽琪译,法律出版社2003年版,第103页。
② 宋英辉、孙长永、刘星魁等:《外国刑事诉讼法》,法律出版社2006年版,第394页。
③ 宋英辉:《刑事诉讼原理导读》,法律出版社2003年版,第342页。
④ 张穹:《公诉问题研究》,中国人民公安大学出版社2000年版,第105页。

的证据并没有达到相应的起诉标准,因此,作出不起诉决定,主要是基于对胜诉的焦虑,以及害怕败诉招致的消极后果,这实际上是检察机关"两害相较取其轻"的理性人选择。而对于酌定不起诉,检察官主要是基于犯罪行为轻微、特定的刑事诉讼政策、诉讼效率以及是否具有起诉利益等方面的考虑。实际上如果完全按照"客观主义"立场的话,一旦发现犯罪,就应当提起起诉,而不应当"不客观地"视"犯罪"而不见,不予公诉。因此,检察官作出酌定不起诉决定同样也是基于"功利主义"的考虑。

从上面的分析可以看出,不论是英美法系国家,还是大陆法系国家,检察官在决定是否需要提起公诉的过程中,他们主要考虑的因素却具有一定的趋同性,主要包括:一是侦查机关收集的证据是否充分,是否能够达到起诉需要的证明标准,如德国起诉法定原则要求只要调查显示有足够的事实依据,则检察机关需要提起公诉,当然,如果没有足够的证据起诉犯罪,检察机关也无法提起公诉;二是犯罪行为是否轻微,是否符合起诉之利益以及起诉的经济性,如在美国,检察官的不起诉裁量权受国家起诉政策的指导,虽然检察官在决定是否起诉时要考虑犯罪的轻重,但还需要考虑犯罪嫌疑人的个人情况和是否有利于其改造等其他因素;三是其他方面的因素,如美国检察官为了以与从犯进行交易的方式获得能够证明其他更为严重罪行的证据,可能会对那些已有足够证据证明犯罪的嫌疑人不予起诉。

由是观之,不论是大陆法系国家、英美法系国家,还是我国,检察机关因证据不足而作出的不起诉决定,本质上是一种法定义务,是检察官在衡量各种风险基础上而进行的理性人选择,与检察官的客观义务没有任何关系。至于检察官在作出是否起诉决定的过程中,对犯罪行为是否轻微、是否符合追诉利益、是否符合诉讼经济等方面的考虑,实际上主要是基于功利主义的考虑,以及理性人的选择,本质上与检察官是否具有客观义务并没有什么关系。实际上,如果检察机关在审查起诉阶段负有客观义务的话,那么从逻辑上讲,他们对于那些实施了犯罪(即便是轻罪)的犯罪嫌疑人应当提起公诉,而不是作出不起诉决定。将检察机关的酌定不起诉归结为检察官承担的客观义务,似有本末倒置之嫌。

3. 定罪阶段:客观义务的乌托邦

英美法系国家,受当事人主义诉讼模式和司法竞技主义理念的影响,检察官一旦起诉,他们就会像民事诉讼的当事人一样,尽力地赢得起诉。同时由于英美刑事诉讼程序明显地被划分为定罪和量刑两个程序:在定罪程序中,法官、检察官以及被告人只解决被告人是否有罪,以及触犯何种罪名的问题;而在量刑阶段,法官、双方当事人以及其他诉讼参与人等则主要是解决被告人罪责问题,以及对被告人判处何种刑罚。就定罪问题而言,英美法系检察官不可能在支持起诉的过程中,复要求法官宣告无罪,否则便自相矛盾。从美国司法实践来看,检察官实际上根本也无法保持所谓的客观中立性,比如,哈佛大学法学院教授、著名辩护律师德肖维茨便批评道:"美国检察官的不当行为十分猖獗,甚至为了提高自己的声望或服务其他政治利益,把无辜的人定罪也在所不惜。"①实际上,罪与非罪问题是一个"全有或全无"的问题,是一个非此即彼的问题,两者是不可能共存于一方的观点之中的,否则便自相矛盾,构成了逻辑上的混乱。

大陆法系国家学理上支持检察官负有客观义务的理由主要是根据"德国吕北克纵火案"②。但是,细分析本案可以看出,检察官起诉之后,在法庭审理阶段为了论证被告人有罪,已经通过充分的"调兵遣将"并传唤了相应的证人出庭,但不幸的是,辩护律师抓住了问题的关键,并"使法官对被告人的有罪供述及消防鉴定的证明力形成合理怀疑"。其后,检察官在感觉"没有确实、充分的证据证实犯罪系被告人所为"时,才高姿态地要求法官作出无罪判决。实际上,即便本案检察官没有提出上述要求,由于案件中关键证据的证明力存疑,法官难以形成内心确信,法官仍然会判处被告人无罪。检察官只是在预料到裁判结果前,表现了其"大度"和"坦然"而已,当然,检察官表现的这种"大度"和"坦然"确实也值得我们学习和称道。此外,从大陆法系的司法实践来看,在定罪审理阶段,检察官不可能保持实质上的中立性。比如,有学者认为,"在实践中,检察官的作用非常类似于更明确的当事人制度下的指控官员,比如检察官为了被告人利益而提起上诉的情况就很少发生。……一旦作出起诉决定,德国检察官将抛开他们的中立姿态,尽力去赢得诉讼,甚至不亚于美国的检察官。"③

我国《人民检察院刑事诉讼规则(试行)》第435条规定:"在法庭审理中,公诉人应当客观、全面、公正地向法庭出示与定罪、量刑有关的证明被告人有罪、罪重或者罪轻的证据。"从规范法学层面来看,公诉人在法庭上的义务主要是客观、全面、公正地提供证明被告人有罪的证据,而没有义务提供证明被告人无罪的证据;至于客观地提供证明被告人罪重、罪轻的证据的义务,

---

① 黄瑞明:《谈检察官的个案伦理》,载《检察新论》2007年第2期。
② 该案详情请参见林钰雄:《检察官论》,台湾学林文化事业有限公司1999年版,第36—37页。
③ 〔德〕托马斯·魏根特:《德国刑事诉讼程序》,岳礼玲、温小洁译,中国政法大学出版社2004年版,第41页。

这本质上属于检察官在量刑问题上所负有的义务。因此，从法律文本本身，我国检察官在定罪阶段并不负有客观义务。此外，从逻辑的角度，有罪、无罪问题是一个全有或者全无的问题，在这个问题上任何一方当事人都有且仅有一个立场，即便是法官在犯罪问题没有查清楚的情况下，也只能根据无罪推定、证明责任等原则或制度，达至一个最终结论。所以，在"定罪"这一问题上，检察官不可能摇摆在有罪和无罪之间，他们一旦起诉，只能够朝着有罪的方向努力，而不可能持客观义务。最后，从司法实践的角度来看，我国检察官的主要职责是追诉犯罪，这与客观义务中考量被追诉人的利益在心理学上存在角色冲突①，而且，现行的业绩考核制度迫使任何一个检察官都不可避免地与案件的结局发生利害关系，这些都使得检察官在定罪问题上不可能负有客观义务。

4. 量刑阶段：客观义务作用的核心阶段

在美国，定罪和量刑程序完全分离，相关法律文件对量刑阶段检察官的作用作出了明确的规定，比如《美国律师协会刑事司法准则》在其3-6.1中也就检察官量刑阶段的客观义务作出了明确规定：(a) 检察官不应当将加重量刑作为其工作成效的标准。在量刑程序中，检察官追求的是确保量刑的公正，并且防止不公正的量刑偏差。(b) 在由法官决定量刑的场合下，检察官的职责是出庭，并提出公正的量刑建议。(c) 在由陪审团决定量刑的场合下，检察官应当在法律的允许范围内，提供证明某些量刑事项的证据，但是检察官不应提交那些可能导致陪审团量刑偏见的量刑证据和信息。② 也就是说，在量刑阶段，检察官应当保持一定的客观中立性，以实现司法正义和正确量刑为目标。

客观义务起源于大陆法系的德国，但是在法庭审理阶段，由于定罪问题是一个全有或全无的问题，是一个完全对立的两个矛盾，检察官在定罪问题上无法保持客观义务，否则在逻辑上便是自相矛盾的，因此大陆法系国家的所谓的客观义务实际上指的是一种量刑义务。比如，德国刑事诉讼法学者德迈尔说：检察官应该力求真实与正义，因为他知道，显露他片面打击被告的狂热将减损他的效用和威信，他也知晓，只有公正合宜的刑罚才符合国家利益。③《意大利刑事诉讼法典》规定，"公诉人为实现第326条列举的目的而

---

① 吴健雄：《关注客观义务深化检察改革——检察官客观义务学术研讨会综述》，载《人民检察》2007年第17期。

② Nicholas N. Kittrie, Elyce H. Zenoff, Vincent A. Eng, *Sentencing, Sanction, And Corrections* (2nd ed), Foundation Press, 2002, p.95.

③ 林钰雄：《检察官在刑事诉讼中的任务和义务》，载《法令月刊》第49卷第10期。

开展一切必要的活动,并且也核实对被调查人有利的事实和情节"。① 实际上,不论是德国还是意大利的规定,检察官在法庭审理阶段的客观义务主要表现在向法庭提供证明犯罪嫌疑人罪重、罪轻等法定情节的证据,在定罪的基础上追求公正合宜的刑罚。

在我国,根据《人民检察院刑事诉讼规则(试行)》第 435 条规定,"在法庭审理中,公诉人应当客观、全面、公正地向法庭出示与定罪、量刑有关的证明被告人有罪、罪重或者罪轻的证据",这实际上表达的也同样是检察官在量刑问题上所负有的客观义务。另外,从我国的司法实践来看,检察官在对被告人的量刑问题上确实能够保持一定的客观义务:第一,在量刑阶段,检察官如果掌握了被告人自首、立功、从轻、减轻的情节,一般会在法庭上提供相应的证据。第二,某些检察官在量刑建议中可能会秉承客观的立场,建议对被告人从轻处理,比如,广东省检察院统计,在 2006 年提出量刑建议的案件中,建议法院从轻处理的占 53.9%。②

由此看来,检察官的客观义务主要是一种量刑义务:首先,在量刑阶段,检察官必须坚持客观中立的立场,既提出罪重证据,也要提出罪轻的证据,当然这里罪轻的证据主要是法定从轻或减轻情节证据,检察官一般也无法收集酌定从轻情节方面的证据。其次,检察官在量刑阶段的主要目的是实现"罪责刑相适应"和"量刑的均衡",而不是为了一味地追求从重量刑,从这个意义上讲,检察官在量刑建议中也可能会秉承客观立场。最后,除基于程序性违法而提出抗诉的例外情形外,检察官的大部分抗诉案件主要针对的是量刑问题,包括量刑畸重和量刑畸轻问题,可以说,检察官抗诉阶段所负有的客观义务主要也是一项量刑义务。

(五) 量刑建议的局限性

当然,在肯定量刑建议的功能及其积极意义的同时,我们也应当清醒地看到量刑建议的局限性。只有对量刑建议的局限性作出客观公允的评估,并在制度设计时有针对性地采取相应的措施,量刑建议制度方可良性运转。

1. 公诉方的量刑建议可能会干扰法官的裁判

从理论上讲,定罪与量刑两项权力属于审判权的范畴,检察机关的量刑建议权作为一项程序性权力,其本身并不是最终的处置结论。检察官的量刑

---

① Elisabetta Grande, Italian Criminal Justice: Borrowing and Resistance, *American Journal of Comparative Law*, 2000.

② 朱孝清:《检察官客观公正义务及其在中国的发展完善》,载《中国法学》2009 年第 2 期。

建议能否成功还有待于法官的裁决和评判,这种诉讼请求只有程序约束力而无实体约束力,法院既可以接受,也可以不接受。从这个意义上讲,量刑建议权与提起公诉的权力之间,其本质都是相同的,只是针对的对象不同而已——提起公诉权是申请法官确定被告人有罪,而量刑建议权则是为了申请法官确定被告人的刑罚。

然而,从中国司法实践来看,检察官量刑建议的采纳率一般都会保持一个非常高的状态。比如,"2009年6月以来,重庆市检察机关已有31个检察院(分院和基层院)试行了'量刑建议',共提出量刑建议2924件,法院作出判决的2589件中,采纳量刑建议2252件,采纳率超过八成。"①另据彝良县检察官统计,该县检察官提起量刑建议的案件,"法院判决采纳和部分采纳建议31件36人(5件5人为部分采纳),建议件数采纳率为91.2%,建议人数的采纳率为87.8%"。② 而石家庄检察机关宣称,"石家庄市检察机关所提出的量刑建议,有90%以上被法院积极采纳"。③

检察官的量刑建议在司法实践中具有较高的采纳率,这一方面体现了检察官的量刑建议权确实可以在一定程度上制约法官的量刑裁量权;另一面也说明了我国检察官的专业水平较高,在提出量刑建议时非常慎重。但是,我们也应当看到硬币的另一面:由于各地检察机关普遍将量刑建议的采纳率作为检察官业绩考核的一项重要指标,这使得检察官会竭力追求法官对量刑建议的采纳。④ 考虑到检察机关的强势地位,考虑到检法两家的关系,考虑到主办检察官个人的利益,法官往往在量刑时迁就检察官的量刑建议。否则,如果量刑建议仅仅是一个不具有法律拘束力的控方请求的话,它是不可能达到如此之高的采纳率的。从这个意义上讲,"公诉方的量刑建议权确实可能会干扰法官的裁判权"⑤。

2. 量刑建议权可能会使法官、检察机关处于尴尬境地

从逻辑上讲,一旦确立检察机关的量刑建议权,既然这一权能是建议,而

---

① 沈义等:《重庆检察机关量刑建议法院采纳率超八成》,载《检察日报》2010年1月4日。
② 刘应华:《量刑建议制度实施中的问题及解决途径》,参见彝良党建网:http://www.yldj.zt.gov.cn/ReadNews.asp? NewsID =4104,2014年2月10日访问。
③ 王伟编辑:《试行量刑建议制 检察官量刑建议九成被采纳》,载《燕赵都市报》2010年4月3日。
④ 如某检察院确定了如下考核标准:量刑建议的准确率为80%以上的为优秀;60%到80%的为达标;60%以下的为未达标,对于达标和优秀的检察人员可以给予适当的物质奖励,在评优时也可以优先考虑。参见宋琳琳:《规范量刑建议,质量考评制度不可或缺》,载《检察日报》2010年1月12日。
⑤ 赵阳:《中国量刑建议制度八年探索历程披露》,载《法制日报》2007年11月30日。

不是司法裁判,法官完全可以在该量刑建议之外判处被告人刑罚。在这种情况下,法官、检察官往往会面临以下几种尴尬境况:第一,一旦法庭根据全案证据,发现检察官所建议的刑罚畸轻,法官将面临以下两难困境——如果法官在量刑建议之上判处被告人刑罚,这便会导致检察官和被告人双方的不满;如果法官在量刑建议之内判处刑罚,则难免会通过审判监督程序启动再审,这样会造成司法资源的极大浪费。第二,如果法官根据全案证据,认为需要在检察官建议的刑罚之下量刑,那么法官的判决将会导致检察官颜面尽失,为了争一口气,很多检察机关可能会借此抗诉。第三,如果检察官提出的量刑建议不被法官所采纳,检察官又不因此而抗诉,这又将会影响量刑建议的严肃性和检察机关的威信。

3. 在目前的司法体制下,量刑建议的积极作用很难实现

我国目前的司法体制可能会导致检察官的量刑建议权难以发挥其预想的效果:一方面,我国刑法规定的刑罚幅度较大,而且缺乏有关量刑情节的具体立法或司法解释,最高人民检察院与最高人民法院都根据刑法典,对刑法中的诸多罪名作出了司法解释,这些司法解释的规定,在某些方面是相同的,但是在很多方面却是不同的,特别是在量刑问题上。此外,目前各地法院、检察院内部都有一套供本部门及其下级机关参考使用的量刑标准。因此,检察官和法院之间对于某一具体犯罪行为的刑罚常常有意见分歧,在此情况下,提出具体的量刑建议不仅十分困难,而且提出建议后不被接受时也难以区分孰是孰非。

另一方面,从我国目前检察官的水平和素质上讲,检察官难以担当量刑建议的重任:首先,检察官在思想上不够重视,认为量刑是法官的事情;其次,由于我国幅员辽阔,地区经济发展极不平衡,在那些发达的地区,检察官的素质普遍较高,但是在大部分经济欠发达的地区,检察官的素质仍然有待提高。

4. 检察官的量刑建议权可能会加剧控辩双方的不平等

从理论上讲,刑事诉讼就是检察机关指控犯罪、证明犯罪、请求法院惩罚犯罪嫌疑人、被告人,以及犯罪嫌疑人、被告人及其辩护人否定犯罪,认为自己不应该被判处刑罚,或者认为自己不应该被判处较重刑罚,而向法庭提出建议的互动过程。控辩双方在向法庭陈述各自理由时,势必会涉及对量刑的看法,而这种看法的本质就是一种量刑建议的权利。所以说,"量刑建议无非是特定主体就被告人具体刑罚的适用提出具体意见的一种司法请求"[①]。

----

① 柯葛壮、魏韧思:《量刑建议的实践困境与解决路径》,载《政治与法律》2009年第9期。

量刑建议权不仅检察官享有,被告人以及其辩护人、被害人以及其代理人,甚至特定的主体,如社会调查报告的制作人等都可能享有。从这个意义上讲,即便检察官享有量刑建议权,也不可能加剧控辩双方的不平等,被告人及其辩护人同样可以提出量刑建议来反驳、冲淡甚至抵消检察官量刑建议对法官带来的影响。

然而,检察官的量刑建议,在司法实践中已逐渐被异化为检察官的一项重要权力,是检察官法律监督权的重要组成部分。在量刑建议异化为检察官量刑监督权之后,"公诉方因拥有量刑建议权使得其不屑与辩方争辩,因为无论辩方怎样争辩都是为了赢得法官的支持,而自己本身就拥有类似于法官的权力,这就使得它不屑与被告方争辩,缺少对争辩的积极性"①。这种权力的异化,不仅造成司法实践中检察官量刑建议的采纳率畸高②,辩护律师量刑意见的采纳率畸低,同时也会加剧控辩双方的不平等。

三、量刑辩护——量刑程序中辩护方工作的核心

不论是在定罪与量刑程序分离模式的英美法国家,还是在定罪与量刑程序合一模式的大陆法国家,围绕着量刑意见而展开的量刑辩护都是存在的。当然,在大陆法国家,由于定罪与量刑程序没有分离,在被告人及其辩护人作无罪辩护的情况下,量刑辩护是没有什么操作空间的,否则便是自相矛盾;与此迥异的是,在绝大部分被告人认罪的情况下,整个法庭都将主要围绕着量刑问题来展开,因此,可以说,大陆法国家(地区)的量刑辩护主要存在于被告人认罪的场合。比如,在日本刑事诉讼中,"在坦白案件中,被告人悔悟、与被害人和解、得到邻居的同情、没有再犯的危险等情况都是举证的重要内容。在以情节为重点提出抗辩内容的时候,辩护人要从被告人的性格、经历、环境,犯罪的动机、手段方法、结果,被害人的情况,犯罪后被告人的态度,共犯关系等量刑要素中,选择对被告人有利的事实。其中,被告人的年龄、不幸的经历、值得同情的动机,被害人方面的有责性,和解的成立及为此所做的努力,对家庭的感情及保护能力等,都是值得辩护人关注的事项。"③我国台湾地区在 20 世纪 80 年代也有"求刑辩护"之说,主要指的就是辩护人就被告人

---

① 李富城:《对"量刑建议"的反思》,载东方法眼网:http://www.dffy.Com,2014 年 9 月 29 日访问。
② 参见沈义等:《重庆检察机关量刑建议法院采纳率超八成》,载《检察日报》2010 年 1 月 4 日;王伟编辑:《试行量刑建议制 检察官量刑建议九成被采纳》,载《燕赵都市报》2010 年 4 月 3 日。
③ 松尾浩也:《日本刑事诉讼法》,中国人民大学出版社 2005 年版,第 226 页。

的量刑刑期作清晰的辩护,以求法庭能够予以采纳。① 当然,这种量刑辩护也主要是围绕着反驳检控方证据、提出本方证据以支持本方提出的有利于被告人的量刑意见。但是,由于大陆法没有实行定罪与量刑程序的分离,因此没有专门地就量刑辩护及辩护律师在量刑程序中的作用作出规定,因此我们在分析这个问题时,只能参考英美法制度。

在美国,美国律师协会曾告诫辩护律师,"对于大部分被定罪的被告人来说,量刑将是最重要的,而且也是整个案件中唯一具有现实困难的问题"②。一般来讲,在被告人定罪之后,辩护律师将主要从事以下几项工作:一是量刑证据的调查和收集,这是辩护人提出量刑意见的准备工作;二是准备量刑建议;三是法庭上的举证、质证、辩论,其主要是为了论证辩护人所提量刑意见的合理性。

就量刑证据的调查和收集来讲,辩护人在这个过程中可能要做以下准备工作:(1) 请求法官命令缓刑监督官准备量刑前报告或相关研究报告。③ 除非存在极其有利的情况(比如鉴于初次犯罪,在辩诉交易之后,辩护律师认为法官可能会按轻微罪量刑),或者法院打算根据辩护备忘录来量刑,否则,辩护律师应当要求法官命令缓刑监督官准备量刑前报告或相关研究报告。④ (2) 要求从检察官那里获取有利于被告人的量刑信息或情节。在1963年,美国联邦最高法院宣布了一项宪法原则,该原则要求检察官必须向辩护律师提交所有的有利于被告人的量刑信息或情节:在被告人及其辩护人请求的情况下,如果那些有利于被告人的证据对定罪与量刑具有实质性影响,那么检察官不论是基于恶意还是善意而继续隐藏这些证据都将是违反正当程序的。⑤ (3) 向缓刑监督官递交那些有利于被告人的量刑信息。对于那些需要制作量刑前调查报告的案件,辩护律师必须将自己所收集的所有有利于被告人的量刑信息提前交给负责调查的缓刑监督官。

在做好上述必要的准备工作后,辩护律师需要仔细研究量刑前调查报告,提出量刑意见,并准备量刑辩护备忘录。鉴于量刑前调查报告极大地影

---

① 朱琳:《关于量刑辩护的思考》,载《铁道警官高等专科学校学报》2009年第5期(第19卷总第83期)。
② American Bar Association, *Standards Relating to Sentencing Alternatives and Procedures*, Hill and Wang, New York, 1968, pp. 241—248.
③ 在美国,一些州的量刑前报告需要辩护方请求方可去准备,还有一些州的量刑报告是由缓刑监督官自动去制作的,但是在大部分司法管辖区,是否制作量刑报告属于法官自由裁量权的范围。
④ Arthur W. Campbell, *Law of Sentencing*(*Second Edition*), Clark Boardman Callaghan, 1991, p. 380.
⑤ Brady v. Maryland(1963), 373 US, pp. 83—87.

响着法官的量刑,因此辩护律师一般会仔细研究量刑前报告的内容,如果发现不实信息,辩护律师可以提出。此外,辩护律师如果认为缓刑监督官的调查遗漏了一些有利于被告人的信息,辩护律师也可以要求他们补充调查。当然,缓刑监督官有自己分析问题的视角,因此他们也不一定会理会辩护律师的建议,这种情况下,辩护律师有必要针对最终的量刑前调查报告,准备一份量刑辩护备忘录。量刑备忘录不仅对量刑前报告中的不准确或有误导性的事实提出挑战,同时也通过阐述事实、摆出相关学术观点,并提出辩论意见等方式,使辩护人的量刑建议更加令人信服。[1]

在量刑听证程序中,辩护律师还需要在法庭挑战缓刑监督官、检察官、被害人等提交的不实信息,出示本方证据,为被告人准备最后陈情,提出量刑建议等。在法官作出量刑裁决之后,辩护律师还需要考虑是否需要提出撤销非法量刑的请求或就定罪与量刑问题提出上诉等。

通过以上分析,可以看出:英美法国家的量刑辩护主要是围绕着量刑意见来展开的,包括为了准备量刑意见而调查和收集量刑证据、研究量刑前调查报告和其他量刑证据并制作量刑意见、在量刑听证程序中对本方提出的量刑意见进行必要的论证。

(一) 量刑信息的调查与收集

信息获取是刑事辩护的三大策略之一。[2] 量刑辩护权的最终目的是影响量刑裁判,其赖以说服法官从轻量刑的武器便是法定或酌定的量刑情节。基于此,被告人及其辩护人必须在量刑听证程序启动之前,进行必要的调查,以获取那些有利于被告人的法定或酌定量刑情节,毕竟,这些情节乃是被告人及其辩护人展开有效辩护的前提和基础。

然而,从我国辩护律师进行证据调查的实践来看,主要存在以下几个方面的问题:(1) 辩护律师在侦查阶段不享有调查取证权,导致辩护所需要的证据无法及时、准确地收集;(2) 辩护律师调查取证必须经证人或者其他有关单位和个人的同意,这导致提供证据的单位和个人往往不配合;(3) 辩护律师向被害人或者其近亲属、被害人提供的证人调查取证,必须经得被调查人和人民检察院或人民法院的双重许可,这使得律师的调查取证活动困难重重;(4) 律师可以申请人民检察院、人民法院搜集调取证据,或通知证人出庭

---

[1] Arthur W. Campbell, *Law of Sentencing* (Second Edition), Clark Boardman Callaghan, 1991, p. 388.

[2] 周伟、汤晖:《从各个诉讼阶段完善刑事辩护权刑事辩护对策国际研讨会纪要》,载《中国律师》2004 年第 5 期。

作证,至于是否批准申请,由人民检察院、人民法院决定。

如果说定罪阶段,法律和司法实务部门通过一系列的手段限制辩护律师的调查取证权是有一定的道理的——一方面是出于对无罪辩护的恐惧,害怕让真正有罪的人逃脱法网;另一方面是担心辩护人威胁、引诱或收买证人作伪证①——那么,在量刑程序中,被告人已经被认定有罪,因此担心有罪的人逃脱法网是根本没有必要的。此外,由于侦查阶段,公安机关在调查犯罪事实和收集犯罪证据时,一般都会附带地调查那些与量刑有关的法定情节,比如是否存在自首、立功、累犯等情况。而量刑阶段辩护人的调查往往集中在关于被告人的家庭环境、成长经历、犯罪原因、社区表现、是否具有监管条件等酌定量刑情节,在这些问题上,辩护人威胁、引诱和收买证人作伪证的可能性较小。

从这个意义上讲,在被告人被定罪之后,法律完全可以授权辩护律师调查取证,以全面收集那些与量刑有关的法定或酌定情节。辩护律师的上述工作,有点类似我国未成年案件中社会调查员对未成年犯进行的背景调查,只不过社会调查员的身份更加中立,其调查结果更加客观而已。

当然,一旦赋予辩护律师量刑调查权,"辩护律师对量刑证据的调查要服务于辩护的需要,难以具备基本的中立性和客观性,容易强调对被告人有利的方面,甚至将一些没有明显关联性的信息牵强附会地搜集起来,并以此为根据说服法庭作出从轻、减轻处罚的裁决"②。因此,如何保障辩护律师所收集信息的真实性,是量刑程序必须要解决的一个重要问题。

在调查收集证据之后,接下来的一个问题便是证据开示了。公诉人在整个诉讼程序中也会掌握很多有利或不利于被告人的法定或酌定量刑情节,对于这些信息,由于阅卷权的限制,我国辩护律师在定罪程序中也无法完全了解。在辩护人不了解检察官所掌握的证据的情况下,辩护律师对于公诉方拟提交法院的量刑证据,很难进行较为充分的防御准备,对公诉方量刑情节是否成立的问题也无法加以有效的审查核实。当然,对于辩护人掌握的大量的有利于被告人的量刑证据,检察官也无法提前掌握并作必要的准备。在这种情况下,量刑程序中往往会出现如下状况:检察官出示的量刑情节或证据,辩护人并不知晓,由于庭前没有进行有针对性的调查,也没有进行分析研究,因此也无法当庭组织有效的反驳;而辩护人出示的量刑情节或证据,检察官也不知晓,检察官当庭同样也无法提出有效的反驳意见。法庭上"公说公的

---

① 至于这种担忧是否站得住脚,需要进一步研究讨论。
② 陈瑞华:《论量刑信息的调查》,载《法学家》2010年第3期。

理,婆说婆的理",很难对抗得起来,也就是说,控辩双方各自提出的量刑信息和证据,都将因对方"无法接招"而使得该事实"悬而未决",法官也很难判定事实的真伪。这种情况一旦发生,那么量刑程序独立的意义将大打折扣,控辩双方于量刑程序启动前进行的量刑调查也将难以达到其预期效果。

量刑程序中引入证据开示制度具有以下几个方面的作用:第一,通过庭前的双方开示,有利于确保控辩双方所收集的证据和事实的客观真实性。如果控辩双方都享有量刑调查权的话,那么他们极有可能因各自立场的不同,而收集一些有利于本方的证据,这些证据之中可能存在一些不真实的信息。如果让控辩双方在量刑听证启动之前,互相了解对方的信息和证据,那么一方如果对对方收集的某些证据存在怀疑的话,他完全可以再进行调查核实。第二,通过庭前的双方开示,控辩双方能够有针对性地准备量刑听证,使得庭审更具实质化。控辩双方庭前已经知晓了对方拟当庭提出的证据和事实,如果一方不同意对方的某一事实或信息,他可以有针对性地进行准备,以防止当庭的"证据突袭"。第三,控辩双方各自提出的量刑信息和证据,将会因庭审中的对抗,而使得该事实"真假分明",法官据此方可准确量刑。

那么一旦控方或辩方庭前知道了对方的证据,他们(主要是辩护方)会不会实施一些干扰法庭的行为呢?就定罪程序而言,立法和司法机关确实会对证据开示制度存在一定的顾虑,比如担心被告人及辩护律师威胁、引诱证人作伪证、担心辩护方伪造证据。但是在量刑程序中,由于主要收集的是与量刑有关的法定或酌定情节,被告人及其辩护人伪造证据或威胁、引诱证人作伪证的可能性比较小,因此在量刑程序中引入证据开示制度并不存在类似定罪程序中的那些障碍。

(二) 遴选量刑情节,并形成初步的量刑意见

就法定量刑情节来讲,根据刑法所规定的该量刑情节的成立条件,辩护律师一般比较容易作出较为准确的判断。此外,在一个案件中,法定情节往往会受到检察官和辩护人双方的重点关注,因此,辩护律师在法定量刑情节的遴选问题上往往不会发生什么困难。

但是,刑法对于何谓酌定量刑情节并无明确的规定,一些量刑信息究竟能否成为一项独立的酌定量刑情节,在刑法理论上也经常存在争议。① 因此,在量刑辩护中,律师必须准确地从那些繁杂的量刑信息中遴选出有用的量刑情节,以便说服法庭对被告人作出量刑上的宽大处理。通常说来,律师

---

① 陈瑞华:《论量刑辩护》,载《中国刑事法杂志》2010 年第 8 期。

要从量刑信息中遴选出量刑情节,需要参考以下几个标准:一是能否证明被告人主观恶性较轻,或者后来有所降低;二是能否显示被告人行为的社会危害性较小,或者有所减轻;三是能否说明被告人再犯罪的可能性较小,或者事后有所减少;四是能否昭示被告人得到了被害方乃至社会的谅解……这些都是说服法院对被告人从轻处罚的重要理由,也是论证某一量刑信息是否有助于量刑辩护的主要依据。①

在完成量刑信息的调查和量刑情节的收集,遴选了量刑情节之后,辩护律师需要形成自己的量刑辩护意见。也就是说,辩护律师必须根据案件的基本情况,并结合每个量刑情节对量刑的影响,对被告人的刑事责任、量刑情节的法律评价等方面进行具体的评估,从而初步得出本方的量刑意见。

(三) 反驳公诉方的量刑证据及其量刑建议

根据目前的相关司法解释,检察机关在量刑程序启动之前便准备好了量刑建议书,并送达给了辩护方。② 辩护方在接到检察官提交的量刑建议书之后,将针对该量刑建议作出必要的辩驳,即所谓的量刑答辩。在量刑答辩中,辩护律师可能会通过反驳和否定检察官所提出的某一或某些量刑情节,或者提出一些检察官没有收集到的酌定量刑情节,来论证检察官量刑建议的不合理性。

就反驳公诉方的量刑证据来讲,辩护人主要通过两种方式:一是反驳公诉方提出的某些不利于被告人的量刑情节是不真实的,不具有可信性的。比如,在盗窃犯罪中,辩护人认为公诉人提出部分盗窃数额是没有事实基础的。二是通过本方所调查收集的证据,来质疑检察官收集的证据的真实性。比如,检察官收集了一份关于被告人品行恶劣的酌定量刑证据,而辩护人却通过自己的调查取证收集了一些证明被告人平时表现良好的证据,以此来质疑检察官收集的证据的可信性。

就反驳量刑建议来讲,辩护人也主要有两种方式:一是瓦解量刑建议的基础——量刑事实和证据,这主要是通过上述两种质疑和反驳控方量刑证据的方法;二是瓦解量刑建议的说理和论证,这主要是通过发现检察官量刑建议论证体系中的矛盾之处或论证得不充分的地方,来反驳检察官量刑建议的错误性。

---

① 陈瑞华:《论量刑辩护》,载《中国刑事法杂志》2010 年第 8 期。
② 温长军:《北京市东城区检察院量刑答辩程序改革》,载《国家检察官学院学报》2009 年第 5 期。

(四) 量刑意见的提出与论证

在反驳公诉方的量刑证据及其量刑建议之后,辩护律师紧接下来的工作便是根据本方的证据体系,通过必要的论证,向法庭明确提出本方的量刑意见。

就量刑意见的提出来讲,辩护人首先需要分析的是被告人基本的犯罪情况,比如犯罪构成、情节是否严重;其次辩护人还要反驳检察官的量刑证据体系;再次辩护人需要构建本方的量刑证据体系;最后结合本案的所有事实和证据,通过辩护人的论证,得出最终的量刑意见。

当然,和量刑建议一样,辩护人的量刑意见也只是刑事诉讼的一方根据自己的认识向居中裁判的法官所提出的量刑请求,这种量刑请求与其他诉讼请求一样,是不具有最终结论性的。

(五) 求情与求法:量刑辩护中交替使用的两大策略

"求法"与"求情"都是辩护的应有之义,但是两者是存在区别的。① "求法"主要是依据法律的规定,特别是刑法及相关司法解释,从犯罪构成要件或法律规定的量刑情节的角度进行辩护。比如,辩护人就被告人是否具有法定的从轻或减轻处罚的情节,及该情节对量刑的影响进行的辩护。而"求情"则是以被告人的一些特殊情况,比如被告人初次犯罪、其平时表现良好、家庭情况特殊等,请求法官在量刑时能酌情考虑。一般来讲,辩护律师在整个刑事诉讼中既要"求法",也要"求情","求法是常规,是法治性的;求情是例外,是策略性的"②。

在定罪程序中,辩护律师常常只是在"求法",可以说定罪辩护就是一种"求法"式辩护。在定罪问题上,针对检察官的有罪指控,辩护律师主要是从法律的角度,论证被告人不满足法律规定的犯罪构成要件,具有法定的排除违法性事由,或者被告人构成的是一种较轻的犯罪。对于上述问题,控辩双方有且仅有一个立场,法官的裁判也只能有一个立场,法官在是否构成犯罪问题上几乎不具有任何的自由裁量权。从这个意义上讲,定罪程序中辩护律师只能"求法",法官也"无情可讲"。

与定罪程序不同,量刑辩护既是一个求法的过程,同时也是一个求情的

---

① 汪建成教授认为,求情与求法两者在诉讼结构、规则及其后果的确定性、信息的对称性及对过程的参与程度这四个方面是存在区别的。参见汪建成、孙远:《求情还是求法:辩护的异化》,载《中国律师》2004 年第 3 期。
② 姜涛:《量刑辩护制度研究》,载《浙江社会科学》2009 年第 6 期。

过程。在量刑意见中,如果辩护律师能够将"求情"与"求法"策略运用得当,便可收到良好的辩护效果。"求法"是量刑辩护的常用手段,一般来讲包括两个方面:一方面,辩护律师在收集有关案件事实的基础上,按照法律规定查明有无从轻、减轻或免除处罚的情节,并对该情节的影响幅度作一评估,以请求法庭能予以考虑;另一方面,辩护律师根据相关的证据,对检察官提出的一些从重情节进行反驳,以削弱那些不利于被告人的事实的真实性,从而求得有利于被告人的量刑判决。与求法相比,求情显然不具有普遍性,往往只是针对被告人的一些特殊情况,比如,家庭困难、有患病亲属需要照料、有未成年子女需要抚养等事实,请求法庭酌情对其从轻处理。尽管与求法相比,求情不具有普遍性,但是在某些情况下,求情的作用甚至远远大于求法,特别是在那些可能判处缓刑的案件中,法官常常是根据本案的酌定情节及本案的具体情况来决定是否判处缓刑。

四、量刑裁判的说理——法官对控辩双方意见的回应

法官在判决书中对量刑建议和量刑意见作出必要的回应,其本质便是量刑理由的公开。应该说,量刑理由公开是量刑规范化的重要内容之一,对促进量刑公正具有重要意义。近年来,虽然我国刑事判决在裁判文书说理方面有了一定的进步,但是,在刑事裁判文书的量刑说理方面仍没有多大改观。这无疑助长了法官"重定罪、轻量刑"的判案倾向。

判决书是判决结果的载体,在刑事诉讼中也是量刑结果的载体。[①] 对于量刑建议而言,检察官通过对相关证据的分析和论证,得出了自己关于被告人应当如何量刑的判断。尽管这种量刑建议不具有终局效力,但是不论法官采纳与否,法官应当对该量刑建议中的证据和论证作出必要的回应。同理,对于辩护方的量刑意见而言,如果辩护律师在量刑程序中的一系列诉讼权利都能够得到保障,辩护律师在法庭上也进行了有效的辩护,而法院最终的判决书中对量刑辩护没有作出必要的回应,比如辩护律师提出的哪些情节是成立的、哪些情节是不成立的、哪些反驳控方证据和事实的理由是成立的、哪些反驳理由是不成立的,那么即便量刑辩护再精彩、量刑意见再合理,也难以起到限制法官自由裁量权的作用,更难以达到预期的辩护效果。此外,"判决理由是上诉或不服申诉的根据,律师和上级法院也要在判决理由中去寻找线

[①] 王圣扬:《从辩护律师参与量刑活动看我国审判量刑程序的改革与完善》,载《安徽大学法律评论》2009 年第 2 辑(总第 17 辑)。

索,以发现原审法院判断的不足、失误和逻辑问题"①。

无论大陆法系还是英美法系,在刑事判决中都十分强调量刑的说理。比如,英格兰及威尔士在1973年的《刑事法院权力法》(Powers of Criminal Courts Act 1973)中便规定,"治安法官在对21岁以上的人科处第一次监禁刑时必须说明理由"。在德国,量刑说理也被视为刑事裁判说理制度的重要组成部分。相异于民事诉讼,刑事诉讼上的对判决理由的宣示为强制性的规定,如果判决未说明理由或者未在法定期限内将判决理由装存案卷,可构成法律上之绝对上诉理由。②

我国在量刑程序获得相对独立地位的大背景下,量刑问题开始成为一个相对独立的问题进入法官、检察官和辩护人的诉讼视野,检察官的量刑建议和辩护人的量刑意见开始受到了相关司法解释的强调。在这种情况下,法官通过量刑说理对量刑建议和量刑意见作必要的回应,是量刑建议与量刑意见实质化的保障。

法官在判决书中对量刑建议和量刑意见进行回应,即量刑理由的说明,具有以下重要意义:其一,在裁判中说明量刑理由,可以促使法官审慎、充分和合理地考虑影响量刑的各种因素,避免量刑的随意性和武断性。经过控辩双方就量刑问题的举证、质证和论证,许多证据、事实都摆在了法官的面前。对于这些事实和证据,法官在判决书中必须要就是否采纳、为什么不采纳作出必要的说明。这样的话,法官的量刑裁量权才能受到法庭审判和控辩双方的约束。毕竟,"如果法官无需在其判决结果与案件事实之间建立合理的说明与论证过程,非但不能有效提高法官的审判水平,增强其裁判文书的制作能力,反而会使判决成为掩盖其专断行为的合法载体,进而滋生枉法裁判和司法腐败"③。其二,在裁判中说明量刑理由有助于加强对量刑的监督,使控辩双方、被害人等与裁判存在利益关联的各方和上级法院,可据此审查和判断量刑是否客观公正,并决定是否上诉、抗诉或者改判。法官通过在判决书中就量刑问题进行充分的说理,阐明判决书为什么没有采纳控方或辩方提出的证据,为什么没有采纳量刑建议或量刑意见,为什么作出判决书结果。这样的话,控辩双方、被害人、其他利益相关人及上级法院都将会对法官的量刑过程及其结果进行全方位的审查和监督。检察官和辩护人也可以合理地评估量刑结果,以决定是否需要上诉、抗诉。其三,在裁判文书中说明量刑理

---

① 季卫东:《法治秩序的建构》,中国政法大学出版社1999年版,第229页。
② 康黎:《量刑说理初探》,载《中国刑事法杂志》2008年第11期。
③ 龙宗智:《刑事判决书应加强说理》,载《现代法学》1998年第2期。

由,有利于被告人、被害人等对裁判结果的认同和接受,增强司法的公信力。公开是程序运作的普遍法则,也是司法公信力的源泉,可以说,"没有公开则无所谓正义"①。从这个意义上讲,暗箱操作已越来越多地被现代法治国家所抨击和克服,因为"一切肮脏的事情都是在'暗箱作业'中完成的,追求正义的法律程序必然是公开的、透明的"②。一份合格的裁判文书既要注明量刑的结果,也要全面记录量刑的全过程,同时还应进行充分的量刑说理,以彰显裁判理性,公开法官心证的过程,让当事人和公众知悉、评论。这不仅有利于限制法官的量刑裁量权,而且也有助于被告人、被害人及普通社会公众对裁判结果的认同和接受,增强司法公信力。

(一) 量刑建议与量刑辩护的关系

那么法官在量刑裁判文书中,如何对待量刑建议和量刑意见,这在本质上涉及量刑建议和量刑意见的关系问题。笔者认为,可以从以下几个方面来把握量刑建议和量刑意见的关系:

第一,量刑建议和量刑意见在本质上都是诉讼主体行使诉权的方式,本身没有高下之分。

本质上讲,不论是量刑建议还是量刑意见,都只是刑事诉讼的一方根据自己掌握的证据和对案件的认识,向居中裁判的法官所提出的量刑请求,都只不过是诉讼主体行使诉权的方式而已。所不同的是,量刑建议的提出主体是国家的代表,而量刑意见的提出主体是被告人及其辩护人。

从刑事诉讼构造理论来看,刑事诉讼的过程应该是控、辩、审三方共同参与的等腰三角形关系,法官居中裁判,控诉方和辩护方在法官的主持下相互对抗,通过质证、调查等形式进行证实或证伪活动。在这个诉讼框架中,公诉人的诉权和被告人及其辩护人的诉权是一对矛盾体。在这个对抗关系的矛盾体中,控诉和辩护的权利应该完全对等,地位应该完全平等。③ 如果不能做到平等对话,纵容控诉权的强大,漠视辩护权的弱小,就无法保证权利的公平行使,审判法官也难以居于一个不偏不倚的中立位置,其最终结果只能是强权的彰显和弱者权利的被侵害。

如果说在定罪问题上,公诉方诉权尚且具有一定的道德优势的话,那么,在量刑程序中,由于涉及的是如何量刑、量刑多少等问题,在这个问题上控诉

---

① 〔美〕伯尔曼:《法律与宗教》,梁治平译,生活·读书·新知三联书店1991年版,第48页。
② 王利明:《司法改革研究》,法律出版社2001年版,第52页。
③ 张乐:《刑事诉讼中证据展示制度研究》,载《检察日报》2001年12月19日。

方诉权甚至连道德优势都没有了,所以控辩双方的诉权更应该平等。由此可见,尽管检察官的量刑建议行使的是国家诉权,但是在量刑程序中我们没有必要对"国家权力"高看一眼,量刑建议和量刑意见都只不过是诉讼一方行使诉权的方式而已,两者在效力上是平等的,没有高下之分。与之相对,法官对待量刑建议和量刑意见,也应当一视同仁。

第二,量刑建议和量刑意见都属于量刑申请,对法官的量刑裁量权会产生一定的制约,但是对法官却不产生法律上的拘束力。

由前文论述可知,量刑建议和量刑意见可以在一定程度上约束法官的量刑裁量权。但是从效力上讲,量刑建议和量刑意见都属于量刑申请,对法官不产生法律上的拘束力。比如,在美国司法实践中,尽管法官在量刑时通常会采纳检察官的量刑建议——但是,绝大多数司法管辖区的法官并没有这种义务。① 在法国,尽管检察官可以提出各种量刑建议,但是这种建议对法官也不产生法律上的拘束力。② 在德国处刑命令程序中,尽管检察官提出的处刑令申请"应当写明要求判处的法律处分"③,但是这种申请对管辖法院和当事人并不具有约束效力。

我国量刑程序中,检察官与辩护人一样,都只是量刑的申请者,是诉权的行使主体,量刑建议和量刑意见只是在行使主体代表的权力上有所不同,其效力并没有什么高下之分。甚至最高人民检察院朱孝清副检察长也同样认为,"量刑建议仅供法院量刑时参考,法院是否采纳建议及如何量刑全由法院依法独立作出决定"④。

第三,法官在量刑建议和量刑意见这一对立体中寻求统一。

一般来讲,由于立场不同,检察官和辩护人分别从两个相互对立的角度发现量刑事实和证据,因此,量刑建议和量刑意见往往是一对矛盾体。从认识论的角度来考虑,基于立场的不同,人们在对同一个问题的调查认识过程中,常常会出现一种偏向,即自觉不自觉地从角色的角度去看问题,而忽略了其他方面。因为人们有一种心理倾向:当形成某一判断后,"一切加强该判断的事物都会在心中留下深刻印象,而对一切相反的事物都会漫不经心,不

---

① George F. Cole, Christopher E. Smith, *The American System of Criminal Justice*, Thomson Learning, Inc. 2001, p.342.

② 〔法〕卡斯东·斯特法尼、乔治·勒瓦索、贝尔纳·布洛克:《法国刑事诉讼法精义》,罗结珍译,中国政法大学出版社1998年版,第136页。

③ 由于这种"判处法律处分的要求"对于管辖法院不具有约束力,所以是建议性质,属于量刑建议。

④ 朱孝清:《论量刑建议》,载《中国法学》2010年第3期。

加注意"。① 然而,以量刑建议和量刑意见为基础的这种相对式的争辩机制,是抵御法官、检察官和辩护人因某种认识倾向而形成偏见及官僚弊端的最有效的工具。

以量刑建议和量刑意见为基础,控辩双方必然会在大多数情况下针对对方的意见进行反驳和辩论,这种辩论将控辩双方对量刑问题的意见及各自所依据的理由都向法官提出,法官对与量刑有关的情节会有一个更为全面的了解,兼听则明。在充分听取了对立双方对量刑问题的意见后,法官更容易在此基础上作出一个可以统率全局的量刑判决。

(二) 法官对量刑建议和量刑辩护的回应

一般来讲,刑事判决书的论证说理由两部分组成:一是"经审理查明……",二是"本院认为……"。在前一部分,判决书中往往列明了法院认定的事实、情节和证据,当然,有些法官还会对控辩双方存在争议的问题进行适当的分析和评价。在后一部分,判决书中往往会写明根据查证属实的事实、情节和法律规定,论证被告人是否犯罪,犯什么罪,应否从宽或从严处理。由于受"重定罪、轻量刑"观念的影响,在"经审理查明……"部分,法官往往只是列明了对定罪有影响的事实和证据,而忽视量刑情节和证据的展示。而在"本院认为……"部分,则只论证被告人是否犯罪,犯什么罪,对量刑理由的论证则十分浅显,即便是有从宽从严处理情节的量刑,也论证得十分粗疏。比如,在一些判决书中常常会见到如下表述:"被告人作案手段残忍,性质恶劣,后果严重,民愤极大,应当依法从重判处。"

随着相对独立量刑模式的确立,量刑开始成为一个独立的问题纳入到司法裁判的视野。最高人民法院也在《关于规范量刑程序若干问题的意见(试行)》中,就量刑说理问题作出了明确规定:"人民法院的刑事裁判文书中应当说明量刑理由。量刑理由主要包括:(一) 已经查明的量刑事实及其对量刑的作用;(二) 是否采纳公诉人、当事人和辩护人、诉讼代理人发表的量刑建议、意见的理由;(三) 人民法院量刑的理由和法律依据。"由此可见,未来,法官在判决书中将不得不专门就量刑进行详细的说理。

根据我国目前的裁判书说理体系,并结合《意见》中就量刑说理作出的规定,笔者认为,未来我国法官在判决书中对量刑建议和量刑意见的回应,即量刑说理将会从以下几个角度进行:第一,在展示经审理查明的涉及犯罪构成的证据之后,法官应当明示证据的取舍,并论证被告人是否构成犯罪,及构

---

① 龙宗智:《刑事庭审制度研究》,中国政法大学出版社2001年版,第348页。

成何种犯罪;第二,在论证被告人构成犯罪之后,法官应当首先展示体现量刑情节的证据,并说明证据的取舍问题,及初步说明这些证据对量刑的作用;第三,根据法庭审理查明的事实和证据,说明法庭采纳、不采纳或部分采纳公诉人、当事人和辩护人、诉讼代理人发表的量刑建议、意见的理由;第四,结合案件的所有量刑情节和证据,充分地论证本量刑裁判形成的原因及其理由。

(三) 检察官的抗诉与当事人的上诉

针对量刑问题,检察官提出了量刑建议,辩护人也提出了量刑意见,检察官和辩护人分别就量刑建议和量刑意见提出了自己的理由。经过法庭上法官对量刑问题的审理、控辩双方就量刑事实和证据的辩论,法官会就被告人的量刑问题得出自己的结论。在法官的量刑判决中,法官不仅要对检察官的量刑建议和辩护人的量刑意见作出必要的回应,还需要说明自己如此量刑的理由。

根据初审法官的量刑理由,结合本方的量刑建议和量刑意见,检察官和辩护人很容易得出是否接受法官量刑的结论。如果检察官或辩护人认为法官不采纳本方量刑建议或量刑意见的理由不成立,或者法官就如何得出自己的量刑结论的说理难以令人信服,那么检察官或辩护人将会据此提出抗诉或上诉。从这个意义上讲,法官所作出的令人信服的量刑说理在一定程度上会实现"定分止争"的效果,而不恰当的量刑说理则会引起检察官的量刑抗诉和当事人的量刑上诉。

【本章小结】

量刑建议是检察官在量刑程序中最重要的一项功能,围绕着量刑建议,检察官还需要收集一定的量刑证据,在量刑程序中出示这些证据,并通过量刑证据来向法庭论证本方量刑建议的合理性。与此如出一辙的是,量刑意见是辩护律师在量刑辩护上的一项重要功能,围绕着量刑意见,辩护律师需要收集量刑证据,反驳检察官提出的量刑证据及其量刑建议,并通过本方的论证说服法庭接受量刑意见。量刑建议和量刑意见是检察官和辩护律师在量刑程序中的作用和功能的缩影。量刑建议和量刑意见对保障法庭审判的对抗性,实现诉权对裁判权的有效制约,维护基本的程序正义及提高诉讼效率具有重要意义。

检察官的量刑建议权具有以下几项属性:从刑罚权的内涵来看,检察官的量刑建议权属于公诉权的范畴;量刑建议权是公诉权实现刑罚权的支点之一;量刑建议权是一种司法请求权,它不具有终局性。从价值上讲,量刑建议不仅有助于实体正义、程序正义的实现,也有利于诉讼效率的提高。从制度设计上讲,量刑建议书的性质、量刑建议的时机、量刑建议的方式、量刑建议的说理、量刑建议的变更等问题都需要进一步研究和细化。当然,我们也应当清醒地看到量刑建议的局限性,即量刑建议可能会干扰法官的裁判,量刑建议可能会使法官、检察机关处于尴尬境地,量刑建议的积极作用很难实现,检察官的量刑建议权可能会加剧控辩双方的不平等。

从比较法经验来看,量刑辩护主要是围绕着量刑意见来展开的,包括为了准备量刑意见而调查和收集量刑证据、研究量刑前调查报告和其他量刑证据并制作量刑意见、量刑听证程序中对本方提出的量刑意见进行必要的论证。就量刑信息的调查与收集来讲,现行法律限制律师的调查取证权在定罪问题上或许还有一定的合理性,但是在量刑问题上则完全没有必要。当然,律师一旦有权进行量刑信息的调查,那么,如何保障辩护律师所收集信息的真实性,是量刑程序必须要解决的一个重要问题。就反驳公诉方的量刑证据及其量刑建议来讲,辩护方在接到检察官提交的量刑建议书之后,将针对该量刑建议作出必要的辩驳,即所谓的量刑答辩。在量刑答辩中,辩护律师可能会通过反驳和否定检察官所提出的某一或某些量刑情节,或者提出一些检察官没有收集到的酌定量刑情节,来论证检察官量刑建议的不合理性。在反驳公诉方的量刑证据及其量刑建议之后,辩护律师紧接下来的工作便是根据本方的证据体系,通过必要的论证,向法庭明确提出本方的量刑意见。辩护律师在量刑意见中如果能够交替地使用"求情"和"求法"这两大策略,往往会收到意想不到的效果。

不论法官最终的量刑结论如何,在判决书中,法官都应当对量刑建议和量刑意见作出必要的回应。量刑理由公开是量刑规范化的重要内容之一,对促进量刑公正具有重要意义:其一,在裁判中说明量刑理由,可以促使法官审慎、充分和合理地考虑影响量刑的各种因素,避免量刑的随意性和武断性;其二,在裁判中说明量刑理由有助于加强对量刑的监督,使控辩双方、被害人等与裁判存在利益关联的各方和上级法院,可据此审查和判断量刑是否客观公正,并决定是否上诉、抗诉或者改判;其三,在裁判文书中说明量刑理由,有利于被告人、被害人等对裁判结果的认同和接受,增强司法的公信力。法官在量刑判决书中应当合理地处理量刑建议和量刑意见之间的关系:第一,量刑建议和量刑意见在本质上都是诉讼主体行使诉权的方式,本身没有高下之分;第二,量刑建议和量刑意见都属于量刑申请,对法官的量刑裁量权会产生一定的制约,但是对法官却不产生法律上的拘束力;第三,法官在量刑建议和量刑意见这一对立体中寻求统一。当然,我国目前的量刑说理制度还存在较大的缺陷。在量刑程序改革的大背景下,未来我国法官在判决书中对量刑建议和量刑意见的回应,将会从以下几个角度进行:第一,在展示经审理查明的涉及犯罪构成的证据之后,法官应当明示证据的取舍,并论证被告人是否构成犯罪,及构成何种犯罪;第二,在论证被告人构成犯罪之后,法官应当首先展示体现量刑情节的证据,并说明证据的取舍问题,及初步说明这些证据对量刑的作用;第三,根据法庭审理查明的事实和证据,说明法庭采纳、不采纳或部分采纳公诉人、当事人和辩护人、诉讼代理人发表的量刑建议、意见的理由;第四,结合案件的所有量刑情节和证据,充分地论证本量刑裁判形成的原因及其理由。

第八章　量刑程序中的被害人参与

既然2012年《刑事诉讼法》及"两高三部"出台的相关司法解释中已赋予量刑程序相对独立的地位,那么在这个相对独立的量刑程序中,被害人处于何种地位,发挥何种功能,承担何种角色等问题亟待研究。比如,按照中国传统的诉讼理论,代表国家行使刑事追诉权的检察机关,被视为刑事公诉的发动者和支持者;被害人作为犯罪行为的直接受害者和刑事诉讼的利害关系人,拥有支持刑事诉讼的权利,起到辅助追诉的作用。在公诉程序中,法律规定被害人具有当事人地位,而作为一方"当事人",被害人除了不拥有上诉权以外,可以享有被告人所享有的其他诉讼权利。正因为如此,现行刑事诉讼法在那些有被害人参与的公诉案件中,其实打破了传统的由控诉、辩护和裁判三方构成的诉讼构造,而确立了一种由公诉方、被害方、被告方与裁判者组成的"四方构造"[①]。在这种四方构造之下,在定罪与量刑程序合一的传统模式之下,被害人的意见和观点不仅在定罪问题上,无法引起法官的重视,在量刑问题上,也不能够引起法官的注意,被害人在法庭审理过程中实际上不过是一个具有利害关系的证人而已,这种情况造成了被害人利益得不到法庭的有效保护。如果说,在"全有或全无"这一定罪问题上,被害人和检察官的利益和目标具有一致性,即都是为了寻求被告人的有罪认定,那么在"多少或轻重"这一量刑问题上,被害人和检察官可能会存在一定的差异,毕竟检察官是司法机关,其在打击犯罪的同时还必须承担一定的客观义务。所以,在量刑程序获得相对独立地位的大背景下,刑事诉讼中被害人的角色亟待研究。基于此,本章拟对量刑程序中关涉被害人的几个重要问题作一简单研究,以期抛砖引玉。

一、刑事被害人参与量刑的正当性

作为遭受犯罪行为直接侵害的人,被害人在定罪程序中,为了防止扭曲

[①] 陈瑞华:《论量刑程序的独立——一种以量刑控制为核心的程序理论》,载《中国法学》2009年第1期。

诉讼构造、防止被告人处于更加不利的境地，一般情况下，被害人不具有当事人地位，而只能接受法庭的传唤，以证人的身份协助法庭调查案件事实。然而，被告人一旦被确定有罪，转化为犯罪人，那么在确定被告人刑事责任大小的量刑阶段，被害人的参与便至关重要。

第一，被害人与检察官利益的不完全一致性，是被害人作为量刑程序当事人的利益基础。在整个刑事诉讼中，被害人与检察官的利益并不总是完全一致的。在定罪阶段，检察官和被害人之间大体一致，即都是为了寻求被告人被定罪。尽管刑事诉讼理论认为，检察官应当具有一定的客观义务，但是由于定罪问题是一个全有或全无的问题，在这个问题上有且只有一个立场，检察官提起公诉决定了追求被告人有罪是他们在定罪审理阶段的终极目标。然而，在量刑阶段，被害人与公诉人的诉讼利益常常存在一定的冲突，公诉人既无法完全代表被害人的利益，更无法充分体现其自由意志。原因很简单，作为国家利益的代表，公诉人要承担一定的客观义务，在我国表现为"实事求是"，同时，与"有或全无"的定罪相比，量刑是一个"或多或少"的问题，公诉人针对不同的情节可以站在不同的立场。也就是说，在量刑问题上，检察官提起公诉的目标是追求公正、适当的刑事处罚，并且要在法律范围内行使公诉权，而不可能一味地要求法院科处重刑，更不可能为促使法院处以重刑而不择手段。比如，公诉人根据案件的具体情况，既可以要求法院从重量刑，也可以明确建议法院从轻量刑；既可以要求法院判处重刑直至死刑，也可以要求法院适用缓刑、定罪免刑等非监禁刑。相反，被害人为实现个人的诉讼利益，特别是为了实现原始的复仇欲望，经常会单方面强调那些从重量刑的情节，甚至提出不切实际的从重量刑意见。这与秉持公正、客观立场的公诉人经常会发生诉讼立场和观点的分歧。正因为如此，代表国家利益和法律利益的公诉人，在量刑听证程序中不可能完全代表被害人的利益，也不可能始终发表与被害人一致的量刑意见。

第二，被害人权利保护与被告人权利保护的非同质性，是被害人作为量刑程序当事人的权利基础。被害人的权利保障与被告人的权利保障属于性质完全不同的两个问题，无法在同一平面上相提并论。[①] 对于被告人而言，由于其自由、财产乃至生命面临国家任意剥夺的严重威胁，而且这种权利剥夺又是有组织的、防不胜防的，因此，保障被告人权利的实质在于确保被告人不受国家公共权力机构的任意逮捕、起诉和定罪。正因为如此，各国宪法及

---

① 陈瑞华：《论量刑程序的独立——一种以量刑控制为核心的程序理论》，载《中国法学》2009年第1期。

人权公约才将国家公权力视为被告人权利的最大威胁。由于任何公民都是潜在的犯罪人,因此保护被告人免受国家公权力的任意侵犯实际上就是为了保护每一个公民免受国家权力的任意追诉。相反,被害人参与刑事诉讼的逻辑基础在于受到犯罪行为的侵害,这种侵权无论是人身方面的还是财产方面的,都来源于作为社会成员的犯罪人的不法侵害行为。被害人参与刑事诉讼的主要利益在于寻求刑罚的正义和充分的民事赔偿。显然,对被害人的实体权利加以侵害的并不是国家公共权力机构,而是普通的社会成员;被害人在刑事诉讼中所面临的最大威胁也不是国家权力的滥用,而是国家专门机构在追诉犯罪方面的不作为和消极怠工。公诉机关尽管不可能永远与被害人的利益保持一致,但至少不会构成被害人的侵权之源。正因为如此,被害人的权利保障最多属于向司法机关寻求实体权利的救济问题,而被告人的权利保障则属于防范国家权力的滥用问题。

需要注意的是,被害人参与量刑并不会导致被告人权利保护的失衡。在定罪阶段,面对国家的追诉,被告人属于弱者,为了防止国家对个人的不当追诉及国家权力的滥用,因此对被告人进行特殊保护,正是在这个意义上,才出现了无罪推定、沉默权、非法证据排除规则等对被告人进行特殊保护的制度。但是在量刑阶段,被告人已经转化为罪犯,在这种情况下,国家追诉权滥用的危险已经得到排除,量刑程序中无需为被告人提供特殊保护。因此,在量刑阶段,被害人不仅从形式上可以平等地参与量刑决策过程,为法院的量刑裁决提供必要的事实信息,提出本方的量刑意见,而且从实质上看,被告人不再享有任何优越于被害人的诉讼特权,两者明显具有类似于民事诉讼中的原告和被告的关系,而可以对法院的量刑结果平等地施加积极的影响。所以说,即便在量刑阶段,被害人以当事人的身份出现,也不会导致被告人权利保护的失衡。

第三,被害人参与量刑,有利于保障法官获取全面的量刑信息,促进量刑实体的公正。法官要在获取足够的量刑信息,方可作出公正的量刑判决。被害人是犯罪行为侵害的对象,他们对犯罪行为的具体过程、犯罪行为造成的后果、犯罪人实施犯罪时的具体主观态度、犯罪人在犯罪之后的态度等有着深入的了解。被害人参与量刑听证会,痛陈犯罪行为对自己造成的危害,犯罪人犯罪时的凶恶表现,犯罪行为对社会造成的严重影响,同时也就本方收集的量刑情节、量刑情节对量刑的影响、恰当的刑罚等问题发表自己的意见,这不仅使得事实裁判者能获取更加全面的信息,也使得法官的量刑裁量权受到来自各方的必要的控制和约束,从而有利于公正实体判决的形成。此外,由于在司法实践中,法庭审理活动往往以证明被告人是否有罪为重心,在公诉机关实现有罪宣告之后，便意味着控诉活动获得成功，因此，控诉机关往往对量刑问题缺乏足够的重视。在这种情况下，让被害人参与量刑听证程序，无疑会替代公诉人缺位的情况，帮助法官公正量刑。

第四，被害人参与量刑有利于程序正义的实现。程序正义是一种"过程价值"，它主要体现在程序的运作过程中，是评价程序本身正义性的价值标准。① 关于程序正义的最低限度的标准，有学者将其概括为以下六项原则，即程序的参与原则、中立原则、程序对等原则、程序理性原则、程序自治原则以及诉讼及时和终结原则。② 一般来讲，"被害人权利保障的核心应是加强并保证他的程序参与权"③。程序参与权，在英美法中被称为"获得听审的机会"④。人们通常将"程序参与"作为自然公平的第二个原则，主要内容是："必须给予诉讼当事人各方充分的机会来陈述本方的理由。这意味着必须将诉讼程序告知他们，并及时通知其任何可能受到的指控，以使当事人能够准备答辩。此外，还应允许当事人以适当的方式将答辩提交给法官。"⑤ 从具体内涵上讲，程序参与原则大体上包括"诉讼知情权"和"诉讼听审权"。诉讼知情权的主要内容是：诉讼当事人有权充分及时了解与己相关的诉讼程序的进行情况；法院必须平等、及时地告知受到诉讼结果影响的当事人，使其能够充分及时地了解诉讼程序的进行情况，以便其能够充分及时地参加诉讼，行使诉讼听审权或者适时地作出相应的诉讼行为。诉讼听审权的主要内容是：在诉讼中，受到诉讼结果影响的当事人及相关第三人有权提出程序请求或程序异议、主张事实和提供证据，即便是法院依职权收集的事实和证据，（对方）当事人及相关第三人均有权充分表达意见。在量刑程序中，维护被害人的程序性人权包括程序参与权，打造出"过程精品"，体现了量刑程序及过程的独立价值。满足此等要求和价值的诉讼程序及过程，才具有正当性。

第五，被害人参与量刑有利于制约法官的量刑裁量权。在量刑听证程序中，被害人的有效参与，不仅可以向法官提交相关量刑证据，同时也有权质疑辩护方提出的主张和证据，而且被害人也可以就被告人的量刑问题发表自己的意见。在这种情况下，即便被害人的意见没有被法官采纳，法官在量刑时也不得不对被害人的意见加以考虑，并在量刑说理中加以回应，否则会招致

---

① 陈瑞华：《刑事审判原理论》（第二版），北京大学出版社2003年版，第48页。
② 关于这些原则的详细论述，请参见陈瑞华：《刑事审判原理论》（第二版），北京大学出版社2003年版，第48—65页。
③ 陈光中、江伟主编：《诉讼法论丛》，法律出版社1998年第2卷，第28页。
④ See *Black's Law Dictionary* (Seventh Edition), West Group, 1999, pp.516—517.
⑤ 〔英〕彼得·斯坦、约翰·香德：《西方社会的法律价值》，王献平译，中国法制出版社2004年版，第112—113页。

被害人的不满,严重的情况可能会导致被害人申诉上访。在这种情况下,被害人通过诉权的行使,对法官的量刑裁量权施加必要的影响,从而有效地制约法官的量刑裁量权。

第六,被害人参与量刑是被害人诉讼主体地位的集中体现。尽管我国法律规定了被害人具有当事人的诉讼地位,但是在控、辩、裁三方构造的定罪程序中,为了防止诉讼构造的扭曲,被害人的主体地位往往会被检察官所取代,而无法行使当事人的权利。然而,在量刑程序中,典型的三方构造已经不存在,控辩双方的对抗也趋于缓和,法官更加关注的是如何对被告人正确量刑,在这种情况下,被害人方可以当事人的身份参与其中,并发挥必要的作用。被害人参与量刑程序,并在量刑程序中充分发表自己的意见、宣泄自己的不满、痛陈犯罪所造成的危害,不仅有利于被害人当事人地位的回归,而且还有利于强化被害人对法院判决的服判心理,真正地息诉息访。

以上只是从正面的角度论述了被害人参与量刑的积极意义,但是对被害人参与量刑也存在一定的质疑和顾虑,如果这些质疑或顾虑没有得到合理的解决和解释,那么被害人参与量刑程序可能会受到一些人士的反对。而且,从学术研究的角度看,我们不仅要从正面的角度证实,还需要证伪,即对可能的质疑进行必要的回应。

第一个质疑或顾虑可能是:被害人参与量刑是否会导致量刑程序的拖延。实际上,表面看来,量刑程序中增加了一方主体,这个主体肯定要实施相应的诉讼行为,这必然会牺牲一定的诉讼效率。但是,根据英美法系国家的诉讼实践,在量刑听证程序举行之前,被害人一般已经就犯罪对被害人所造成的伤害,包括财产损失、身体伤害、心理伤害,及对被害人情感和家庭关系所造成的不利影响等准备了一份被害人影响陈述。被害人一般只需要在量刑听证程序中宣读该被害人影响陈述,举出必要的证明该影响陈述内容的证据,及回答检察官、法官和辩护律师提出的问题。这些行为一般不会浪费过多的时间。所以说,大可不必担心被害人的参与会导致量刑程序的拖延。

第二个质疑或顾虑可能是:被害人参与量刑是否会将被害人的情绪和偏见带入量刑程序,进而对法官的正确量刑产生消极的影响。比如,有学者认为"被害人目前整体的法律意识和法律水平较低,特别是被害人多不可避免地怀有报复情结——这虽然可以理解,但是在这种情形下允许其参与量刑,对人民法院实现公正量刑的益处就值得探讨"。[①] 的确,被害人为了复仇和

---

① 胡云腾:《构建我国量刑程序的几个争议问题》,载《法制资讯》2008 年第 6 期。

获得足够的赔偿,肯定会将情绪和偏见带入量刑听证程序之中,比如被害人可能会夸大犯罪对自己身体和心灵所造成的损害,可能会夸大犯罪给自己带来的财产损失,及可能会提出过高的量刑要求。但是,在任何法庭审判中,宣泄自己的感情、阐明本方观点都是庭审的一项重要功能,我们不能因为一方当事人在法庭中宣泄自己的感情,就要将其拒之门外。而且,被告人及其辩护律师在整个法庭审理中,其立场、观点不也带有个人的情绪和偏见吗?为什么被告人及其辩护人参与法庭审理就不会给人民法院实现公正量刑带来不利影响,而被害人的情绪和偏见就能给人民法院实现公正量刑带来不利影响呢?此外,对被告人如何量刑是法官裁判权的范围,在这个问题上法官只服从法律,被告人及其辩护人、检察官、被害人只能提出证据对法官的裁判施加一定的影响,而无法干涉。所以,即便被害人将自己的情绪和偏见带入量刑听证程序,但是只要这种情绪和偏见没有必要的证据加以支持,法官完全有权利和理由不予理会。

二、刑事被害人作为量刑程序当事人的构造基础

从理论上讲,现代各国的诉讼构造,主要由控、辩、裁三方主体构成,分别行使控诉职能、辩护职能和审判职能,因此这种构造经常被人们形象地称为"三方诉讼构造"。在"三方诉讼构造"中,起诉与审判职能相分离,国家公诉代替私人起诉,实行不告不理原则;实行审判独立,法官独立行使刑事司法权;肯定被告人的主体地位和辩护人的能动作用,确认和保障被告人的辩护权;实行公开审判,肯定直接言词原则,以及实行证据裁判原则和自由心证制度等。

然而,我国在1996年《刑事诉讼法》修改中"提升了被害人的诉讼地位,将被害人正式确立为刑事诉讼的当事人(2012年修改的《刑事诉讼法》基本沿袭了这一方式)",并最终形成了检察官、被害人、被告人及其辩护人和法官的四方主体构成的"非典型"诉讼格局,有学者将其称为"四方诉讼构造"。所谓"四方诉讼构造",就是在传统的控、辩、裁三方的基础上加上被害人的充分参与,形成一种被害人、检察官、被告人(或罪犯)在法官主持下相互制约、相互对抗的诉讼格局。"四方诉讼构造"与"三方诉讼构造"最主要的不同之处就在于,它在控、辩、裁三方的诉讼地位和法律关系上,突出了被害人的主体地位和特殊作用,被害人没有被掩盖在检察官或者是"控方"的整体利益之下,他可以独立地提出主张,对于被告人是否有罪,社会危险性如何,以及量刑幅度等都可以发表自己的意见。同时,在"四方诉讼构造"中,也突

出了被害人与检察官,以及被害人与被告人之间的互动关系,除了检察官与被告人之间的直接对抗之外,被害人与被告人之间也有着直接的利益冲突;被害人与检察官之间既相互协助,又相互制约。法官作为中立的裁判者,同时直接与检察官、被害人和被告人三方主体发生联系,被害人的意见和遭受犯罪侵害的情况不必经过检察官便可直接反馈到法官那里,法官在充分听取不同主张的情况下,作出独立的判断。

当然,以上只是从理论上分析我国被害人被确定为当事人之后,法庭所具有的理论构造。但是司法实践中,这种"四方构造"在定罪阶段则出现了明显的问题。首先,由于检察官和被害人在定罪问题上的利益是相同的,即都是为了寻求被告人被定罪,而且被害人对于定罪问题掌握的证据一般都已经提交给了警察或检察官,因此在定罪阶段,被害人实际上只能承担辅助的控诉职能;其次,我国现在的问题是被告人的诉讼地位都没有得到合理的解决。在"无罪推定""控辩平等""法官中立"等问题没有得到解决,被告人的权利无法得到保障和尊重的情况下,如果再要将被害人纳入定罪程序的当事人,无疑会使被告人处于更加不利的境地;再次,法律尽管规定了被害人具有当事人地位,但是却不赋予被害人上诉权,这种立法导致被害人无法真正成为当事人。所以,在定罪阶段,这种为保护被害人而设定的"四方构造",实际上很难真正地发挥作用。

然而,在量刑阶段,情况则有所不同。首先,被害人与检察官的利益出现了一定的分歧,检察官由于承担了一定的客观义务,而且量刑本身是一个或多或少的问题,在这个问题上,不同的诉讼主体具有不同的立场既是可能的,也是合理的。其次,被告人一旦转化为罪犯,那么一切保护被告人免受国家权力不当追诉的措施都将归于无效,无罪推定将失去意义,在这种情况下,被害人和被告人将处于平等地位,没有高低之分。再次,如果说在定罪阶段,法庭审理的价值追求是实体公正和程序正义的统一,那么在量刑阶段,量刑听证程序主要是为了实现实体公正,这种情况下,应当允许被害人参与量刑并提供必要的量刑信息。最后,在量刑听证阶段,即便被害人参与,也不会导致诉讼结构的失衡。所以,在量刑阶段,这种"四方构造"对保护被害人的利益,保障法官正确量刑,都具有极其重要的意义。此外,尽管我国目前定罪程序中的四方构造存在一定的理论和实践缺陷,但是这种"四方构造"的理论和实践,却为量刑程序中被害方的有效参与提供了坚实的构造基础。

三、刑事被害人在量刑程序中的角色定位

1996年《刑事诉讼法》修改将被害人的地位提升为刑事诉讼的当事人（2012年修改的《刑事诉讼法》基本沿袭了这一规定），这还曾一度被视为刑事诉讼中强化被害人保护的重大举措。但是随着1996年《刑事诉讼法》的实施，上述立法并没有实现立法者的预期效果，刑事司法中被害人权利的保护仍然存在相当大的问题。围绕着被害人应不应该享有当事人的地位，学界展开了激烈的争论，并最终形成了两种截然相反的观点：一种观点认为，刑事诉讼中被害人应当具有当事人地位，被害人的利益应当与被告人一样受到保护，现行刑事诉讼法对被害人的保护存在很多不足，应当进一步予以完善。其原因包括：被害人与犯罪嫌疑人、被告人之间是对立统一关系，他们都与案件事实和诉讼结果具有密切的关系；将被害人确定为当事人是保障被害人合法权利的有效措施；由被害人作为诉讼当事人参加诉讼，依法行使诉讼权利，履行诉讼义务，陈述案情的起因、发生、发展和结果，积极配合公诉人可以弥补公诉活动的不足，既有利于维护被害人的合法权益，又有利于公正地处理案件。① 另一种观点则认为，被害人作为公诉案件的当事人有悖于一般法理。因为被害人作为诉讼当事人不符合公诉案件的性质；被害人作为当事人却又不享有上诉权使其名不符实；被害人作为诉讼当事人造成角色冲突，损害了诉讼的正当性；被害人作为诉讼当事人可能导致诉讼结构的失衡和诉讼秩序的紊乱②；此外，从诉讼主体和诉讼职能理论的角度来看，公诉案件中的被害人仍然属于控诉一方，与公诉人一起从不同的角度追求共同的诉讼目标，由于被害人已经有公诉人的支持，而被告人的诉讼主体地位又一直面临威胁，因此为维护控辩双方的平衡，不宜将被害人的诉讼地位提得太高，也不宜赋予被害人以太多的诉讼权利。③

上述有关被害人地位的讨论，实际上反映出我国刑事诉讼法学理论中的一个重大难题：被害人是刑事诉讼的受害方，理应加以保护；而被告人在刑事诉讼中面对国家公权力的追诉而处于弱者地位，因此也应当加以保护，那么在被告人权利保护和被害人权利保护之间如何达至合理的平衡，是亟待解决的重大理论问题。

---

① 程荣斌：《从保障人权的高度规定的被害人的诉讼权利》，载《政法论坛》1996年第4期。
② 龙宗智：《被害人作为公诉案件当事人制度评析》，载《法学》2001年第4期。
③ 陈瑞华：《刑事诉讼的前沿问题》，中国人民大学出版社2005年版，第113页。

(一) 定罪程序中的被害人

长期以来,我国刑事诉讼中一直将犯罪视为对国家维护的特定社会关系的侵害,而不认为是对被害人个人权利的侵犯,基于此,刑事诉讼中秉承国家追诉主义,被害人的利益常常得不到应有的保护。实际上犯罪所具有的"一箭双雕"性,使得其本身既是对国家统治关系的侵害,同时也是对被害人个人权利的损害,检察机关在实施追诉时,关注的常常是对国家利益的维护,而被害人个人利益常常与国家利益并不一致,在这种情况下,国家追诉主义往往具有特定的缺陷。即便是赋予被害人提起民事赔偿请求权利的刑事附带民事诉讼在我国也是漏洞百出,民事诉讼与刑事诉讼本身在证据规则、诉讼构造等方面存在着区别,再加上附带民事诉讼赔偿范围过于狭窄,使得该制度在保护被害人权益方面呈现出诸多的缺陷与不足。被害人利益需要保护目前已经取得了学界的普遍认同,但是学界在"矫枉"的过程中却又出现了"过正"的现象。比如,有学者认为,刑事诉讼中的人权包括被告人的人权与被害人的人权,被害人与被告人应当受到平等保护。但是,实际上,刑事诉讼主要解决的问题是被告人的刑事责任问题,整个刑事诉讼中犯罪嫌疑人、被告人都处于被追诉的状态之下,其人身、自由面临被剥夺的危险,而且,犯罪嫌疑人、被告人常常又被采取了强制措施,整个刑事诉讼中犯罪嫌疑人始终面临着公权力恣意侵凌的危险,而被害人利益的保护主要是对犯罪嫌疑人的追诉和自身的补偿问题,所以犯罪嫌疑人、被告人与被害人之间无论从处境还是从地位上讲都存在重大的区别。从这种意义上讲,刑事诉讼中被告人和被害人的权利、利益都应当加以保护,但是被害人利益的保护与犯罪嫌疑人、被告人权利的保护两者之间仍然存在较大的区别。

中国传统的刑事诉讼制度由于坚持定罪与量刑一体化的程序模式,不可避免地陷入一种权利保障的悖论之中——如果过于强调被害人的权利保障问题,势必削弱对被告人的权利保护;而假如一味地将被告人的权利保护奉若圭臬的话,则被害人的当事人地位将难以得到真正的体现。① 然而,中国当前的量刑程序改革,一旦实现了量刑程序的相对分离,或许可以为这种两难境况提供一条解决之道:被害人在前后两次独立的审判程序中具有不同的诉讼地位,以不同的方式参与到定罪裁决与量刑过程之中,从而对法院的定罪程序和量刑程序施加不同的影响。一般来讲,在定罪审理程序中,被害人

---

① 陈瑞华:《论量刑程序的独立———一种以量刑控制为核心的程序理论》,载《中国法学》2009年第1期。

一般应当作为"特殊证人"出席法庭审判。

在定罪阶段,不应当赋予被害人当事人地位的原因主要有以下几点:第一,在定罪阶段,如果赋予被害人当事人地位,势必会导致诉讼构造的扭曲、诉讼过程的混乱。众所周知,诉讼的典型形态是"两造具在,师听五辞",即一种典型的由控、辩、裁三方组成的"三方构造"。如果赋予被害人当事人地位,那么势必会导致定罪阶段的"四方构造",这不仅扭曲了诉讼构造,而且还将造成诉讼进程的混乱。第二,在定罪阶段,如果赋予被害人当事人地位,可能会形成"二对一"的局面,使被告人处于更加不利的境地。在我国刑事诉讼中,被告人及其辩护人不论是在取证能力还是民众配合及举证能力等方面,都无法与检察官相比,在控辩平衡尚未达到的情况下,再让被害人享有当事人地位,势必会加剧这种不平衡,进而导致被告人处于更加不利的境地。第三,被害人作为诉讼当事人与其作为证据之源的角色相冲突。在各国,被害人都会成为证据之源,其提供的证据对于警察锁定犯罪嫌疑人,收集其他证据,支持检察官的控诉等具有重要的作用。如果被害人作为当事人,其寻求胜诉的欲望将会彻底击垮他作为证据来源的客观性、可靠性。这种冲突及所造成的损害表现于两个方面:一方面,是两种角色的心理冲突影响证据的客观性。另一方面,是被害人作为诉讼当事人参与全部诉讼,既要作证,同时又在场参加全部诉讼活动,听取被告人供述、证人证言和其他证据的举证,并对其发表意见。这不仅违背了证人不得旁听庭审的原则,而且还将进一步损害其作证的客观性。①

在定罪阶段,被害人应当作为证人,其理由主要在于以下几点:第一,在法院完成定罪之前,被告人权利保护应当成为法庭审判的核心。现代刑事诉讼的大多数理念都是围绕着保障被告人权利问题而建立起来的,加强被告人的权利保障将是刑事诉讼制度改革的永恒主题。无论是以无罪推定为核心的现代诉讼理念,还是一系列旨在保证司法公正的制度安排,几乎都将保障被告人的诉讼权利作为基本宗旨。比如,被告人所享有的无罪推定、不受强迫自证其罪、沉默权等诉讼上的"特权",不可能为被害人所分享。第二,由于定罪与否是一个"全有或全无"的命题,因此,被害人和检察官在定罪审理阶段的目的都是一致的,即获得被告人的有罪判决。因此,在定罪问题上,没有必要为被害人设定一个独立的身份。第三,被害人作为证人,有利于维护控、辩、裁这一三方诉讼构造。不论是英美法系的当事人主义诉讼构造,还是大陆法系的职权主义诉讼构造,诉讼构造都是一个由控、辩、裁三方法律关系

---

① 龙宗智:《被害人作为公诉案件当事人制度评析》,载《法学》2001 年第 4 期。

构成的理论体系。但是在我国刑事诉讼中,在被害人作为诉讼当事人的情况下,传统的"控、辩、裁"三方构造变成了"检察官、被害方、辩护方和裁判者"这一四方构造,诉讼对抗的二元制变为多元制,法官审理案件,面临两个方面的诉讼请求,即检察官所提出的规范性诉讼请求,与被害人从自己的特定角度提出的非规范性诉讼请求。法官需以检察官的诉求为审理对象,但又不能不在一定程度上关心被害人的诉讼要求与意见。① 第四,被害人作为证人,乃为世界各国刑事诉讼立法的通例。比如,在英美法系国家,在定罪阶段,被害人一般作为控方证人出席法庭,接受控辩双方的交叉询问。德国犯罪的被害人可以作为证人,除非他以自诉人的身份参加诉讼(《刑事诉讼法》第 374 条);被害人作为辅助起诉人参加公诉案件并不影响被害人作为证人(《刑事诉讼法》第 397 条第 1 款第一句话)。② 在法国,受害人只有在本案中没有成为民事当事人的情况下,才能作为证人提供证言。③ 联合国《为罪行和滥用权力行为受害者取得公理的基本原则宣言》就被害人参与诉讼的权利的规定是:"让受害者在涉及其利益的适当诉讼阶段出庭申诉其观点和关切事项以供考虑,而不损及被告并符合有关国家刑事司法制度。"这里也没有将被害人作为案件的当事人。

(二) 量刑程序中的被害人

在量刑阶段,被害人应当具有诉讼当事人的地位,参与整个量刑听证程序,并对被告人的量刑发表意见。其理由主要包括以下几个方面:

第一,在量刑听证程序中,被害人的利益应当与被告人利益一样,为法庭所尊重和保护。在定罪阶段,被告人权利保护的重点是防止国家权力侵犯,而被害人权利保护的重心乃是防止国家消极的不作为。被告人与被害人利益的非同质性使得,定罪程序中被告人权利保护往往优于被害人权利的保护。然而,在量刑阶段,被告人已经成功地被法庭确认为罪犯,在这种情况下,那些原先为被告人设置的、防范国家权力滥用的特殊保护措施将会自动失效。在这种情况下,法庭审理的中心将会转化为合理、准确地确认被告人的刑罚。

第二,在量刑听证程序中,控、辩、裁三方构造将会有所松动,多方构造具

---

① 龙宗智:《被害人作为公诉案件当事人制度评析》,载《法学》2001 年第 4 期。
② 〔德〕托马斯·魏根特:《德国刑事诉讼程序》,岳礼玲、温小洁译,中国政法大学出版社 2004 年版,第 169 页。
③ 〔法〕贝克纳·布洛克:《法国刑事诉讼法》,罗结珍译,中国政法大学出版社 2009 年版,第 491 页。

有一定的存在空间。我国在 1996 年《刑事诉讼法》修改中,提升了被害人的诉讼地位,将被害人正式确立为刑事诉讼的当事人(2012 年修改的《刑事诉讼法》基本沿袭了这一规定),并最终形成了检察官、被害人、被告人及其辩护人和法官的四方主体构成的"非典型"诉讼格局,有学者将其称为"四方构造"。所谓"四方诉讼构造",就是在传统的控、辩、裁三方的基础上加上被害人的充分参与,形成一种被害人、检察官、被告人(或罪犯)在法官主持下相互制约、相互对抗的诉讼格局。① 但是司法实践中,这种"四方构造"在定罪阶段则出现了明显的问题。首先,由于检察官和被害人在定罪问题上的利益是相同的,即都是为了寻求被告人被定罪,而且被害人对于定罪问题掌握的证据一般都已经提交给了警察或检察官,因此在定罪阶段,被害人实际上只能承担辅助的控诉职能;其次,我国现在的问题是被告人的诉讼地位都没有得到合理的解决。在"无罪推定""控辩平等""法官中立"等问题没有得到解决,被告人的权利无法得到保障和尊重的情况下,如果再要将被害人纳入定罪程序的当事人,无疑会使被告人处于更加不利的境地;第三,法律尽管规定了被害人具有当事人地位,但是却不赋予被害人上诉权,这种立法导致被害人无法真正地成为当事人。所以,在定罪阶段,这种为保护被害人而设定的"四方构造",实际上很难真正地发挥作用。然而,量刑程序则完全不同,这种"四方构造"不仅可以发挥作用,而且对保护被害人的利益,保障法官正确量刑,还具有极其重要的意义。

第三,量刑听证程序中,被害方作为当事人,有利于维护自己的诉讼利益。与"全有或全无"的定罪问题不同,量刑问题涉及刑罚的多少和轻重问题,这种情况下,代表国家并承担一定的客观义务的检察官和被害人之间可能会存在利益不一致问题。这种情况下,让被害人作为当事人出席法庭,并陈述自己的意见,有利于被害人寻求刑罚的正义和充分的民事赔偿。

第四,量刑程序中,被害人具有当事人地位有利于被害人向法庭陈述犯罪对自身所造成的各种伤害后果和影响,并就量刑问题发表意见,影响法院的裁判结论。② 与其他诉讼当事人一样,被害人在刑事审判中也同时充当着双重诉讼角色:一是作为诉讼主体,参与司法裁判的制作过程,通过发表意见和参与质证辩论,对法庭的裁判结果施加积极的影响;二是提供与案件事实有关的证据,使得一些新的量刑事实出现在法庭上,促使法庭的裁判建立在

---

① 房保国:《从"三方构造"到"四方构造"——被害人与刑事诉讼模式的变革》,载北大法律信息网,http://article.chinalawinfo.com/Article_Detail.asp?ArticleId=29411,2014 年 3 月 1 日访问。
② 陈瑞华:《论量刑程序的独立——一种以量刑控制为核心的程序理论》,载《中国法学》2009 年第 1 期。

全面、可靠的事实基础上。① 作为证据之源的被害人,在司法实践中主要向法庭提供以下几个方面的信息或证据:(1) 被害人受到犯罪行为侵害的情况及由此带来的身心创伤;(2) 对于犯罪行为的发生,被害人有无过错,及其过错类型和程度;(3) 犯罪行为发生之后,被害人身心创伤有无恢复,及恢复到何等程度;(4) 被告人是否认罪悔过,并向被害人进行了赔礼道歉;(5) 被告人是否愿意向被害人提供民事赔偿,被告人与被害人之间是否达成了刑事和解,民事赔偿数额及其履行情况;(6) 被害方是否谅解和宽恕了被告人的犯罪行为,等等。作为诉讼当事人,被害人参与量刑程序,主要是通过发表量刑意见和参与量刑问题的质证辩论,来影响法庭的量刑裁判。

总之,在定罪与量刑程序合一的关系模式之下,被害人作为当事人不仅具有理论上的局限性,而且在司法实践中也难以贯彻。原因很简单,在定罪与量刑合一的关系模式下,定罪问题的审理往往会掩盖量刑问题。而在定罪审理过程中,受无罪推定原则保护的被告人显然成为整个刑事诉讼的重点,而由检察官和被害人组成的大控方,代表国家利益的检察官往往会成为执行控诉职能的当然主体。在量刑程序改革的大背景下,一旦量刑程序分离出来,在专门的量刑听证程序中,相对于公诉人而言,被害人便具有了独立的利益和立场,其诉讼目标是寻求最大限度的从重量刑,而这是与强调公正、客观立场的公诉人不同的。相对于被告人而言,被害人不仅从形式上可以平等地参与量刑决策过程,为法院的量刑裁决提供必要的事实信息,提出本方的量刑意见,而且从实质上看,被告人不再享有任何优越于被害人的诉讼特权,两者明显具有类似于民事诉讼中的原告和被告的关系,而可以对法院的量刑结果平等地施加积极的影响。正因为如此,在这种独立的量刑听证程序中,被害人相对于公诉方而言,具有完全独立的诉讼地位,而相对于被告人而言,则可以完全平等地参与量刑决策过程,这就为那种真正意义上的"四方构造"的确立提供了坚实的制度基础。

四、被害人的量刑意见

作为诉讼当事人,被害人参与量刑程序,主要是通过发表量刑意见和参与量刑问题的质证辩论,来影响法庭的量刑裁判。被害人的这种量刑诉求,主要包含在被害人的量刑意见之中。

被害人可否在犯罪影响陈述中发表个人量刑意见,历来存在着争议。包

---

① 陈瑞华:《论量刑信息的调查》,载《法学家》2010 年第 2 期。

括英国、加拿大及美国多数州在内的大多数国家和地区认为,被害人影响陈述仅仅限于犯罪影响的事实性陈述,因此绝对禁止被害人对被告人品格及量刑发表个人意见。比如在英国,被害人一般不能就量刑发表意见,即使其提出了相关意见,法院也不会考虑这些意见。2002 年英国关于"被害人个人陈述"的实务指南明确指出:与犯罪对被害人影响的陈述不同,被害人或其近亲属就应给予被告人何种刑罚的意见与量刑没有关联,被害人应被告知这一点。如果在已作出忠告的情况下,被害人仍将其量刑意见纳入个人陈述之中,那么法庭应对此予以忽略。但与此相对,美国和澳大利亚的一些地区则认同被害人陈述量刑意见的做法,比如,澳大利亚联邦甚至以法律方式明确规定,被害人影响陈述可以包含被害人的量刑意见。[1]

反对被害人在犯罪影响陈述中提量刑意见的学者认为,量刑应以某犯罪之通常效应而非被害人主观意见为依据。在他们看来,如果让被告人的量刑取决于被害人的报复或宽恕心理,那么这将是不公平和极端错误的。对于有人提出的"允许被害人发表量刑意见并不等同于让被害人来决定量刑"的观点,他们批驳道:"如果真照此理解,人们则又会质疑被害人发表量刑意见的意义了,因为被害人对判决结果的期望值必定会因其发表量刑意见的权利而不断上升,但如果法庭完全置被害人量刑意见于不顾,那么被害人的这种期望显然会落空,整个程序看来也就如同是对被害人设置的一个残酷的骗局而已。"[2]

而赞同"'被害人影响陈述'应当包含被害人量刑意见在内"的学者则以被害人权利保障作为立论依据,认为被害人作为案件的直接利害关系人理应有独立于公诉人的权利参与他自己案件裁决的制作过程,并就事实和法律问题发表自己的见解。被害人的量刑意见正是从"被害人影响陈述"中自然延伸而出,二者具有不可分割的关系,我们不能也无法将它们截然分开。

在研究被害人的量刑意见时,我们必须首先明确以下几项前提:首先,被害人的"量刑意见"与法官对量刑意见的采纳应当区分开来。既然只是量刑意见,那么法官可以采纳也可以不采纳,法官的裁判权不会因此而受到不必要的掣肘。但是即便被害人的量刑意见没有被法官所采纳,这种量刑意见也是极具意义的行为,因为它不仅实现了被害人的程序参与,而且也使得法官必须在判决书中对被害人的量刑建议作出必要的回应,从而有效地限制了法

---

[1] See Criminal Amendment (Victim Impact Statements) Act 2006.
[2] Andrew Ashworth, *Sentencing and Criminal Justice (4th Edition)*, Cambridge University Press, 2005, p.356.

官的自由裁量权。其次,应当将被害人的量刑意见作必要的区分,即包括有利于被告人的量刑意见和不利于被告人的量刑意见。那些有利于被告人的量刑意见,往往会被法官所接受,因为毕竟犯罪所造成的后果没有想象的那么严重,被告人的量刑也没有必要过于严苛。对于那些不利于被告人的量刑意见,法官则要认真考虑,但却不受其制约。最后,由于量刑主体完全由专业的、经验丰富的法官充任,因此,即便被害人提出了量刑意见,也不会对法官产生误导。

实际上,即便在不赞成被害人享有量刑建议权的英国,其2001年所作出的佩克斯判例仍然在一定程度上允许在一些例外的情况下,被害人可以提出量刑建议。该判例虽然仍强调法庭量刑原则上不应考虑被害人意见,但同时也列举了两类例外情形:第一,如果对犯罪人的量刑会加剧被害人的痛苦,那么可以就刑罚作出某种程度的减轻;第二,如果被害人的原谅或不愿意指控本身表明被害人所受伤害没有通常情况下那样严重,那么也可以适当地减轻被告人刑罚。

(一) 被害人提出量刑意见的一般方式

"被害人影响陈述"是英美法系国家量刑程序中的一项重要制度,也是被害人提出量刑建议的最主要方式。它是指被害人就犯罪对其身体、精神、经济等方面造成的影响作出全面陈述,从而为法庭量刑提供参考①。"被害人影响陈述"可以在英国普通法中找到印迹。大约在13世纪,当民事侵权与刑事诉讼在英格兰首次开始分离时,被害人影响陈述被法官允许出现在法庭上,因为在英国对抗式诉讼程序中,"国王律师"附属于犯罪被害人而存在。② 随着对犯罪人的惩罚取代了对被害人的补偿,并成为刑事诉讼的主要目标,为了维护"国王安宁",被害人也被允许协助国王律师参与法庭诉讼。③ 尽管如此,"被害人影响陈述"制度是20世纪80年代兴起的"被害人运动"的产物,其初衷旨在更全面地保护被害人权益,特别是保护被害人在量刑程序中的合法利益。

早在1981年,澳大利亚南澳大利亚州犯罪被害人调查委员会就率先建议,在量刑之前,作为常例,法庭应当知悉犯罪对被害人影响的相关信息。几

---

① Wayne R. LaFave, Jerold H. Israel, Nancy J. King, Orin S. Kerr, *Criminal Procedure* (3rd ed), Thomson/West, 2007, p. 815.
② See C. J. Woodbine, The Origin of the Action of Trespass, 1934, 33 *Yale L. J.*, p. 343.
③ Richard E. Laster, Criminal Restitution: A Survey of its Past History and An Analysis of its Present Usefulness, 1970, 5 U. *Rich. L. Rev.*, p. 71.

乎与此同时,美国"被害人计划工作组"在发布的一份被害人研究报告中也明确指出,法官应当允许暴力犯罪的被害人参与量刑程序并适当考虑他们传递的信息。世界上最先将"被害人影响陈述"写入正式法律的是澳大利亚,该国南澳大利亚州1988年颁布的《刑事量刑法》[Criminal Law (Sentencing) Act](1989年1月生效)规定:在可诉罪案件中,犯罪影响被害人的信息将由警察予以初步收集和整理,并由控方以书面形式提交法院。随后,"被害人影响陈述"的立法在英美法系国家蔚然成风。最近的一份调查显示,在针对1300名被害人的调查询问中,当问及各种法律权利的重要性时,有80%以上的被调查者认为,在量刑和假释环节上他们有权提交被害人影响陈述是"非常重要"的。①

从内容上看,"被害人影响陈述"一般描述了犯罪对被害人所造成的伤害,包括财产损失、身体伤害、心理伤害,及对被害人情感和家庭关系所造成的不利影响。同时,"被害人影响陈述"还可能会包括那些因犯罪而对被害人造成的医学治疗、心理矫治等措施。一些州法律可能会列举被害人影响陈述中所包含的详细内容,而其他一些州则可能仅概括性地要求被害人提供一份"描述犯罪所产生的影响"的报告。此外,一些州允许被害人就合理的量刑发表自己的观点。在制作被害人影响陈述时,须注意以下几点:第一,被害人影响陈述需要以被害人自己的语言表达出来;第二,陈述的事实应当局限在被指控的犯罪人所实施的犯罪行为;第三,仅仅需要陈述的是犯罪对被害人本人的影响,及其后果;第四,不应当就犯罪人的表现和品格发表评论。

从法律效力上看,在不同的国家,"被害人影响陈述"对于法庭量刑的影响也是不同的。在英国,英国上诉法院于2001年通过"佩克斯(Perks)"一案发布了法院量刑使用"被害人影响陈述"的指导方针,专门就"被害人影响陈述"的法律效力作了说明,具体内容包括:第一,量刑者不应当作出没有证据支持的有关犯罪对被害人影响的假设;第二,如果犯罪对被害人有特殊的痛苦或烦恼的后果,法院应当被如实告知并且在通过判决时应当考虑到这个事实;第三,有关被害人影响的证据采取适当的形式如证人陈述或专家报告,并在量刑前适当地送达辩方;第四,接触被害人的证据时应当谨慎,尤其是如果涉及辩方不可能被指望进行调查的事项时;第五,被害人近亲属关于刑罚的

---

① [英]约翰·斯普莱克:《英国刑事诉讼程序》,徐美君、杨立涛译,中国人民大学出版社2006年版,第493—494页。

适当水平的观点不应当被考虑。① 在美国、加拿大②等国,"被害人影响陈述"具有强制性的法律效力,法官在量刑时必须考虑"被害人影响陈述"中所含信息,但如果针对被告人的多项指控中有某一犯罪未被证实,那么相应地,法官量刑时必须忽略与该指控相关的被害人陈述信息。此外,澳大利亚联邦法律还特别规定,量刑法官不得因被害人未作犯罪影响陈述而对被告人作有利推论或对被害人作不利推论。③

(二) 我国相对独立量刑程序下的被害人量刑意见

"两高三部"《关于规范量刑程序若干问题的意见(试行)》中,量刑程序中当事人的作用受到了一定程度的强调,比如,该《意见》第 4 条规定,"在诉讼过程中,当事人和辩护人、诉讼代理人可以提出量刑意见,并说明理由"。这里的"当事人"本身便涵盖了"被害人"。当然,这里的被害人量刑意见中包含了两个层面的意思,即量刑意见和支持量刑意见的理由,其中量刑意见主要是基于被害人的当事人地位,而"提供支持量刑意见的理由"主要源于被害人证据之源的角色。

1. 作为量刑信息之源的被害人

与其他诉讼当事人一样,被害人在刑事审判中也同时充当着双重诉讼角色:一是作为诉讼主体,参与司法裁判的制作过程,通过发表意见和参与质证辩论,对法庭的裁判结果施加积极的影响;二是提供与案件事实有关的证据,使得一些新的量刑事实出现在法庭上,促使法庭的裁判建立在全面、可靠的事实基础上。在量刑程序改革中,被害人提供相关量刑信息的问题,则与被害人作为"证据之源"的角色有着密切的联系。

从量刑信息来源的角度看,法官、检察官和辩护律师主要从以下几个渠道收集量型信息:第一,犯罪行为。来源于犯罪行为的量刑信息包括犯罪行为的时间、地点、手段等。第二,被告人。检察官、辩护人从被告人那里收集

---

① 〔英〕约翰·斯普莱克:《英国刑事诉讼程序》,徐美君、杨立涛译,中国人民大学出版社 2006 年版,第 493—494 页。

② 1989 年,加拿大在其《刑法典》中首次设立了"被害人影响陈述",但仅将它作为一个任意性规定附属于"量刑前报告"法条之下。当时的立法措词是,"法院在量刑时可以考虑(may consider)'被害人影响陈述'",换言之,法院在量刑时对被害人影响陈述也可以不予考虑,See Criminal Code of Canada 1989, S.735(1.1)。这意味着"被害人影响陈述"并不具有法律强制力。但 1996 年,加拿大修改了关于"被害人影响陈述"的立法,修改后的法律在设立独立的"被害人影响陈述"法条的基础上,提升了"被害人影响陈述"的法律效力,规定只要有"被害人影响陈述",量刑法官就应当考虑(shall consider)。See Criminal Code of Canada 1996, S.722(1).

③ See Criminal Amendment (Victim Impact Statements) Act 2006.

到的量刑信息主要是那些反映了被告人人格特征的量刑信息,包括被告人成长经历、学习经历、家庭状况、工作情况、犯罪原因等情况。第三,被害人。检察官从被害人那里收集的量刑信息主要是那些反映了犯罪的社会危害性、犯罪人的主观恶性、被害人对犯罪的态度等方面的信息,包括被害人身心创伤及其恢复情况、被害人是否具有过错、被告人的认罪悔过及其赔偿状况、被害方对被告人的谅解和宽恕情况等。第四,其他社会公众。检察官和辩护人从其他社会公众那里收集的量刑信息主要是那些反映犯罪对社会关系的破坏情况,以及社会公众对犯罪反映情况的信息,包括犯罪的社会影响、社区是否接受犯罪人改过自新等。由此可见,被害人是量刑信息的重要来源,其提供的量刑信息对证明犯罪的危害性、犯罪人的主观恶性、犯罪人应受刑罚惩罚的程度等方面具有重要的作用。

从被害人提供量刑信息的内容来看,司法实践中主要包括以下几个方面:(1) 被害人受到犯罪行为侵害的情况及由此带来的身心创伤;(2) 对于犯罪行为的发生,被害人有无过错,以及其过错类型和程度;(3) 犯罪行为发生之后,被害人身心创伤有无恢复,以及恢复到何等程度;(4) 被告人是否认罪悔过,并向被害人进行了赔礼道歉;(5) 被告人是否愿意向被害人提供民事赔偿,被告人与被害人之间是否达成了刑事和解,民事赔偿数额及其履行情况;(6) 被害方是否谅解和宽恕了被告人的犯罪行为,等等。

从被害人提供量刑信息的证据价值来看,司法机关应当辩证地来看待:一方面,从被害人系"证据之源"的层面看,被害人提供的量刑信息对认定案件的某些事实有着特殊的作用。原因很简单,被害人是直接遭受犯罪行为侵害的人,其对犯罪行为的整个过程有着直接和全面的了解,对犯罪分子作案的时间、地点、方法、过程、结果揭露得比较明确具体。因此,这些事实一旦被证明是真实的,那么其证明效力将非常强。另一方面,被害人毕竟是遭受犯罪行为侵害的人,其参与量刑程序的目的是复仇和维护自己的合法权益,因此与案件存在直接的利害关系。在这种情况下,被害人可能有意或无意地夸大犯罪侵害程度以及自己受到的伤害程度,从而影响被害人提供的量刑信息的客观性。所以,司法机关在分析被害人提供的量刑信息时,应当特别谨慎。

2. 作为"当事人"的被害人

作为诉讼当事人,被害人参与量刑程序,主要是通过发表量刑意见和参与量刑问题的质证辩论,来影响法庭的量刑裁判。被害人的这种量刑诉求,主要包含在被害人的量刑建议之中。

一般来讲,检察机关量刑建议权是国家意志的体现,它属于公诉权的内在组成部分,是公诉权的下位权能,是来自国家的、为维护社会秩序而设立的追诉犯罪的权力。在法院没有充分理由的情况下,检察机关的量刑建议一旦没有获得采纳,则可能引发抗诉等后果,因此,它具有其他私权利所没有的国家意志性、统一性、强制性等特性,显然属于"权力"的范畴。而被害人的量刑建议权由非国家机关享有,仅仅只是个人意愿的体现,并且对于其建议是否被采纳,被害人并无控制能力,因此无论在主体上还是最终结果上,被害人的量刑建议权都表现为一种私"权利",并不具有任何强制性。

基于被害人量刑建议权的私权利特征,其量刑建议在刑事诉讼中便处于一种独特的地位。一方面,被害人的量刑建议一定程度上反映了被害人被犯罪所造成的伤害程度,体现了犯罪的社会危害性,是证明犯罪构成的要件之一;另一方面,量刑建议本身也是一种"私力"的求刑权,是对犯罪人须判处刑罚的一种主张和建议。在这种特殊地位下,被害人的量刑建议只能作为刑事诉讼的参考和酌情量刑的依据,法官应根据被害人提出的量刑建议来判断犯罪行为的危害程度,予以酌情从轻或从重处罚。当然,我们也应当注意到,鉴于被害人是直接遭受犯罪行为侵害的人,其复仇的欲望极其强烈,因此,被害人可能有意或无意地夸大犯罪侵害程度及自己受到的伤害程度,从而影响量刑意见的客观性。所以,对待被害人的量刑意见,司法机关应当谨慎。

五、被害人行为与量刑

犯罪人因素一直在刑罚裁量中受到极大重视,而被害人因素处于被忽视状态。作为一个关键性的司法环节,刑罚裁量应当考虑被害人因素,这既有理论根据,又有法律依据。量刑过程应当考虑的被害人因素主要有:被害人的过错、被害人的承诺和被害人的谅解,它们在不同角度不同程度影响刑罚裁量。

(一) 被害人过错与量刑

被害人学研究表明,犯罪人和被害人之间不是一种简单的侵害与被害、主动与被动关系,而是一种动态的、互相影响、彼此作用的关系。被害人不仅是犯罪行为的承受者和被害者,而且在某些情况下,他也可能是招致自己被害的积极主体。在很多情况下,犯罪行为的发生是犯罪人与被害人相互作用的结果。因此,被害人的过错也应当纳入量刑考虑的范围。

被害人过错目前尚无一个确切的定义,比如有人认为"被害人过错即指实施了违法犯罪行为或者违背道德或其他社会规范行为或过失行为,从而与加害行为的发生之间具有一定直接关系的、被害人应当承担的责任"①。还有人认为,"那种诱发了犯罪人犯罪意识而招致犯罪侵害的被害人主观错误就是被害人过错"②。不论怎样,要全面了解被害人过错的内涵,我们需要从以下几个方面把握:首先应当区别犯罪学意义上的被害人过错和刑法意义上的被害人过错。犯罪学意义上的被害人过错应当是指致使犯罪行为发生的被害人自身存在的过失和错误,包括一些属于社会性的问题、对犯罪人定罪量刑没有影响的被害人过失行为和错误行为(如因房门未锁而招致家中被盗、因妇女着装过于暴露而招致猥亵或强奸等)。而刑法意义上的被害人过错,应当是指诱使或促使犯罪人实施加害于己的犯罪行为,并对犯罪人定罪量刑产生直接影响的被害人过失或错误。其次,我们需要将法律意义上的被害人过错与道德意义上的被害人过错区分开来。道德意义上的过错一般指被害人实施了一定的违反道德的行为,而正是这种行为促使犯罪嫌疑人实施了加害行为,即被害人违道德的行为与犯罪人加害行为之间存在一定的因果关系。比如,妻子与他人通奸被丈夫撞见,丈夫怒而将两人杀死。因为法律规范调整之外的道德,本属于公民自由的领地,公民如何行使这种自由法律并不关心,因此"纯伦理道德过错就不影响加害人的定罪量刑"③。由此可见,在量刑问题上,对我们有意义的应当是刑法学意义上的被害人过错,只有这种过失和错误才会对犯罪人的量刑产生一定的影响。

在刑法学上,被害人过错对量刑,甚至在某些情况下对定罪存在一定的影响。根据被害人在犯罪过程中所起的作用,一般将被害人分为三种类型:(1)无责性被害人,即指对于自己被害的加害行为之发生没有任何道义上的或者法律上的责任而遭受被害的人;(2)有责性被害人,即指那些本身实施了违法犯罪行为或者违背道德或其他社会规范行为或过失行为,从而与加害行为的发生之间具有一定直接关系的人。有责任性被害人又可以进一步分为:一是责任小于加害人的被害人;二是责任与加害人等同的被害人;三是责任大于加害人的被害人;四是负完全责任的被害人。④ 在上述四种有责性被害人中,负完全责任的被害人指的主要是正当防卫情形下的被害人。而其他三种有责性被害人,尽管对于加害的发生负有一定责任,但加害人仍应构成犯罪,只不过作为一种被害人有过错的犯罪,其在量刑上应当考虑而已。比

---

① 汤啸天:《犯罪被害人学》,甘肃人民出版社1998年版,第110页。
② 张立立:《论被害人过错与犯罪》,载《福建高等专科学校学报》2002年第3期。
③ 齐文远、魏汉涛:《论被害人过错影响定罪量刑的根据》,载《西南政法大学学报》2008年第10卷第1期。
④ 汤啸天:《犯罪被害人学》,甘肃人民出版社1998年版,第110页。

如,"被害人一方有明显过错或被害人对矛盾激化负有直接责任的故意杀人罪的被告人,一般不应判处死刑立即执行"[1]。如果对被害人过错责任进行定量分析,被害人过错对量刑的影响,表现在被害人过错越大,则被告人承担的刑事责任就越小;反之,被害人过错越小,则被告人承担的刑事责任就越大,被害人的过错责任与被告人的刑事责任成反比。具体来说,在存在被害人过错的案件中,裁量决定刑罚时,应充分考虑被害人过错的大小,按罪责刑相适应原则,来决定被告人承担刑事责任的轻重。

从量刑情节的角度分析,我国现行刑法只将正当防卫和防卫过当作为法定的量刑情节,被害人存在过错的其他情形均仅构成酌定量刑情节。由于大多数情况下被害人过错仅构成酌定量刑情节,因此,在我国司法实践中,在被害人存在过错的情况下,是否从轻处罚,则需要法官根据案件的具体情况确定。从具体做法来看,大部分法院在量刑时很少会考虑"被害人过错"这一情节,理由主要有以下几个方面:首先,由于被害人过错属于酌定情节,而酌定从轻情节不是法律规定应当或者可以从轻处罚的情节,即便法官不予从轻也并不违法;其次,如果法官将被害人的过错考虑进来,将会面临被害人方面施加的压力,毕竟被害人是受害一方,比如,最高人民法院便认为,"故意杀人等致被害人死亡的案件,多为被害人亲属关注,以酌定从轻情节(如被害人存在过错)为由而不判处被告人死刑,不仅说服不了被害人亲属,有的还会引起被害人亲属闹事"[2];再次,现行刑法理论是以犯罪人为中心构建的,孤立地从犯罪分子的角度研究犯罪,片面地以犯罪分子的主客观事实为依据,分析其行为是否构成犯罪,以及该处多重的刑罚,在这种情况下,被害人与被告人的责任分摊问题很难纳入法官的裁判视野。由此可见,在现行的法律框架之下,将大部分被害人过错划入酌定情节的范畴,试图通过司法方法来解决这个问题的尝试注定是难以取得成功的。而在通过司法方式解决不了的情况下,寻求立法解决,即"将被害人有过错这一酌定情节法定化",无疑是一剂良方。

总之,将被害人过错纳入刑罚裁量考虑的范畴是贯彻"宽严相济"刑事政策,实现罪责刑相适应原则的必由之路。既然被害人过错是导致犯罪发生的原因之一,犯罪行为的客观危害就应放在更大的视野下考量;既然被害人过错有时是促成犯罪人实施犯罪必不可少的外部因素,犯罪人的主观恶性和

---

[1] 陈兴良:《被害人有过错的故意杀人罪的死刑裁量研究——从被害与加害的关系切入》,载《当代法学》2004 年第 18 卷第 2 期(总第 104 期)。
[2] 中华人民共和国最高人民法院刑事审判第一庭、第二庭编:《刑事审判案例》,法律出版社 2002 年版,第 97—98 页。

人身危险性就应在互动关系中把握。只有考虑被害人对定罪量刑的影响,才能全面真实地认识加害人的刑事责任及其大小,做到不枉不纵;也只有认识被害人的刑法意义,才能既预防犯罪人又预防被害人,实现两个特殊预防的兼顾。

(二) 附带民事赔偿、刑事和解与量刑

刑事诉讼中的量刑是一种公权,行使目的是惩罚犯罪、保护人权、维护社会公共秩序;而附带民事诉讼是解决私权纠纷的活动,目的是为了维护当事人的人身和财产权益;刑事和解是加害方自愿认罪、赔礼道歉并向被害方作出经济赔偿,被害方对加害方的经济赔偿数额表示满意,对其犯罪行为给予谅解,并向公安机关、检察机关或者法院明确提出放弃追究加害人刑事责任的要求,最后经过公检法机关的确认,终止刑事诉讼或者减轻刑事责任的过程。刑事和解和附带民事赔偿之间在很多情况下存在交叉。尽管上述三者之间存在一定的区别,但是由于它们都是由同一犯罪行为引起的,因此三者之间也存在着联系,也即附带民事赔偿、刑事和解对量刑也存在着一定的影响。以下为研究的方便,将主要以附带民事赔偿为切入点,研究附带民事赔偿、刑事和解与量刑之间的关系。

世界上许多国家和地区都将附带民事赔偿作为酌定量刑情节,有些国家和地区甚至将其作为法定量刑情节来考虑。比如,《意大利刑法典》第62条(普通减刑情节)之(6)规定:在审判前,通过赔偿损失或者在可能情况下通过返还,完全弥补损害的;或者,在审判前并且在第56条最后一款规定的情况之外采取措施自动地和有效地消除或减轻犯罪的损害或危险后果的。《德国刑法典》第46条(量刑基本原则)之(2)要求,法院在量刑时,应权衡对行为人有利和不利的情况。特别应注意下列事项:……行为人的态度,尤其是行为人为了补救损害所作的努力。其第46条a(行为人与被害人和解、损害赔偿)又规定:行为人具有下列情形之一的,法院可依第49条第1款减轻其刑罚。或者,如果科处的刑罚不超过1年自由刑或不超过360单位日额金之罚金刑的,则免除其刑罚:……(2) 在行为人可以自主决定对损害进行补偿或者不补偿的情况下,他对被害人的损害进行全部或大部分补偿。在立法上有类似规定的国家和地区还包括美国、俄罗斯、日本及我国台湾地区等等。

对于附带民事赔偿与量刑的关系,我国现行法律并没有明确的规定,最高人民法院也仅仅在《关于刑事附带民事诉讼范围问题的规定》这一司法解释中作出过原则性规定,即"被告人已经赔偿被害人物质损失的,人民法院可以作为量刑情节予以考虑"。由于这一规定不尽具体、明确,在实践中容

易造成法官适用上的混乱,因此,对于民事赔偿与量刑的关系有待进一步研究。

1. 附带民事赔偿影响量刑的法理基础

从理论上讲,民事赔偿属于事后情节。被告人犯罪后积极赔偿被害人方经济损失,一定程度上说明被告人主观上具有悔罪表现;被告人积极赔偿经济损失对被害人一方起到了一定的弥补损失和精神抚慰作用。因此,被告人积极承担民事赔偿责任的,应该在量刑时有所体现。

首先,从法理上讲,被告人犯罪后积极赔偿被害人的物质损失,在一定程度上减轻了犯罪所造成的危害后果,同时,也说明其认罪、悔罪态度较好。根据罪责刑相适应的原则,附带民事赔偿情况理应作为量刑的情节之一予以考虑。

其次,从被害人的角度看,刑事案件中的被害人除了在身体上、精神上受到创伤之外,经济上往往也会遭受较大的损失,不少被害人的生活还因此陷入困境。及时赔偿因犯罪遭受的经济损失,既是对被害人的一种补偿,也可以在一定程度上给其以精神上的抚慰,有利于被犯罪行为侵害的社会关系得到修复。然而,如果民事赔偿对量刑没有任何影响的话,那么被告人以及其亲属即便有能力赔偿,也会想方设法转移和隐匿财产,更不可能会主动借钱赔偿。把附带民事赔偿与量刑联系起来统筹考虑,通过适当的刑罚调节,会有效地鼓励被告人及其近亲属积极、主动履行赔偿义务,有利于被害人合法权益的维护和有效实现。

最后,从民事赔偿与行为人人身危险性的关系看,在人身危险性的评价体系中,一个很重要的标准就是犯罪人在犯罪后的表现。犯罪人在犯罪后积极主动地弥补犯罪所造成的损失,赔偿被害人,其本身已经说明行为人人身危险性的减少。行为人通过其积极悔罪和损害赔偿的努力表明,他承认其罪责,认识到实施犯罪行为是一个错误的选择,并且以后不会再实施类似的犯罪行为。另外,如果被害人主动宽恕了被告人的行为,则可以对行为人产生积极的影响,从而在一定程度上减小了其再次犯罪的可能。因为,虽然犯罪人是"恶人",但其对于外界的刺激一般也不会无动于衷,也还有作为人的基本情感需要。因此,在用刑时只要动之以情,晓之以理,尊重其人格,依法维护其合法权益,惩办与宽大相结合,区别对待,行为人在心理上一般是会受到触动和感化的。

2. 我国司法实践中的民事赔偿与量刑

2000年最高人民法院在《关于刑事附带民事诉讼范围问题的规定》第4

条中就民事赔偿与量刑的关系作出规定:"被告人已经赔偿被害人物质损失的,人民法院可以作为量刑的情节予以考虑。"但是该条文过于简单、抽象和缺乏可操作性,因此问题重重:第一,法条并没有明确规定"被告人已经赔偿被害人物质损失"是已经全部赔偿还是部分赔偿,因此造成司法实践中多有理解的偏差。有的法官认为,"被告人已经赔偿被害人物质损失"就是全部赔偿了损失,没有全部赔偿的,则不能从轻处罚;有的法官则认为,被告人在判决时并不一定要全部赔偿被害人,只要被告人有赔偿的真诚态度并取得被害人充分谅解,就可以认为符合了"已经赔偿物质损失"的法律规定,对被告人从轻处罚;有的法官认为可以按实际的赔偿比例决定对被告人从轻处罚的量刑幅度。第二,从轻处罚的酌定性与量刑幅度不明确问题。被告人赔偿被害人物质损失,是作为从轻量刑的酌定情节予以考虑的,并且从轻量刑的幅度也没有参照的标准。既然是酌定情节,被告人对赔偿被害人物质损失能否得到从轻处理,心里往往没有准确的答案。在无法律明确规定的情况下,法官一般不会作出明确的承诺,这无形中也影响了刑事附带民事案件的民事赔付的实现。实践中的做法往往是,法院先收取赔偿金,待判决确定,双方当事人无意见后,再让被害方领取。

从我国司法实践的情况来看,附带民事诉讼案件,在民事赔偿双方达成调解协议,被告人取得被害方谅解情况下,一般在以下四个方面体现从轻量刑:在刑法规定的法定刑幅度中,选择较轻的刑种适用;对被告人适用缓刑;在有期徒刑范围内从轻处罚;法定刑为死刑的案件,选择适用死刑缓期二年执行。但是由于法律规定得过于概括,因此,司法实践中法官的操作各不相同。

未来,定罪与量刑程序一旦分离,独立的量刑程序中为控辩双方就某一量刑情节是否成立以及其对量刑的影响进行辩论提供了独立和专门的空间。但是程序法的作用的发挥有赖于作为基础和工具的实体法,因此,实体法上就附带民事赔偿、刑事和解对量刑的影响有必要进一步细化。

【本章小结】

被害人参与量刑程序具有以下正当性:(1)被害人与检察官利益的不完全一致性,是被害人作为量刑程序当事人的利益基础;(2)被害人权利保护与被告人权利保护的非同质性,是被害人作为量刑程序当事人的权利基础;(3)被害人参与量刑并不会导致被告人权利保护的失衡;(4)被害人参与量刑,有利于保障法官获取全面的量刑信息;(5)被害人参与量刑有利于制约法官的量刑裁量权;(6)被害人参与量刑是被害人诉讼主体地位的集中表现。此外,被害人参与量刑并不会导致诉讼效率的下降,而且被害人的情绪和偏见并不会误导法官。

就刑事被害人的角色定位而言,定罪阶段的被害人不应当具有当事人的身份,其理由是:(1) 在法院完成定罪之前,被告人权利保护应当成为法庭审判的核心;(2) 由于定罪与否是一个"全有或全无"的命题,因此,被害人和检察官在定罪审理阶段的目的是一致的,即获得被告人的有罪判决;(3) 被害人作为证人,有利于维护控、辩、裁这一三方诉讼构造;(4) 被害人作为证人,乃为世界各国刑事诉讼立法的通例。与定罪阶段不同的是,量刑阶段的被害人应当具有诉讼当事人的地位,参与整个量刑听证程序,并对被告人的量刑发表意见。其理由在于:(1) 在量刑听证程序中,被害人的利益应当与被告人利益同等地被法庭所尊重和保护;(2) 在量刑听证程序中,控、辩、裁三方构造将会有所松动,多方构造具有一定的存在空间;(3) 量刑听证程序中,被害方作为当事人,有利于维护自己的诉讼利益,毕竟被害人与负有客观义务的检察官在这一阶段的利益是不一致的;(4) 量刑程序中,被害人具有当事人地位有利于被害人向法庭陈述犯罪对自身所造成的各种伤害后果和影响,并就量刑问题发表意见和影响法院的裁判结论。

"两高三部"《关于规范量刑程序若干问题的意见(试行)》中,量刑程序中当事人的作用受到了一定程度的强调。被害人在量刑程序中一般会提供以下量刑信息:(1) 被害人受到犯罪行为侵害的情况及由此带来的身心创伤;(2) 对于犯罪行为的发生,被害人有无过错,及其过错类型和程度;(3) 犯罪行为发生之后,被害人身心创伤有无恢复,及恢复到何等程度;(4) 被告人是否认罪悔过,并向被害人进行了赔礼道歉;(5) 被告人是否愿意向被害人提供民事赔偿,被告人与被害人之间是否达成了刑事和解,民事赔偿数额及其履行情况;(6) 被害方是否谅解和宽恕了被告人的犯罪行为,等等。根据这些量刑信息,结合案件的基本事实、指控罪名,被害人往往会就被告人的量刑提出自己的意见。考虑到被害人是直接遭受犯罪行为侵害的人,其复仇的欲望极其强烈,因此,被害人可能有意或无意地夸大犯罪侵害程度及自己受到的伤害程度,从而影响量刑意见的客观性。所以,对待被害人的量刑意见,司法机关应当谨慎。

结　语

一、对导论所提问题的回应

在本书导论中,笔者曾提出了量刑程序中亟待解决的一些理论问题,具体包括:(1)就量刑裁量权的实体(规则)控制和程序(诉权)规制来讲,何种方式更加有效,实体控制方式存在哪些局限性,程序控制方式有哪些独特的优势;(2)量刑程序依附模式和独立模式,各有哪些优点和劣势;(3)中国量刑程序改革的价值目标有哪些,2012年修改的《刑事诉讼法》、"两高三部"《关于规范量刑程序若干问题的意见(试行)》等确立了相对独立的量刑程序模式,这种模式在简易程序、被告人认罪的普通案件及被告人不认罪案件中的适用情况如何,具有哪些特征,存在哪些问题;(4)中国相对独立的量刑程序存在哪些缺陷,量刑程序独立具有哪些正当性,中国独立的量刑程序应当如何构建,在中国构建独立的量刑程序将会遇到哪些理论或实践障碍;(5)量刑信息的全面化如何保障,量刑信息如何调查,量刑程序中的证明责任如何分配、证明标准如何设置,量刑程序中的证据规则如何适用等;(6)量刑程序中的控辩关系如何设置;(7)被害人参与量刑程序具有哪些正当性,刑事被害人在量刑程序中的角色应当如何定位。

行文至此,笔者可以对上述问题作出总结性回答:

(1)量刑裁量权的实体控制方式具有以下缺陷:实体规范的科学性存在问题,实体控制方式具有一定的机械性,实体控制方式被强调到极致将扼杀法官的量刑裁量权,实体控制方式无法吸纳诉讼各方的不满。与实体控制方式相比,程序控制方式表现出以下独特的优势和价值:公开、透明的程序有利于提升司法的公信力;程序可以最大限度地吸纳诉讼各方的不满;在尊重司法理性,保留给法官必要的量刑裁量权的前提下,通过诉权来有效地约束法官的量刑裁量权。

(2)量刑程序依附模式和独立模式各有优势,也各有缺陷:依附模式效率较高,但是却缺乏逻辑合理性,容易导致法官预断,在限制法官量刑裁量权方面的能力有限,且缺乏程序正义;而独立模式在诉讼效率方面比较低下,但是在逻辑合理性、防止法官预断、有效限制法官量刑裁量权和程序正义方面则体现出明显的优势。

（3）在量刑程序改革的大背景下，我国量刑改革的设计者们设定了四项目标，即法官量刑裁量权的有效制约、程序的公开与透明、程序的适度对抗以及诉讼效率。尽管相对独立的量刑程序在简易程序和被告人认罪案件中，不会存在太大的问题，但是在那些被告人不认罪的案件中，却存在重大缺陷——在被告人是否有罪尚未确定的情况下，要求诉辩双方对量刑问题举证和发表意见，违背了先定罪再量刑的诉讼规律。

（4）考虑到最高人民法院相对独立量刑程序模式的根本缺陷，同时考虑到定罪与量刑程序在诉讼目的、诉讼构造、诉讼价值追求、两大程序需要解决的问题、两大程序所需要的信息及证明责任和证明标准等问题上存在的本质区别，量刑与定罪程序必须实现分离，量刑程序至少要具有一定的独立性。当然，我们也应当清醒地认识到，在中国构建独立的量刑程序可能遇到的障碍，其中包括审判组织、审判权配置方式、诉讼资源与诉讼效率方面可能遇到的障碍。

（5）就量刑证据的调查来讲，缓刑监督官调查模式、法官委托调查模式和控辩双方调查模式都各有其优势，也各有其缺点；缓刑监督官调查模式在确保量刑信息的全面性、客观性和准确性方面具有独特的优势，但却非常浪费诉讼资源，而且诉讼效率比较低下；控辩双方调查模式尽管能够节省诉讼资源和提高诉讼效率，但量刑信息的客观真实性无法保障，法官也不敢采纳，且依赖于完善的辩护制度；而法官委托调查模式的优缺点都介于两者之间。就控辩双方调查所获量刑证据的证明能力来讲，笔者认为，在量刑证据问题上，没有必要设置证据能力的要求。就证明责任来讲，量刑程序中遵循的证明责任分配方式是"谁主张，谁举证"原则。就证明标准来来讲，我们应当根据有利还是不利于被告人，及量刑情节对量刑影响的不同来设置不同的证明标准。就证据规则来讲，在量刑程序中，特权规则和保障证据真实性的规则是应当适用的，而传闻证据规则、非法证据排除规则、意见证据规则、口供自愿性规则等无须严格适用。

（6）量刑程序中的控辩关系主要是围绕着量刑建议和量刑意见来展开的。围绕着量刑建议和量刑意见，检察官和辩护人还需要在庭前收集一定的量刑证据，在庭上出示这些证据，并通过量刑证据来向法庭论证本方量刑建议和量刑意见的合理性。为了保障量刑建议和量刑意见的实质化，法官有必要通过量刑说理来对量刑建议和量刑意见作必要的回应。

（7）从被害人与检察官利益的不完全一致性、被害人权利保护与被告人权利保护的非同质性等方面来看，被害人参与量刑程序具有理论上的正当性。在量刑阶段,被害人应当作为诉讼当事人,参与整个量刑听证程序,并对被告人的量刑发表意见。

二、量刑程序研究的开放性

经过长时间的博士论文写作,笔者深感"量刑程序"中有太多的理论问题亟待进一步研究。从这个意义上讲,"量刑程序"是一个开放的理论体系,还有很多地方需要继续深入探索。由于笔者水平有限,同时受到篇幅的限制,本书只对量刑程序领域中的部分问题进行了粗浅的研究。笔者认为,量刑程序研究至少还有以下几个问题亟待进一步研究:

第一,就量刑裁量权的控制来讲,主要有实体控制和程序控制这两种方式,这两种控制方式各有优劣。实际上,世界各国都会采取实体和程序相结合的方式来实现对法官量刑裁量权的控制,只不过各国在实体和程序问题上各有侧重而已。那么,为了更加有效地控制法官的量刑裁量权,实体控制方式和程序控制方式各自应当控制到何种程度,亟待进一步研究。

第二,就定罪与量刑程序的关系模式来讲,有司法实务界人士认为,对于我们这样一个具有浓厚的大陆法传统的国家,我们应该学习大陆法系国家"在合一模式下有效控制法官自由裁量权"的成功经验,在继续维持现行合一模式的前提下,通过借鉴大陆法国家的制度经验,实现量刑裁量权的合理控制。在分析大陆法依附模式的优劣得失的基础上,我们还应当进一步分析中国与大陆法国家的差距,以及中国为什么不能模仿和采纳大陆法国家量刑程序模式的原因。

第三,量刑程序中法官的角色和作用需要进一步研究。作为量刑程序的主持者和量刑结论的制作者,法官无疑是量刑程序中的核心角色。但是,从目前的研究来看,对法官角色和功能的研究还比较少,因此,对量刑程序中法官作用的研究,还有广阔的空间。

第四,量刑程序中检察官的作用和功能有待进一步研究。本书只是从量刑建议切入,对检察官在量刑程序中的作用作了初步研究。实际上,除量刑建议之外,检察官在量刑证据的收集、对量刑审理程序的监督、量刑抗诉等方面都发挥着重要的作用。

第五,量刑辩护及量刑程序中辩护律师的作用有待进一步研究。本书只是从量刑意见切入,初步研究了辩护律师在量刑程序中的作用。但是,作为一种新型的辩护形态,量刑辩护如何操作需要进一步研究。

此外,量刑程序中的证据和证明问题、缓刑监督官问题、被害人影响陈述问题、量刑程序的制度设置及在中国构建独立量刑程序可能遇到的障碍等问题,都有进一步深入研究的必要。

总之,本书只是笔者尝试着对"量刑程序"作一初步性研究,或者说只是笔者就量刑程序中一些比较重要的理论提出的粗浅认识。实际上,量刑程序理论是一个开放体系,还有很多重要的理论需要进一步研究。笔者希望学界同仁能够对量刑程序加以关注,并作深入持续性研究,为完善中国的量刑程序提供更多的理论支持。

参 考 文 献

一、中文专著：

1. 卞建林译:《美国联邦刑事诉讼规则和证据规则》,中国政法大学出版社 1996 年版。
2. 卞建林等译:《加拿大刑事法典》,中国政法大学出版社 1999 年版。
3. 卞建林:《刑事诉讼的现代化》,中国法制出版社 2003 年版。
4. 卞建林:《现代司法理念研究》,中国人民公安大学出版社 2012 年版。
5. 蔡墩铭:《刑法总论》(修订四版),台湾三民书局 2000 年版。
6. 陈朴生:《刑事证据法》(重订版),自刊 1990 年版。
7. 陈光中主编:《刑事诉讼法学》,中国政法大学出版社 2002 年版。
8. 陈光中主编:《刑事诉讼法实施问题研究》,中国法制出版社 2000 年版。
9. 陈光中主编:《〈中华人民共和国刑事诉讼法〉修改条文释义与点评》,人民法院出版社 2012 年版。
10. 陈瑞华:《问题与主义之间——刑事诉讼基本问题研究》,中国人民大学出版社 2003 年版。
11. 陈瑞华:《刑事诉讼的前沿问题》(第二版),中国人民大学出版社 2006 年版。
12. 陈瑞华:《刑事审判原理论》,北京大学出版社 2004 年版。
13. 陈瑞华:《程序性制裁理论》,中国法制出版社 2005 年版。
14. 陈瑞华:《法律人的思维方式》,法律出版社 2007 年版。
15. 陈瑞华:《刑事诉讼的中国模式》,法律出版社 2007 年版。
16. 陈瑞华:《论法学研究方法》,北京大学出版社 2009 年版。
17. 陈瑞华:《刑事诉讼的中国模式》,法律出版社 2010 年版。
18. 陈瑞华:《比较刑事诉讼法》,中国人民大学出版社 2010 年版。
19. 陈瑞华:《量刑程序中的理论问题》,北京大学出版社 2010 年版。
20. 陈瑞华:《刑事证据法学》,北京大学出版社 2012 年版。
21. 陈瑞华:《刑事辩护的中国经验》,北京大学出版社 2012 年版。
22. 陈瑞华:《看得见的正义》(第二版),北京大学出版社 2013 年版。
23. 陈卫东:《程序正义之路》(第一、二卷),法律出版社 2005 年版。
24. 陈卫东主编:《模范刑事诉讼法典》,中国人民大学出版社 2005 年版。
25. 陈卫东主编:《刑事诉讼法学关键问题》,中国人民大学出版社 2013 年版。

26. 陈兴良、周光权:《刑法学的现代展开》,中国人民大学出版社 2006 年版。

27. 陈永生:《侦查程序原理论》,中国人民公安大学出版社 2003 年版。

28. 陈永生:《刑事诉讼的宪政基础》,北京大学出版社 2010 年版。

29. 储槐植:《美国刑法》(第三版),北京大学出版社 2005 年版。

30. 丁寿兴编:《量刑探索与实践》,法律出版社 2011 年版。

31. 樊崇义:《诉讼原理》,法律出版社 2003 年版。

32. 樊崇义主编:《刑事诉讼法实施问题与对策研究》,中国人民公安大学出版社 2001 年版。

33. 樊崇义:《刑事证据制度发展与适用》,人民法院出版社 2012 年版。

34. 傅郁林:《民事司法制度的功能与结构》,北京大学出版社 2006 年版。

35. 公安部法制局编:《刑事案件立案追诉量刑标准(2013 年版)》,中国人民公安大学出版社 2012 年版。

36. 胡康生、李福成:《中华人民共和国刑法释义》,法律出版社 1997 年版。

37. 黄荣坚:《基础刑法学(上)》,台湾元照出版公司 2006 年版。

38. 黄永:《刑事证明责任分配研究》,中国人民公安大学出版社 2006 年版。

39. 蒋明:《量刑情节研究》,中国方正出版社 2004 年版。

40. 梁根林:《刑事法网:扩张与限缩》,法律出版社 2005 年版。

41. 林山田:《刑罚通论(上)》(增订八版),自刊 2002 年版。

42. 林钰雄:《刑事诉讼法》,台湾元照出版公司 2004 年版。

43. 李心鉴:《刑事诉讼构造论》,中国政法大学出版社 1992 年版。

44. 李玉萍:《程序正义视野中的量刑活动研究》,中国法制出版社 2010 年版。

45. 李艳玲:《量刑方法论研究》,中国人民公安大学出版社 2007 年版。

46. 刘仁文等译:《美国模范刑法典及其评注》,法律出版社 2005 年版。

47. 罗文波、冯凡英译:《加拿大刑事法典》,北京大学出版社 2008 年版。

48. 聂立泽:《刑法中主客观相统一原则研究》,法律出版社 2004 年版。

49. 南英、最高人民法院刑事审判第三庭编:《量刑规范化实务手册》,法律出版社 2014 年版。

50. 齐树洁主编:《英国证据法》,厦门大学出版社 2002 年版。

51. 编写组:《人民法院量刑指南:〈人民法院量刑指导意见〉运用手册》,法律出版社 2013 年版。

52. 宋英辉等:《外国刑事诉讼法》,法律出版社 2006 年版。

53. 宋英辉:《刑事诉讼原理》,法律出版社 2003 年版。

54. 宋英辉:《刑事诉讼目的论》,中国人民公安大学出版社 1995 年版。

55. 宋英辉:《未成年人刑事司法改革研究》,北京大学出版社 2013 年版。

56. 宋冰:《程序、正义与现代化》,中国政法大学出版社 1998 年版。

57. 宋冰:《读本:美国与德国的司法制度及司法程序》,中国政法大学出版社 1998 年版。

58. 孙长永:《探索正当程序——比较刑事诉讼法专论》,中国法制出版社 2005 年版。

59. 孙春雨:《中美定罪量刑机制比较研究》,中国人民大学出版社 2007 年版。

60. 汤建国:《罪刑均衡方法》,人民法院出版社 2005 年版。

61. 汪建成、甄贞:《外国刑事诉讼第一审判程序比较研究》,法律出版社 2007 年版。

62. 汪建成:《冲突与平衡——刑事程序理论的新视角》,北京大学出版社 2006 年版。

63. 汪建成:《理想与现实——刑事证据理论的新探索》,北京大学出版社 2006 年版。

64. 汪建成:《刑事诉讼法学概论》,北京大学出版社 2003 年版。

65. 汪建成、黄伟明:《欧盟成员国刑事诉讼概论》,中国人民大学出版社 2000 年版。

66. 汪建成、刘广三:《刑事证据学》,群众出版社 2000 年版。

67. 汪建成:《刑事审判监督程序专论》,群众出版社 1990 年版。

68. 汪明亮:《定罪量刑的社会学模式》,中国人民公安大学出版社 2007 年版。

69. 汪明亮:《多维视角中的定罪量刑问题》,法律出版社 2006 年版。

70. 王雨田:《英国刑法犯意研究》,中国人民公安大学出版社 2006 年版。

71. 王兆鹏:《新刑诉、新思维》,台湾元照出版公司 2005 年版。

72. 王兆鹏:《刑事诉讼讲义》,台湾元照出版公司 2006 年版。

73. 王兆鹏:《美国刑事诉讼法》,法律出版社 2005 年版。

74. 王利荣:《量刑说理机制》,中国人民公安大学出版社 2012 年版。

75. 谢望原主译:《英国刑事制定法精要(1351—1997)》,中国人民公安大学出版社 2003 年版。

76. 谢望原主编:《许霆案深层解读 无情的法律与理性的诠释》,中国人民公安大学出版社 2008 年版。

77. 徐静村主编:《21 世纪中国刑事程序改革研究:〈中华人民共和国刑事诉讼法〉第二修正案(学者建议稿)》,法律出版社 2003 年版。

78. 徐静村主编:《刑事诉讼法学》(上、下),法律出版社 1999 年版。

79. 臧冬斌:《量刑的合理性与量刑方法的科学性》,中国人民公安大学出版社 2008 年版。

80. 张明楷:《刑法学》(第二版),法律出版社 2003 年版。

81. 张月满:《量刑程序论》,山东大学出版社 2011 年版。

82. 赵秉志主编:《主客观相统一:刑法现代化的坐标》,中国人民公安大学出版社 2004 年版。

83. 赵廷光:《量刑公正实证研究》,武汉大学出版社 2005 年版。

84. 周长军:《刑事裁量权论——在划一性与个别性之间》,中国人民公安大学出版社 2006 年版。

85. 中国政法大学刑事法律研究中心主编:《中英量刑问题比较研究》,中国政法大学出版社 2001 年版。

86. 朱平:《量刑规则实证分析》,群众出版社2006年版。
87. 左卫民:《现实与理想——关于中国刑事诉讼的思考》,北京大学出版社2013年版。

二、中文译著

1. 〔意〕贝卡利亚:《论犯罪与刑罚》,黄风译,中国法制出版社2002年版。
2. 〔美〕美国量刑委员会编:《美国量刑指南》,王世洲译,北京大学出版社1995年版。
3. 〔法〕斯特法尼:《法国刑事诉讼法精义》,罗结珍译,中国政法大学出版社1999年版。
4. 《法国刑事诉讼法典》,罗结珍译,中国法制出版社2006年版。
5. 《德国刑事诉讼法典》,李昌珂译,中国政法大学出版社1995年版。
6. 《日本刑事诉讼法典》,宋英辉译,中国政法大学出版社2000年版。
7. 《意大利刑事诉讼法典》,黄风译,中国政法大学出版社1994年版。
8. 《俄罗斯刑事诉讼法典》,黄道秀译,中国人民公安大学出版社2006年版。
9. 〔美〕爱伦·豪切斯泰勒·斯黛丽·南希·弗兰克:《美国刑事法院诉讼程序》,陈卫东等译,中国人民大学出版社2002年版。
10. 〔美〕罗纳尔多·V.戴尔卡门:《美国刑事诉讼法——法律和实践》,张鸿巍等译,武汉大学出版社2006年版。
11. 〔德〕洛克信:《德国刑事诉讼法》,吴丽琪译,台湾三民书局1998年版。
12. 〔德〕托马斯·魏根特:《德国刑事诉讼程序》,岳礼玲等译,中国政法大学出版社2004年版。
13. 〔德〕普维庭:《现代证明责任问题》,吴越译,法律出版社2006年版。
14. 〔德〕罗森贝克:《证明责任论》(第四版),庄敬华译,中国法制出版社2002年版。
15. 〔美〕乔恩·R.华尔兹:《刑事证据大全》(第二版),何家弘等译,中国人民公安大学出版社2004年版。
16. 〔美〕道格拉斯·胡萨克:《刑法哲学》,谢望原等译,中国人民公安大学出版社1994年版。
17. 〔美〕约翰·W.斯特龙主编:《麦考密克论证据》(第五版),汤维建等译,中国政法大学出版社2004年版。
18. 〔日〕田口守一:《刑事诉讼法》,刘迪等译,法律出版社2000年版。
19. 〔日〕西原春夫:《日本刑事法的重要问题》(第二卷),金光旭等译,法律出版社、日本成文堂出版社2000年版。
20. 〔英〕丹宁:《法律的正当程序》,李克强、杨百揆、刘庸安译,法律出版社1999年版。
21. 〔英〕J.C.史密斯、B.霍根:《英国刑法》,李贵方等译,法律出版社2000年版。
22. 〔英〕J.W.赛西尔·特纳:《肯尼刑法原理》,王国庆等译,华夏出版社1989

年版。

23. 〔英〕鲁珀特·克罗斯、菲利普·A.琼斯:《英国刑法导论》,赵秉志等译,中国人民大学出版社 1991 年版。

24. 〔英〕约翰·斯普莱克:《英国刑事诉讼程序》,徐美君、杨立涛译,中国人民大学出版社 2006 年版。

25. 〔美〕安德鲁·冯·赫希:《已然之罪还是未然之罪》,邱兴隆、胡云腾译,中国检察出版社 2001 年版。

26. 〔美〕约书亚·德雷斯勒、艾伦·C.迈克尔斯:《美国刑事诉讼法精解》,吴宏耀译,北京大学出版社 2009 年版。

三、论文

1. 陈瑞华:《论量刑信息的调查》,载《法学家》2010 年第 3 期。
2. 陈瑞华:《量刑程序改革的模式选择》,载《法学研究》2010 年第 1 期。
3. 陈瑞华:《量刑程序改革的困境与出路》,载《当代法学》2010 年第 1 期。
4. 陈瑞华:《定罪与量刑的程序分离——中国刑事审判制度改革的另一种思考》,载《法学》2008 年第 6 期(总第 319 期)。
5. 陈瑞华:《论量刑的独立性———种以量刑控制为中心的程序理论》,载《中国法学》2009 年第 1 期。
6. 陈瑞华:《定罪与量刑的程序关系模式》,载《法律适用》2008 年第 4 期(总第 265 期)。
7. 陈瑞华:《量刑程序中的证据规则》,载《吉林大学社会科学学报》2011 年第 1 期(第 51 卷第 1 期)。
8. 陈瑞华:《庭外供述笔录的非自愿性推定原则》,载《法学论坛》2005 年第 5 期。
9. 陈瑞华:《刑事诉讼中的司法证明规则》,载《法学论坛》2003 年第 4 期。
10. 汪建成:《量刑程序改革中需要转变的几个观念》,载《政法论坛》2010 年第 2 期(第 28 卷第 2 期)。
11. 汪建成:《论对抗式庭审模式下法官在证据运用中的角色》,载《烟台大学学报》2008 年第 1 期。
12. 汪建成:《刑法和刑事诉讼法关系新解》,载《诉讼法论丛》第 3 卷,法律出版社 1999 年版。
13. 汪建成、余诤:《对刑法和刑事诉讼法关系的再认识》,载《法学》2000 年第 7 期。
14. 陈永生:《论刑事诉讼中控方举证责任之例外》,载《政法论坛》2001 年第 5 期。
15. 陈永生:《排除合理怀疑及其在西方面临的挑战》,载《中国法学》2003 年第 2 期。
16. 樊崇义、杜邈:《检察量刑建议程序之建构》,载《国家检察官学院学报》第 17 卷第 5 期。
17. 樊崇义:《量刑程序与证据》,载《南都学坛》2009 年第 4 期。

18. 熊秋红:《中国量刑改革:理论、规范与经验》,载《法学家》2011年第5期。

19. 熊秋红:《律师参与才能使量刑辩论实质化》,http://www.iolaw.org.cn/showNews.asp？id=24464。

20. 闵春雷:《论量刑证明》,载《吉林大学社会科学学报》2011年第1期(第51卷第1期)。

21. 张月满:《量刑程序论》,载《法学家》2011年第4期。

22. 高一飞、陈海平:《"从技术到制度":我国量刑程序改革述论》,载《政法论丛》2006年第6期。

23. 蒋安杰:《对量刑正义的程序期待》,载《法制资讯》2008年第6期。

24. 蒋惠岭:《程序与量刑》,载《法制资讯》2008年第6期。

25. 卞建林:《中国特色刑事诉讼制度不断发展完善》,载《检察日报》2010年12月28日。

26. 陈卫东:《定罪与量刑程序分离之辩》,载《法制资讯》2008年第6期。

27. 陈卫东:《论隔离式量刑程序改革——基于芜湖模式的分析》,载《法学家》2010年第2期。

28. 宋英辉、何挺:《构建我国量刑程序的基本思路》,载《法制资讯》2008年第6期。

29. 宋英辉:《明确量刑程序规范 保障依法公正量刑》,载《人民法院报》2010年10月27日。

30. 熊选国:《关于量刑程序改革的几个问题》,载《人民法院报》2010年10月20日。

31. 胡云腾:《构建我国量刑程序的几个争议问题》,载《法制资讯》2008年第6期。

32. 戴长林、张向东:《从四个维度审视量刑规范化改革的时代性》,载《人民司法》2011年第7期。

33. 王红梅、袁涛:《构建我国相对独立量刑程序》,载《法制资讯》2008年第6期。

34. 李玉萍:《中国法院的量刑程序改革》,载《法学家》2010年第2期。

35. 李玉萍:《量刑与社会调查报告》,载《法制资讯》2008年第6期。

36. 李玉萍整理:《量刑程序资料链接》,载《法制资讯》2008年第6期。

37. 李玉萍:《论相对独立的量刑程序》,载《政法论丛》2009年第6期。

38. 李昌林、顾伟品:《被告人参与量刑程序问题研究》,载《法治研究》2013年第7期。

39. 顾永忠:《试论量刑与量刑程序涉及的关系》,载《人民检察》2009年第15期。

40. 左卫民:《中国量刑程序改革:误区与正道》,载《法学研究》2010年第4期。

41. 周光权:《量刑程序改革的实体法支撑》,载《法学家》2010年第2期。

42. 周长军:《量刑治理的模式之争——兼评量刑的两个指导"意见"》,载《中国法学》2011年第1期。

43. 余茂玉:《论量刑程序的协同性》,载《法律适用》2010年第4期。

44. 何艳芳:《论被害人参与量刑活动的权利保障》,载《法律适用》2013年第10期。

45. 张向东:《量刑中的自由裁量与程序规制》,载《当代法学》2010年第1期。

46. 左宁:《量刑证据的界定与调查初探》,载《云南大学学报法学版》2010 年第 4 期。

47. 上海市浦东新区法院刑庭:《量刑事实与诉讼程序》,载《法制资讯》2008 年第 6 期。

48. 汤建国、张桂林、贾卫兵:《我国量刑程序的改革构想》,载《法制资讯》2008 年第 6 期。

49. 黄应生:《我国需要什么样的量刑程序》,载《法制资讯》2008 年第 6 期。

50. 曲新久:《量刑问题法理分析:从一起故意伤害案的量刑谈起》,载《人民检察》2007 年第 8 期。

51. 胡耘通、张磊:《检察机关参与量刑程序应注意的三个问题》,载《人民检察》2013 年第 5 期。

52. 贺小军:《量刑程序中"问题"证据若干问题研究》,载《中国人民公安大学学报(社会科学版)》2013 年第 5 期(总第 165 期)。

53. 孙连钟:《我国量刑程序的构建——以英美量刑程序为视角的分析》,载《铁道警官高等专科学校学报》2007 年第 1 期(总第 69 期)。

54. 万毅:《量刑正义的程序之维》,载《华东政法学院学报》2006 年第 5 期(总第 48 期)。

55. 陈岚:《西方国家的量刑建议制度及其比较》,载《法学评论》2008 年第 1 期(总第 147 期)。

56. 殷俊、郑承华:《西方国家量刑建议制度的实践研究》,载《理论界》2006 年第 1 期。

57. 杨志斌:《英美量刑模式的借鉴与我国量刑制度的完善》,载《法律适用》2006 年第 11 期(总第 248 期)。

58. 杨雄、刘宏武:《论统一的刑事简易程序》,载《法学杂志》2012 年第 12 期。

59. 冯曙霞:《中华法系伦理量刑制度的立法表现》,载《社科纵横》2008 年 6 月总第 23 卷。

60. 冯卫国、张向东:《被害人参与量刑程序:现状、困境与展望》,载《法律科学(西北政法大学学报)》2013 年第 4 期。

61. 郭志远、赵琳琳:《美国联邦量刑指南实施效果——兼论对我国量刑规范化改革的启示》,载《政法论坛》2013 年第 1 期(第 31 卷第 1 期)。

62. 孙春雨:《中美量刑机制比较研究》,载《时代法学》2005 年第 2 期。

63. 孙春雨、李斌:《量刑规范化改革的现状与出路》,载《国家检察官学院学报》2013 年第 5 期(第 21 卷第 5 期)。

64. 叶青:《量刑建议工作的规范化改革》,载《华东政法大学学报》2011 年第 2 期(总第 75 期)。

65. 刘莉芬:《自由刑量刑监督制度之完善》,载《国家检察官学院学报》2006 年 10 月第 14 卷第 5 期。

66. 沈德咏:《量刑公正:刑事正义的最终结果》,载《中国律师》2001 年第 1 期。

67. 马凯:《检察机关量刑建议制度初探》,载《理论研究》2006 年第 1 期。

68. 吴四江:《论刑事被害人参与的量刑正当性》,载《贵州大学学报(社会科学版)》2008 年第 1 期(第 26 卷第 1 期)。

69. 汪明亮:《论定罪量刑中的法官情感》,载《甘肃政法学院学报》2004 年第 6 期(总第 77 期)。

70. 汪明亮:《媒体对定罪量刑活动可能带来负面影响的作用机制》,载《现代法学》2006 年第 6 期(第 28 卷第 6 期)。

71. 程进飞:《美国死刑量刑程序对我国的启示》,载《郑州航空工业管理学院学报(社会科学版)》2008 年第 3 期(第 27 卷第 3 期)。

72. 陈海平、高树勇:《认真对待量刑——量刑程序化初探》,载《黑龙江省政法管理干部学院学报》2006 年第 1 期(总第 52 期)。

73. 郭晶:《未成年犯罪人的量刑问题新论》,载《法学》2007 年第 10 期。

74. 张竞模、钱晓峰:《论未成年人刑事案件量刑的特殊原则》,载《青少年犯罪问题》2007 年第 4 期。

75. 陈增宝、李安:《量刑应当具有独立的专门程序》,载《法律适用》2005 年第 12 期(总第 237 期)。

76. 蒋惠岭:《构建我国相对独立量刑程序的几个难点》,载《法律适用》2008 年第 4 期(总第 265 期)。

77. 李玉萍:《我国相对独立量刑程序的设计与构建》,载《法律适用》2008 年第 4 期(总第 265 期)。

78. 李贵扬:《论被害人量刑意见》,载《当代法学》2012 年第 6 期。

79. 冀祥德:《构建中国的量刑建议权制度》,载《法商研究》2005 年第 4 期(总第 108 期)。

80. 冀祥德:《量刑建议权的理论基础与价值基础》,载《烟台大学学报(哲学社会科学版)》2004 年第 3 期(第 17 卷第 3 期)。

81. 谢鹏程:《论量刑程序的张力》,载《中国法学》2011 年第 1 期。

82. 张吉喜:《论量刑事实的证明标准》,载《证据科学》2013 年第 21 卷(第 5 期)。

83. 庞良程:《量刑建议制度可行性研究》,载《国家检察官学院学报》2002 年第 4 期(第 10 卷第 4 期)。

84. 龚振军:《检察机关量刑建议权的法理思考》,载《重庆工学院学报》2006 年第 3 期。

85. 杨飞雪、孙宁华:《量刑答辩在未成年人刑事案件庭审中适用的几点思考》,载《青少年犯罪问题》2006 年第 3 期。

86. 陈增宝:《构建量刑程序的理性思考——以"人权保障"为视角的探讨》,载《法治研究》2008 年第 1 期。

87. 罗国良:《证据与犯罪构成》,载中华人民共和国最高人民法院刑事审判一庭:

《刑事审判要览》(总第七集),法律出版社 2004 年版。

88. 罗国良:《证据与事实认定》,载中华人民共和国最高人民法院刑事审判一庭:《刑事审判要览》(总第九集),法律出版社 2005 年版。

89. 聂昭伟:《刑事诉讼证明问题的实体法依据》,载《法律科学》2005 年第 6 期。

90. 聂昭伟、魏云燕:《论犯罪构成对证明责任分配的影响》,载《广西政法管理干部学院学报》2006 年第 6 期。

91. 彭世忠、李秋成:《认真对待司法经验》,载《政法论坛》2006 年第 1 期。

四、硕士、博士论文

1. 余铮:《量刑机制研究》,北京大学 1999 年刑法学硕士论文。
2. 仇晓敏:《量刑公正之程序径路》,中国政法大学 2008 年刑事诉讼法博士论文。
3. 康黎:《量刑程序正当化研究》,西南政法大学 2009 年刑事诉讼法博士论文。
4. 张月满:《量刑程序论》,中国人民大学 2010 年刑事诉讼法博士论文。

五、案例

1. 许霆案二审判决书(2008)穗中法刑二重字第 2 号,http://bbs.ruian.com/thread-311793-1-1.html。
2. 许霆案重审判决书(2008)穗中法刑二重字第 2 号,http://www.dffy.com/sifashijian/ws/200804/20080402082917-4.htm。

六、媒体报道

1. 陈瑞华:《我们从许霆案中反思什么?》,http://www.law66.net/ShowArticle.shtml?ID=200841217315123001.htm。
2. 贺卫方:《许霆案:法官何以说理》,http://www.tecn.cn/data/detail.php?id=17454。
3. 张明楷:《许霆案的定罪与量刑》,载《人民法院报》2008 年 4 月 1 日。
4. 陈兴良:《许霆案的法理分析》,载《人民法院报》2008 年 4 月 1 日。

七、外文专著

1. Marvin E. Frankel, *Criminal Sentences: Law without Order*, Doubleday Canada Ltd., Toronto, 1972.
2. Richard Vogler, Barbara Huber, *Criminal Procedure in Europe*, Duncker & Humblot, Berlin, 2008.
3. Clayton C. Ruby, Breese Davies, Delmar Doucette, Sarah Loosemore, Jdssica R. *Sentencing*, 7th ed, Lexis Nexis Canada Inc, 2008.
4. Orkin, Caroline Wawzonek, *Sentencing*, 7th ed, LexisNexis Canada Inc, 2008.

5. Christopher B. Mueller, Laird C. Kirkpatrick, *Evidence*, 3rd ed, Aspen Publisher, Inc, 2003.

6. Gerhard O. W. Mueller, *Sentencing: Process And Purpose*, Charles C. Thomas Publisher, 1977.

7. Chris Clarkson, Rod Morgan, *The Politics of Sentencing Reform*, Clarendon Press, Oxford, 1995.

8. Phil Fennell, Christopher Harding, Nico Jorg, Bert Swart, *Criminal Justice in Europe: A Comparative Study*, Clarendon Press, Oxford, 1995.

9. Wayne R. LaFave, Jerold H. Israel, Nancy J. King, Orin S. Kerr, *Criminal Procedure*, 3rd ed, Thomson/West, 2007.

10. Daniel E. Hall, *Criminal Law and Procedure*, 4th ed, Thomson Press, 2004.

11. Martim Wasik, *The Sentencing Process*, Dartmouth Publishing Company Limited, 1997.

12. Nicholas N. Kittrie, Elyce H. Zenoff, Vincent A. Eng, *Sentencing, Sanction, And Corrections*, 2nd ed, Foundation Press, 2002.

13. Delisle, *Evidence: Principles and Problems*, 2nd ed, Carswell Company, 1989.

14. J. C Smith, *Criminal Evidence*, Sweet &Maxwell Press 1995.

16. Von Hirsch, Andrew, *Principled Sentencing: Readings on Theory and Policy*, Oxford Hart Pub. Evanston, Ill. UK, 1998.

17. Thomas, D. A. , *Principles of Sentencing: the Sentencing Policy of the Court of Appeal Criminal Division*, Heinemann, London, 1979.

18. Richard May, *Criminal Evidence*, 4th ed, Sweet & Maxwell Press, 1986.

19. Roderick Munday, *Evidence*, Butterworths, 2000.

八、外文文章

1. Alan C. Michaels, Trial Rights at Sentencing, *North Carolina Law Review*, June 2003.

2. Kate Stith, The Arc of The Pendulum: Judges, Prosecutors, And The Exercise of Discretion, *Yale Law Journal*, May 2008.

3. Daniel Richman, Federal Sentencing in 2007: The Supreme Court Holds-The Center Doesn't, *Yale Law Journal*, May 2008.

4. Penny J. White, "He Said", "She Said" And Issue of Life And Death: The Right To Confrontation At Capital Sentencing Process, *Regent University Law Review* 387, 2006—2007.

5. Douglas A. Berman, Forward: Beyond Blakely And Booker: Pondering Modern Sentencing Process, *Journal of Criminal Law and Criminology* 653, Spring, 2005.

6. Susan N. Herman, The Tail that Wagged the Dog: Bifurcated Fact-Finding under the Federal Sentencing Guidelines and the Limited Due Process, *Southern California Law Review*

289, November, 1992.

九、重要案例

1. Williams v. United States, 503 U.S. 193 (1992).
2. United States v. Watts, 519 U.S. 1144 (1997).
3. Apprendi v. New Jersey, 530 U.S. 466 (2000).
4. United States v. Booker, 543 U.S. 220 (2005).
5. Blakely v. Washington, 542 U.S. 296 (2004).
6. United States v. Johnson, 529 U.S. 53 (2000).

附 录

附录一　美国联邦量刑指南的演进

在美国联邦司法系统中,地区法官一直主导着量刑程序,这种现象直到二十年前才得以改变。① 在1984年之前的美国,联邦刑事司法采取不确定的量刑体制。不确定的量刑以两种方式允许广泛的变动:第一,立法机关设立较大的量刑幅度,给予法官较大的自由空间,在立法规定的范围内科处宽舒或严厉的刑罚;第二,法官科处刑期不确定的刑罚,由假释官员决定罪犯实际上应该被监禁的具体时间。② 而1984年美国《量刑改革法》(SRA),通过创制和施行《联邦量刑指南》,改革了数个世纪以来一直沿用的传统司法实践方式。③《联邦量刑指南》在性质上更接近一种关于如何行使裁量权的权威性技术手册:首先,联邦量刑委员会根据联邦法院内部过去存在的关于制裁幅度的非正式"行情"以及相关联邦法院判决所显示出的各罪的量刑标准,在可能的范围内将其明文规定;其次,联邦量刑委员会会定期根据其收集的全国范围内的量刑数据,对量刑指南进行修改,以适应社会生活的急剧变化;最后,《联邦量刑指南》也设立了很多政策性调整的尺度,例如优先救济被害人的原则,对企业犯罪进行制裁的加重或减轻的各种要件等。从1987年至2005年,法官在量刑方面的自由裁量权,被这套详细且复杂的《联邦量刑指南》紧紧地限制起来,留给他们的自由裁量权微乎其微。④ 在2005年,当联邦最高法院在美国诉布克案(*United States v. Booker*)的裁决中,明确表明《联邦量刑指南》仅仅是一项"有效的参考",至此,强制性量刑指南时代正式完结。⑤

---

① KateE Stith, Josea. Carbanes, *Fear of Judging: Sentencing Guidelines in the Federal Court*, University of Chicago Press, 1998, pp. 9—37.
② 〔美〕爱伦·豪切斯泰勒·斯黛丽、南希·弗兰克:《美国刑事法院诉讼程序》,陈卫东、徐美君译,何家弘校,中国人民大学出版社2001年版,第575页。
③ U. S. Sentencing Guidelines Manual (1987).
④ 见前注①,第78—103页。
⑤ United States v. Booker, 543 U.S. 220, 245—246 (2005).

一、美国联邦量刑指南发展的三个阶段

从美国量刑实体改革的进程来看①,美国联邦量刑实体法律制度可以明显地被划分为三个阶段:完全的自由裁量量刑阶段,强制性量刑指南阶段,以及参考性量刑指南阶段。

(一) 完全自由裁量量刑阶段

在1987年美国实行《联邦量刑指南》之前的大约两个世纪中,联邦地区法院的法官,只要是在国会制定的非常宽泛的量刑幅度内量刑,他们在量刑问题上几乎拥有不受限制的自由裁量权。② 这一阶段的一个典型特征便是不确定的量刑体制。这种量刑体制以"刑罚的个别化"和"对犯罪人的个别矫治"为主要目的,认为,由于"犯罪人是因生了病而具有一定的人身危险性,因此他们需要接受帮助和治疗",同时"由于没有人,包括办案的法官,能够知晓何时犯罪人的病才能够痊愈且与常人一样不具有任何危险性,因此应当由那些负责治疗犯罪人的官员决定何时释放犯罪人"。③ 在这种体制之下,法官享有极大的自由裁量权,他们可以在法律规定的宽泛的幅度内,选择判处被告人的刑罚。比如,按照当时的联邦法律,殴打政府官员可能招致罚金或者不超过10年的监禁刑;联邦拐卖法授权的量刑幅度是"任何年限的监禁刑,甚至终身监禁";强奸将导致"死刑、任何年限的监禁刑,或者终身监禁";驾驶盗窃的汽车越过州界将会导致"5年以下有期徒刑";抢劫联邦保障的银行可能会导致25年以下的监禁;邮局工作人员盗窃一封邮件可能会导致5年以下监禁。④ 一般说来,联邦地区法官仅仅根据他们各异的良知,在给定的案件中,判处被告人5年、10年、30年或者30年以上的各不相同的刑罚。然后,在刑罚的执行过程中,由假释官员根据犯罪人的表现情况,决定最终的释放时间。也就是说,在大多数联邦刑事案件中,被告人无法明知和预测自己将因缓刑(probation)而走出监狱、或者将在监狱中度过余生,抑或执行两者之间的监禁刑罚。⑤

需要注意的是,在完全自由裁量量刑阶段,也还是存在法官之外的其他

---

① 美国联邦实体改革既包括由美国国会、美国联邦量刑委员会推动制定《联邦量刑指南》的活动,同时也包括美国联邦最高法院通过相关判决推动的改革。
② Kate Stith, Jose A. Cabranes, Judging under the Federal Sentencing Guidelines, 91 *NW. U. L. Rev.* 1997, pp.1247—1248.
③ Marvin E. Frankel, *Criminal Sentencing: Law Without Order*, Hilland Wang, New York, 1972, p.89.
④ Ibid., pp.5—6.
⑤ Ibid., p.6.

主体,他们在一定程度上还是能够对法官的量刑裁量权产生一定的影响,但是这些主体的影响力非常微弱,因为"联邦地区法官可以调整其量刑判决,以应付其他主体准备的材料所带来的潜在影响"①。此外,由于美国联邦地区法官对被定罪者的量刑很少受到外部施予的控制或监督,因此,联邦法官在量刑问题上的权力进一步得到扩张和强化。同时,由于联邦量刑法律缺乏富有指导意义的量刑标准、量刑原则和量刑规则②,因此,联邦地区法官作出的量刑裁决难以有效地受到上诉法院的复审监督。③

著名的前联邦地区法院法官马文·弗兰克尔曾就"自由裁量量刑阶段"的一般量刑程序作出过如下描述:法官可以在量刑前的某天阅读一份量刑前报告,也许会花半个多小时的时间约见本案的缓刑监督官(Probation Officer),法官同样也有权取消类似的会面,然后法官出席法庭,聆听双方当事人所做的口头陈述或者被告人发表的意见,紧随其后,法官便宣布量刑。法官在宣告刑罚的同时,可能会发表一份简短的演讲,阐述被告人是何等的无赖,或者告诉被告人法官为什么对他如此仁慈的原因,或者其他类似情形。所有事项将会在一至两个小时内完成。④

马文·弗兰克尔对"完全自由裁量量刑阶段"的普通量刑程序的简洁描述表明,这一阶段的量刑程序的最突出的特点便是联邦法官在量刑问题上享有极大的、甚至是不受限制的自由裁量权。

(二) 强制性量刑指南阶段

自由裁量量刑时期,法官在量刑问题上所具有的不受限制的自由裁量权使得这种量刑体制,自20世纪60年代开始,逐渐成为自由主义和保守主义评论家的激烈批判的对象⑤;到20世纪70年代,对这种量刑体制进行大规模的改革已经不可避免了。⑥ 在20世纪70年代后期和80年代前期激起了联邦量刑改革大潮,于《量刑改革法》颁布之前达至高潮,这不能不说是两派(自由派和保守派)齐心协力的结果。⑦ 自由主义改革派人士寻求量刑制度

---

① Kate Stith, Jose A. Cabranes, Judging under the Federal Sentencing Guidelines, 91 *NW. U. L. Rev.* 1997, pp. 1247—1248.
② Ibid., p. 1252.
③ 见前注①,第1252页。
④ Marvin E. Frankel, Sentencing Guidelines: A Need for Creative Collaboration, 101 *YALE L. J.*, 1992, pp. 2043—2045.
⑤ Kate Stith, Steve Y. Koh, The Politics of Sentencing Reform: The Legislative History of the Federal Sentencing Guidelines, 28 *Wake Forest L. REV.*, 1993, pp. 223—257.
⑥ Ibid.
⑦ Ibid.

改革,主要是因为他们相信,联邦地区法官在行使广泛的自由裁量权的时候,他们对少数民族被告人的处罚肯定会比白人被告人的处罚更加严苛①,在他们看来,基于被告人的种族、性别或者社会地位等因素而导致的量刑不统一问题,是不合理的。② 从另一方面讲,保守主义改革派人士认为,量刑制度改革会根除地区法官判处的刑罚过于仁慈和轻缓这一长期存在的问题。③ 这些倡导量刑制度改革的保守主义者相信,强制性量刑指南将会确保所有法官,不论他们"自由主义"的程度如何,他们必须在所有案件中按照指南判处被告人足够严苛的刑罚。

这种反映不同政治派别之政治意愿的"合流",在1984年《量刑改革法》出台前达到了高潮。④ 联邦最高法院布雷耶大法官注意到,国会在通过《量刑改革法》时主要期望实现以下两大目标:减少"没有任何理由的、过大的"量刑差别,以及通过裁撤假释机构,确保"量刑中的诚信"。⑤ 撤销联邦假释机构,与该法案其他方面的规定一起,共同导致了《量刑改革法》的出台,同时也为联邦司法系统中使用的"过时的"矫治模式敲响了丧钟。《量刑改革法》同时也试图解决"量刑差别"这一为各式各样的量刑政策以及个性化的联邦法官所期冀实现的量刑目标。改革家们的期望是,通过制定一部"全面且连贯一致的联邦量刑法律",将会彻底消除"联邦地区法官仅仅主要依靠个人的正义感而(判处不同的被告人)差别巨大的刑罚"这一状况。⑥

《量刑改革法》中最重要的部分是要求美国联邦量刑委员会创设和制定《联邦量刑指南》。一位国会议员声称,量刑指南将会"彻底改观我们传统印象中的、已经持续两百多年的量刑体制,并呈现给我们一个全新的量刑制度"⑦。《联邦量刑指南》实施后的二十多年的司法实践已经充分地证明,当时的预测是十分具有先见之明的,甚至可以毫不夸张地说,上述观点甚至低估了《联邦量刑指南》对联邦量刑实践所带来的根本性变革。

---

① Kate Stith, Steve Y. Koh, The Politics of Sentencing Reform: The Legislative History of the Federal Sentencing Guidelines, 28 *Wake Forest L. REV.*, 1993, pp.231.

② Douglas A. Berman, A Common Law for This Age of Federal Sentencing: The Opportunity and Need for Judicial Lawmaking, 11 *STAN. L. & POL'Y REV.*, 1999, pp.93,95.

③ Ibid., p.227.

④ Sentencing Reform Act of 1984, Pub. L. No.98—473, 98 Stat. 1987 (codified as amended in scattered sections of 18 and 28 U.S.C.).

⑤ Stephen Breyer, The Federal Sentencing Guidelines and the Key Compromises Upon Which They Rest, 17 *Hofstra L. REV.*, 1988, pp.1—4.

⑥ Michael H. Tonry, The Sentencing Commission in Sentencing Reform, 7 *Hofstra L. REV.*, 1978, pp.315,323.

⑦ 133 CONG. REC. 26,372 (statement of Rep. Synar).

《联邦量刑指南》为特定的犯罪规定了比较狭窄的量刑幅度,同时也对不同的量刑事实和情节规定了不同的价值。① 如果要计算某一犯罪的恰当量刑幅度,法官必须参考量刑指南的核心部分:由纵横两个轴分别代表犯罪事实以及其犯罪前科状况,然后为由罪行严重程度和前科事实组合而成的258种情形构建量刑幅度。② 尽管在强制性量刑指南时期,在量刑指南规定的量刑幅度内,法官仍然享有不受限制的自由裁量权,但是这种自由裁量权的后果并不严重,因为在规定的量刑幅度内,其最高刑罚被成文法限定为最低刑罚的5/4倍。③ 尽管在绝大多数的案件中,法官有义务在量刑指南规定的幅度内判处刑罚,但是他们也可以偏离指南规定的幅度,在特定的情况下,高于或者低于指南规定的幅度判处被告人刑罚。④ 除了要求联邦地区法官在规定的量刑幅度内判处刑罚之外(当然例外的情况下可以偏离),指南明确禁止法官考虑那些他们传统上经常予以考虑的事实情况,比如被告人的不利背景,家庭关系及其责任,以及精神和情感状况。⑤

　　综上所述,《联邦量刑指南》的发展和实施导致法官在量刑问题上的自由裁量权受到了严厉的束缚。尽管《联邦量刑指南》在书面上规定法官享有一定的量刑裁量权,但是强制性量刑指南时期的联邦司法实践表明,"量刑指南基本上取代了一切事项"⑥,并且"量刑指南上的网格成了至高无上的上帝"⑦。

(三) 参考性量刑指南阶段

　　在美国《联邦量刑指南》颁布之后的近二十年内,它与联邦的其他生效的法律一样,具有强制的约束力,法官在量刑时必须首先在量刑指南规定的幅度内量刑,如果综合案件的所有情况,法官认为应当在指南规定的幅度之外量刑时,那么他必须就此提供充足的理由。在强制性量刑指南时期,法官一旦在指南规定的幅度之外量刑,他至少会面临以下几个方面的挑战:第一,如果是超过指南规定的刑罚幅度量刑,被告人可能会就此提出上诉,初审判决更有可能被推翻;如果是在指南规定的幅度之下量刑,那么可能会招致检

---

① U.S. Sentencing Guidelines Manual (2008).
② Ibid.
③ 28 U.S.C. § 994(b)(2) (2006).
④ See 18 U.S.C. § 3553(b) (2006).
⑤ U.S. Sentencing Guidelines Manual (2008).
⑥ The Philip D. Reed Lecture Series, Panel Discussion: Federal Sentencing Under "Advisory" Guidelines: Observations by District Judges, 75 *Fordham L. REV.*, 2006, pp.1,5.
⑦ Ibid.

察官的上诉①,初审判决同样可能被上级法院推翻。第二,如果初审法官在指南规定的幅度之外量刑,那么在上诉审查的过程中会格外吸引上诉法院法官的眼球,这样就更容易被上级法院的判决所推翻。基于上述理由,在强制性量刑指南之下,初审法官一般都会在指南规定的幅度内对被告人量刑。

然而,在"美国诉布克案"中,联邦最高法院于2005年1月12日所作出的终审判决,宣告了强制性量刑指南时代的终结。② 但是,需要注意的是,"布克案"并没有裁定"联邦量刑指南在美国联邦量刑司法实践中不再扮演重要角色",而只是在强调量刑指南在联邦量刑结构中的重要性的同时,使该指南由"强制性"变成了"有效的参考性"。③ "布克案"之后的量刑实体法律框架又先后因下述三个联邦最高法院的判例而进一步得到强化:瑞塔诉美国案(Rita v. United States)④、高尔诉美国案(Gall v. United States)⑤,以及金布伦诉美国案(Kimbrough v. United States)⑥。

1. 美国诉布克案(United States v. Booker)

联邦最高法院所作的布克案判决,实际上是在经"阿波伦迪诉新泽西案"(Apprendi v. New Jersey)之后发生的一系列类似案件酝酿之后,达到的一个高潮阶段而已⑦。在布克案中,联邦最高法院再次确认并强调了其先前于"阿波伦迪案"中的裁决理由,即"任何事实(除前科外),只要它能够为超出辩诉交易或者陪审团裁决的事实所允许的最高刑罚之外量刑提供支撑性理由的,则该事实要么为被告人所认可,要么必须向陪审团证明至排除合理怀疑"⑧。联邦最高法院将该宪法标准推广适用于《联邦量刑指南》(《联邦量刑指南》中规定,对于量刑中的事实发现,只要证明到优势证据即可),在一定程度上表明量刑指南违背宪法。

如果对布克案中量刑事实的认定以及其适用的程序作一简要回顾,我们同样可以发现强制性联邦量刑指南在合宪性上存在着一定的问题。在本案中,被告人布克因拥有50克以上的固体可卡因,且具有销售的犯罪故意,而被指控并接受审判。陪审团认定他因违反了起诉书中列明的法律条文而构

---

① 需要注意的是,在美国刑事诉讼中,检察官对于无罪判决,一般无权提起上诉,但是在被告人被定罪后,如果检察官认为量刑畸轻的话,检察官的上诉权并不会受到任何限制。
② United States v. Booker, 543 U.S. 220 (2005).
③ Ibid., pp. 245—246.
④ Rita v. United States, 127 S. Ct. 2456 (2007).
⑤ Gall v. United States, 128 S. Ct. 586 (2007).
⑥ Kimbrough v. United States, 128 S. Ct. 558 (2007).
⑦ Apprendi v. New Jersey, 530 U.S. 466 (2000).
⑧ United States v. Booker, 543 U.S. 244 (2005).

成犯罪,并认定被告人拥有92.5克固体可卡因。根据量刑指南的规定,按照陪审团所认定的事实,被告人布克占有92.5克固体可卡因的犯罪行为,其最低量刑幅度是210—262个月(17年零6个月—21年零10个月)。由于量刑指南除授权事实的认定者(陪审团)澄清指南所规定的量刑事实外,还规定法官有义务根据他们自己所认定的量刑事实和情节来调整由陪审团所认定之事实所决定的量刑幅度。法官因此举行了相关的量刑听证程序,并且使用优势证据标准来评估那些可能导致提高或者降低本案量刑的事实和情节。最终,地区法官认定,布克实施了妨碍司法的行为,且一共占有558.5克固体可卡因,按照上述事实,量刑指南所规定的量刑幅度将达到360个月(30年)至终身监禁。因此,该联邦地区法官判处被告人30年监禁,该判决比陪审团认定事实所确定的刑罚幅度的最高刑还要多出8年。

联邦最高法院裁定,上述量刑违反了布克所享有的接受陪审团审判的权利,因为,量刑凭借的重要基础乃是法官所发现和认定的事实。[1] 因此,最高法院认定,"量刑指南上的最高刑罚指的是一个法官仅仅根据陪审团裁决或者被告人自认的事实而可以判处的刑罚上限"。[2] 所以,"立法对关键事实的抽象是不具有宪法相关性的","如果某个州根据发现的事实而提高法律授权的刑罚时,那么该事实必须在陪审团面前证明到排除合理怀疑的程度"。[3] 联邦最高法院的判决进一步阐明:"除了前科以外,任何导致法官超出法律规定的刑罚上限量刑的事实,都必须提供给陪审团,并被证明至排除合理怀疑的程度"。[4] 联邦最高法院对第六修正案的解释,不仅禁止法官超出成文法对特定犯罪行为规定的刑罚上限进行量刑,同时也禁止法官超出量刑指南规定的刑罚上限量刑(即便该量刑仍然在成文法规定的幅度之内),除非,该量刑不仅在成文法规定的量刑幅度之内,而且其所依赖的事实已在陪审团面前被证明至排除合理怀疑,或者量刑指南没有硬性规定提高量刑必须建立在法官对事实的认定基础上。

因而,第六修正案保护了被告人防止因法官根据优势证据标准认定的事实而加重对被告人量刑,但并不适用于根据那些在陪审团面前被证明至排除合理怀疑的事实而加重对被告人量刑的情形。例如,如果量刑指南中规定的量刑幅度是参考性而非强制性的,那么在量刑指南规定的幅度之上(单是低

---

[1] See Booker, 543 U.S. at 230—233, for the Court's concise review of how these cases led to the result in Booker.
[2] United States v. Booker, 543 U.S. 228 (2005).
[3] Ibid., p.231.
[4] Ibid., p.227.

于成文法规定的刑罚上限)量刑,将不会违反被告人所享有的第六修正案所规定的权利,因为,量刑法官享有一定的自由裁量权,以便根据在陪审团面前被证明至排除合理怀疑的事实,在成文法规定的量刑下限和上限之间选择恰当的刑罚。① 根据联邦最高法院的判决,"当法官行使自由裁量权,在法定的刑罚幅度内选择一个特定的刑罚时,被告人无权要求陪审团来决定法官量刑时应当考虑的事实"。②

"布克案"的量刑程序违反了被告人获得陪审团审判的宪法权利,因为量刑是建立在法官根据优势证据标准认定的事实基础上的。这种情况可能会使得很多人认为,对该案的最佳、且最合乎逻辑的补救方案是:要求由陪审团来认定上述事实,且必须证明到排除合理怀疑的高度。然而,联邦最高法院最终并没有要求"对于那些导致被告人在量刑幅度的上限之上量刑的事实,必须在陪审团面前证明到排除合理怀疑的程度",取而代之的是,宣告量刑指南只不过是一个"有效的参考性"文本。③

联邦最高法院割断了《量刑改革法》中的两项重要条款之间的联系,以便该量刑指南能够继续在联邦量刑体系中发挥一定的作用,尽管这种作用已经是"参考性"的,而非"强制性的"。联邦最高法院取消了"规定联邦法官必须(除了指南规定的例外情况外)在量刑指南规定的幅度内量刑"的条款,以及规定"上诉法院法官必须对那些在指南规定的量刑幅度之外量刑的案件进行复审"。④ 然而,对于量刑指南的其他内容,则予以完整保留。因此,《联邦量刑指南》目前是"参考性"的,并且,上诉法院对量刑进行复审的标准是"是否构成自由裁量权的滥用",而不是更加严苛的"超出规定幅度量刑"标准。

需要强调的是,联邦最高法院并不是为了否定量刑指南,而仅仅是为了强调法官在联邦量刑实践中必须继续扮演重要角色。联邦最高法院在判决中写道,量刑法官有义务"考虑量刑指南中规定的量刑幅度","尽管没有义务必须按指南行事,但联邦地区法官必须参考指南的规定,并且在量刑时使它们发挥一定的作用"。"布克案"判决意见清晰地表明,量刑法官必须根据《量刑改革法》以及《美国法典》第 3553 条(a)款(18 U.S.C. 3553(a))中设定的量刑程序应当达致的目标,而不是机械地根据量刑指南规定的幅度量刑。《美国法典》第 3553 条(a)款(18 U.S.C. 3553(a))中所规定的量刑程

---

① United States v. Booker, 543 U.S. 233 (2005).
② Ibid., p.220.
③ Ibid., p.245.
④ Ibid.

序之目的同样指导着上诉法院评估某一地区法官所作的量刑判决是否"合理"。

在"布克案"尘埃落定之后,就"后布克时代"法官量刑问题上的自由裁量权问题,美国本土存在着两派学术观点:第一派观点认为,法官再一次在量刑问题上获得富有意义且举足轻重的作用;第二派观点则认为,除一些极其例外的案件外,《联邦量刑指南》仍然举足轻重,联邦地区法官仍然需要按照指南行事。① 许多巡回法院在"后布克时代"所作的判决反映了第二派观点,即紧紧地限制法官在量刑问题上的自由裁量权。然而,联邦最高法院则试图禁止联邦巡回法院强行要求地区法院的法官跟随量刑指南亦步亦趋。② 正如后来发生的几个重要案件所表明的那样,联邦最高法院在量刑指南的地位以及提高法官在量刑问题上的自由裁量权两者之间摇摆不定,一直试图在这两个经常冲突着的利益之间寻找一个恰当的平衡点。

2. 瑞塔诉美国案(Rita v. United States)

"瑞塔诉美国案"系由被判处伪证罪之被告人的上诉引起的,该案被告人在涉及拥有机枪零件盒的案件中,作出了虚假陈述,并且妨碍司法。③ 尽管被告人本人的背景情况中包含了数个可以在量刑指南规定的下限之下量刑的情节,地区法官仍然在指南规定的量刑幅度内判处了被告人33个月监禁。④ 瑞塔对此提出上诉,其理由是法官的上述量刑判决并没有反映《美国法典》第3553条(a)款(18 U. S. C. 3553(a))所规定的量刑目的,因此是不合理的。⑤ 联邦巡回法院认为,地区法院法官是在恰当换算过了的量刑指南幅度内量刑,因此应当被推定为合理,基于此,巡回法院维持原审判决。瑞塔认为,巡回法院不应该将"在指南规定的幅度内量刑"即推定为合理,因此上诉至联邦最高法院。

在"瑞塔案"中,联邦最高法院就《联邦量刑指南》在参考性量刑指南体系中的地位和作用,选取了一条中间路线。它没有采纳政府的立场,即在量刑指南规定的幅度内量刑应当推定为合理,同时也没有采纳某些"法庭之友"的立场,即量刑指南规定的相关量刑幅度只是法官在量刑过程中应当考

---

① Lynn Adelman, Federal Sentencing Survey: Rita, District Court Discretion, and Fairness in Federal Sentencing, 85 *DENV. U. L. REV.*, 2007, pp.51—52.
② See Gall v. United States, 128 S. Ct. 586 (2007).
③ Rita v. United States, 127 S. Ct. 2456, 2460 (2007).
④ Ibid., p.2461.
⑤ Ibid., p.2462.

虑的众多因素中的一个罢了。①

联邦最高法院在"瑞塔案"判决中认为,联邦巡回法院可以将指南规定的幅度内量刑推定为合理,但是对于法官来说,这并不是一项义务。② 然而,联邦巡回法院所采用的上述"合理性推定"标准,并不能要求双方当事人中的任何一方承担就"指南规定的幅度内量刑没有合理性"承担说服责任。③ 同时,联邦地区法院也不应该给量刑委员会确定的事实以超过地区法官发现的事实更强的证明力,或者将未在量刑指南规定的幅度内量刑推定为不合理。此外,这种合理性推定只能使用于上诉审,对于联邦地区法官来讲,除非一方当事人提出异议,否则他们不能将计算得出的量刑幅度视为预设刑罚。

在"瑞塔案"的附署意见中,史蒂文森大法官说道,"我们的裁定已经非常清楚,我相信,那些曾经视量刑指南具有实质强制力的法官,在布克案之后也将会真诚地视量刑指南是参考性的"④。

3. 高尔诉美国(Gall v. United States)

"高尔诉美国"案中,高尔在爱荷华州立大学二年级时,曾经参加了一个摇头丸销售组织,并因此赚取了3万美金。⑤ 大约半年后,高尔离开了上述组织,并且从此之后再没有销售过任何违禁药物。大学毕业后,高尔找到了一份稳定的工作,而且再也没有沾染过毒品。在离开摇头丸销售组织的数年之后,高尔与检察官达成辩诉交易,承认自己曾经参与了犯罪的合谋。按照量刑指南的规定,高尔犯罪行为的量刑幅度为30至37个月的监禁。然而,联邦地区法官并没有按照检察官的请求在量刑指南规定的幅度内量刑,取而代之的是,根据《美国法典》第3553条(a)款中规定的量刑程序之目的,判处被告人36个月的缓刑(probation)。⑥ 检察官认为法官的量刑过轻,且"缺乏合理性",因此提出上诉。巡回法院推翻了初审法官的量刑,并在裁决理由中写道,"量刑上如此巨大的差异,应当具有非同寻常的例外情形,而本案并没有这种情形"⑦。高尔不服巡回法院的裁定,并上诉至联邦最高法院。

在"高尔案"中,联邦最高法院继续试图在法官量刑裁量权和量刑指南的有效性之间寻找平衡点。一方面,联邦最高法院认为,尽管量刑指南是参

---

① Nancy Gertner, Rita Needs Gall-How to Make the Guidelines Advisory, 85 *DENV. U. L. REV.*, 2007, pp. 63, 68—69.
② Rita v. United States, 127 S. Ct. 2462—2466 (2007).
③ Ibid., p. 2463 (2007)
④ Ibid., p. 2474.
⑤ Gall v. United States, 128 S. Ct. p. 591—592.
⑥ Ibid., p. 586.
⑦ Ibid.

考性的,但是它应当继续影响量刑裁决,因为指南是"对数以千计的个性化量刑裁决进行反复研究的结晶"。联邦最高法院进一步阐述道,"作为行政管理的一种方式,而且也为了确保全国范围内量刑的统一性,量刑指南应该成为量刑的起点和最初基准"。从另一方面来讲,联邦最高法院指出,"量刑指南并非唯一的考虑因素,……在双方当事人就如何量刑才是合理的这一问题发表意见之后,联邦地区法官应当在考虑《美国法典》第3553条(a)款中列明的所有因素之后,决定是否需要支持一方当事人建议的刑罚"。联邦最高法院同时也确认了法官量刑自由裁量权的重要性,认为,尽管巡回法院能够考虑初审量刑偏离指南的程度,但是,如果《美国法典》第3553条(a)款中列明的因素能够证明这种偏离的话,上诉法院必须尊重初审法院的判决。

联邦最高法院重申了其在"布克案"中的判决理由,即上诉法院应当根据"是否滥用自由裁量权"标准审查所有案件的量刑,包括那些在指南规定的幅度内的量刑。① 其后,它明确了量刑的上诉审查程序:上诉法院必须首先确保地区法院在量刑程序上没有犯任何重大错误,比如没有计算(错误计算)指南规定的量刑幅度,错误地认为指南是强制性的,没有考虑《美国法典》第3553条(a)款列明的因素,选择的刑罚是建立在明显错误的事实基础上的,或者没有充分地解释量刑的理由。假设联邦地区法官在量刑程序上是正确的,上诉法院其后应当根据"是否滥用自由裁量权"标准考虑量刑在实体上的合理性。在上述考虑完结之后,上诉法院应当综合案件的所有情况,包括偏离指南的程度,对案件进行整体评价。②

综上所述,"高尔案"中,通过温和地驳斥上诉法院,联邦最高法院明确表明在参考性量刑体制下,法官量刑自由裁量权的重要性。

4. 金布伦诉美国(Kimbrough v. United States)

"金布伦诉美国"案中,金布伦就其所涉的三项罪名与检察官达成辩诉交易,包括非法占有和销售固体可卡因,以及与此相关联的武器犯罪行为。③ 根据量刑指南计算的量刑幅度是19至22年半监禁。联邦地区法官最终判处被告人15年监禁,外加5年缓刑,其判决理由是,在指南规定的幅度内量刑将超出《美国法典》第3553条(a)款中规定的量刑目的条款中的必要性原则。④ 巡回法院根据先前的判例推翻了上述判决,并裁决道:"如果是因为不同意(法律所规定的)对固体可卡因和粉末可卡因应区别量刑差异,而在量

---

① Gall v. United States, 128 S. Ct. 597 (2007).
② Ibid.
③ Kimbrough v. United States, 128 S. Ct. 558, 564 (2007).
④ Ibid.

刑指南规定的幅度之外判处刑罚,其本身便是不合理的。"①

联邦最高法院推翻了巡回法院的判决,并且维持了初审法院作出的在量刑指南幅度之下对金布伦予以量刑的判决。联邦最高法院重申道,联邦地区法官有义务考虑规定在《美国法典》第3553条(a)款中的刑罚的所有目标,并且可以基于"在指南规定的幅度内量刑可能会超出达至量刑希冀的目的之必要",而在指南规定的幅度之下对被告人予以量刑。因此,联邦最高法院裁决道,对于量刑指南中规定的固体可卡因与可卡因粉末之间极富争议的"1∶100的换算比例"②,地区法官并非必须遵守。地区法官必须根据成文法规定的量刑希冀达至的目标,并且可以根据量刑政策在指南规定的幅度之下量刑。

二、分析与评论:关于《联邦量刑指南》的几个重要的问题

(一)美国《联邦量刑指南》出台的背景

通过以上分析可以看出,美国《联邦量刑指南》的产生背景主要是为了"规范法官的自由裁量权"、减少"同案不同判"的情况。申言之,第一,美国《联邦量刑指南》因"规范法官量刑裁量权",解决"量刑不均衡问题"而产生,而其深层次的问题在于美国《刑事法典》以及其单行刑法典中对于量刑问题规定得太过粗疏,以至于"在法官选择是在某量刑范围的端点,还是在其间量刑时,法律并未规定任何法官必须考虑的情节因素",而且"即便是最基本的量刑准则,法律也没有规定或以有说服力的方式说明"。③ 第二,美国《联邦量刑指南》出台之前,尽管法官也存在自由裁量权的滥用问题,但是由于美国联邦法官的独立性和中立性,他们滥用自由裁量权往往是因为被告人的种族、宗教信仰、年龄、性别、受教育状况等,绝不像我国法官那样是为了办理人情案、关系案。第三,美国联邦制定《联邦量刑指南》尽管是为了规范法官自由裁量权,但绝不是为了防止法官的量刑腐败。因为,在美国法官腐败本身便十分罕见,而联邦法官腐败更是凤毛麟角。第四,美国《联邦量刑指南》尽管也是为了规范法官的自由裁量权,但绝不是为了借此提高法院的司法公信力。原因很简单,不论是在《联邦量刑指南》制定之前,还是之后,美国联邦法院系统的公信力都是比较高的,即便是在一些非常敏感的案件中,终审判决

---

① United States v. Kimbrough, 174 Fed. Appx. 789, 799 (2006).
② 即是说,1克固体可卡因等于100克可卡因粉末,然后再按照这些换算后的结果寻找指南规定的量刑幅度。
③ Marvin E. Frankel, Lawless In Sentencing, *Cincinnati Law Review*, Volum41, 1972, p.1.

一旦作出,当事人以及普通民众也只能表示接受,真正地实现了"案结事了"。

(二) 博弈与妥协:《联邦量刑指南》与法官量刑裁量权

纵观美国《联邦量刑指南》的产生和演变史,我们可以发现其经历了以下三个明显的阶段:

第一阶段是完全自由裁量量刑阶段。由于在《联邦量刑指南》颁布之前,美国一直奉行判例法传统,即便将某些常见的犯罪也规定在成文法中,但是其成文法水平比较低,比如,强奸罪的法定刑是"死刑、任何年限的监禁刑,或者终身监禁"。因此,在这种宽泛的量刑幅度内,辅之以不确定的刑罚体制,这一阶段的法官在对被告人的量刑问题上享有极大的自由裁量权,对被告人如何量刑完全取决于法官的个性以及其良知,比如,对于构成强奸罪的犯罪人,法官可以判处被告人死刑、终身监禁,或者1—30年监禁。可见,在完全自由裁量阶段,法官的量刑裁量权殊少受到限制,然而,法官的量刑完全取决于法官的个性和良知,而每个人对事物的认识和判断能力是不同的,因此"同罪异罚"是这种模式的最大缺陷。

第二阶段是强制性量刑指南阶段。在联邦量刑指南中,由纵横两个轴分别代表犯罪事实以及其犯罪前科状况,然后为由罪行严重程度和前科事实组合而成的258种情形构建量刑幅度。只要犯罪事实、量刑情节和被告人的个人情况等信息一旦确定,法官便可按图索骥,找出该罪的量刑幅度。同时因为在规定的量刑幅度内,其最高刑罚被成文法限定为最低刑罚的1.25倍,因此,尽管这种情况下,法官仍然享有自由裁量权,但是其自由裁量权的范围已经被限制在一个非常狭小的范围内。比如,被告人的犯罪行为应当适用的指南幅度是48—60个月,那么法官只能在这个幅度内选择刑罚,其裁量权仅有12个月。从上述事实可以看出,在强制性量刑指南阶段,法官的裁量权比较小,这在一定程度上是实现了"相同的犯罪,相同的刑罚"这一形式上的正义,但是,由于各个案件之间千差万别,每个被告人的个人情况千差万别,因此,如果完全按照指南规定的幅度量刑,则难免会缺乏灵活性,导致"量刑的机械化"。[1] 许多法官和学者对之持严厉的批判态度,认为其不仅捆住了法官的手脚,在具体案件中无法顾及特殊的情况,造成量刑畸重,而且对美国监狱人满为患负有不可推卸的责任。同时,一些学者还认为,量刑指南抛弃了刑罚的治疗性功用,对犯罪人采取的是关押政策,也不能有效地预防和防止犯罪,造成许多社会问题。[2]

---

[1] Gall v. United States 便是最明显的例证。
[2] 虞平:《量刑与刑罚的量化》,载《法学家》2007年第2期。

第三阶段是参考性量刑指南阶段。实际上,参考性量刑指南模式是对自由裁量量刑模式和强制性量刑指南模式的扬弃,其一方面规范和限制了法官在量刑问题上的自由裁量权,有力地缓解了"同罪异罚"现象;另一方面也避免了强制性量刑指南的机械性,使得法官有权合理地估量案件事实以及犯罪人个人的所有信息。

从上述演变史可以看出,美国量刑实体改革无外乎是自由裁量权和规制自由裁量权之间的博弈与衡平的过程。在完全自由裁量量刑阶段,法官对如何量刑享有不受限制的自由裁量权,但是这时却产生了"同案不同判"、"判决的任意性"、"判决的不确定性"等问题。为了解决上述问题,联邦量刑委员会创制了《联邦量刑指南》,将法官的量刑裁量权控制在非常狭小的范围内,联邦地区法官差不多也成了孟氏"自动售货机"式的法官,然而,强制性量刑指南在实践中却暴露出其"机械性"的一面,难以应付千差万别的活生生的案件。而参考性量刑指南阶段则是在上述两个极端之间寻求平衡的结果。无怪乎,史蒂文森大法官在"布克案"裁决意见中兴奋地写道,量刑法官"再次获得了国会曾经在1984年通过颁布量刑改革法案而取消了的量刑自由裁量权"①。而斯卡利亚大法官也高兴地指出,"逻辑合理性自然便得出以下结论,即量刑法官必须向他们在量刑改革法案颁布之前那样,享有完全的自由裁量权,以便在成文法规定的幅度内量取任何刑罚"②。

"量刑指南从强制性走向参考性"这一转变表明,自由裁量权是一个利弊共生的制度,是一柄双刃剑,强制性量刑指南在根除自由裁量权的弊端——任意性和"同罪异罚"的同时,也消灭了自由裁量权的积极功效——灵活性和"个别性",导致量刑指南的机械化。由此可见,在量刑实体改革过程中,我们应当在自由裁量权和实体规则之间寻找一个恰当的平衡点,否则任何一味地限制甚至取消法官自由裁量权的实体规则迟早都将走向灭亡。

三、启示与借鉴:《联邦量刑指南》的样本意义

美国《联邦量刑指南》的产生和演进的历史至少给我国量刑制度改革提供了以下几点启示和借鉴:

第一,科学的量刑指南确实可以在一定程度上限制法官的自由裁量权。在强制性量刑指南时期,法官的自由裁量权受到了《联邦量刑指南》的极大

---

① United States v. Booker, 543 U.S. 220, 297 (2005) (Stevens, J., dissenting).
② Booker, 543 U.S. at 305 (Scalia, J., dissenting).

限制:首先,强制性量刑指南通过纵横两个轴,将各类犯罪的量刑情况都规定得非常详细,事实裁判者一旦认定了犯罪事实、量刑情节和前科状况,法官便很容易根据量刑指南找到本罪应当适用的量刑幅度,也就是说,在量刑幅度的选择问题上,法官的裁量权被《联邦量刑指南》所取代。其次,一旦法官根据案件事实和量刑情节,查找到了应当适用的刑罚幅度,法官一般不会违反指南的规定而在指南之外量刑。原因很简单,法官一旦在指南规定的幅度之外量刑,他将会面临来自被告人和检察官的上诉,以及上诉法院法官的高度注意,这样将更容易使得他们的初审判决被上级法院所推翻。最后,强制性量刑指南之下,严格的量刑指南导致"一个巨大的,尽管是非预谋的量刑自由裁量权的转移,即将法官的自由裁量权转移给了检察官"①,因为检察官可以通过剪裁起诉的罪行、量刑情节以及其他量刑因素来控制法官赖以选择量刑幅度的基础事实,以此控制法官的量刑权力。也就是说,强制性《联邦量刑指南》的实施导致法官在量刑问题上的自由裁量权受到了严格的束缚。尽管《联邦量刑指南》在书面上规定法官享有一定的量刑裁量权,但是强制性量刑指南时期的联邦司法实践表明,"量刑指南基本上取代了一切事项"②,并且"量刑指南上的网格成了至高无上的上帝"③。

第二,即便是科学的《联邦量刑指南》,也不能过于机械和死板,而应当在量刑指南和法官自由裁量之间寻找一个恰当的平衡点。尽管美国《联邦量刑指南》比较科学,而且确实也能够规范法官的自由裁量权,但是,司法活动并不是一项呆板的数学运算,而是一系列价值选择和实现的过程,而在这一过程当中,法官的经验、理性和量刑则起着至关重要的作用。在强制性量刑指南阶段,《联邦量刑指南》确实能够有效地约束法官的量刑裁量权,但是这种强制性量刑指南却使得法官自由裁量权几乎消失殆尽,而且在一定程度上将法官的自由裁量权转移给了检察官。这种情况使得法官的量刑裁量权虽然受到了有效的规制,但是缺乏自由裁量权的法官们却难以应对千变万化的现实案件。参考性量刑指南却能够在一定程度上有效地调和二者之间的矛盾,即既能够有效地约束法官的自由裁量权,又赋予法官一定的自由裁量权,以灵活地解决现实案件。

第三,在控制法官自由裁量权方面,美国除了实体上的《联邦量刑指南》之外,其独立的量刑听证程序体系也发挥着举足轻重的作用。从美国的刑事

---

① Report of the Federal Court Study Committee, 138(April 1990).
② The Philip D. Reed Lecture Series, Panel Discussion: Federal Sentencing Under "Advisory" Guidelines: Observations by District Judges, 75 *Fordham L. REV.* , 2006, pp.1,5.
③ Ibid.

司法实践来看,美国联邦司法系统通过实体和程序"双轨"方式来控制法官自由裁量权;在实体法领域,主要是通过《联邦量刑指南》来控制法官自由裁量权;而在程序法领域,则主要通过独立的量刑听证程序控制法官自由裁量权。从上面的论述可以看出,量刑指南只能在一定程度上控制法官的自由裁量权,过之则会导致机械和呆板,因此,在量刑制度改革进程中,我们不仅要探索法官自由裁量权的实体控制模式,也要探索自由裁量权的程序控制模式。

附录二 美国刑事量刑程序
——赴美考察备忘录

2009年4月22日至29日,耶鲁大学中国法中心接待了以北京大学法学院陈瑞华教授为团长的中国代表团。该代表团参观、访问了波士顿、纽黑文和纽约的法院,并旁听了数个案件的审理,同时也与当地的法律人就各地法院(包括联邦法院、州法院和少年法院)的量刑程序进行了座谈。在考察的过程中,有些问题频频出现。本备忘录主要围绕着其中的四个问题,同时也适时地援引被参访者的观点。本备忘录无意于复制在我们六天的访问过程中所举行的多个量刑听证会、会议和座谈,而是为了指出八家被考察法院就某些主题发表的具有类似性的观点,以及指出其中的不同点。在考察的过程中,我们参观访问的八家法院分别是:美国联邦马萨诸塞州地区法院(波士顿联邦法院);马萨诸塞州法院;马萨诸塞州少年法院;美国联邦康涅狄克州地区法院(纽黑文联邦法院);康涅狄克州法院;康涅狄克州少年法院;纽约州法院;纽约州少年法院。

考察的主题主要包括:(1)量刑前调查报告的作用以及量刑前调查问题;(2)被害人权利保护的重要性;(3)监禁刑的替代刑罚;(4)对量刑问题的评论。关于前三个主题的内容主要来自于美国当地法官对中国代表团成员提出的问题的回应,同时也部分地来自于笔者2009年4月24日在耶鲁大学法学院中国法改革报告会上所作的报告。第四个主题中包含的内容主要是来自于接待我们代表团的美国当地的法官、检察官、辩护律师和缓刑监督官的评论性意见和观点。

I. 量刑前报告

量刑前报告(PSR)可能是量刑程序中最为重要的文件资料。关于被告人个人背景和情况的信息有助于法官形成一个有利于提升刑罚目的的判决,包括监禁、矫正、缓刑、进行毒品治疗或者其他措施等。

一般情况下,量刑前报告由缓刑监督官,在正式审判被确定有罪或者作出辩诉交易的情况下,应法官的要求而出具。该报告向法官提供了被告人的背景、教育状况、雇员情况、犯罪历史、家庭生活情况、财务状况以及其他相关信息。该报告有利于对被告人的个别化处理,包含了关于引起犯罪行为的特殊情况,同时也包括采取监禁刑或其他刑罚的替代性措施的合理理由,这些刑罚的替代措施包括毒品治疗、心理治疗、职业培训等。

A. 波士顿联邦地区法院

波士顿联邦法院首席缓刑监督官 John Bocon 先生认为,缓刑监督官主要有两个基本功能:准备量刑前调查报告以及监督被判处缓刑的犯罪人。他本人领导这个中等规模的马萨诸塞州(马州)联邦缓刑监督官办公室,这个办公室共有雇员 67 人,其中包括 37 名缓刑监督官和 30 名助理工作人员。在他的办公室中,有 15 名缓刑监督官负责准备量刑前报告,22 名缓刑监督官负责监督缓刑的执行情况。在 2008 年,他的办公室共监管了 1,367 名缓刑犯,其中大约有 500 人是当年被判处缓刑的。

在驻马州联邦地区法院,法官只有在判决被告人构成犯罪之后才会命令缓刑监督官准备量刑前调查报告。量刑前调查报告需要大约 12 周的时间来准备。在历经大约 8 周的调查之后,缓刑监督官将会向检察官和辩护律师提供一份量刑前调查报告的草案。如果他们认为调查报告中的内容存在不实之处,他们在接下来的 14 天内有权提出反对意见。然后,缓刑监督官有两周的时间准备一份最后的量刑前报告,并提交给法官。调查报告中包含的事实必须准确,因为该报告不仅对法官确定合适的量刑非常重要,同时还因为,监狱局在其后还将会运用该报告中所包含的信息决定将被告人置于何处监禁(最严密保安措施、中等保安措施以及一般保安措施的监禁场所),以及在监禁期间应当向被监禁人提供何种屋内实施。

量刑前调查开始于对被告人本人的一次面谈,该面谈将包含被告人本人的背景、儿童时期的成长经历、教育状况、雇员情况、精神健康状况以及法院的记录(如果可能的话)。其后,缓刑监督管试图通过医疗记录、雇佣记录、社会服务部门的记录、学校记录以及特定情况下通过以前的缓刑监督官来核实这些情况。他们还可能会与被告人的家庭成员以及其亲朋好友等接触,以便进一步核实这些信息的准确性。他们也可能会获取刑事起诉书中包含的特定信息,比如一次抢劫案中的银行记录、实验室出具的关于毒品重量的报告等等。他们的报告中还将包含向法官提出的量刑建议,然而不论是检察官还是辩护律师都无法获知该量刑建议的内容。Bocon 和 Laura Roffo(Bocon 下属的一名缓刑监督官)都认为,一般情况下,法官都会采纳缓刑监督官的量刑建议。然而,Gertner 法官(驻马州联邦地区法院的一名法官)则认为,缓刑监督官提交的量刑建议只是她在决定量刑时需要考虑的信息之一。

缓刑监督官并不经常参与诉讼程序。然而，在量刑程序中，他们却常常出现于法庭上。在量刑听证程序中，他们可能会被法官传唤出庭，以澄清双方当事人所争议的事实。他们也常常会向量刑法官建议适用各种附加治疗措施（毒品治疗、愤怒控制等），或者建议适用针对特定被告人的特殊监管条件（比如不得接触武器、不能饮酒等）。

驻马州联邦地区法院缓刑监督官一般需要具有四年的大学学习经历，以及两年诸如社会工作者这样的"志愿者服务"经历。也有很少部分的缓刑监督官在成为监督官之前是从事律师职业的，对于这部分人来讲，他们的主要工作是准备量刑前调查报告，而不是对被监管人进行监督。

B. 马萨诸塞州地方法院

马萨诸塞州地方法院的缓刑监督官办公室主任助理 Milton Britton 先生详细地介绍了州缓刑监督体系的详细内容。他说道：在他所在的法院，在80%的量刑听证程序中，法官都会要求缓刑监督官提交量刑前报告，这足以表明量刑前报告的重要性以及其普遍适用性。

他将自己缓刑监督官的角色定位为一个促使被判处缓刑的犯罪人回归社区人员的纽带。他常常就被监管人员应当采取的措施问题，向法官提出建议，比如对那些有家庭暴力史或者有赌瘾的被监管人开展相关计划等。他们也常常会根据被告人的犯罪前科、相关事实以及量刑指南中规定的要素等情况，向法官提出量刑建议。法官并没有必须采纳这些建议的义务，但是他们却常常会这样做。Christopher Muse 法官将缓刑监督官提出的量刑建议描述为"一个非常好的基础"，他同时也说道："尽管这个建议对我并没有强制约束力，但是我常常会给予他极高的重视程度。"

量刑前报告需要花2到4周的时间制作。它提供了一个"内在视角"，观察被告人的教育状况（十分重视那些具有启发性的事项），家庭情况，雇佣状况，当下的家庭状况（与配偶和子女之间的关系），以及其家庭经济稳定状态。量刑前报告应当建立在限定的时间内缓刑监督官尽可能多的面谈、调查、研究的基础之上。量刑前报告仅仅建立在缓刑监督官自己的调查基础之上，报告中不能包含检察官或者辩护律师一方对案件事实的评断。在量刑前报告中有一个专门的部分集中讨论犯罪对被害人的影响，以及被害人希望法官对被告人判处的刑罚。

在马萨诸塞州，量刑前报告是不公开的。一旦接到该报告，法官一般会将它送交给检察官和辩护律师，当然法官有权决定对该报告中的部分内容不予移交。根据 Milton Britton 法官的观点,大部分法官都会将量刑前报告提交给当事人,尽管当事人一般也不会提出什么补充意见。

C. 驻纽黑文联邦地区法院

Arterton 法官认为,在驻康州联邦地区法院审理的所有的重罪案件中,都需要准备量刑前调查报告。然而,在已经拥有量刑前调查报告的情况下,为什么还需要准备一个完全的量刑听证程序呢?为了回答这个问题,Arterton 法官指出,此举旨在强调检察官和辩护律师当庭进行口头辩论的重要性。Arterton 法官认为"量刑前调查报告并不等于辩护意见"。"我常常在已经对如何量刑心中有数的情况下举行量刑听证,但在听证程序之后,其最后的量刑往往与我先前的预期之间有所差距。"Arterton 法官说道,根据驻康州联邦地区法院的相关规定,检察官和辩护律师都无权向法官提出具体的量刑建议。

D. 康州地方法院

根据 Damiani 法官的观点,对于任何第一次被定重罪的被告人,康州法官必须要求缓刑监督官制作量刑前报告。在以下情况下,一般不会要求制作量刑前报告:(a)累犯,因为在累犯的情况下,先前已经制作过量刑前调查报告;(b)被判处轻罪的被告人,因为案件缺乏严重性要件。即便是在重罪案件中,如果检察官和辩护律师已经就案件的量刑达成了一致意见,他们可以共同要求法官放弃制作量刑前调查报告。但是检察官 Gene Calistro 谈到,自 2005 发生的一个颇具争议的案例以来,现在的律师一般很少会放弃要求制作量刑前调查报告。由于量刑前调查报告也会被矫正部门用于确定罪犯在监狱中应当被置于何种监督和控制状况,以及应当进行的必要的治疗程序,因此一般都需要制作该报告。

在康涅狄克州,量刑前报告需要花 10 至 12 周的时间来准备,并且需要提交给检察官和辩护律师。在法官审查完量刑前报告之后,检察官和辩护律师都可以就该报告中包含的某些事实以及其他信息提出辩论性意见。这种辩论一般会发生在量刑听证程序中。

公设辩护人 Thomas Ullmann 先生认为,在他将会试图建议法官采取替代监禁措施的情况下,有时候他会雇佣一个私人专家去调查某些可能会适用于被告人的矫治项目,并确保被告人在量刑之后立即便能够被接纳到该项目之中。然后,他会将向法官提供包含这些信息的一份"替代监禁刑的量刑报告"。

与成年人法庭一样,少年法庭也要求制作量刑前调查报告。根据 Conway 法官的观点,任何被控犯罪的未成年人都有权要求法院制作量刑前调查报告,尽管如前所述,在(a) 检察官和辩护律师双方达成合议或者(b) 该未成年人是累犯,且先前已经有一份量刑前报告的情况下,该项权利也是可以放弃的。在司法实践中,在约有40%的案件中,被告人放弃了要求法院制作量刑前报告的权利。根据一名少年缓刑监督官的观点,制作未成年量刑前调查报告的最大难点在于与被告人的家庭之间的接触,家庭成员不愿意与这些缓刑监督官交谈。

II. 被害人的权利

被害人的权利保护是康州刑事诉讼程序中的一个重点所在。被害人有权知晓诉讼进程,出席法庭并发表意见,获得赔偿以及知晓被告人被判处的刑期以及其出狱日期等。

A. 康涅狄克州地方法院

在我们所参观考察的所有法院中,康州地方法院对被害人的保护最为周详。康州《宪法》第29条(1996年生效)规定了犯罪被害人所享有的一系列广泛的权利,这些权利包括:(a) 及时地对犯罪进行处理;(b) 获取法院诉讼程序进程的通知;(c) 参与法庭诉讼程序;(d) 反对或者支持辩诉交易协议;(e) 与检察官进行沟通;(f) 在量刑阶段向法院提交陈述;(g) 获得赔偿;以及(h) 获得关于被告人被逮捕、被定罪、被监禁以及被释放等方面的信息。

在我们与Damiani法官进行面谈的过程中,我们多次听他谈及上述权利的重要性。首先,法官自己也认为被害人影响陈述是非常关键的。如果被害人提交该项陈述,那么法官基于知晓犯罪对被害人的伤害情况而加重对被告人的量刑,是非常常见的。他同时也说道,在量刑的过程中,他会充分考虑被告人补偿被害人的损害的积极性。

其次,在我们旁听的两个量刑听证会中,法官对被告人的量刑表明了被害人意愿的重要性。第一个案子是丈夫殴打妻子案,法官接受了被害人(妻子)的建议,即被告人(丈夫)应当(a) 仅仅被判处缓刑,以及(b) 只能通过电子邮件的形式与被害人联系。此外,该电子邮件的内容只能是与他们共同的子女相关。这表明在法官作出一个个别化的刑罚过程中,被害人扮演了一个不可或缺的角色。在该案中,双方当事人都放弃了制作量刑前调查报告的权利,主要是因为被告人和被害人之间已经达成了一个相当简单和和谐的解决方案。

在另外一个案子中,被告人因猥亵一个五岁的女孩而被判处三年缓刑。

尽管在这种情况下,即便是判处一个更加严厉的刑罚也是在法律规定的范围之内,但是本案中却存在很多的证据问题,包括五岁女孩提供的证言的可信性问题,以及让如此幼小的孩子在法庭中提供证言存在的问题。最终,检察官和辩护律师通过辩诉交易达成了一致意见,即被告人通过有罪答辩来获得一个非监禁的量刑方式。在量刑听证程序中,被害人的父母向法庭宣读了事先准备好的一份陈述,讲述了他们的女儿在犯罪行为发生之后心理上存在的问题。在该陈述中,被害人父母批评判处被告人缓刑太过轻缓。但是,当法官 Damiani 问及被害人父母是否接受辩诉交易和对被告人的缓刑判决时,他们都表示同意。这表明,被害人可能不会完全同意法院的处理结果,但是至少他们有机会让法院倾听他们的意见。如果本案被害人的父母拒绝接受该辩诉交易协议,法官 Damiani 可能会作出另一个判决。

在司法实践中,法律人普遍认为被害人向法庭陈述的内容非常重要,但是对于案件的处理却并不具有决定性。在达成辩诉交易协议之前,必须事先通知被害人辩诉交易的内容以及其可能的量刑结果。根据公设辩护人 Thomas Ullmann 的观点,在辩诉协商的过程中,检察官和辩护律师常常会谈及被害人的需要以及被害情况。除了事后出现某些意想不到的事实外,辩诉交易协议的内容一般是不会被违反的。

最后,为了保护被害人的权利和提升被害人的诉讼利益,康州设立了"被害人服务办公室"(参见,www. ct. gov/ova/site/default. asp)。在该州,每一个地区检察官办公室都设有自己的被害人律师,这些律师常常会见被害人,向他们提供法律咨询,为被害人出庭作证提供指导,以及在量刑听证程序中指导被害人如何向法庭作陈述。尽管被害人的陈述是非常重要的,但是它却仅仅是法官考虑最终如何对被告人量刑的信息之一。该办公室同时也会向被害人支付被害人补偿金,补偿那些与犯罪有关的,却没有被医疗保险或其他形式的保险涵盖的其他支出。

B. 纽约州地方法院

最近,纽约司法系统在他们的量刑前调查报告中增加了被害人影响陈述(VIS)。根据当地法律职业者的观点,在量刑听证程序中,法官必须考虑被害人影响陈述以及关涉被害人赔偿的其他证据。这些信息常常来自于地区检察官办公室。检察官解释道,他们常常会就辩诉交易问题与被害人进行协商,而被害人对辩诉交易的同意,常常是法官在决定是否采纳该辩诉交易过程中,必须要考虑的一个因素。他同时也谈到,纽约也设立了自己的犯罪被害人委员会,该委员会负责对纽约州那些符合条件的被害人提供补偿金。关于此部分内容的详细信息,请参见:http://www.cvb.state.ny.us/Services/VictimCompensation.aspx。

III. 监禁刑的替代方式

监禁刑的替代方式包括缓刑、毒品治疗项目、更加专业化的治疗项目(滥用酒精、愤怒排解、对家庭暴力犯罪人的指导、赌瘾戒除)。某些联邦司法系统正在开始试验"援助法院"(Support Courts)制度。

在我们进行的多次访谈和旁听过程中,法官不仅探讨了各式各样的刑罚措施,同时也通过审判判处了多种刑罚。许多模范性案例阐明了监禁刑的替代方式。

Gartner 法官判处被告人 Nova Roman 36 个月的监禁,因为被告人贩卖了4.8 克可卡因。在庭后与该法官的交谈中,Gartner 法官说道,她深深地被被告人试图克服/戒除毒瘾的努力所感动。因此,她判处了被告人 500 小时的毒瘾治疗程序,接受强制和不定期的毒品测试(每年 104 次以下),以及接受精神健康指导服务。这并不是监禁刑的替代措施,因为被告人将要被收监,但是这确实也表明了法官对被告人监禁期间恢复、矫治的关心。

在一个涉案金额达四万美元的社保资金诈骗案中,该案的重大影响足以将这个正在抚养着四个孩子的母亲(被告人)投入监狱,但是 Damiani 法官却只判处该被告人两年的缓刑,同时为该被判处缓刑的被告人附加了一项义务,即她应当每月向康州支付赔偿金。到该被告人缓刑执行完毕时,她需要与康州政府达成一个协议,继续负责支付未偿付完的款项。该判决不仅节省了将一名妇女投入监狱的费用(每年大约 26,000 美元),同时也解决了被告人四个孩子的抚养问题。此外,被告人没有任何的犯罪前科也是法官判处被告人缓刑的一个重要因素。

Vitale 法官也意识到了毒品戒除计划在康州司法系统的使用不断呈上升趋势。这里,一个因使用毒品而被判处刑罚的犯罪人可能会被送入毒品康复中心,而不是监狱。犯罪人一旦违反了治疗计划的要求,将会被投入监狱,这种恐惧常常使得被告人遵守治疗计划的规定。

Arterton 法官说道,她常常会参与一个她称之为"援助法院"的试验计划。该计划在监狱和社会之间扮演了一个"转动门"的角色。目前已经有多位犯罪人参与了此项目计划,其中大多数是那些参与了毒瘾或者酒瘾戒除计划的人。在该试验计划中,一旦犯罪人从监狱中被释放出来,他们需要每周向一个由四人组成的委员会(Arterton 法官是该委员会成员之一)汇报。他们讨论他们重新回归社会中遇到的问题,比如住宿问题、雇佣问题、交通问题。"援助法院"是这些刑满释放人员与社区之间联系的纽带,社区可能会解决他们遇到的特殊问题:为那些无家可归者提供他们能够承受得起的住房、雇用那些犯过重罪的失业罪犯、非营利性组织为那些行动不便者提供旧车等。通过法官和其他主体的参与,对刑满释放人员的监督将会有多个主体承担,因此,该项责任已经不仅仅是缓刑监督官的责任,而是法院的责任。每周举行的会议可能会减少一些人因缺乏帮助而重新犯罪。如果被定罪的重罪犯能够在一年内没有实施任何的违法犯罪行为,那么 Arterton 法官可能会减少他们的缓刑监管期间。

IV. 关于量刑问题的其他观点

A. 有罪答辩

法官常常需要确定的是,被告人知道他做有罪答辩的后果。

由于全国范围内,有 90% 以上的刑事案件涉及有罪答辩,因此法官必须确保被告人的有罪答辩是在明知和自愿的情况下作出的。被告人必须知道等待他们的可能处罚,以及必须知晓他做出有罪答辩的罪行的必要构成要素。

例如,Gartner 法官意识到,被告人 Twitty 并不能恰当地理解一旦他承认他贩卖过块状可卡因,他将会被判处 10 年以上的刑罚。尽管在量刑听证程序中,Gartner 法官并没有弃辩诉交易于不顾,但是她却多给了律师一次与被告人进行协商的机会,以确保被告人能够理解他认罪的后果是 10 年以上监禁徒刑。Gartner 法官延期对被告人量刑,以便被告人的律师能够向被告人解释这些后果。

与此类似,Harris 法官通过特殊的方式,以确保被量刑的未成年人能够理解他们通过有罪答辩放弃了哪些权利,比如传唤证人出庭的权利、与证人当面对质的权利、获得陪审团审判的权利、反对自我归罪的权利等。在一个特殊的案例中,检察官复述了案件事实,即被告人宣称他在一个录像厅刺伤了他的朋友。法官然后问被告人是否同意上述事实以及其原因。被告人答道刺伤他的朋友是一个意外,这使得法官问被告人:"如果你说本案是一个意外,那么我怎么能够接受你的有罪答辩呢?"因此,Harris 法官中止了量刑听证程序,以便被告人能够就此事与其辩护律师进行进一步协商。只有当被告人在公开的法庭上承认"他不顾后果的行为导致了被害人遭受了严重的身体损害"之后,当然被告人没有必要承认是故意刺伤被害人的,只有在这种情况下,法官才会接受这种节省所有人时间和金钱的有罪答辩行为。

Harris 法官没有接受任何一方提出的量刑建议,而直接判处被告人两年半的缓刑。Harris 法官进一步提出了缓刑期间被告人应当遵守的多个条件,如果被告人违反了这些规定将会导致两年半的监禁刑。这些条件包括:(1) 遵守法庭命令以及一般性法律;(2) 定期向缓刑监督官汇报;(3) 允许缓刑监督官在没有通知的情况下参观未成年被告人的家以及其学校;(4) 提供一份 DNA 样本;(5) 向法庭支付费用或者提供社区服务;(6) 继续上学;以及(7) 被告人一旦改变居所,必须在 48 小时之内通知缓刑监督官。

B. 面谕(当面陈述事实)权

在量刑听证程序中,被告人有权出席法庭并当庭发表意见,但是他们也可以放弃该项权利。

与美国绝大多数的司法管辖区一样,在我们所考察、访问的八家法院中,被告人都享有在量刑听证程序中发表意见的权利。在宣布量刑之前,法官一般会问被告人是否需要向法庭陈述自己的意见。法官并不要求被告人在量刑听证程序中提供证言,即宣誓他所说的所有事实都是真实的。比如,Gertner 法官允许被告人 Nova Roman 向法庭作出陈述,被告人解释道他毒品检测没有达标的原因在于一天早晨他儿子将毒品滑落入他的咖啡中。这种解释的不合理性使我大为震惊(Gertner 法官可能也是如此),但是法官并没有挑战他的托词。她只是想给被告人一个解释自己行为的机会,而并不要求被告人宣誓,被告人也没有义务如实解释。

C. 量刑指南

美国近一半的司法管辖区都制定了自己的量刑指南,这些量刑指南在复杂程度以及对法官量刑自由裁量权的束缚程度等问题上均有所不同。量刑指南中的大部分内容都是建议性的,而不具有强制约束力,法官可以参考它们,但是也可以偏离它们而量刑。

在联邦司法系统中,马萨诸塞州和纽约州都制定了自己的量刑指南,量刑指南中所有的内容都是建议性的,即它们规定的量刑幅度对于法官并没有强制约束力。根据我们的广泛接触,法官们一般都会参考量刑指南的规定。但是法官对于是否接受量刑指南的规定是有自由裁量权的,他们可以判处高于或者低于量刑指南建议幅度的刑罚。康涅狄克州没有制定自己的量刑指南,但一直以来都有关于是否制定该指南的讨论。

与大多数法官一样,Christopher Muse 法官表达了法官希望在量刑过程中享有独立权的愿望。他相信马州正在进行的搜集量刑实践数据的努力会给他提供量刑标准的指导,以衡量它的量刑是高于、低于或者正好处于量刑指南规定的幅度。

自2005年以来,联邦法院体统内,量刑指南已经成为建议性的标准。法官在量刑前需要参考这些指南,但是他们不再有遵循量刑指南规定的幅度进行量刑的义务。Arterton说道,在驻康州联邦地区法院内,法官偏离量刑指南量刑的情况约有50%以上,她本人的量刑也大约有此比例的偏离率。从全国范围内看,大约有60%的案件是在量刑指南规定的幅度内量刑的,这表明量刑指南在一定范围内仍然能够规制量刑实践。

D. 量刑中的证据规则

与就定罪问题而展开的刑事审判相比,量刑程序中的证据规则是极其松散的。因为,法官比陪审团更能够精确地评估证据的价值,而定罪审判中的一个普遍担心是未经证实的证据一旦引入法庭,会不恰当地误导陪审团对整个案件的观点。

Vitale法官表示,量刑程序中的一个最低要求是证据应当具有可信性。在Nova Roman案中,检察官告诉Gartner法官,被告人曾经在马州地方法院被控告犯有一个新的毒品犯罪,但是到目前为止,对此指控还没有作出裁判。检察官通过使用这个未经证实的新罪指控作为要求判处被告人监禁刑罚而非缓刑的理由。庭审之后,Gartner法官告诉我们,在决定如何对被告人量刑时,她将检察官提出的这个未经证实的新指控考虑进来。如果被告人因新罪指控而被判有罪,那么这便成为她不判处被告人缓刑的理由。但是,即便被告人的新罪指控不成立,这也是因为被告人没有处理好指控,没有负责任地解释好案件的所有情况。

E. 量刑中的一般问题

量刑听证在其范围、内容和形式上都各有不同。

非常重要的是,量刑听证程序中所包含的话题是非常广泛的,而且各地操作各异。在联邦法院系统,法院常常让双方当事人就事实进行对抗,传唤证人,或者在量刑听证程序中提出证据。与此迥异,在康州和纽约州,事实问题的争议在量刑听证之前已经予以解决了,量刑听证程序中剩下的问题,只是要求法官,根据犯罪的所有情节、被告人的背景、被害人陈述、适用的量刑指南以及量刑的一般目的,给出一个恰当的刑罚。

纽约州量刑程序中的一个普遍特征是"附条件刑罚"。例如,Obus法官认为他可能会和被告人达成一项协议,根据该协议,如果被告人在一定的期限内(比如1—2年)履行了某些规定的条件(比如进行毒瘾治疗),Obus法官可能会撤销该案件。在旁听Padro法官审理案件的过程中,我们也看到了另一个类似案例。我们旁观了一个案件的处理,在该案中被告人在量刑听证程序中撤销了原来的无罪辩护而答辩有罪。在该量刑听证程序中,法官询问了被告人多个问题以确保被告人改无罪答辩为有罪答辩的自愿性,以及被告人知道作出有罪答辩的后果。在这个案例中,少年犯答辩实施了抢劫行为,基于此,Padro法官说,根据相关规定,他可以(a)撤销原先定罪;(b)视该未成年人为少年犯(这样的话,他的犯罪资料一般不会被公众所获取);及(c)判处被告人五年的缓刑。

在庭审之后与我们代表团进行交流的过程中,Padro法官解释道,在对被告人进行量刑之前,他首先想查看的是量刑前报告。尽管在量刑听证程序中,在双方提交的记录中已经存在充分的信息,但是Padro法官还想查看一下,在辩护人或者辩护律师关心的范围之外是否还存在其他额外的量刑信息(比如被告人在新泽西实施的轻罪)。量刑前报告将会为法官提供该额外信息。如果量刑前报告提供的信息会使得被告人陷入另一起犯罪之中,那么法官可以取消他已作出的附条件刑罚。在这种情况下,该未成年犯可能会撤销其有罪答辩,并开启正式的法庭审理程序。

V. 相关人员名单

名字	头衔	所属机构
Janet Bond Arterton	法官	驻康州联邦地区法院
John Bocon	缓刑监督官	驻马州联邦地区法院
Milton Britton	缓刑监督官	马州地方法院
Gene Calistro	地区检察官	纽黑文地区检察官办公室
Richard Damiani	法官	康州地方法院
Nancy Gertner	法官	驻马州联邦地区法院
Leslie Harris	法官	马州地方法院(少年法院)
Christopher Muse	法官	马州地方法院
Michael Obus	法官	纽约地方法院
Eduardo Padro	法官	纽约地方法院(少年法院)
Laura Roffo	缓刑监督官	驻马州联邦地区法院
Thomas Ullmann	公设辩护人	纽黑文公设辩护人办公室
Elpedio Vitale	法官	康州地方法院(少年法院)

附录三　国际刑事法院的量刑听证程序

在定罪之后举行专门的量刑听证程序，其有利之处，并不仅仅为美国法学家所意识到。设立国际刑事法院的《罗马规约》中第76条规定了一个额外的听证程序，该听证程序在定罪之后、量刑之前举行，发生于检察官或者被告人试图"就额外的证据进行听证或者提交与量刑有关的证据"时，最后由法官自由裁量决定。

让人饶有兴趣的是，国际法委员会在《罗马规约》初稿中（该初稿发表于1993年），使用了如下语言：国际刑事法院将举行一个专门的听证，以考虑被定罪人在被定罪之后所施以的恰当的刑罚，或者听取检察官或者被告人提交的、法院认为具有相关性的证据。

在1998年于罗马举行的关于建立国际刑事法院的潜在成员国外交会议上，上述由国际法委员会起草的初始文本被修改，新文本规定只有在一方当事人提出要求的情况下，定罪之后的量刑听证程序才是强制性的，尽管法庭常常也可以根据其需要主动举行此项听证会。《罗马规约》第76条的最后表述如下：（1）在定罪的情况下，审判庭必须考虑对被告人处以恰当的刑罚，同时必须考虑在审判阶段提交的、与量刑相关的证据。（2）除应当适用第65条的例外情况外，在法庭审判结束之前，审判庭可以根据其自己的动议或者在检察官或被告人的请求下，举行一个进一步的听证，以听证额外证据或者提交与量刑有关的证据，当然，这里必须要符合相关的程序和证据规则的要求。

当法官和当事人都认为单独的量刑听证不必要时，该修改允许法官取消单独的量刑听证程序。这一反映了各成员国对司法效率之追求的修改后文本，可以被视为一个明确地介于强制量刑听证程序和缺乏听证程序两者之间的一个中间状态。《罗马规约》最终采用的文本反映了国际社会在下列问题上已经达成了一致意见：保留那些可能导致潜在偏见的证据，直到他们（被告人）被定罪，这是有利于被告人权利的保护的。

需要注意的是，《国际刑事法院程序和证据规则》第143条更进一步规定，定罪之后举行的量刑听证程序可能会讨论那些"与量刑以及赔偿相关的"事项。当赔或不赔可能会涉及量刑问题时，上述规定允许将关于被害人补偿问题的讨论推迟至被告人是否有罪问题获得正式的裁判之后。如果并没有在定罪后举行量刑听证,那么,关于赔偿问题的讨论必须在被告人被定罪之前。这可能会给无罪的被告人施加压力,他们必须在以下两条道路中作出困难的选择:(1) 在法庭上作无罪辩护,如果失败的话,将面临一个更加严厉的刑罚,因为他们没有给被告人以补偿;或者(2) 即便他们是无辜的,为了确保一个较轻的刑罚,他们主动认罪并同意补偿被害人。

后　　记

至今还清楚地记得2008年10月23日跟着导师陈瑞华教授一起去最高人民法院参加由中国应用法学研究所与耶鲁大学中国法律中心共同主办的"中美量刑改革国际研讨会"。正是在这次会议上，我第一次现场领略了美国"原汁原味"的量刑听证会，也首次观摩了中国式"电脑量刑"程序。也正是因为这次会议，我选定了博士论文的题目——量刑程序研究。

当时，国内关于量刑程序的研究才刚刚起步，相关研究资料十分匮乏。就在我为资料收集一筹莫展的时候，在导师的安排下，我有幸第一次见到了美国耶鲁大学法学院著名教授、中国法中心主任葛维宝先生（Paul Gewirtz）。在与葛教授的交谈中，我提到了我的博士论文题目以及写作中遇到的困难，葛教授不仅指出本研究需解决的重点、难点问题，还提供给我一些获取相关研究资料的线索。回美国后不久，葛教授又热心地邀请我赴耶鲁大学法学院进行短期访学。在耶鲁大学访学期间，我不仅有机会聆听刑事诉讼法学大师达马斯卡教授的精彩演讲，还有充足的时间徜徉在耶鲁大学法学院图书馆，尽情地收集美国乃至全世界与量刑程序相关的著作、论文。可以说，在耶鲁大学做访问学者的半年里，我的绝大部分精力投入了量刑程序研究之中，这段时间的集中研究，为我顺利完成博士论文奠定了坚实的基础。

本书是在我的博士学位论文基础上修改而成。它是我博士研究生四年的一个小结。论文倾注了恩师大量的心血。我的导师陈瑞华教授是国内法学界著名的刑事诉讼法学理论家。他精湛的学术造诣、严谨的学术风格和执着的研究态度，为熟知他的人所敬仰。北京大学法学院诉讼法学科导师组汪建成教授、潘剑峰教授、张玉镶教授、傅郁林教授、陈永生教授等诸位师长，不仅在学业上对我悉心指导，而且生活中也对我关怀备至。回首四年的博士学习，还要感谢黄永、谢川豫、房宝国、韩流、褚福民、沈源洲、吴纪奎、高咏、牟绿叶等师友，感谢他们对我学术上的指点和帮助。

此外，还要感谢我的硕士生导师徐静村教授，是他将我领入诉讼法学研究的殿堂，并一直关注着我在学术道路上的成长。感谢中国政法大学樊崇义教授、耶鲁大学中国法中心葛维宝教授、中国社会科学院法学院研究所熊秋红研究员、西南政法大学孙长永教授、吉林大学法学院闵春雷教授等师长，他们以不同的方式对本书的修改完善提出了大量有益的意见和建议。感谢水利部发展研究中心杨得瑞主任、李晶副主任、王晓娟处长、王建平处长、陈金木副处长等领导及法制处的诸位同事,他们在工作中给予我充分照顾和便利,使我能够腾出时间对书稿进行修改完善和充实提高。另外,还要特别感谢北京大学出版社白丽丽、邓丽华两位编辑,她们为本书的编辑、出版付出了大量的劳动。

　　本书的出版有幸得到了国家社科基金后期资助项目的大力支持,在此致谢。

汪贻飞

2015 年 10 月 22 日